Kisch-Preis 2003

Die Juroren:

Giovanni di Lorenzo, DER TAGESSPIEGEL

Andreas Petzold, STERN

Iris Radisch, DIE ZEIT

Peter Sartorius, SÜDDEUTSCHE ZEITUNG

Cordt Schnibben, DER SPIEGEL

Hermann Schreiber, Autor

Jutta Voigt, Autorin

Die Vor-Juroren:

Paula Almquist, Autorin

Heiko Gebhardt, STERN

Wolfgang Höbel, DER SPIEGEL

Florian Illies, Autor

Ulli Kulke, DIE WELT

Johanna Romberg, GEO

Regine Sylvester, BERLINER ZEITUNG

Michael Schaper, GEO

Norbert Thomma, DER TAGESSPIEGEL

Dr. Alfred Welti, STERN

EGON ERWIN
KISCH-PREIS

2003

EDITORIAL

Ein Bild sagt mehr als tausend Worte – als Chefredakteur eines Magazins, das von Bildern lebt und mit Bildern arbeitet, ist mir kaum eine Wahrheit vertrauter als diese. Deswegen ist mir aber auch die Tatsache besonders bewusst, dass jedes neue Bild das vorausgegangene zum Schweigen bringt.
Ein ICE-Unglück? Vergessen – die Bilder eines Concorde-Absturzes haben sich darüber gelegt. Kriegsgefangene Iraker? Vergessen – die Gesichter kriegsgefangener Amerikaner haben sie gelöscht. Es ist die Würde und das Elend des Journalismus, über die Ereignisse des Tages zu berichten und ihnen verhaftet zu bleiben.
Aber Menschen sind keine Newsverarbeitungsmaschinen. Nie werde ich vergessen, wie mir ein alter Bergmann bei der Suche nach der zeitlichen Einordnung eines Ereignisses, das 1945 stattgefunden hatte, sagte: »Es war im Jahr meiner Staublunge.« Sie war die einschneidende Erinnerung für ihn, nicht der Zusammenbruch des Hitlerreiches und das Ende des Krieges. Menschen leben nicht in den Koordinatensystemen der Geschichtsschreibung. Sie leben, leiden, lachen, empfinden. Ihre Wahrnehmungs- und Verarbeitungsweisen folgen anderen Mustern als die der Nachrichtenspiegel.

Deswegen gibt es die Reportage. Sie, so hat der Stifter des Egon Erwin Kisch-Preises Henri Nannen, gesagt, »biete dem Leser nicht nur einen Nachrichtenstoff, sondern lasse ihn ein Ereignis oder einen Zustand miterfahren und miterleben«. Sie ist die journalistische Königsdisziplin, welche die Brücke schlägt vom erlebenden Schreiber zum miterlebenden Leser. Sie hält ein Ereignis fest, indem sie es zum Leben bringt.
Flutkatastrophe, Zusammenbruch der New Economy, Kabul nach dem Ende der Taliban, deutscher Wahlkampf, Völkermord an Tutsi, Verbrechen in Bosnien – viele Anlässe der Reportagen in diesem Buch klingen nach Ereignissen von Gestern oder sogar Vorgestern.

Dennoch liest man sich in diesen Geschichten sofort fest. Denn ein Mensch, der Reporter, hat sich diesen Ereignissen ausgesetzt, sie mit- oder nacherlebt, einen besonderen Focus des Beobachtens und Berichtens gefunden und selbstverständlich eine brillante Art der Darstellung. Und dann zeigt sich, dass Worte ihre Kraft behalten können, wo Bilder lange verblasst und veraltet sind. Und, wichtiger noch, dass oft erst in der Reportage die Wahrheit eines Ereignisses erkennbar wird. Denn zu ihr gehört die Auswirkung des Ereignisses in den Menschen.

Deswegen pflegt der *stern*, dieses große Bildermagazin, die Reportage. Deswegen prämiert er mit dem Egon Erwin Kisch-Preis die besten Reportagen des Jahres. Und deswegen freue ich mich dieses Jahr ganz besonders über eine neue Rekordbeteiligung an diesem Wettbewerb: 458 Reportagen aus 87 deutschsprachigen Printmedien wurden eingereicht. Fünf Vor-Jurys haben die besten 32 Texte aus diesen Arbeiten ausgewählt und in die Endausscheidung geschickt. Sie sind in diesem Buch versammelt. Eine bewegende Reise durch die Zeitgeschichte.
Und ein eindrucksvoller Beleg für die Kraft des Journalismus – in Friedens- wie in Kriegszeiten.

Andreas Petzold, *stern*-Chefredakteur

Inhalt

Egon Erwin Kisch

Vorwort zu »Der rasende Reporter«

Einleitend darf dieses Buch Bedeutung für sich ansprechen, ohne dass damit ein Lob des Autors ausgesagt wäre. Im Gegenteil: »Ganz gewöhnliche oder platte Menschen können vermöge des Stoffes sehr wichtige Bücher liefern, indem derselbe gerade nur ihnen zugänglich war, zum Beispiel Beschreibungen ferner Länder, seltener Naturerscheinungen, angestellter Versuche, Geschichte, deren Zeugen sie gewesen oder deren Quellen aufzusuchen oder speziell zu studieren sie sich Mühe und Zeit genommen haben.«

Die spärlichen Versuche, die gemacht werden, die Gegenwart festzustellen, die Zeit zu zeigen, die wir leben, leiden vielleicht daran, dass ihre Autoren eben nicht die »ganz gewöhnlichen Menschen« im zitierten Schopenhauer'schen Sinne sind. Ihre Memoiren sind Rechtfertigungen, ihre Artikel sind Tendenz, ihre Bücher sind von ihrem Standpunkt geschrieben – also von einem Standpunkt.

Der Reporter hat keine Tendenz, hat nichts zu rechtfertigen und hat keinen Standpunkt. Er hat unbefangen Zeuge zu sein und unbefangene Zeugenschaft zu liefern, so verlässlich, wie sich eine Aussage geben lässt – jedenfalls ist sie (für die Klarstellung) wichtiger, als die geniale Rede des Staatsanwalts oder des Verteidigers.

Selbst der schlechte Reporter – der, der übertreibt oder unverlässlich ist – leistet werktätige Arbeit: denn er ist von den Tatsachen abhängig, er hat sich Kenntnis von ihnen zu verschaffen, durch Augenschein, durch ein Gespräch, durch eine Beobachtung, eine Auskunft.

Der gute braucht Erlebnisfähigkeit zu seinem Gewerbe, das er liebt. Er würde auch erleben, wenn er nicht darüber berichten müsste. Aber er würde nicht schreiben, ohne zu erleben. Er ist kein Künstler, er ist kein Politiker, er ist kein Gelehrter, – er ist vielleicht jener »platte Mensch« Schopenhauers, und doch ist sein Werk »vermöge des Stoffes sehr wichtig«.

Die Orte und Erscheinungen, die er beschreibt, die Versuche, die er anstellt, die Geschichte, deren Zeuge er ist, und die Quellen, die er aufsucht, müssen gar nicht so fern, gar nicht so selten und gar nicht so mühselig erreichbar sein, wenn er in einer Welt, die von der Lüge unermesslich überschwemmt ist, wenn er in einer Welt, die sich vergessen will und darum bloß auf Unwahrheit ausgeht, die Hingabe an sein Objekt hat. Nichts ist verblüffender als die einfache Wahrheit, nichts ist exotischer als unsere Umwelt, nichts ist phantasievoller als die Sachlichkeit.

Und nichts Sensationelleres gibt es in der Welt als die Zeit, in der man lebt!

Der Reporter dient der Sensation, das liegt in dem Fremdwort, unter dem man sich den Berichterstatter amerikanischen Tempos denkt. Unamerikanisch ist vielleicht die Unabhängigkeit von der Augenblickswirkung, ist vielleicht der Wille zur Sachlichkeit, zur Wahrheit. Ist sie in diesem Buche gegeben?

Die nachstehenden Zeitaufnahmen sind nicht auf einmal gemacht worden. Subjekt und Objekt waren in verschiedensten Lebensaltern und in verschiedensten Stimmungen, als die Bilder entstanden, Stellung und Licht waren höchst ungleich. Trotzdem ist nichts zu retuschieren, da das Album heute vorgelegt wird.

E. E. K.
Berlin, am 1. Oktober 1924.

(aus: Der rasende Reporter, Aufbau Taschenbuch Verlag GmbH, Berlin 2001)

Alex Baur

Alex Baur wurde 1961 in Luzern geboren. Nach der Schule folgten Lehr- und Wanderjahre in Israel, Italien und Spanien. 1981 Auswanderung nach Peru. 1982 Heirat mit Delia Catalina Llacho Quino. Im Verlauf der Ehe drei Kinder. 1985 Rückkehr in die Schweiz und Aufnahme in die »Schule für Angewandte Linguistik« in Zürich, Fachrichtung Journalismus. Von 1988 bis 1991 Redakteur beim BADENER TAGBLATT, 1991 Gründung einer eigenen, auf Gerichtsberichterstattung spezialisierten Nachrichtenagentur.
Von 1996 bis 1998 Redakteur bei der SONNTAGS-ZEITUNG (Sonntagsausgabe TAGES-ANZEIGER), ab Juli 98 Korrespondent für stern in der Schweiz. Seit Juni 2001 Autor des »Schauplatz Schweiz« von GEO.

Chronik einer angekündigten Katastrophe

Friedrich Leibacher, der Amokschütze von Zug, hat ein verpfuschtes Leben hinter sich. In der Schweiz stellten ihm Psychiater schon früh die schlechtesten Prognosen, und auch in der Dominikanischen Republik hinterließ er Angst und Schrecken. Wäre die Bluttat von Zug in einem aufmerksameren Umfeld zu verhindern gewesen?

von Alex Baur
Das Magazin
12. Januar 2002
Foto: Privatarchiv

Am 26. August des vergangenen Jahres bestellte Friedrich Leibacher um 13.07 Uhr per Notruf die Zuger Kapo ins Haus seiner Mutter in Baar. »Dunkelhäutige Frau ist am Durchdrehen«, protokollierte ein Beamter. Leibacher habe die von ihm geschiedene Ehefrau Carmen V. aus der Wohnung seiner Mutter geworfen. Da die Frau kein Wort Deutsch sprach, klärten die Beamten die Ursache des »Familienstreits« nicht weiter ab. Es war schon schwierig genug, eine vorläufige Bleibe für die gebürtige Dominikanerin zu finden, die in der Schweiz völlig fremd und verloren schien. Am nächsten Morgen chauffierten sie die Beamten ins Frauenhaus nach Luzern.

Zwei Tage später, am 28. August 2001, wurde Carmen V. in »aufgelöstem Zustand« von der Polizei im Hauptbahnhof Zürich aufgegriffen. Die 42-jährige Frau hatte im Zug von Luzern ihr Gepäck verloren. In der Folge war es im Fundbüro der SBB aufgetaucht, danach aber wieder verschwunden. Carmen V. war am Ende mit ihren Nerven. Sie war überzeugt, dass ihr Ex-Gatte Friedrich Leibacher hinter dieser wirren Geschichte stecken müsse. Leibacher hatte zuvor schon ungleich abstrusere Intrigen und »Strafaktionen« inszeniert.

Auf dem Polizeiposten verstand man sie nicht, und Carmen V. brach unter Weinkrämpfen zusammen. Ein Notarzt wurde herbeigerufen, der die Frau schließlich in die Psychiatrieklinik Burghölzli überwies. Tagelang war Carmen V. dort kaum ansprechbar, verlangte lediglich immer wieder nach ihrer Tochter Nancy*, die jederzeit in Zürich eintreffen konnte. Sie gab eine Marienstatue kaum aus den Händen. Weil feste Gegenstände in der Klinik des Nachts aber prinzipiell weggesperrt werden, kam es am Abend regelmäßig zu einem Drama, wenn die Maria in den Schrank geschlossen werden sollte. Wichtig war der Patientin auch das Bild der Heiligen Jungfrau, das sie gegenüber dem Bett an die Wand hängen ließ – es musste immer wieder zurechtgerückt werden, weil es angeblich schief hing. Die Psychiater diagnostizierten religiösen Wahn.

Obwohl sie sich dagegen sträubte, wurde Carmen V. medikamentös behandelt. Außerdem wurden einige biografische Daten abgeklärt und in einem längeren Telefongespräch mit Friedrich Leibacher überprüft. Demnach hatte Carmen V. den Schweizer Mitte der Achtzigerjahre kennen gelernt. 1986 brachte sie die gemeinsame Tochter Nancy zur Welt, 1990 wurde die Ehe geschieden. Ein Jahr später kam das Kind zum Vater, der es später mit in die Schweiz nahm. Leibacher ließ Carmen V. im vergangenen Juni, nach zehn Jahren, erstmals in die Schweiz kommen, damit sie ihre Tochter kennen lerne – doch Nancy war nicht hier. Carmen V. sagt heute, es seien die schlimmsten Wochen ihres Lebens gewesen. Wer den Hintergrund ihrer Geschichte kennt, kann ihre Verzweiflung und ihre Flucht in die Arme Marias verstehen.

Als sei der Satan in ihn gefahren

Carmen V., die zuvor psychisch nie aufgefallen war, wies eindringlich darauf hin, dass ihr Ex-Gatte Friedrich Leibacher wahnsinnig sei und Hilfe brauche. Am 27. September reiste sie nach der Entlassung aus der Klinik nach Zug, wo sie ihren Hausarzt besuchte und bei der Post einen Brief für ihre Tochter aufgab. Natürlich fielen ihr die zahlreichen Ambulanzen und Polizeifahrzeuge auf, die durch die Stadt rasten. Doch die Dominikanerin, die auf dem Papier zwar Schweizerin ist, aber kein Wort Deutsch spricht, wurde erst am nächsten Tag aufgeklärt: Friedrich Leibacher hatte im Ratsaal von Zug vierzehn wehrlose Menschen ermordet, bevor er sich selber richtete – der gleiche Leibacher, der Carmen V. vier Wochen zuvor bis zu ihrem Zusammenbruch terrorisiert hatte.

Obwohl Fritz Leibacher in äußerlich geordneten Verhältnissen bei seinen Eltern in Zug aufgewachsen war – Vater und Mutter arbeiteten in guter Stellung als kaufmännische Angestellte –, bekam er es früh mit Justiz und Psychiatrie zu tun. Während er in den ersten Jahren an ihm gehangen sei, erklärte der Vater damals, habe sich Fritz nach der Einschulung abrupt von seinen Eltern abgewendet, »so als sei der Satan in ihn gefahren«. Die Eltern hätten bald die Kontrolle über Fritz verloren. 1957 wurde der Bursche als 13-Jähriger wegen einer Schießerei mit einem Flobertgewehr, bei der Nachbarn gefährdet wurden, in eine Strafuntersuchung hineingezogen.

Als ihn die Mutter deshalb zur Rede stellte, geriet der 13-Jährige außer Rand und Band und warf mit einem großen Stein nach ihr. Polizei und Arzt mussten gerufen werden. Ein psychiatrisches Gutachten hielt fest, dass der 13-Jährige die Mutter offen mit dem Tod bedroht hatte: »Als der Arzt ihn fragte, ob er glaube, dass er (...) zwei Tage hier bleiben könne, antwortete der Expl., dass das nur der Mutter zugute komme: Sie habe dadurch zwei Tage länger zu leben. Vom Stadtpolizisten gefragt, ob er denn wirklich ein »Glünggi« werden wolle, der immer mit der Polizei zu tun habe, gab der Explorand zur Antwort, dass er das hoffe. Es wurde verfügt, ihn vorübergehend in die Strafanstalt Zug zu überführen.«

Auf Veranlassung der Eltern wurde der junge Fritz im September 1957 vom Gefängnis ins Erziehungsheim St. Georg überbracht, worauf das Jugendgericht auf weitere Maßnahmen verzichtete. Im streng katholischen Heim fiel der Bursche vorab durch Trotz auf. So weigerte er sich etwa, zu den heiligen Sakramenten zu gehen oder zu beten. Er sei im Innersten verletzt, weil er sich von den Eltern verstoßen fühle, schrieb ein Psychologe zwei Jahre später, leide an Isolation und Beziehungslosigkeit. Es handle sich um ein nervöses Kind mit einer schnellen Auffassungsgabe, das seine Intelligenz aber nicht richtig entfalten könne, weil es in der Ungeduld zu hohe Ziele setze. Dann werde Fritz wütend und richte seine Aggressionen gegen sich selbst und andere.

Die nächste Begutachtung anlässlich der Entlassung aus dem Heim fiel 1960 schon deutlicher aus: »Ohne dem fachärztlichen Urteil vorzugreifen, betrachte ich Fritz Leibacher als nicht ungefährlichen Psychopathen, bei welchem sich jahrelange Milieuschäden katastrophal auswirken«, schrieb der mit dem Gutachten beauftragte Pädagoge. Im Einzelnen biete Fritz »das Bild eines haltlosen, auf bequemen Genuss eingestellten, anpassungsschwierigen, bedenklich gefühlskalten, krankhaft überempfindlichen, an einem schwer geschädigten Selbstwertgefühl leidenden, raffiniert berechnenden, im ganzen Gehabe unechten, der Projektion seiner Fehler verhafteten, zu hochstaplerischem Getue disponierten, sexuell verdächtigen Jugendlichen, der sich zutiefst nach einem gemütlichen Zuhause sehnte«. Abschließend wurde der 16-jährige Fritz Leibacher als »verwahrloster, innerlich total entordneter, für kriminelles Tun disponierter Psychopath« beurteilt.

Wahrlich kein gutes Startkapital für einen, der das Leben noch vor sich hat. Fritz kam nach einem kurzen Aufenthalt im Welschland zu seinen Eltern zurück. Vier Jahre später schloss er eine Kellnerlehre erfolgreich ab. Gearbeitet hat er danach kaum noch. In einem Leumundsbericht aus der damaligen Zeit ist die Rede von einem »Angeber, der über seine Verhältnisse lebt«. Immerhin schaffte Leibacher 1968 die Handelsmatura an der Privatschule Minerva und studierte anschließend sogar ein Semester Jura an der Universität in Zürich.

Das Studium nahm im Herbst 1968 ein abruptes Ende, als Friedrich Leibacher in Istanbul beim Schmuggel von Uhren ertappt wurde und in der Folge acht Monate in einem türkischen Gefängnis schmorte. Dort traf er einen Deutschen, der den Schweizer ins internationale Autoschiebergeschäft einführte. Es war für Leibacher eine Nummer zu groß. Anfang 1970 wurde er verhaftet, als er im Kanton Luzern einen gestohlenen Mercedes verkaufen wollte.

Von den gesammelten Untaten des Friedrich Leibacher in den Sechzigerjahren, die er teilweise zusammen mit seinem älteren Bruder beging, zeugt ein umfangreiches Urteil des Zuger Strafgerichts vom November 1970: bandenmäßiger Diebstahl, gewerbsmäßige Hehlerei, gewerbsmäßiger Betrug, Urkundenfälschung, zahllose Straßenverkehrsdelikte sowie Unzucht mit Kindern. Beim letzten Punkt ging es um Exhibitionismus: Bei mehreren Gelegenheiten hatte sich der mittlerweile 26-Jährige, der mit einem knallroten Sportwagen durchs Land kreuzte, vor ihm völlig unbekannten Frauen oder Kindern in aufsässiger

Manier entblößt. Es war ihm offenbar darum gegangen, die Leute zu erschrecken.
Wiederum war das Fazit des Gerichtspsychiaters vernichtend: »Kurz zusammengefasst ist zu sagen, dass es sich diagnostisch beim Exploranden um einen krankhaft triebhaften, gemütsarmen, haltlosen, hypochondrischen und vor allem schwer schizoiden Psychopathen handelt.« Für Schwachsinnigkeit sei sein Intelligenzquotient zu hoch, und dem Mann fehle es auch nicht an der Einsicht in das Unrecht seiner Straftaten. Aber Leibacher gehe in Anbetracht seiner übersteigerten Triebhaftigkeit und abnormen Hemmungslosigkeit die Fähigkeit weitgehend ab, gemäß dieser Einsicht zu handeln. Dazu kämen »abnorme Ressentiments gegen die Gesellschaft«. Zweifellos gehe von Leibacher »eine gewisse soziale Gefahr« aus. Eine Prognose sei aber schwierig, da sein undurchsichtiges und zielloses Verhalten sehr unberechenbar sei.
Leibacher entging damals nur knapp einer Psychiatrisierung, die der Gutachter empfohlen hatte. In der Klinik hatte er zuvor jegliche Therapieversuche abgeblockt, ersuchte das Gericht aber nun um Einweisung in eine Arbeitserziehungsanstalt. Die Richter ließen sich erweichen und stimmten der erbetenen Maßnahme zu. Sie sollte eine »letzte Chance« für den bereits 26-jährigen Mann sein. Damit dies überhaupt möglich war, wurde die Strafe auf äußerst milde 18 Monate Gefängnis festgesetzt.
Kaum war das milde Urteil gefällt, gab sich der Arbeitszögling Leibacher renitent. Die erzieherische Maßnahme wurde nach wenigen Monaten abgebrochen. Stattdessen wurde der Vollzug der 18 Monate Gefängnis angeordnet. Leibacher hatte die Justiz ausgetrickst. Weil das Urteil auf Arbeitserziehung lautete, war eine nachträgliche Einweisung in eine psychiatrische Klinik nicht mehr möglich, wie das Zuger Strafgericht kleinlaut feststellen musste.
Es war freilich das letzte Mal, dass ein Gerichtspsychiater Friedrich Leibacher zu sehen bekam. Die Warnung schien insofern eine läuternde Wirkung entfaltet zu haben, als sich Leibacher fortan nur noch bei kleineren Delikten erwischen ließ. Bald verlor die Justiz den Mann, dem Gutachter Schlimmstes prophezeit hatten, völlig aus den Augen.
Nach der Entlassung aus dem Gefängnis kaufte Friedrich Leibacher Mitte der Siebzigerjahre ein baufälliges Chalet in Seelisberg, das er selber renovierte. Meist verbrachte er hier den Sommer zurückgezogen in den Urner Alpen. Im Winter dagegen zog es ihn aufs Meer. 1975 kaufte Leibacher eine kleine Segeljacht. Obwohl er bloß über eine rudimentäre Ausbildung und eine geringe Erfahrung als Seemann verfügte, kreuzte er mutterseelenallein während Wochen und Monaten auf dem Atlantik.

Das Leben in der Dominikanischen

Rafaelito Bodden, ein Marineoffizier im Ruhestand, kann sich bestens an den glatzköpfigen Mann erinnern, der mit seiner Jacht »Trinity« im Dezember 1985 nach einer Atlantiküberquerung bei Samana im Osten der Dominikanischen Republik anlegte. Da der Name Leibacher den Dominikanern unaussprechbar erschien, nannten sie ihn einfach »Trini«. Wenige Tage später lernte Leibacher die damals 25-jährige Carmen kennen, bald waren die beiden ein Paar.
Leibacher verkaufte das Schiff in Miami und ließ sich in Samana nieder. Im Oktober 1986 brachte Carmen eine Tochter zur Welt, Nancy. »Wir hätten ein sorgloses Leben führen können«, erinnert sich Carmen, »wenn Federico nicht so streitsüchtig und gewalttätig gewesen wäre.« Aus nichtigem Anlass sei er jeweils maßlos ausgerastet und habe sie windelweich geprügelt. Oft habe er den Streit künstlich provoziert. Einmal habe sie zufällig beobachtet, wie er in der Nacht scheinbar grundlos den Gashahnen öffnete. Am nächsten Morgen machte er Carmen eine Szene, weil sie den Hahnen nicht zugedreht habe. Carmen schlug zwar auch mal zurück, doch sie war ihm körperlich hoffnungslos unterlegen.
Nach dem zweiten Geburtstag ihrer Tochter zog sich Carmen mit Nancy in ihr Heimatdorf El Seibo zurück. Leibacher verreiste schmollend in die Schweiz und weigerte sich, auch nur einen Peso für Nancys Unter-

halt zu bezahlen. Nach ein paar Monaten tauchte er indes unangekündigt in El Seibo auf und überredete Carmen zu einem Neuanfang. Leibacher kaufte ein Haus in Villa Salma, einem einfachen Quartier in Samana, und die beiden heirateten im April 1989. Doch die Geschichte wiederholte sich. Nach einem Jahr ließen sich die beiden scheiden, Carmen und Nancy kehrten wieder in ihr Heimatdorf zurück.

Leibachers Ausfälle brachten ihm in Villa Salma den Übernamen »Satan« ein. Das Gerücht machte die Runde, er sei Vietnamveteran. Leibacher genoss diesen Status, fühlte sich wohl unter dem einfachen Volk und mied die Touristengettos. Zu den Nachbarn hatte er guten Kontakt und bewirtete sie an Wochenenden häufig mit dem traditionellen dominikanischen Eintopf Sancocho. In Villa Salma war der Mann mit dem seltsamen Mofa, das er, in Einzelteile zerlegt, aus der Schweiz herbeigeschafft hatte, ein kleiner König.

Europäer vom Schlage Leibachers gibt es viele in der Dominikanischen Republik. Hier fragt dich keiner nach deinem Vorleben. Wer leben kann, ohne arbeiten zu müssen, wird nicht gefragt, woher er das Geld hat. Kaum jemand stößt sich daran, wenn ältere Männer aus Übersee mit jungen Dominikanerinnen am Arm durch die Gegend flanieren. Vorab junge Frauen aus einfachen Verhältnissen präsentieren ihre exotischen »Partner« wie Trophäen, mag der Kerl noch so bierbäuchig und kahlköpfig daherkommen – Hauptsache, sie haben den Ausbruch aus der Armut geschafft.

Anfänglich schien sich Friedrich Leibacher mit der Scheidung abzufinden. Er überwies Carmen vorübergehend monatlich 1000 Peso, so wie es das Scheidungsurteil vorsah. Im Oktober 1990 lud er Mutter und Tochter sogar zu einem gemeinsamen Weekend ins Disneyworld nach Florida ein. Eine echte Überraschung, denn Leibacher galt als ziemlich geizig. Arglos stimmte Carmen zu, als er Nancy für die Reise in seinen Pass eintragen ließ. Wenige Monate später erst wusste sie warum: Leibacher hatte damit die Möglichkeit, die gemeinsame Tochter in die Schweiz mitzunehmen. Erst sollte sie bloß ihre Großmutter kennen lernen, aber daraus wurden Wochen und Monate, und es wurde nach und nach klar, dass er Nancy nicht mehr herausrücken wollte.

In jener Zeit machte sich Friedrich Leibacher auf der Strandpromenade von Samana bereits an die nächste junge Frau heran: Die gerade 16-jährige Gracia fühlte sich anfänglich geschmeichelt von den Komplimenten des Fremden, der ihr mit der Hartnäckigkeit eines verliebten Teenagers nachstellte und schon am dritten Tag einen Heiratsantrag unterbreitete. Leibacher setzte Himmel und Hölle in Bewegung, um die junge Frau für sich zu gewinnen. Er sprach bei ihren Eltern vor, redete ihren Freundinnen zu, um allen klar zu machen, dass es für Gracia, ja für ihre ganze Familie, die in bitterer Armut lebte, nur eine Chance gab auf eine bessere Zukunft: heiraten.

Die Trauung fand vier Wochen später statt. Gracia sagt im Rückblick, dieser Tag im März 1992 sei der schlimmste Tag ihres Lebens gewesen. Sie habe Federico nie geliebt und ihm das auch nicht verheimlicht. Er meinte, die Liebe komme mit der Zeit, und er könne warten. Er schwärmte davon, Gracia in der Schweiz zum Model ausbilden zu lassen. Die Idee gefiel ihr. Das frisch vermählte Paar reiste in die Schweiz. Doch schon nach zwei Wochen kehrte Gracia mit Nancy, die ihre Schwester hätte sein können, überstürzt in ihre Heimat zurück. Die beiden Kinder hielten das Leben im kalten Europa nicht aus.

Gracia sollte die neue Mutter von Nancy werden. Wenige Tage nach der Hochzeit ließ Leibacher eine neue Kopie des Scheidungsurteils erstellen. Nun fungierte plötzlich der Vater als alleiniger Erziehungsberechtigter von Nancy. Der Passus war offenkundig gefälscht.

Mitte 1992 versuchte Carmen V. in einer dramatischen Aktion, ihre Tochter zurückzuerobern. Mit einem Schiff floh die Mutter mit der 6-jährigen Nancy über die Bucht von Samana in Richtung El Seibo. Doch Leibacher hatte im letzten Moment Wind davon bekommen, er setzte Polizei und Kriegsmarine in Bewegung und nahm selber in einem eiligst gecharterten Boot die Verfolgung auf. In Samana de la Mar wurde Carmen gestellt. Die einfache Frau vom Land hatte keine Chance. Leibacher verfügte nicht nur über gute Freunde bei den Uniformierten, er konnte auch die richtigen Papiere vorweisen.

In diese Zeit fallen auch erste gewaltsame Übergriffe Leibachers auf seine zweite Frau. Als sie im fünften Monat schwanger war, attackierte er Gracia in den frühen Morgenstunden, schüttete einen Kessel voll kaltes Wasser über sie, würgte und schlug sie und versuchte sie zu vergewaltigen. Die 16-jährige Kindsfrau floh Hals über Kopf, ließ ihre ganze Habe zurück, die Leibacher später offenbar verbrannte. Gracia versteckte sich in der Folge bei ihrer Familie. Sie habe damals um ihr Leben gefürchtet, sagt sie heute. Erfolglos ließ Federico nach ihr fahnden – er hat seine zweite Frau seither nie mehr gesehen.

Der Abgang Gracias muss Leibacher schwer zugesetzt haben. Überstürzt siedelte er nach Cabrera über, einem Städtchen an der Nordküste der Insel, und verkaufte sein Haus in Samana. Nancy versorgte er bei einer Familie auf dem Land, wo Carmen sie nie finden würde. In Cabrera lebte Leibacher vorerst im Haus des pensionierten Polizisten José Lavandier. Lavandier weiß heute nur Gutes von Federico zu berichten. Er ist ihm als »bescheidener, äußerst liebenswürdiger« Mann in Erinnerung geblieben. Offenkundig konnte sich Leibacher unter einfachen Leuten gut bewegen und beherrschte deren Sprache und Umgangston perfekt.

Kurz nach der Flucht seiner zweiten Ehefrau war der 47-jährige Leibacher anlässlich eines Festes zu Ehren der »Virgen de Altagracia« bereits wieder auf Brautschau. Und wiederum war es eine 16-Jährige, die ihre Schuluniform mit dem Brautkleid tauschen sollte. Balbina wurde im März 1993 zur dritten Frau Leibachers. Anders als Gracia schien Balbina den Europäer, der ihr Großvater hätte sein können, zu lieben. Sie war fasziniert von den fremden Dingen, die ihr der Gringo zeigte – vom Nacktbaden bis zum Sauerkraut –, von seinen abenteuerlichen Berichten aus fernen Ländern und seinen frechen Ideen. Wenn er sie jeweils mit dem Motorrad von der Schule abholte, hatte er immer eine Überraschung vorbereitet, und sei es nur eine Puppe oder einen spontanen Ausflug an den Strand. Federico überhäufte Balbina mit kleinen Geschenken und Annehmlichkeiten, von denen sie bis anhin nur träumen konnte.

Mit der unverhofften Bescherung einer neuen Waschmaschine gewann Leibacher auch seine neue Schwiegermutter. Noch so gern übernahm sie die kleine Nancy in Obhut, während Leibacher mit Balbina eine einfache Wohnung im Stadtzentrum bezog. Auch Leibachers dritte Frau wurde nach wenigen Wochen schwanger. Alles schien für einmal auf gutem Weg, doch dann nahm das Glück nach sieben Monaten ein brüskes Ende fand. Die alte Leier: Aus nichtigem Anlass wurde Friedrich Leibacher im Herbst 1993 von einem Zornanfall heimgesucht. Er verprügelte und würgte seine schwangere Ehefrau derart brutal, dass diese um ihr Leben bangte. Sogar die Nachbarn intervenierten, als die Schlägerei nach einer halben Stunde immer noch andauerte. Balbina flüchtete verstört ins Elternhaus. Eine Cousine, die eben aus den USA heimgekehrt war, erstattete Strafanzeige.

Niemand rechnete freilich damit, dass der prügelnde Ehemann gleich verhaftet würde – am wenigsten Leibacher selber, der sich doch so gerne mit uniformierten Männern umgab. Dabei hatten die Ordnungshüter wohl weniger das Wohl der Frau im Auge als Leibachers Barschaft. Bei seiner Verhaftung trug der Schweizer 13 000 Dollar auf sich. Nach drei Tagen Haft war er bereit, für seine Freiheit 3000 Dollar zu bezahlen – ohne Quittung. Nach dieser Episode brach der Schweizer allerdings radikal mit der Karibik.

Es war gleichwohl ein geregelter Rückzug in die Schweiz. Während Leibacher Nancy für ein paar Wochen bei seinen Freunden auf dem Land versorgte, regelte er die Scheidung von Balbina. Wie bei seiner ersten Ehefrau versuchte er, auch die mittlerweile geborene Tochter seiner zweiten Gattin Gracia an sich zu reißen: Heimlich hatte er Luna* ins Geburtenregister von Samana eintragen lassen. Mittels nachträglicher Anerkennung der Ehe mit Gracia in der Schweiz wollte er dem Kind einen roten Pass mit Schweizer Kreuz verschaffen. Mit Geld, Anwälten und seinen Freunden bei der Polizei setzte Leibacher die Familie der jungen Mutter unter Druck – erfolglos, Gracia war mit Luna untergetaucht.

Gracia lebt heute wieder am Ort, wo sie aufgewachsen ist. Luna, die in der Großfamilie aufwuchs, ist das einzige weiße Kind weit und breit. Ihren leiblichen Vater, der nie einen Peso Unterhalt bezahlte, hat sie nie gesehen. Selbst als Luna kurz nach der Geburt schwer erkrankte und Gracias mittellose Familie in ihrer Verzweiflung Leibacher um Unterstützung bat, verweigerte er jede Hilfe. Und auch für Hermann*, den Sohn, den die dritte Frau Balbina 1994 zur Welt brachte, hat er nie bezahlt. Wäre es nach seinen Wünschen gegangen, wäre auch Hermann unter seine Obhut gestellt worden. Sowohl Gracia wie auch Balbina sind davon überzeugt, dass er ihnen die Kinder wegnehmen wollte, nicht weil er diese besonders geliebt hätte – sondern um die Mütter zu bestrafen.

Zurück in der Schweiz, meldet sich Friedrich Leibacher im Mai 1994 bei seiner Mutter an, die als Witwe allein in Baar lebte. Nancy wird bei Pflegeeltern und in einem Kinderheim untergebracht. Der mittlerweile 50-jährige Mann steht vor einem Scherbenhaufen. In der Schweiz ist er kein Quartierkönig mehr, sondern eine gescheiterte Figur, ein arbeitsloser Säufer, der zusehends zum Sozialfall wird. Mitte der Neunzigerjahre beantragt Leibacher eine Rente bei der Invalidenversicherung. Er klagt über Gliederschmerzen und einen angeblichen »Tinnitus aurium«, ein permanentes Rauschen und Pfeifen im Ohr, das ihn vom Schlafen abhalte und zu schweren Konzentrationsschwächen führe. Leibacher wird zu 50 Prozent arbeitsunfähig geschrieben, obwohl der Gutachter seinen plakativen und pauschalen Angaben misstraut und Alkoholmissbrauch vermutet. Der Arzt findet auch Hinweise auf »symptomarme Schizophrenie« und »chronische Persönlichkeitsstörung vom dissozialen Typ«.

Ende der Neunzigerjahre nimmt sich Leibacher dem Fall eines Jugendfreunds aus gemeinsamen Zeiten im Erziehungsheim an. Elmar Wenger* soll im Kindesalter Beamtenwillkür zum Opfer gefallen und als Zögling im Heim schwer misshandelt worden sein. Leibacher beackert den Fall – angeblich gegen den Willen des Betroffenen –, als wärs sein eigener und klagt den Kanton Zug ein. »Obwohl in Zug beheimatet, war ich wohl immer ein Fremdkörper in diesem Gefüge, wie Elmar Wenger auch. Und als solche wurden wir (fast) immer behandelt; meist galt das Motto: zuerst einsperren, etwas kommt da schon heraus«, schrieb Leibacher an den »Beobachter«. Natürlich will er nicht nur moralische Wiedergutmachung, sondern auch Geld.

Vor dem Amoklauf

Im Oktober 1998 bricht Friedrich Leibacher den bekannten Wirtshausstreit mit dem Buschauffeur der Zuger Verkehrsbetriebe vom Zaun. Er bedroht den Chauffeur mit einer Pistole, dieser verzeigt ihn; Leibacher schwärzt den Busfahrer bei den Behörden als Alkoholiker an, jener antwortet mit einer Verleumdungsklage. Der Vorwurf ist haltlos, aber Leibacher dreht einmal mehr den Spieß um und reicht Strafanzeige ein gegen sieben Amtspersonen. Er hat von Anfang an nicht den Hauch einer Chance, den ausufernden Rechtshändel zu gewinnen. Gleichwohl versucht Regierungsrat Robert Bisig mehrmals zu vermitteln und Leibacher zu beschwichtigen. Doch jener verbaut sich mit einer abstrusen Genugtuungsforderung gegen den Kanton Zug in Millionenhöhe den Weg für eine gütliche Einigung.

Am 21. September 2001 lässt auch das Zuger Obergericht Leibacher abblitzen – auf die Anzeigen kann man inhaltlich beim besten Willen nicht eintreten. Sechs Tage später stürmt er als Amokschütze, schwer bewaffnet, in einer selbst geschneiderten Fantasieuniform das Zuger Parlament. Je dreißig Schuss aus drei Magazinen feuert er durch sein Sturmgewehr ab, er zündet einen Sprengsatz, den er aus einem Brennstoffkanister, Schwarzpulver und einer Knallpetarde selber gebastelt hat. Vierzehn Politiker reißt Leibacher in den Tod, am Ende richtet er sich selber mit einer Pistole. Im Auto findet die Polizei ein Bekennerschreiben mit dem Titel: »Tag des Zorns für die Zuger Mafia«.

In der Dominikanischen Republik zeigt uns der ehemalige Marineoffzier Rafaelito Bodden ein Foto, auf dem Leibacher in Kampfmontur abgebildet ist, ein großes Gewehr im Anschlag. Der Mann steht in der Pose des Rächers vor einem Geländewagen, dessen Kennzeichen aus dem Bild herausgekratzt wurden. Auf der Rückseite hat jemand mit Kugelschreiber eine schwer leserliche Nachricht hingekritzelt – lediglich das Wort »venganza« lässt sich entziffern: Rache. Gemäß Bodden habe ihm sein Freund Federico das Foto »vor ein oder zwei Jahren« aus der Schweiz geschickt, wobei er damals nicht viel damit habe anfangen können. Bodden verlangt Geld für das Bild – wir müssen passen.

Es gibt weitere Hinweise darauf, dass Leibacher seit Monaten, wenn nicht Jahren, eine Schreckenstat plante. Das Sturmgewehr hatte der dienstuntaugliche Mann Mitte der Neunzigerjahre legal gekauft. Im Juli 1999 zog er sich mit Nancy nach Seelisberg zurück, ein Jahr später schickte er seine Tochter nach Australien in ein Internat. Wollte er sie möglichst weit weg bringen, weil er wusste, was passieren würde?

Anfang 2001 verkauft Friedrich Leibacher sein Chalet in Seelisberg und zieht in eine einfache Mietwohnung an der Döltschihalde in Zürich. Telefonisch nimmt er in jener Zeit Kontakt auf mit Gracia und deutet an, dass er bereit wäre, einen Unterhaltsbeitrag für seine Tochter Luna zu bezahlen, sobald er besser bei Kasse sei. Im Mai ruft Leibacher seine Ex-Frau Carmen V. in der Dominikanischen Republik an und macht ihr ein überraschendes Angebot: Sie solle in die Schweiz kommen, um ihre Tochter zu treffen, die sich in einem schwierigen Alter befände und eine Mutter brauche.

Anfang Juni trifft Carmen in Zürich ein. Doch statt der Tochter erwartet sie hier deren Vater. Wohl oder übel zieht sie in die Wohnung an der Döltschihalde. Leibacher verspricht Carmen, dass sie ihre Tochter Ende Juni in Thailand treffen dürfe. Um die Reise zu bezahlen, müsse sie aber erst arbeiten. Er verschafft ihr eine Stelle als Putzfrau in einer Käserei bei Zug. Nach zwei Wochen zieht Carmen bei Leibachers 87-jähriger Mutter in Baar ein.

Während Carmen ahnungslos nach Baar zügelt, verreist Friedrich Leibacher heimlich nach Thailand, um Nancy zu treffen. Die Dominikanerin ist am Ende. Im August wird sie in Luzern für zwei Wochen hospitalisiert. Doch niemand scheint die verzweifelte Lage von Carmen V. zu begreifen, die in der Schweiz völlig fremd und Leibacher auf Gedeih und Verderben ausgeliefert ist. Per Telefon darf sie kurz mit Nancy sprechen. Doch sie muss feststellen, dass ihre Tochter die spanische Sprache völlig vergessen hat. Dabei hätte sie Nancy gegenüber vieles zu berichtigen. Carmen weiß, dass ihr Ex-Gatte herumerzählt hat, sie sei eine Hure, habe ihre Tochter verlassen und verkauft, mal für 20 000, mal für 50 000 Peso.

Mitte August reist Leibacher noch einmal in die Dominikanische Republik. Er hat es eilig, wirkt fahrig. Telefonisch meldet er sich bei der Mutter von Balbina in Cabrera und zitiert sie in die nächstgrößere Stadt. Vor dem Jugendrichter stellt er seiner ehemaligen Schwiegermutter eine Generalvollmacht über den mittlerweile 7-jährigen Sohn Hermann aus. Von dort führt seine Spur weiter nach Las Terrenas, wo Friedrich Leibacher vom 20. bis zum 22. August im Hotel »Cacao Beach« weilt. Hier trifft er den Anwalt und Notar Clemente Anderson, der im Ruf eines Winkeladvokaten steht. Anderson hat schon früher für Leibacher gearbeitet, er hat die Scheidung mit Gracia betreut – ohne das Wissen der Ehefrau. Jetzt soll er ein Testament zu Gunsten eines seiner Kinder und einer seiner Ex-Frauen erstellen. Leibacher, der sich selber als Anwalt ausgibt, habe in einem kurzen persönlichen Gespräch über den Staat geflucht und von Prozessen berichtet, die er in der Schweiz als sein eigener Anwalt führe. Schließlich habe er um das Honorar gefeilscht. Für weitere Informationen will Anderson Geld – wir müssen passen.

Offenkundig hat Friedrich Leibacher seinen Abgang minuziös organisiert. Die Kosten seiner Beisetzung im Meer erstattet er im Voraus. Er löst seine Krankenkasse und seine Altersvorsorge auf, eröffnet ein Konto für Nancy und schickt alle Papiere von Carmen V. ins Burghölzli. Am 18. September kauft er das großkalibrige Repetiergewehr vom Typ Pumpaction, das er neun Tage später mit nach Zug nimmt. Dem Verkäufer liefert er auf Wunsch sein Vorstrafenregister – darin ist kein Eintrag ersichtlich. Leibachers Vergangenheit ist längst aus dem Gedächtnis der Strafverfolger gelöscht.

So werden auch die Zuger Kantonspolizisten nicht misstrauisch, die Leibacher unmittelbar nach seiner Rückkehr aus Santo Domingo ins Haus seiner Mutter ruft, mit der Meldung, eine dunkelhäutige Frau sei »am Durchdrehen«. Ausgerechnet mit Hilfe der verhassten Behörden schafft sich Leibacher die einzige Person aus dem Weg, die ihn am ehesten noch hätte bremsen können. Carmen V. versucht den Polizisten klar zu machen, nicht sie, sondern Leibacher sei das Problem. Sie fürchtet in erster Linie, er könnte sich selber ein Leid antun. Dass er Waffen besitzt, weiß sie nicht. Die Beamten verstehen die Dominikanerin nicht und veranlassen ihre Einweisung in eine psychiatrische Klinik.

*Alle Namen der betroffenen Ehefrauen und Kinder Leibachers wurden geändert.

Andrea Böhm

Andrea Böhm, geboren 1961 in München. Studium der Politikwissenschaften in Berlin und Bloomington, USA. Absolventin der Deutschen Journalistenschule in München. Von 1989 bis 1998 bei der taz – als Lokalredakteurin, USA-Korrespondentin und Reporterin. Von 1998 bis 2000 im Dossier der ZEIT. Derzeit lebt sie in Ithaca, New York, und arbeitet als freie Journalistin für GEO und DIE ZEIT.

Der Wert der Toten

Die Schmerzen der Opfer vom 11. September lassen sich in Dollar bemessen, ebenso die seelischen Leiden der Angehörigen: Amerikanische Anwälte fordern Millionensummen Schadensersatz – eine neue Phase der Trauerarbeit beginnt

von Andrea Böhm
DIE ZEIT
21. März 2002

Es war viertel vor zehn, aus dem Nordturm des World Trade Center sprangen Menschen aus Fenstern, und Lee Kreindler war im Taxi auf dem Weg ins Fernsehstudio. Wenn sich irgendwo in Amerika eine Katastrophe mit Flugzeugen ereignet, rufen die Redaktionen ihn an. Kreindler kann Tragödien überschaubar machen, sie in Zahlen fassen und Wiedergutmachung verheißen. Es gibt kaum eine Fluggesellschaft, die er noch nicht verklagt hat.

Im Taxi lief das Radio, eine Minute vor zehn meldete eine panische Stimme den Einsturz des Südturms. »Zurück ins Büro«, sagte er dem Fahrer. Park Avenue, Hausnummer 100. Die nächsten Stunden blickte Kreindler in seinem Arbeitzimmer im 18. Stock abwechselnd auf den Fernseher und auf den rauchgeschwärzten Himmel über Manhattan. Gegen Nachmittag riefen die ersten Klienten an, meist Anwaltskollegen, die ihre Mandanten unter den Trümmern des World Trade Center vermuteten. Man besprach denkbare juristische Schritte gegen Fluggesellschaften, gegen Sicherheitsfirmen, gegen die Pächter des World Trade Center.

Doch wenige Tage später empfahl der Verband der amerikanischen Prozessanwälte seinen Mitgliedern ein »Klage-Moratorium« von 45 Tagen – aus Gründen der Pietät und der Imagepflege. Die ganze Nation war bis auf weiteres zur Einheit der Opfer zusammengewachsen. Das war nicht der Zeitpunkt, United Airlines Inc. wegen mangelnder Sicherheitsmaßnahmen vor Gericht zu zerren.

Das ist nun sechs Monate her, und inzwischen wird verklagt, gestritten und gefeilscht. Der Pächter des World Trade Center steht im Rechtsstreit mit den Versicherungskonzernen, die nur für einen Turm bezahlen wollen. Viele Feuerwehrleute und freiwillige Helfer verlangen Schadensersatz von der New Yorker Stadtverwaltung, weil sie keine Schutzmasken gegen die asbesthaltige Luft bekommen hatten. Die Witwe eines der entführten Flugzeugpassagiere hat die erste Klage gegen United Airlines eingereicht. Man hoffe, sich außergerichtlich zu einigen, lässt ihr Anwalt in Chicago ausrichten. Eine Kanzlei aus Philadelphia hat Osama bin Laden, die Terrororganisation Al-Qaida und die Taliban auf Schadensersatz verklagt. Kreindler quittiert das mit einem nachsichtigen Lächeln. Nichts zu holen, soll das heißen. Denn das Geld von eingefrorenen Al-Qaida-Konten wird in den Wiederaufbau Afghanistans fließen. Wenn man an die Hintermänner des Terrorismus herankommen will, soll man bitte ihn fragen – schließlich hat er schon, offenbar erfolgversprechend, wie es aussieht, Muammar al-Ghaddafi verklagt. Als Nächstes ist vielleicht Saddam Hussein an der Reihe. Oder doch erst die Fluggesellschaft United Airlines?

Willkommen an der amerikanischen Heimatfront im Kampf gegen den Terrorismus. Die Lage ist verworren, die Helden sind rar und unscheinbar. Schon die Idee, Fluggesellschaften für die Anschläge am 11. September haftbar zu machen, erscheint irrwitzig – nur nicht in Amerika. Hier sind schon viel ungewöhnlichere Klagen erfolgreich beschieden worden. Nicht zuletzt ist das dem Umstand zu verdanken, dass kein Richter, sondern zwölf juristische Laien das Urteil fällen. Die Gefühle der Geschworenen in Wallung zu bringen ist für einen Anwalt mindestens so wichtig wie Indizien und Beweise darzulegen. Kreindler hätte sowohl Schicksalsdramen zu erzählen als auch Indizien für schlampige Sicherheitsvorkehrungen der Fluggesellschaften zu präsentieren. Aber so weit ist er noch nicht. Erst muss er seine Mandanten – inzwischen vertritt er 107 Opferfamilien des 11. September – entscheiden lassen, ob er für sie vor Gericht ziehen oder ihren Fall vor dem eigens eingerichteten Opferfonds des US-Justizministeriums präsentieren soll.

Nach der größten Spendenwelle in der Geschichte der Vereinigten Staaten sind längst nicht mehr alle Amerikaner der Meinung, dass den Angehörigen der Opfer nun auch noch staatliche Kompensation oder Schadensersatz zusteht. Einige machen ihrem Unmut auf der Website des Justizministeriums Luft. Zwei Milliarden Dollar sind auf die Konten von Hilfsorganisationen geflossen, die Hälfte ist bereits verteilt, manche Witwen von Feuerwehrleuten haben mehrere hunderttausend Dollar erhalten, manche Witwen von Spitzenmanagern sind fast leer ausgegangen. Es geht nicht mehr um Mitgefühl, sondern um die offizielle Bemessung von Leiden, um den symbolischen und politischen Wert der Opfer des Terrorismus. Was also ist ein Mensch wert nach seinem Tod?

Entführung, Unfall, Explosion – Mr. Kreindler ist zur Stelle

Kreindler ist ein Meister in solchen Berechnungen. Neulich erst saßen fünf Witwen in seinem Büro, das er mit kleinen Flugzeugmodellen dekoriert hat. Ihre Männer starben im World Trade Center. »Jeder Fall 25 Millionen Dollar«, grummelt er. »Aus dem Fonds will man sie mit fünf Millionen abspeisen. Ist doch eine Schande.« Jetzt klingt er wie ein *ambulance chaser*, ein »Krankenwagenjäger« – jene halbseidene Spezies von Anwälten, die Unfallopfern vor der Notaufnahme ihre Visitenkarte aufs blutige Hemd legen. Dabei ist Lee Kreindler eher ein Advokat der großväterlichen Sorte mit der Berufsehre eines pingeligen Handwerkers. Als 1952 eine DC-6 der National Airlines über New Jersey abstürzte, verschwand Kreindler Junior aus der Kanzlei seines Vaters in einer Werkstatt, montierte wochenlang am Propellermodell der Unglücksmaschine herum, fand schließlich einen schweren Wartungsfehler – und verklagte die Gesellschaft erfolgreich auf Schadensersatz. Das war sein erster großer Fall. Heute ist er 77, trägt Kugelbauch und Hörgerät und hat dank seines New Yorker Akzents immer noch etwas proletarischen Charme. Kreindler sieht sich als Vertreter der Schwachen in einem Rechtssystem, wo Bürger durch Zivilklagen erkämpfen müssen, was in europäischen Ländern durch Gesetze geregelt ist: Sicherheit am Arbeitsplatz, Schutz der Umwelt, der Verbraucher – und eben der Flugpassagiere.

In den vergangenen fünfzig Jahren hat er die Hinterbliebenen der Opfer von über 50 Flugzeugkatastrophen vertreten. Unfälle, Entführungen, Bombenexplosionen. Verliert die Kanzlei den Rechtsstreit, verlangt sie kein Honorar. Wenn sie gewinnt oder einen außergerichtlichen Vergleich aushandelt, kassiert sie viel. Zwischen 20 und 40 Prozent des Streitwerts gehen in amerikanischen Haftpflichtprozessen an die Anwälte. 500 Millionen Dollar erstritten Juristenteams unter Kreindlers Führung von Pan Am für die Hinterbliebenen des Lockerbie-Absturzes. Irgendwann wird er die Kanzlei mit 60 Mitarbeitern seinem Sohn übergeben. Aber nicht, bevor geklärt wird, welcher Preis für den Tod des Ariel Jacobs zu zahlen ist.

Jacobs war spät dran am Morgen des 11. September, er hätte das Geschäftsfrühstück im Restaurant Windows on the World, 106. Stock, Nordturm, fast verpasst. Um 8.47 Uhr telefonierte er seiner Softwarefirma in der Broad Street durch, er habe es doch noch geschafft. Um 8.48 Uhr raste die Maschine der American Airlines in den 91. Stock des Wolkenkratzers. Alle Fluchtwege oberhalb waren abgeschnitten. 101 Minuten später brach der Nordturm zusammen. Ariel Jacobs, Executive Vice President seines Unternehmens, war mit über 400 000 Dollar Jahreseinkommen einer der Spitzenverdiener unter den Arbeitnehmern im World Trade Center. Am 16. September wäre er 30 Jahre alt geworden. Am 17. September brachte seine Frau Jenna Sohn Gabriel zur Welt. Am 23. September hätten sie ihren ersten Hochzeitstag gefeiert. Die Jacobs hatten vor kurzem ein teures Haus am Hudson gekauft. Sie hatten noch keine Lebensversicherung abgeschlossen. Jedes dieser Details hat eine menschliche und eine monetäre Seite.

Die menschliche sieht man im Gesicht von Jenna Jacobs. Es ist die schmerzhafte Würde einer 27-jährigen Witwe, die sich seit der Geburt ihres Kindes vorgenommen hat, das Leiden zu unterdrücken. Vielleicht, sagt sie, finde man die sterblichen Überreste ihres Mannes irgendwann unter den 25 000 Leichenteilen, die auf der Müllkippe in Staten Island aussortiert worden sind – dort, wo Trümmer und Schutt des World Trade Center hingekarrt werden. »Vielleicht finden sie wenigstens seine Uhr.« Sie wappnet sich für den September 2002, den Monat mit Geburtstagen, Jahrestag und Todestag. Sie will nicht von ihrem Mann in Dollarbeträgen reden. Das ist die Aufgabe von Kreindler& Kreindler.

Sie ermitteln Ariels Jahreseinkommen der vergangenen drei Jahre, berechnen die statistische Lebensarbeitszeit eines Mannes in seinem Alter, subtrahieren Lebenshaltungskosten, schätzen zu erwartende Gehaltserhöhungen und Börsenoptionen, befragen Zeugen, die von höher dotierten Jobangeboten wissen. Die Mandantin Jenna Jacobs müsste nach den Berechnungen der Kanzlei Schadensersatz in Höhe von 15 Millionen Dollar erhalten. Dazu kommt das Schmerzensgeld: für ihre Trauer und ihren »Verlust von Gemeinschaft« sowie für die »seelische Qual«, die Ariel Jacobs vor seinem Tod durchlitten hat. Es war eine glückliche, frische Liebe, also ist der psychische Verlust höher zu bewerten als bei einer Witwe, deren Ehe zuvor kriselte. Dass Ariel Jacobs seinen Sohn nie kennen lernen wird, ist extra zu berechnen. Die 101 Minuten zwischen Einschlag des Flugzeugs und Zusammenbruch des Nordturms sind zu kalkulieren, in denen Ariel Jacobs sich langsam über seinen bevorstehenden Tod klar geworden sein muss. Kreindler&Kreindler erwägen, Ingenieure mit der Rekonstruktion dieser Zeitspanne im Windows on the World zu beauftragen. Wie schnell stieg die Temperatur an? Wann kam es zu den ersten Rauchvergiftungen? Wer konnte noch mit seinem Handy nach Hause telefonieren?

Je teurer das Leben, desto größer der Anreiz, es zu schützen

Man kann Todesangst in Geld umrechnen, dafür gibt es Präzedenzfälle: Je 365 000 Dollar zahlte eine Fluggesellschaft vor einigen Jahren an die Angehörigen von Passagieren, deren Verkehrsmaschine sich vor dem Aufprall fünf Minuten im Sturzflug befand. Das macht über 70 000 Dollar pro Minute. Jenna Jacobs – so schätzen die Anwälte bei Kreindler&Kreindler – stehen zusätzlich bis zu 20 Millionen Dollar Schmerzensgeld zu.

Kreindlers Sekretärin bringt den Leitkommentar der *New York Times* vom Tage. Es geht um die Entschädigung für die Toten und Verletzten des 11. September. »*Putting a Value on Lives*« heißt die Überschrift. Der Autor warnt vor überzogenen Kompensationsforderungen der Opferfamilien. Kreindler missfällt der Ton. Es ist sein Job, das Leben so teuer wie möglich zu machen. Je teurer das Leben des Einzelnen, desto größer der Anreiz, es nicht durch Fahrlässigkeit oder schlechte Produkte zu gefährden. Das ist die Logik, nach der das amerikanische Schadensersatzrecht funktioniert, und diese Logik gilt für Autohersteller oder Pharmakonzerne ebenso wie für Fluggesellschaften. Sie alle wägen ab zwischen den Kosten für mehr Sicherheit und den Kompensationssummen an potenzielle Opfer ihrer Produkte.

Hätte eine Klage gegen United Airlines und American Airlines Chancen auf Erfolg? Laut herrschender Meinung kann man niemandem Fahrlässigkeit in einem Fall unterstellen, den keiner vorhersehen konnte. Doch nach Ansicht einiger Anwälte und Luftfahrtexperten hätten die Fluggesellschaften mit einem solchen Terroranschlag rechnen müssen. Ihnen war bekannt, dass Al-Qaida 1995 innerhalb von 48 Stunden zwölf amerikanische Passagiermaschinen entführen und über dem Pazifik abstürzen lassen wollte. Man wusste von Plänen, ein entführtes Flugzeug auf das CIA-Hauptquartier in Virginia zu lenken. Man hätte also längst einbruchsichere Cockpittüren einbauen und bewaffnete Sicherheitsbeamte an Bord bringen können. Wenigstens aber hätte man Einsicht in die Terroristenliste des FBI nehmen können, in der einer der Entführer aufgeführt war.

Am 12. September eröffneten die Lobbyisten der Luftfahrtindustrie den größten Basar, den die amerikanische Hauptstadt seit langem gesehen hatte. Stahlindustrie, Energielobby, Versicherungskonzerne, die nationale Autobusvereinigung, die Nationale Union der Steuerzahler, die Nordamerikanische Kooperative der Bisonzüchter – sie alle forderten Subventionen, Kreditgarantien, Schutzzölle oder Steuervergünstigungen, um im »Krieg gegen den Terror« das Vaterland zu stärken. Den erfolgreichsten Deal schlossen zehn Tage später die Fluggesellschaften ab: 15 Milliarden Dollar Subventionen im Rahmen eines Gesetzes, das den Streitwert von Schadensersatzklagen begrenzt und den Opfern des 11. September stattdessen Geld aus einem staatlichen Kompensationsfonds anbietet.

Letzteres ist im Prinzip keine schlechte Idee: Staatliche Entschädigung innerhalb weniger Monate ist einer jahrelangen Serie von Gerichtsprozessen mit ungewissem Ausgang vorzuziehen. Aber die Details des Fonds haben die Familien der Toten samt ihren Anwälten auf die Barrikaden gebracht. Wieder lautet die Frage: Was sind die Opfer des größten Terroranschlags auf amerikanischem Boden der Nation wert – der Börsenmakler, die Anlageberaterin, der Feuerwehrmann, die Sekretärin, der Küchengehilfe? Laut Fonds zwischen 300 000 und 4 Millionen Dollar – abhängig von Alter, Einkommen und statistischer Lebensarbeitszeit. Dazu gibt es ein einheitliches Schmerzensgeld von 250 000 Dollar für jeden Toten plus je 100 000 für Ehepartner und Kinder – es sei denn, hochkarätige Anwaltsfirmen wie Kreindler& Kreindler können für ihre Mandanten »außergewöhnliche Umstände« der Trauer und Seelenqual geltend machen. Lebensversicherungen werden abgezogen, was die Endsumme drastisch reduzieren kann. Wer aus dem Fonds Geld beantragt, verwirkt jedes Klagerecht. Jenna Jacobs bekäme demnach zwischen vier und fünf Millionen Dollar.

Zur Ausarbeitung des Kleingedruckten benannte die Bush-Regierung ihrerseits einen Topjuristen. Kenneth Feinberg, 56 Jahre alt, gilt als Genie des außergerichtlichen Vergleichs und wird von Gerichten gern als Vermittler bestellt – egal ob es um fehlerhafte Verhütungsmittel oder um Soldaten geht, die in Vietnam dem Entlaubungsgift Agent Orange ausgesetzt waren. Feinberg besitze, sagen Kollegen, das Talent, mit einem Deal jede Seite glücklich zu machen, bloß wird ihm das dieses Mal kaum gelingen: Es steht ihm nicht nur der Doyen der Branche Lee Kreindler gegenüber. Es protestieren Bürgerrechtsanwälte, weil in den Richtlinien des Fonds von Partnern gleichgeschlechtlicher Lebensgemeinschaften keine Rede ist. Auf der »Opfer-Website« des Justizministeriums empören sich die Eltern von Toten, weil ungeliebte Schwiegertöchter oder -söhne alle Kompensation einstreichen. Die Verlobten von Opfern verlangen, mit Ehepartnern gleichgestellt zu werden. Ein Mann, dessen schwangere Frau in einer der entführten Maschinen saß, will Schmerzensgeld auch für das ungeborene Leben.

Dann ist da noch die Vereinigung der Zwillinglosen Zwillinge des World Trade Center. Gregory Hoffman hat sie gegründet, ein blonder, bulliger Kerl mit übersprudelndem Mitteilungsdrang. Hoffman ist Anlageberater bei Merrill Lynch und klingt wie jemand, der schon viel verkauft hat in seinem Leben. Sein Zwillingsbruder, Wertpapierhändler bei Cantor Fitzgerald, hört sich zum Verwechseln ähnlich an. Hoffman spielt immer wieder den Mitschnitt eines Telefongesprächs ab, das eine Frau am 11. September kurz nach zehn Uhr aus dem Nordturm mit ihrer Mutter führte. Im Hintergrund ruft Stephen Hoffman: »Beruhige dich. Sag ihr, wir sind im 104. Stock. Sag ihr, es ist alles voller Rauch und dass wir ein paar Fenster eingeschlagen haben. Sag ihr, wir warten auf Anweisungen.«

Mit dem 11. September ist eine Hierarchie des Leidens entstanden

Stephen war 38 Jahre alt, zwei Minuten jünger als Gregory. Gregory versank nach Stephens Tod »in einem Loch«. Jetzt hat er sich herausgegraben und sucht Aufmerksamkeit für das Schicksal von 37 Menschen, die am 11. September Zwillingsgeschwister verloren haben. Gregory Hoffman kennt die ganze psychologische Literatur über die emotionale Bindung zwischen Zwillingen, die »unheimlich stark ist, meist stärker als zu den jeweiligen Ehepartnern«. Hoffman glaubt, dass er mit seiner »Trauerarbeit sehr viel besser« vorankäme, wenn sein seelisches Leiden offiziell anerkannt würde. Doch in den Richtlinien des Fonds steht nichts von Schmerzensgeld für Geschwister. Hoffman hat eine Anwaltskanzlei beauftragt: Kelner& Kelner – eine Spielklasse unter Kreindler&Kreindler, aber ebenfalls sehr geachtet. Bob Kelner will die möglichen Ansprüche von Geschwistern recherchieren. Und er will vor dem Fonds geltend machen, dass der »Verlust elterlicher Führung« für Stephen Hoffmans fünfjährige Tochter extra zu veranschlagen ist.

Man kann einwenden, dass diese Schacherei dem pietätvollen Respekt für Opfer und Angehörige widerspreche. In der Kanzlei Kreindler reagiert man auf solche Anwürfe gelassen mit einem Verweis auf die herrschenden Preise. »250 000 Dollar Schmerzensgeld?«, sagt ein junger Sozius. »Das kriegen Sie heute, wenn Sie draußen ausrutschen und sich die Kniescheibe brechen.« Kelner wird böse und empfiehlt »Nachhilfe in Sachen Menschlichkeit«. Man möge bitte bedenken, was die Opferfamilien des 11. September durchmachen.

Wer vom ganzen Land so sehr als Opferheld und Heldenopfer vereinnahmt worden ist wie die Toten des 11. September und ihre Angehörigen, empfindet es als enorme Kränkung, wenn diese Toten und Verletzten plötzlich weniger wert sind als zum Beispiel Bernard Harvey. Das ist ein Bauarbeiter, für den die Kanzlei Kelner&Kelner 14,3 Millionen Dollar erstritten hat, weil er nach einem Arbeitsunfall hirngeschädigt ist. Oder Stella Liebeck. Das ist die Rentnerin, der zwölf Geschworene 1994 im Prozess gegen McDonald's 2,7 Millionen Dollar zusprachen, weil sie sich mit heißem Kaffee aus dem Drive-by-Fenster den Schoß verbrüht hatte. Wenn man sich im Internet unter www.verdictsearch.com einloggt, findet man Hunderte solcher Urteile. So ist in den Gerichtssälen eines Landes, in dem man angeblich nicht jammern darf, eine monetäre Hierarchie des Leidens entstanden. Kenneth Feinberg hat das früh erkannt. »Die Achillesferse dieses Fonds«, sagte er gleich nach seiner Ernennung der *New York Times*, »ist die emotionale Wucht, die mit diesen Toten verbunden ist.«

Am 18. Oktober, fünf Wochen nach den Terroranschlägen auf New York und Washington, saß Howard Kavaler im militärisch bewachten Saal 318 des U. S. District Court in Manhattan und blickte auf die Mörder seiner Frau. Es war der Tag der Urteilsverkündung im Strafprozess »Vereinigte Staaten von Amerika gegen Osama bin Laden« und 21 weitere Personen. Der Hauptangeklagte war abwesend. Der Richter verhängte viermal lebenslänglich gegen Mohamed al-Owhali, Khalfan Khamis Mohamed, Mohamed Saddiq Odeh und Wadih el-Hage – alle vier schuldig gesprochen, im Auftrag von Al-Qaida am 7. August 1998 Bombenattentate auf die amerikanischen Botschaften in Kenia und Tansania vorbereitet oder ausgeführt zu haben. 224 Menschen starben. Prabhi Gutpara Kavaler, Howards Frau, war in der Anklageschrift als Mordopfer 54 aufgeführt.

»Leidenschaftlich« habe er vor Gericht für die Todesstrafe plädiert, sagt Kavaler. »Leidenschaftlich« – aus seinem Mund klingt das Wort hilflos, wenn man die bleierne Trauer in seinem Gesicht sieht. Er sei ein liberaler Demokrat, sagt Kavaler, »Todesstrafe im Texasstil finde ich abscheulich. Aber solche Leute haben in meinen Augen ihr Recht auf Leben verwirkt.« Howard Kavaler war in Nairobi der amerikanische *liason officer* für Unep, das Umweltprogramm der Vereinten Nationen; Prabhi Kavaler, gebürtige Inderin, arbeitete in der Verwaltung der Botschaft. Am 7. August 1998 – die Kavalers waren gerade eine Woche in Kenia, hatte Prabhi ihren Mann um 10.15 Uhr losgeschickt, sich nach einer Schule für die beiden Töchter zu erkundigen. Sie blieb im Büro, 22 Minuten später explodierte die Bombe.

Howard Kavaler arbeitet heute halbtags für das US-Außenministerium, er kümmert sich um die beiden Töchter, die jetzt 13 und 8 Jahre alt sind. Was war dem Ministerium das Leben von Prabhi Kavaler wert? Ihr Mann lächelt. »Ein Jahresgehalt, das sind 55 000 Dollar. Und 10 000 Dollar für die Beerdigungskosten.« Kavaler kann sich an die Tränen Bill Clintons erinnern, als die Särge der toten Amerikaner in Washington aus dem Flugzeug geladen wurden, doch ansonsten war die »emotionale Wucht« dieser Opfer gering. Sie starben weit weg auf einem unübersichtlichen Kontinent.

Kavaler kommt finanziell gerade so hin, kann den Bungalow in Virginia halten und zahlen, was sonst noch anfällt: Therapiestunden für sich und seine ältere Tochter sowie seine Psychopharmaka. Wenn er in der Haupthalle des State Department den Namen seiner Frau auf einer Gedenktafel sieht, denkt er: »Es hätte verhindert werden können.«

Weil es äußerst schwer ist, die eigene Regierung für schuldhaftes oder fahrlässiges Verhalten haftbar zu machen, hat Kavaler mit den Angehörigen anderer amerikanischer Botschaftsopfer auf dem Verwaltungsweg bei seinem Arbeitgeber Entschädigung beantragt. Es geht um mehrere Millionen Dollar. Das Verfahren schleppt sich seit Jahren hin. Das Ministerium will nicht zahlen, sagt Kavalers Anwalt, weil dies einem Eingeständnis gleichkäme: Es gab Informationen über eine Al-Qaida-Gruppe in Nairobi und einen bevorstehenden Angriff auf amerikanische Einrichtungen. Die Botschaft hatte in Washington mehrfach Mittel für verstärkte Sicherheitsmaßnahmen erbeten – zum Beispiel Betonsperren für einen Sicherheitskordon um das Gebäude. Kein Geld, lautete sinngemäß die Antwort. Nach dem Anschlag beteuerte das State Department, es hätten keine »konkreten Hinweise« auf ein Attentat gegen die Botschaft vorgelegen. Im Kongress interessierte sich niemand für die Bitte um Entschädigung für die amerikanischen und afrikanischen Opfer.

Dann kam der 11. September, die Nation spendete zwei Milliarden Dollar, der Kongress gründete einen Opferfonds, und Kavaler fühlte, wie sich Verbitterung in seinem Kopf breit machte. Man hatte sie schlicht vergessen. Er ging wieder Klinken putzen im Kongress. Seit einigen Wochen gibt es im Repräsentantenhaus immerhin den Gesetzantrag HR 3375, wonach die Botschaftsopfer in den Fonds mitaufzunehmen sind. HR 3375 geht seinen parlamentarischen Gang. Nicht berücksichtigt sind die kenianischen und tansanischen Opfer. Nicht berücksichtigt sind die Familien der Toten und die Verletzten des ersten Anschlags auf das World Trade Center am 26. Februar 1993. Damals starben sechs Menschen, Hunderte wurden verletzt.

Am 14. Januar, fast fünf Monate nach den Terroranschlägen auf World Trade Center und Pentagon, meldete die *Washington Times*, das Leib-und-Magen-Blatt der Hauptstadtfalken, eine Arbeitsgruppe im Pentagon habe erste Beweise für eine Kooperation zwischen dem Irak und Al-Qaida gefunden. Zwei Wochen später sprach George Bush von der »Achse des Bösen«. Das führte zu diplomatischen Verstimmungen in Berlin, Paris und Brüssel und zu einem Zustand erhöhter Erregung in amerikanischen Anwaltskanzleien. Denn amerikanischen Bürgern ist es möglich, ausländische Regierungen auf Schadensersatz zu verklagen, wenn diese als »Unterstützer terroristischer Organisationen« eingestuft werden. Ob Jenna Jacobs, Gregory Hoffman oder Howard Kavaler – sie alle würden Saddam Hussein verklagen, sollte er regierungsamtlich zum Al-Qaida-Helfer erklärt werden.

Zu den unumstrittenen Experten in diesem noch sehr jungen Spezialgebiet des Zivilrechts zählen Kreindler&Kreindler in New York City und die Kanzlei Crowell&Moring in Washington. Dort sitzt Stuart Newberger, der Anwalt von Howard Kavaler.

»Terry Anderson gegen Islamische Republik Iran«

Crowell&Moring gehört zu den Big Players in Washington, die hinter den Kulissen des Parlaments tagen, wo man für Kongressabgeordnete Gesetzentwürfe schreibt, beim Lunch mit dem Senator die Interessen der Mandanten aus der Bio-Tech-Branche skizziert oder Hürden für die Fusion von Medienunternehmen beseitigt. Die Adresse der Kanzlei, 1001 Pennsylvania Avenue, zwischen Weißem Haus und Kapitol, verspricht Nähe zur Macht – egal wer gerade an der Regierung ist.

Eigentlich verbietet das Prinzip der Immunität Schadensersatzklagen von Einzelpersonen gegen ausländische Regierungen. Dieses Prinzip schränkte der Kongress ein, als er 1996 in einem Anti-Terrorismus-Gesetz Zivilklagen gegen Staaten zuließ, »die Terrorismus unterstützen«. Bill Clintons Unterschrift unter dem Gesetz war kaum getrocknet, da verklagten Kreindler&Kreindler Libyen im Namen der Hinterbliebenen der Lockerbie-Opfer. Kurz darauf reichte Newberger beim Bundesgericht in Washington die Klageschrift »Anderson gegen Islamische Republik Iran« ein. Drei Jahre später wurde das Urteil verkündet. Der Journalist Terry Anderson, von 1985 bis 1991 Geisel der vom Iran finanzierten Hizbullah in Beirut, war um 341 Millionen Dollar reicher. Theoretisch.

Es ist kompliziert, ein Land zu verklagen, mit dem die eigene Regierung keine diplomatischen Beziehungen unterhält. Eine Kopie der Klageschrift muss an den Schweizer Botschafter in Teheran geschickt werden, der dort im Auftrag der USA den Schriftsatz beim iranischen Außenministerium abgibt, wo umgehend eine Presseerklärung aufgesetzt wird, in der viel vom »Großen Satan Amerika« die Rede ist und jede Unterstützung von Terroristen »auf das Schärfste« dementiert wird. Nach diesem Ritual beginnt dann in Abwesenheit des Beklagten der Zivilprozess vor einem amerikanischen Gericht. Newberger hat das im Fall Iran »so 15 bis 20 Mal« durchexerziert. Meist waren ehemalige Geiseln der Hizbullah seine Mandanten – und meist bewilligen die Gerichte zweistellige Millionenbeträge als Schadensersatz. 10 000 Dollar ist derzeit die übliche Rate pro Tag in Geiselhaft. Dazu kommt ein dreistelliger Millionenbetrag als Zivilstrafe »zur Abschreckung des Beklagten«. Mit solchen Summen wäre auch zu rechnen, wenn man im Zusammenhang mit Al-Qaida-Anschlägen den Irak haftbar machen könnte.

Stuart Newberger ist begeistert von dieser juristischen Waffe im Krieg gegen den Terrorismus. Mit einer Prozessflut sei »der Iran weit effektiver zu bekämpfen als mit Bomben«. Doch was, wenn Ausländer auf die Idee kämen, die USA wegen terroristischer Umtriebe zu verklagen? Man denke an den Putsch in Chile, die Unterstützung der Contras und die Verminung nicaraguanischer Häfen ... Newberger winkt ab, er kennt die unrühmlichen Kapitel amerikanischer Außenpolitik. Gleiches Recht für alle sei »natürlich immer eine Frage des politischen Willens«, sagt er. Dass dieser aufseiten Washingtons fehlt, hält er für bedauerlich, aber nicht für ein grundlegendes Problem.

Aber wer zahlt Terry Anderson 341 Millionen Dollar? Der Iran jedenfalls nicht. Auch das US-Außenministerium weigerte sich, Gelder aus eingefrorenen iranischen Guthaben herauszurücken. Das verstoße gegen internationale diplomatische Gepflogenheiten und gefährde außerdem amerikanischen Besitz im Ausland. Doch Anderson und die anderen Kläger bekamen ihre Kompensation, wenn auch nicht die Zivilstrafgelder, dank eines Deals, den Newberger mitausgetüftelt hat. »Meine Mandanten verkaufen die Rechte an ihrem Urteil an das Finanzministerium und erhalten dafür die Schadensersatzsumme, die sich die US-Regierung bei Gelegenheit vom Iran zurückholen wird.« Soll heißen: Bis auf weiteres begleicht der amerikanische Steuerzahler die Rechnung, und Kritiker dieser Praxis befürchten, dass er darauf sitzen bleiben wird. Bislang hat das Finanzministerium Gerichtsurteile im Wert von 200 Millionen Dollar aufgekauft. Doch Newberger verweist auf gute Nachrichten aus Libyen. Dort bemüht sich Muammar al-Ghaddafi seit längerem um die Aufhebung internationaler Sanktionen und ein entspannteres Verhältnis zu Washington. Eine der Bedingungen: Libyen muss Schadensersatz und Schmerzensgeld an die Opferfamilien von Lockerbie zahlen, weswegen seit einigen Monaten Lee Kreindler mit Tripolis über konkrete Summen verhandelt. »Wir kommen gut voran«, sagt der alte Fuchs in New York.

Weil die Akte Libyen bald geschlossen wird, suchen die Newbergers und Kreindlers jetzt nach staatlichen Unterstützern von Al-Qaida. Iran? Newberger legt die Stirn in Falten. »Ziemlich unwahrscheinlich.« Irak? Da war das Treffen zwischen einem irakischen Geheimdienstler und Mohamed Atta in Prag, da sind angebliche Beweise aus dem Pentagon, die von der CIA bezweifelt werden, doch die CIA steht in Washington derzeit nicht hoch im Kurs. »Abwarten«, sagt Kreindler. Saudi-Arabien? Dem Scheichtum könnte man vor Gericht wahrscheinlich leicht nachweisen, dass Hintermänner Osama bin Ladens ungestört im Land operieren durften. »Aber Saudi-Arabien steht nicht auf der Liste«, sagt Newberger. Er kann nur gegen Länder prozessieren, die vom US-Außenministerium als »Unterstützer des Terrorismus« eingestuft werden. Das sind momentan außer Libyen und dem Iran noch Irak, Sudan, Syrien, Nord-Korea und Kuba. Die Liste verändert sich mit der politischen Großwetterlage, der Terroristenfreund von heute kann der US-Verbündete von morgen sein. Im Fall des Irak sind solche Umschwünge aber unwahrscheinlich. Inzwischen haben die Angehörigen von 14 Toten des Bombenanschlags in Oklahoma City den Irak auf 1,5 Milliarden Dollar Schadensersatz verklagt. Eine erzkonservative Rechtshilfegruppe namens Judicial Watch hat die anwaltliche Vertretung übernommen. Timothy McVeigh als Agent von Saddam Hussein? Man kann es ja mal versuchen.

Am 23. Januar, über vier Monate nach den Anschlägen auf Washington und New York, betraten mehrere FBI-Agenten die Räume der Asociacion Tepeyac in Manhattans 14. Straße. Große, weiße Kerle mit Anzügen, Sonnenbrillen und perfekten Zahnreihen. Die mexikanischen Immigranten, die auf den abgewetzten Stühlen im Flur auf die Sprechstunde warteten, duckten sich, starrten auf ihre Schuhe und wünschten sich, unsichtbar zu sein. Aber es war keine Razzia, nur ein Höflichkeitsbesuch der Bundespolizei, um vor Betrügern zu warnen, die sich als Opfer der Terroranschläge ausgeben und Kompensation kassieren wollen. »Danke, wir passen auf«, sagte Esperanza Chacon, die Direktorin.

Wenn Crowell&Moring in der Hierarchie der Opferanwälte ganz oben rangieren, dann steht die Asociacion Tepeyac ganz unten. Die Asociacon Tepeyac ist nicht einmal eine Kanzlei, hat keine Empfangslobby, und ihre Mitarbeiter haben keine juristischen Diplome. Es gibt nur vier Computer, eine Kaffeemaschine, ein paar verbeulte Aktenschränke und Metallschreibtische. In normalen Zeiten berät die Asociacion Tepeyac illegale Immigranten, die um ihren Lohn geprellt wurden, Arztrechnungen nicht bezahlen können oder seit Monaten in Abschiebehaft schmoren. Seit dem 11. September gibt Tepeyac vor allem

Beistand für die Angehörigen jener Toten, die offiziell nicht existiert haben.

Die Witwe muss beweisen, dass es ihren Mann gegeben hat

Es ist möglich, dass der Topmanager Ariel Jacobs am 11. September zwischen 8.48 Uhr und 10.28 Uhr mit dem Hilfskoch Marcelo Ruiz geredet hat. Jacobs sprach Spanisch, und das Englisch von Ruiz war immer noch holprig. Ruiz hatte Frühschicht im Windows on the World, wo er 1200 Dollar im Monat verdiente ohne Anspruch auf Sozialleistungen. Denn Ruiz war einer von über 70 illegalen Immigranten im Restaurant. Kellner, Tellerwäscher, Hilfsköche. Er war 37 Jahre alt, stammte aus San Marcos in Ecuador, lebte seit 6 Jahren ohne Papiere in New York, war verheiratet mit Carmen, der Mutter seiner vier Kinder, das jüngste anderthalb Jahre alt. Marcelo hieß in Wahrheit nicht Ruiz, doch seine Witwe will den richtigen Namen nicht in der Zeitung lesen. Die US-Einwanderungsbehörde hat zwar versprochen, die Angehörigen der »unsichtbaren Opfer« nicht weiter zu behelligen, doch Carmen Ruiz traut dem Frieden nicht. Tepeyac ist ihr Bote aus der Schattenwelt der Illegalen ins Dickicht der Hilfebürokratie.

Niemand bei Tepeyac spekuliert über Zivilklagen gegen die Fluggesellschaften oder Saddam Hussein, niemand rechnet Marcelo Ruiz' letzte Minuten in Schmerzensgeld um. Die Organisation wurde von Jesuiten gegründet, aus einem durchaus geschäftstüchtigen Orden, doch die Monetarisierung von Todesangst dürfte ihnen fremd sein. Man hat genug damit zu tun, aus der Biografie eines Illegalen, eines »Unsichtbaren«, einen realen Toten zu rekonstruieren: eines Menschen ohne Green Card, ohne Pass und Sozialversicherungsnummer, der unter falschem Namen gearbeitet hat und für dessen Existenz am 11. September im World Trade Center es keine Zeugen mehr gibt. Manche Witwen sind mit ihren Kindern zurück nach Mexiko, El Salvador oder Kolumbien gegangen, in der Tasche 2000 oder 3000 Dollar aus Kirchenspenden, mit denen sie nun die Schulden an den *coyote* abzahlen, den Schmuggler, der sie einst über die Grenze brachte. In anderen Fällen hat Tepeyac Mitarbeiter bis nach Guatemala geschickt, um sich von den Kindern der »unsichtbaren« Opfer Speichelproben für eine DNA-Analyse geben zu lassen. Die Chance ist hauchdünn, doch falls sich eine Übereinstimmung mit einer DNA-Probe aus dem New Yorker Trümmer-und-Leichen-Feld ergäbe, hätten die Hinterbliebenen Anspruch auf Gelder aus dem Opferfonds.

Carmen Ruiz, die kein Englisch spricht, weiß nicht, unter welchem Namen Marcelo im Restaurant beschäftigt war. Sie hat Speichelproben ihrer Kinder und Marcelos Zahnbürste abgegeben, obwohl sie nicht verstanden hat, wie man darin Spuren von Marcelo finden kann. Tepeyac half ihr, eine neue Wohnung zu finden, als sie die alte nicht mehr bezahlen konnte. Die Miete für zwei Zimmer in Brooklyn übernimmt für neun Monate das Rote Kreuz.

Was war es wert, das Leben des Marcelo Ruiz? Nach den Berechnungen von Kenneth Feinberg könnte Carmen Ruiz mit 1,35 Millionen Dollar rechnen: 700 000 Dollar Schadensersatz und 650 000 Dollar Schmerzensgeld. Das ist etwa ein Viertel von dem, was Ariels Witwe Jenna vom Fonds zu erwarten hätte. So gesehen, sind Marcelo Ruiz und Ariel Jacobs im Tod näher zusammengerückt, als sie es im Leben waren. Die Frage ist nur, ob Carmen Ruiz je die Existenz ihres Mannes wird beweisen können.

Am 14. März, über sechs Monate nach den Anschlägen auf Washington und New York, meldet die Nachrichtenagentur Associated Press, Angehörige von zivilen Opfern amerikanischer Luftangriffe auf das südafghanische Dorf Choker Karaiz hätten beim afghanischen Innenministerium Entschädigung beantragt. Dort wisse man nicht, ob man die Anträge nach Washington weiterleiten könne. Wenige Wochen zuvor hatte die Zeitung *The Nation* berichtet, die CIA zahle in einzelnen Fällen Wiedergutmachung für fehlgeleitete Bomben: 1000 Dollar pro Todesfall. Bar auf die Hand. In Afghanistan ist das natürlich viel Geld.

Klaus Brinkbäumer

Klaus Brinkbäumer, 36 Jahre alt, gebürtiger Münsteraner, Vater einer achtjährigen Tochter, ist seit zehn Jahren beim SPIEGEL, zur Zeit als Reporter. In jungen Jahren spielte er vor allem und mit Leidenschaft Volleyball: in Münster, München und Santa Barbara/Kalifornien, wo er auch studierte. Nach dem Studium war Brinkbäumer Boulevard-Reporter für ABENDZEITUNG und BERLINER KURIER. Es folgten vier Monate in der Entwicklungsredaktion von FOCUS, dann der SPIEGEL. 1998 gewann Brinkbäumer den Axel-Springer-Preis für junge Journalisten. Er ist Co-Autor mehrerer Sachbücher.

Planet der guten Menschen

Es ist eine Art Versuchslabor für eine bessere Welt: Fast 1200 Leute arbeiten beim Uno-Tribunal in Den Haag dafür, dass Tyrannen endlich ihren Richter finden. Nächste Woche beginnt der Prozess gegen Slobodan Milošević, dann stellt sich heraus, was ihre Arbeit wirklich wert ist.

von Klaus Brinkbäumer
DER SPIEGEL
4. Februar 2002
Foto: Reuters

Leichenhalle für die Massaker-Opfer von Srebenica (1997): Gerechtigkeit globalisieren

Das Furchtbarste? Das Furchtbarste war diese Notiz, in der kalten Zelle auf den Stein gekritzelt. Die Notiz eines Mannes, der noch Minuten zu leben hatte, sein letzter Gruß, ich liebe dich, Mutter. In Bosnien war das, in einem Lager, in dem sie forensische Untersuchungen durchführen ließ. Die Notiz, sagt Hildegard Uertz-Retzlaff, »hat mich tagelang fertig gemacht«. Die Oberstaatsanwältin hat geweint, geträumt, gezweifelt. Grau und beinahe kahl sei sie geworden, sagt Hildegard Uertz-Retzlaff, 50, »als ich hier anfing, war ich braun. Mir gehen hier wirklich die Haare aus«.

Das Schönste?

Das Schönste ist der Stolz der Frauen, die ihre Kuh und die Überlebenden untergebracht, den Pass besorgt, das erste Flugzeug ihres Lebens bestiegen, das erste Hotelzimmer bestaunt, schließlich den ersten Gerichtssaal betreten und sich dort sehr geschämt haben. Die geschluchzt haben, geflüstert, geschwiegen, minutenlang.

Und die dann der Welt ihre Geschichte erzählt haben. Von den elf Soldaten, die immer nachts kamen und diskutierten, wen sie nehmen sollten. Von den Zigaretten, den Pistolen, dem Gelächter, dem Gedrängel, der Spucke danach. Und von den Blicken nach der Rückkehr in die Zelle.

Das Schönste ist der Stolz dieser Frauen, darauf, dass sie im Gerichtssaal das Lächeln der Mörder ihrer Kinder ausgehalten haben und das Gähnen ihrer Vergewaltiger, darauf, dass sie wichtig waren, anonym zwar, weil das Zeugenschutzprogramm sie »FWS-75« getauft hat oder »FWS-87«, aber wichtig für einen Tag und so stark.

Das ist das Schönste, das sagen alle.

Und das Ergebnis, das nach dem Furchtbaren und dem Schönen am Ende bleibt? »Jeder Einzelne ist ein winziges Rad, aber alle zusammen schaffen wir etwas Besonderes«, sagt Liam McDowell, 37, der Leiter des »Outreach Department«, der wie die meisten hier seine Tribunal-Marke an einem silbernen Halsband trägt. »Zusammen leisten wir, das darf man wohl so nennen, etwas Historisches«, sagt Hildegard Uertz-Retzlaff, und so leise sagt sie das, als wäre ihr ein so großes Wort peinlich.

Es geht um etwas Gewaltiges in Den Haag. Es geht in dem Bunker am Churchillplein um den Versuch, Gerechtigkeit zu globalisieren, darum, dass in Zukunft für jeden Präsidenten und jeden General ein Weltrecht gelten soll.

Das Internationale Kriegsverbrechertribunal für das ehemalige Jugoslawien, kurz ICTY, am 25. Mai 1993 ins Leben gerufen mit der Resolution 827 des Sicherheitsrates der Vereinten Nationen, soll Völkermord, Verbrechen gegen die Menschlichkeit, Kriegsrechtsverletzungen und schwere Verstöße gegen die Genfer Konvention von 1949 ahnden. »Es gab in dieser Welt ein Tabu. Tyrannen waren nicht zu greifen. Dieses Tabu haben wir durchbrochen«, sagt der Richter Claude Jorda, 63, Präsident und Vaterfigur des Tribunals, das jene Menschen anklagen und verurteilen soll, die all die Morde in Bosnien, in Kroatien, im Kosovo befohlen haben.

Das Tribunal ist wie ein Planet; der hat zwei Türme und viele Antennen und Satellitenschüsseln; der hat fünf Etagen, sehr viele gepanzerte Türen und Kontrollpunkte und Gänge und Treppen. Fast 1200 Menschen aus 77 Ländern arbeiten für das Tribunal, und es gibt viele, die seit Jahren dabei sind und sich immer noch verlaufen.

Der Planet Den Haag, aus beigefarbenem Stein gebaut, hat die Form eines V, »V« wie »victory«, sagt die Chefanklägerin Carla Del Ponte, wobei der rechte Arm des Vs um 50 Meter länger ist als der linke. Vorn, wo die beiden Arme sich treffen, ist der erste Hochsicherheitsbereich, der Haupteingang, und darüber ist die Terrasse, auf der die Raucher die lausigen Wiener Würstchen verdauen.

Unten im Erdgeschoss ist die Lobby. Es gibt einen Marmorboden, zwei flache Bildschirme an der Wand, gegenüber die Büros der Agenturjournalisten, die täglich berichten.

Ein Stockwerk höher, im Gerichtssaal I, werden an diesem Tag die Urteile gegen die Kriegsverbrecher Zdravko Mucić, Hazim Delić und Esad Landzo verkündet: 9, 18 und 15 Jahre. In Lagern in Bosnien haben sie Häftlinge gefoltert, vergewaltigt, ermordet. Eine Mutter im Zuhörerraum weint, eine Freundin reckt den Daumen, Mucić grinst.

Weiter oben, im Saal III, muss sich gerade Mladen Naletilić, einst Kommandeur der Truppe Kaznjenicka Bojna in Bosnien, verteidigen, angeklagt als Mörder und Folterer wie die anderen.

Und nebenan, im kleineren Saal II, geht es gegen Mitar Vasiljević, einst Mitglied einer paramilitärischen Einheit, die durch bosnische Dörfer gezogen und ziemlich wahllos gemordet haben soll. Alle hinter dem Panzerglas sehen erschöpft aus, und das Neonlicht macht sie noch blasser. Das Ganze wirkt wie ein Labor – wie das Experiment, aus dem eine schönere neue Welt hervorgehen soll.

Größer und edler könnte die Aufgabe des ICTY ja nicht sein, komplizierter und heikler auch nicht. Dass es am Anfang keine Angeklagten gab, weil die Regierungen auf dem Balkan von Siegerjustiz sprachen und Auslieferungen verweigerten; dass die Beweise von Nato-Truppen und Nato-Satelliten geliefert wurden; dass die Bürokraten der Uno das Tribunal so weit weg von den Tatorten beordert hatten; dass als Sprachen des Tribunals Englisch und Französisch und nicht Serbokroatisch oder Albanisch festgelegt wurden – all das führte zu trägen, tristen ersten Jahren.

Die Verfahren dauerten zu lange.

Dann kamen die Berufungsverfahren.

Und spätestens da hörte keiner mehr zu.

Ein paar Generäle wurden verknackt, aber die Präsidenten des Krieges, Präsident Milošević allen voran, waren weit weg und lachten über Den Haag.

Doch dann reformierte der französische Präsident des Tribunals, Claude Jorda, seinen Gerichtshof, und aus New York kam mehr Geld, und Serbien kollabierte und lieferte frische Angeklagte. Und inzwischen ist das Gefängnis in Scheveningen voll von Männern, die auf ihre Prozesse warten. Und einer von ihnen ist Slobodan Milošević, der Kriegstreiber, der mit seinen Träumen von Groß-Serbien letztlich für alles verantwortlich sein soll, was im vergangenen Jahrzehnt auf dem Balkan geschah.

Am 12. Februar beginnt der Prozess gegen Milošević. Darum sind die Menschen des Tribunals ziemlich stolz und ziemlich verspannt.

Denn dass der Fall Milošević darüber entscheiden wird, ob das Tribunal irgendwann tatsächlich etwas Historisches sein wird, das wissen sie alle. Milošević war in Wahrheit ja von Anfang an das Ziel, und deshalb geht es von diesem 12. Februar an um Sinn oder Größenwahn, um Erfolg oder Scheitern des Projekts Den Haag.

Natürlich weiß das auch die Frau, die am 12. Februar antritt zum Kampf ihres Lebens. Die das Gesicht des Tribunals ist, die den Stolz und die Kraft des Tribunals verkörpert. »Wir müssen uns die ›chain of command‹ hinaufarbeiten«, sagt Carla Del Ponte. »Höher hinauf geht es nicht.«

Eine ziemlich eckige Brille und goldene, schwere Ohrringe zieren das Gesicht von Carla Del Ponte, 55, darüber blondierte, rund geschnittene Haare, darunter noch einmal eine Menge Gold: goldene Kette, goldenes Armband, goldene Uhr.

Die Augen schmal, die Finger trommelnd, Del Ponte hat keine Zeit. »Alors, was wollen Sie?« Del Ponte springt zwischen Französisch, Deutsch und Englisch hin und her, und das klingt ziemlich niedlich; doch »niedlich« ist nicht wirklich das Wort, das diese Dame treffend beschreibt.

Von den Offizieren auf den Anklagebänken wird sie »Hure« genannt, weil die es nicht ertragen, von dieser kleinen, zarten Frau mit der niedlichen, lustigen Stimme seziert zu werden. Carla Del Ponte kämpft überall und immer, und auf dem Balkan kämpft sie zum Beispiel gegen die Nato. »Wissen Sie«, sagt sie, »die Nato ist die mächtigste militärische Organisation der Welt. Sie ist in Bosnien, im Kosovo, seit Jahren kontrolliert sie die kleine Republik Srpska, und immer noch sagt sie mir, sie wisse nicht, wo der Angeklagte Karadžić ist.«

Also fliegt Del Ponte im Wochentakt nach Belgrad, Sarajevo, Priština und kämpft ihren Kampf. Und immer hat sie Jean-Jacques Joris dabei, ihren sehr smarten, sehr flinken politischen Berater, dessen Armbanduhr 35 Minuten vorgeht, damit sie nicht zu spät kommen. Niemals. Und immer telefoniert sie. Mit den Vereinten Nationen in New York, mit Politikern, mit ihren zehn Teams. Und deshalb ist Carla Del Ponte mit ihren Gedanken hier und zugleich woanders, denn sie hat einen dieser Jobs, die so viele Akten und so viele Windungen mit sich bringen, dass es nie ein Ende gibt.

»Wo war ich?«

Die Nato, Frau Del Ponte.

»Die Nato langweilt mich. Ich habe in New York ein Tracking Team beantragt. Ich brauche nicht viele Leute, sieben gute reichen, die die Angeklagten finden werden. Und dann müssen sie auch festgenommen werden.« Im Jahr 2007 will Del Ponte ihre Ermittlungen beendet haben, und bis 2015 sollen alle Revisionen abgeschlossen sein. Bisher, nach acht Jahren, gibt es drei verbüßte Strafen, drei Verurteilte, die ihre Strafen angetreten haben und fünf Freisprüche; und es gibt noch 80 Angeklagte, von denen 31 flüchtig sind.

Niedlich.

»Wir müssen eben arbeiten«, sagt die Chefanklägerin und rutscht vor Lässigkeit beinahe unter den Konferenztisch in ihrem mit Medaillen und Topfpflanzen geschmückten Büro. Und dann: »Je push.«

Die Schweizerin Del Ponte wurde in Lugano im Tessin geboren und wuchs im Maggiatal auf. Lernen sollte sie nichts; »du heiratest sowieso«, sagte ihr Vater. Sie wollte raus, schnell, wollte erst Rennfahrerin und Pilotin werden und studierte dann Jura. Sieben Jahre lang war sie Rechtsanwältin, eine schlechte. »Wenn ich all die Beweise gesehen hatte, bin ich zu meinen Klienten ins Gefängnis gegangen und habe gesagt: Ja, da muss man gestehen.«

Also wechselte sie auf die andere, die gute Seite, und dort ging es schnell. Sie jagte Drogendealer, Geldwäscher, Waffenhändler, schloss sich mit dem italienischen Richter Giovanni Falcone zusammen, wurde berühmt und noch berühmter, nachdem Falcone von den gemeinsamen Feinden von der Mafia ermordet worden war.

Raucherin ist sie und Porschefahrerin mit Rennlizenz. Eine »unguided missile«, wie ein anonymer Schweizer Bankier sagte, was viele hundert Mal zitiert wurde. »Es ist möglich, dass Männer so etwas über einen Mann nie sagen würden«, sagt Del Ponte, »ich habe darüber nie nachgedacht.«

Es war am 3. Juli des vergangenen Jahres, da kam es im Gerichtssaal I, hinter kugelsicherem Glas, zur ersten Anhörung, zum ersten Gefecht. Vier automatische Kameras, die auf Geräusche reagieren, hingen an der Decke; Glaskrüge mit Wasser standen auf den Tischen, die mit Monitoren und Kopfhörern für die Übersetzungen ausgerüstet waren; alles hier, die Stühle, die Vorhänge, die Fahnen, war Uno-blau. Um 10.02 Uhr wurde der »Fall Nummer IT-99-37-I«, die Staatsanwaltschaft gegen Slobodan Milošević, aufgerufen.

»Ja, guten Morgen, Euer Ehren«, sagte Carla Del Ponte.

»Ich halte dieses Tribunal für ein falsches Tribunal und die Anklage für eine falsche Anklage«, sagte Milošević, bewacht von drei sehr kräftigen Männern in hellblauen Uno-Hemden, »das Ziel dieses Tribunals ist es, eine falsche Rechtfertigung für die Kriegsverbrechen der Nato zu produzieren.«

Dann ließ Richard May, der ruhige britische Richter, dem Angeklagten das Mikrofon abdrehen, und um 10.13 Uhr wurde Slobodan Milošević wieder in das Gefängnis gebracht, das die Zeugen der Anklage »Hotel Scheveningen« nennen.

Weil es Satellitenfernsehen hat. Und 68 Einzelzimmer. Und weil die Opfer in Bosnien und sonstwo frieren und hungern und Milošević hier Seeluft atmet und drei Mahlzeiten pro Tag bekommt.

Um 7.30 Uhr werden die Gäste des »Hotels Scheveningen« geweckt. Um 8 Uhr werden die Zimmer geöffnet, und ab 9 Uhr kommen die Familien, all die Frauen mit Kopftüchern und kleinen Kindern an der Hand, denen die Mütter erklären müssen, was Vati damals im Krieg getan hat.

Wer keinen Besuch bekommt, geht zum Arzt, zum Englischunterricht, in die Bücherei, zum Hallenfußball. Und Slobodan Milošević sieht sich die Nachrichten aus Belgrad an, spielt Schach, spielt Karten, geht im Innenhof spazieren. Zwei hohe Mauern halten den mutmaßlichen Völkermörder Milošević vom Volk entfernt und das Volk von Milošević; eine Fahne mit dem Schriftzug »Justititie« weht über ihm.

»Er ist ein extrem höflicher, respektvoller Häftling«, sagt Timothy McFadden, 48, ein ehemaliger Offizier der irischen Armee mit rosiger Haut und Segelohren, einst für die Uno in Namibia, Syrien und im Libanon und heute Leiter des »Penitentiair Complex Scheveningen«.

Hotel? McFadden lacht.

Abends um acht werden die Häftlinge wieder eingeschlossen, und »wer je eingeschlossen wurde, weiß, was der Unterschied zwischen Gefängnis und Hotel ist«. Klar, es ist luxuriös, aber bis zum Urteil sei Milošević wie alle hier nun mal unschuldig.

Und was wird aus Den Haag, wenn Milošević freigesprochen wird? »Das ist natürlich hypothetisch«, sagt Carla Del Ponte, »scheitern können wir nur, wenn plötzlich alle Zeugen nicht mehr kommen. Glauben Sie das?« Nein, denn wer hier arbeitet, braucht diesen Schuldspruch.

Wer für das Tribunal arbeitet, denkt groß. Mindestens an die ganze Welt und ihre Rettung. Die Menschen auf diesem Planeten haben so gar nichts Cooles, und sie sind nicht besonders sexy; sie sind überzeugt und wirken mit einem heiligen Ernst.

Wer für das Tribunal arbeitet, reist viel, spricht Fremdsprachen; das ist das, worauf die Leute daheim in Bochum und sonstwo neidisch sind. Der sieht Leichen, spricht mit Schlächtern, nimmt Gebrochene in den Arm; das ist das, was die Leute daheim selten begreifen können.

Natürlich gibt es auch im Tribunal Dinge, die es in allen Firmen und Behörden gibt: Es gibt Tribunal-Intrigen, Tribunal-Affären, Tribunal-Ehen, Tribunal-Klatsch. Alle, die nicht in der Verwaltung arbeiten, hassen die Verwaltung; jede Unterhose, die für eine Zeugin zu kaufen ist, muss abgerechnet werden, wenn sie denn abgerechnet werden darf – könnte Bestechung sein, muss im Einzelfall entschieden werden. 96 Millionen Dollar standen im vergangenen Jahr zur Verfügung, doch über die Prozedur der Verteilung klagen alle.

Und jene, die nicht bei der Staatsanwaltschaft sind, beneiden die Leute von der Staatsanwaltschaft, die große Einzelzimmer im zweiten, dritten und vierten Stock haben; purer Luxus für den Rest.

Aber niemand hier hat besonders viel Freizeit, und Florence Hartmann, Del Pontes Sprecherin, eine ziemlich elegante Pariserin mit einem ziemlich verwüsteten Büro, sagt, es gebe keine Partys mehr: »Was soll man auch reden? Wie viele Körperteile hast du vergangene Woche gefunden?«

Wer für das Tribunal arbeitet, lebt für das Tribunal.

Hildegard Uertz-Retzlaff, in Düsseldorf geboren, hat schon in Bochum groß gedacht. Sie war bei der Staatsanwaltschaft, die sich um Wirtschaftskriminalität kümmert, einer gefürchteten Truppe. Dann aber gab es ein Rundschreiben vom Justizministerium in Düsseldorf, und darin wurde von dem neuen Tribunal erzählt.

Ihr Ehemann ist Jugoslawe, und schon lange hatten die beiden über Kriegsverbrechen gesprochen – wie unfassbar das alles sei, dass man was tun müsse.

Nicht *man. Ich.*

Was sie in den ersten Jahren nach 1995 erleben sollte, wusste Hildegard Uertz-Retzlaff damals nicht, und wenn sie heute davon erzählt, schüttelt sie sich immer noch. Dann sitzt sie in ihrem violetten T-Shirt und dem weinroten Jackett in der Lobby des Tribunals, hinter sich die Fernseher mit den Übertragungen aus den Gerichtssälen, und presst ihre Hände gegeneinander und fährt sich durch die Haare. So etwas ist kaum auszuhalten, seelisch nicht, körperlich nicht.

Zeilen wie diese musste Hildegard Uertz-Retzlaff in die Anklagen hineinschreiben: »Am 8. Juli 1992 brachte Janko Janjić FWS-88 (›weibliche Zeugin Nummer 88‹) zu einem Apartment im Brena-Block.

Dort, während der ganzen Nacht, vergewaltigte er sie wiederholt (vaginale und anale Penetration und Fellatio). Da sie vor diesen Taten Jungfrau war, erlitt FWS-88 furchtbare Schmerzen während der Vergewaltigungen.«

Die beiden »Foča«-Prozesse, ihre Foča-Prozesse, sind berühmt geworden. Foča steht heute nicht mehr nur für die Kleinstadt im Südosten Bosniens, Foča steht dafür, dass Soldaten, die Frauen und Kinder systematisch vergewaltigen, für Jahrzehnte ins Gefängnis geschickt werden können; die Richterin Florence Mumba aus Sambia hat die Urteile gefällt. Und die Anklägerin Hildegard Uertz-Retzlaff haben diese Prozesse den Schlaf und die Freunde in Bochum gekostet, denn mit diesen Prozessen hat das Tribunal sie verschluckt.

Natürlich lohnt es sich. Meistens. Manchmal. Dann ist da immer wieder die Ernüchterung. »Ich hatte gedacht, wenn dieses Gericht hier etabliert ist, wird es präventiv wirken, und dann war ich ein halbes Jahr lang hier, und dann geschah das Massaker von Srebrenica«, sagt Uertz-Retzlaff, »und da habe ich gedacht: Was mache ich hier? Kann ich auch nach Hause fahren, wenn es nichts nutzt?«

Was Menschen wie Hildegard Uertz-Retzlaff in solchen Wochen in Den Haag hält, ist die höhere, die abstrakte, die fachliche Ebene des Tribunals. Es hat für Strafrechtler selten etwas derart Aufregendes wie diesen Gerichtshof gegeben.

All die verschiedenen Rechtsauffassungen, die Gewohnheiten von afrikanischen Richterinnen, kanadischen Verteidigern und beispielsweise einer Bochumer Oberstaatsanwältin müssen irgendwie koordiniert werden, und am Schluss muss ein Verfahren mit dem anderen zu vergleichen sein. Und darum ist für alle Experten so faszinierend, wie aus dem angloamerikanischen »Common law«, bei dem die Richter moderieren und die Ankläger nur belastendes Material sammeln, und dem »Civil law« der meisten europäischen Staaten, bei dem auch die Richter die Zeugen befragen, ein internationales Recht entsteht.

In Den Haag, sagt Uertz-Retzlaff, habe sich mit den Jahren gezeigt, dass es sehr viel schneller und effektiver zugehe, wenn Anklage und Verteidigung »ganz früh ihre Strategien offen legen, überflüssige Zeugen weglassen und wenn der Richter die Verhandlung nicht laufen lässt, sondern steuert«.

Dies sind die Themen für Liebhaber, und diese Themen fesseln die Liebenden. Und Hildegard Uertz-Retzlaff fuhr zwei Jahre lang an den Wochenenden nicht mehr heim, weil sie an ihrem Schreibtisch in Zimmer 253 neben einer Schale mit Äpfeln saß und an der Anklage gegen Milošević arbeiten musste.

Es war am 30. August, da kam es um 10.08 Uhr im Gerichtssaal I hinter Panzerglas zum zweiten Gefecht.

»Mr. Milošević hat die Annahme der Kopie der ersten Anklage verweigert«, sagte die Chefanklägerin Carla Del Ponte, »deshalb ist nicht klar, ob er die Vorwürfe kennt, und deshalb möge die Kammer überlegen, ob es nicht angebracht wäre, ihm die Vorwürfe vorlesen zu lassen.«

»Wir werden das Problem bedenken«, sagte der britische Richter May, »und nun zum Angeklagten. Mr. Milošević, gibt es irgendwelche Themen, die Sie in Verbindung mit Ihrem Fall gerne ansprechen würden? Sie kennen die Regeln. Keine politischen Reden zu diesem Zeitpunkt.«

»Nun, ich möchte eine Präsentation über die Illegalität dieses Tribunals machen.« Undsoweiterundsoweiter und dann: »Sie sind ein Werkzeug.«

»Sie haben all diese Punkte schon vorgebracht«, sagte May.

»Sie sind ein politisches Werkzeug derer, die …«

»Sehr gut, diese Anhörung wird ausgesetzt.«

Und dann verschwanden Del Ponte und ihre Kollegen wieder in den Gängen dieses Planeten des Rechts, in dem all die Morde, Entführungen, Vergewaltigungen gesammelt, verarbeitet, bewiesen und dann, vielleicht, irgendwann gesühnt werden. Sechs Fälle verhandeln die 16 permanenten und die 27 bei Bedarf herbeigerufenen, so genannten Ad-litem-Richter, gleichzeitig, drei am Morgen, drei am Nachmittag.

Das Tribunal ist monströs.

Im Fall des einstigen Kommandeurs des Sarajevo Romanija Corps, Stanislav Galić, klagt der Staatsanwalt, dass er 380 000 Dokumente untersuchen musste, 2,5 Millionen Seiten, und »allein zwei Jahre dauerte es, um sie vom Englischen ins Französische zu übersetzen«.

Es ist wohl so, dass sich Verfahren, die ein Jahrzehnt des Krieges aufarbeiten wollen, nicht zähmen und nicht beherrschen lassen; und deshalb machen sie alle still ihre Arbeit, und irgendwie geht es immer weiter.

Und unten im Erdgeschoss wirken die Leute vom »Office of the Registrar«, einer Art Justizministerium des Uno-Tribunals, Leute wie Christian Rohde, 38, nach Uno-Diktion »Legal officer«, die das Chaos zu verwalten versuchen. Rohde sitzt in Zimmer 014, gegenüber dem gewaltigen Safe mit den Anklageschriften und den Beweismitteln. Rohde sieht sehr kantig aus in seinem hellblauen Hemd, ein bisschen wie Kevin Costner, und er hat ein »Metropolis«-Poster an der Wand und ein Deutschland-Fähnchen auf dem Tisch. Rohde stammt aus Kiel und ist zuständig für die rund 80 Verteidiger; er regelt Besuchszeiten und Honorare, und das mit den Honoraren ist verdammt schwierig: Haben die Angeklagten irgendwo Geld versteckt? Können sie ihre Verteidiger nicht selbst bezahlen? Auch Rohde ertrinkt in Arbeit, und auch er findet, »dass dies hier eine faszinierende Geschichte ist und politisch sehr wichtig für die Zukunft der Welt«.

Im ersten Stock sitzen die Richter und in den Etagen darüber die Ankläger; und überall, wo vor Jahren mal Platz war, haben sich die kleineren Abteilungen eingerichtet, die Propagandatruppe von Outreach etwa und die Leute von »Victims and Witnesses«, die die Zeugen herbringen.

Lohnt sich der Aufwand?

Es war am 30. Oktober, da kam es im Gerichtssaal I, hinter kugelsicherem Glas, um 9.34 Uhr zum dritten Gefecht.

»Gehen Sie mir nicht auf die Nerven, und lassen Sie mich nicht stundenlang Texten zuhören, die auf dem intellektuellen Niveau eines zurückgebliebenen siebenjährigen Kindes sind«, sagte der Angeklagte. Und dann versprach Milošević, niemals Selbstmord zu begehen, weil er ja demnächst das Tribunal entzaubern müsse.

Und Carla Del Ponte rechnete: 500 Tage werde sie brauchen, um die Zeugen für die drei Milošević-Verfahren zu befragen und alle Dokumente zu erläutern. »500 Tage, nur für die Anklagen?«, fragte der britische Richter Richard May; dann strich er die Liste der Zeugen zusammen.

Und in seinem Büro mit brauner Holzvertäfelung und einem Foto von Nelson Mandela sitzt Claude Jorda, feine, stille Vaterfigur des Tribunals, und lächelt milde. »Wenn ein Baby geboren wird, weiß man nicht, ob es jemals laufen wird«, sagt er, »das Baby krabbelt, stolpert, es fällt. Und dann? Läuft es.«

Rico Czerwinski

Rico Czerwinski, geboren 1976 in Schwerin, begann seine journalistische Arbeit 1996 bei der SCHWERINER VOLKSZEITUNG, studierte dann Politikwissenschaft und Geschichte in Göttingen und Genf. Daneben schrieb er Reportagen für taz, FOCUS, stern und SPIEGELreporter. November 2000 Volontariat beim Berliner TAGESSPIEGEL. Seit November 2002 Redakteur beim MAGAZIN des Züricher TAGES-ANZEIGERS. 2002 Gewinner des Axel-Springer-Preises und des Journalistenpreises der Zeitschrift EMMA.

Wie lernt man, die Kälte zu lieben?

In Omsk dauert der Winter das halbe Jahr. Er verklebt die Wimpern der Menschen und verschließt ihre Nasen. Doch das macht ihnen nichts.

von Rico Czerwinski
DER TAGESSPIEGEL
10. Februar 2002

Sie wartet nicht auf den Sommer. Sie sitzt in einem weißen Kleinbus und fährt durch die Nacht. Die Straße ist breit, hinten zerfließt eine Trabantenstadt in grünlichem Laternenlicht. Die Menschen im Bus unterhalten sich nicht. Sie bewegen sich nicht. Dunkle Mäntel aus Filz umgeben ihre Körper wie Kokons. Manchmal bremst der Bus, dann schnellen alle gleichzeitig nach vorn. Später beschleunigt er wieder, und alle prallen an die Lehnen zurück. Sonst haben sie nichts miteinander zu tun. Sie sehen sich nicht an. Sie berühren sich nicht. Sie frieren.

Die Stadt ist ein Monster, geschaffen aus Erdöl, Waffen und Kommunismus, tausend Kilometer hinter dem Ural, zwischen den Sümpfen und Urwäldern im Westen Nordasiens. Lange her, dass die Zahl der Menschen hier zum Klima passte, gerade 4000 erlebten um das Jahr 1800 Karikaturen von Frühling, Sommer, Herbst und stürzten anschließend in barbarische Winter. Kurz darauf fuhr das erste Linienschiff auf dem Irtysch, dem großen Strom, dann kam die Eisenbahn, dann die Revolution. Im Zweiten Weltkrieg bauten die Sowjets hier ihre vor Hitler geretteten Rüstungsbetriebe wieder zusammen, später Atomraketen. Legten die weltlängste Erdöl-Pipeline an der Stadt vorbei. Lockten Landeskinder in den Winter, mit Kältezulage, modernen Wohnungen und Schauspielhäusern. Schon in den 70ern war kein Platz mehr am rechten Ufer, in der alten Festungsstadt. Aus den trockengelegten Feuchtgebieten am anderen Ufer schossen die gewaltigsten Trabantenstädte Nordasiens. 600 000 Menschen wohnen heute darin, veredeln Öl in der größten Raffinerie des Kontinents, montieren Waffen in der größten Schmiede, füttern 300 000 Schweine in einer gigantischen Mästerei. Der Kommunismus hat sich davongemacht, die Menschen sind geblieben; an der Leninstraße lacht Verona Feldbusch für Haarwaschmittel, und der Wetterbericht sagt, heute Nacht sollen es 40 Grad werden.

Auf den Fensterscheiben im Bus sind Blumen gewachsen. Grauer Dampf steigt aus den Kokons. Sie sitzt hinten links, hat den Wollschal vom Gesicht genommen. Sie heißt Natalia, um ihren Hals schwingt ein chinesisches Amulett. Ihre Jacke ist dünn, doch wenigstens gelb. Sie zittert. Sieht stumm aus dem Fenster. Sie sieht auf ein Meer aus Eis. Das Eis liegt in Bergen und Blöcken auf Straßen und Plätzen. Es verklebt die Wimpern der Menschen, verschließt ihre Nasen. Es bringt Katzen um, kriecht durch Wände, Denkmäler, Fabrikanlagen. Lässt Dächer einstürzen, macht, dass Fernheizungsrohre platzen und Greise in ihren Betten sterben. Dass ihnen Zehen und Finger erfrieren, sie Arme und Beine verlieren.

Das Eis macht die Stadt still. Wenige Autos auf den Straßen, kaum ausländische Fabrikate. Die Leute fahren wieder »Wolga«, »OAS«, die alten »Niwa« mit den großen Rädern. Sie sagen: »Die fremdenAutos schaffen es nicht.« Menschen verschwinden schweigend in Unterführungen, tauchen schweigend wieder auf. Stets Pelzmütze, stets Kopf gesenkt, stets Ausschau nach glatten Flächen. Die Ladenbesitzer sparen an Leuchtreklame und Schaufensterdekoration, wer würde stehen bleiben, sie ansehen. Immer ist das Eis da. Was einmal fällt, bleibt liegen. Noch nie, dass von Oktober bis März etwas geschmolzen wäre. Die Stadt ertrinkt in gefrorenem Wasser.

Natalia, wann wird es wärmer?

Ich weiß nicht, im Mai?

Das ist lang.

Ich mag Winter.

Am Morgen hat sie von Kälteopfern gelesen. Es ist früh im Jahr, eine tödliche Zeit für Alte und Kranke. Die Meldung entstand zwei Zeitzonen weiter westlich, in Moskau, wo es auch sehr kalt ist in diesen Tagen, wo nun jede Nacht fünf, sechs, manchmal zehn Menschen erfrieren, wo die Jahreszeit bisher mehr als 350 Leben gekostet hat, wo es auch sonst viel Winterleid gibt, chronische Erkältungen, Depressionen. Die meisten Erfrorenen, schreibt die »Nowaja Iswestija«, seien keine Obdachlosen gewesen, sondern Bürger, die es »einfach nicht geschafft« hätten. Die unvorsichtig waren, sorglos oder schwach. Natalia kann das nicht fassen. Solches Unglück liege nicht am Wetter, es liege an den Menschen. In Omsk sei so was selten.

Der Bus fährt lange über eine große Stahlbrücke, über den Irtysch, der im Sommer 4248 Kilometer weit von China über die Mongolei ins Polarmeer strömt und nun im Abgrund schläft wie eine weiße Echse. Der Bus fährt auf die rechte Uferseite, ins alte Omsk. Fährt vorbei an den Goldkuppeln zweier Basiliken, an einer raumschiffähnlichen Bibliothek. An einem Lenin-Denkmal mit Flamme, einem Motto auf Stein. *Es lebe das, dank dessen wir sind, trotz dessen wir sind.*

Der Bus hält an, und Farben explodieren. Im Birkenwäldchen vorm Kinotheater »Majakowski« fließt Akkordeonmusik aus Boxen. Zwischen den Bäumen hängen Lichterketten. Der Bus steht verlassen am Straßenrand. Menschen tanzen in einem leeren Springbrunnen, in einer Stadt aus Schlössern, Burgen, Kirchen. Einer Stadt der Sagenhelden. Einem Märchenreich aus Eis.

Im November kamen Schneekünstler, frästen eine kleine, kalte Stadt in die große Stadt im Eis. Die Menschen jubelten. Als ob sie nicht genug davon hätten. Ein Rätsel? Natalia steht dort am Brunnen und kichert. Sie wurde hier geboren, glitt als Kind auf Skiern die Hänge des Irtysch hinab, lief Schlittschuh auf Volleyballfeldern und baute Wohnungen im Schnee. Vor einem Jahr hat sie ihr Lehrerpraktikum gemacht, die Kinder kamen bei 40 Grad zur Schule. Das hätten sie nicht tun müssen. Ab Minus 40 darf man in Omsk zu Hause bleiben, auch weil Kindergesichter leicht an Klettergerüsten festfrieren. Trotzdem: 15 von 24 kamen wie selbstverständlich in jenen Tagen, die man in Westeuropa am Fernseher erlebte: Kältekatastrophe in Sibirien. Die anderen habe sie nachmittags erwischt, auf einer *Gorka*, einer Eisrutsche. Die hätten sie sich aus einem Schneeberg gebaut. Es liegt nicht am Winter, es liegt an den Menschen.

Wer würde da nicht laut lachen, nicht protestieren? Natürlich sind zehn Grad unter Null in Omsk angenehmer als im feuchten Deutschland. Doch schon Minus 30, das sind hungrige Bestien, die einem das Gesicht zerfetzen und dann am Körper fressen; das heißt dicke Wollsachen, Sich-Nicht-Wohlfühlen, Nicht-Bewegen-Können; das heißt die Kälte dennoch nach drei Minuten am Körper spüren und sich nach zehn geschlagen geben; das heißt nur noch Taxi, Restaurant, Supermarkt, Bank, Hausflur, Kellerloch und Leben. Minus 30 heißt: Sich nicht vorstellen können, dass irgendwer glücklich ist. Was es nicht heißt: *Gorka* bauen oder Schneebaden.

Doch Natalias Vater verdient gut, bestimmt fährt sie oft in die Sonne. Wie heißt dein Mallorca? Geht's nach Sotschi oder auf die Krim? Da wird sie böse, lässt ihre Pupillen rollen. Sie hat Paris gesehen, Sri Lanka. Aber wegen des Wetters irgendwo hinzufahren, das sei wohl das Dümmste. Faucht sie und verschwindet zwischen Birken und Pferdewagen, vorerst. Später wird sie die Antwort geben, wie man durchhält im Winter, ihre Antwort. Doch gibt es da andere, nicht so jung, gebildet, wohlhabend. Diese tragen Flickenwollmäntel aus vergangenen Tagen. Haben 500 Rubel im Monat, verhumpeln ihre Tage zwischen Müllbergen, öffentlichen Wasserhähnen und den Freiluftlatrinen ihrer Holzhütten.

Man muss nach Osten gehen, ins Armenviertel am Flusshafen. In Kirchen. So sieht man an einem Morgen acht Greisinnen sitzen und leise singen von ihren Herzen, die von früh bis spät ängstlich schlagen, und wüssten sie den Weg auch nicht, »Du weißt ihn wohl, das macht die Seele still und friedevoll.« Die Worte stolpern aus ihren Mündern wie betrunkene Schafe, und auf dem Umschlag ihrer Bücher steht in Fraktur: »Gemeinschaftslieder. Nachgedruckt auf Wunsch der Wolgadeutschen Spätheimkehrer.«

Vor ihnen steht Waldemar, der Kantor aus Hannover. Er hat die Jacke ausgezogen und erzählt Geschichten, von denen sie nur die Hälfte verstehen. Aber schöne Geschichten sind das. Da ist diese Frau, die nach ihrem Tod vor den Schöpfer tritt und auf ihren Lebensweg blickt und eine Wüste sieht und zwei Spuren darin, seine und ihre eigene. Die ganze Zeit laufen die Spuren nebeneinander, aber auf einmal bricht die eine ab und ist verschwunden. Und die Frau erinnert sich, das waren schwere Zeiten, Zeiten der Krankheit, des Hungers und Leids. Und sie sagt zu Gott: Damals hast du mich verlassen.

Und Gott sagt: *Mein Kind. Da habe ich dich getragen.*

Schöne Geschichten. So schön, dass die Frauen weinen, die Hände überm Herzen pressen, die Knie zu Boden krachen lassen. Bevor sie wieder zurücktreten in ihre Welt. Die richtige Welt, am Flusshafen.

Im honigfarbenen Dachstuhl der Kirche bleibt ein dicker Mann zurück. Es ist der Bischof von Sibirien. Er wusste, was er tat, als er vor elf Jahren Meckenbeuren in Württemberg hingab für Omsk. Und eine Gemeinde erhielt, so fromm, wie es sie eigentlich nicht mehr gab. Zwar steht auf seiner Visitenkarte »Evangelisch-Lutherische Kirche«, doch vor diesen Gläubigen hier stünde der frommste Pastor Deutschlands blass. Glaube muss weh tun, Knie müssen krachen, Zusammenkünfte sind »Brüderstunden«, ihr Grundgedanke Demut, Demut vor Gott.

Was bedeutet das, Herr Bischof?

Das heißt Gott gehorchen. Gottes Fügung und Schicksal annehmen, ohne zu klagen.

Sein Leben aus der Hand geben? Ich würde sagen: nicht gegen Dinge leben, die größer sind als man selbst. Sie aushalten. Zu schätzen lernen.

Natalia würde klatschen. Obwohl sie gottlos in eisiger Öde lebt. Morgens bei 17 Grad aus ihrem Bett steigt, weil der Winter stärker ist als das Kraftwerk, es in der Plattenwohnung zieht und sie keinen göttlichen Wegweiser im Bücherschrank hat. Sie mag die Bibel nicht gut kennen, scheint auch sonst nicht im selben Jahrhundert wie die Holzhüttenbewohner zu leben, doch in einem ähnelt sie ihnen.

Einmal legte ihr Deutschlehrer an der Universität einen Zeitschriftenartikel aus. Anschließend wurde gestritten, erbittert und ungerecht. 24 gegen einen. Der eine war der Lehrer, Herr Stamm aus Braunschweig. Es ging es um Hannelore Kohl.

Herr Stamm behauptete im Ernst, Frauen hätten ein Recht auf Selbstverwirklichung, Karriere. Natalia will schon gern einen sicheren Job. Aber dann kommen doch Kinder, dann ist da der Haushalt, der Mann. »Da muss ich Opfer bringen.« In der Uni hätten sie am Ende abgestimmt: Karriere oder familiäre Pflichten? Im Zweifel? Letzteres! Hatten 27 von 27 gesagt. »Ich kann mich doch im Leben nicht immer nur selbst verwirklichen«, flüstert sie, 21 Jahre, »die Beziehungen zwischen den Menschen sind nicht so gemacht.« – Die Ordnungen alt und unerschütterlich, durch Jahrhunderte geheiligt«, hatte Fjodor Dostojewski in der Verbannung in Omsk notiert, vor 143 Jahren.

Später am Abend sitzt man in einem grünlichen Wohnzimmer, in dem europäisches Mobiliar der 80er Jahre an dicke asiatische Teppiche stößt und Natalias Vater Alexander, Autohausgeschäftsführer, gepflegtes Silberhaar, versucht, den lokalen Hang zur Fügsamkeit zu ergründen. Er spricht von Erlebnissen der Hilflosigkeit, von Schwäche.

An einem Januartag des vergangenen Jahres war er nach Nowosibirsk gereist, der nächsten großen, gut 700 Kilometer entfernten Stadt. Er war mit dem Auto gefahren, das war schon sein ganzer Fehler. Bald saß er in einem stummen Wagen, um ihn herum weißes Irgendwo. Tannen. Schnee. Er probierte seine 20 Tricks, ein Auto anzuwerfen. Alle. Dann die Ersatzzündkerzen. Er dachte daran, dass jemand vorbeikommen würde. Draußen mussten es inzwischen 30 Grad unter Null sein. Er erinnerte sich, dass er ein *sibirjak* war, was bedeutete, dass er sich nie aus der Fassung bringen ließ. Er dachte wieder daran, dass jemand kommen würde. Dann saß er schon seit einer Stunde in seinem eisigen Auto. Dann spürte er seinen Körper nicht mehr. Und schließlich merkte Alexander, und das war schrecklich, dass da eine Gleichgültigkeit in ihm wuchs. Kurz darauf kam jemand. Muss er die Natur nicht hassen, so wie sie ihn erniedrigt hat?

Versteht er nicht.

»Die Natur unterrichtet uns. Sie lehrt uns Nachdenken. Die Natur macht uns gut. Wir haben Respekt vor ihr.« Verrückt, denkt man, und sieht Natalia leise stolz lächeln, ebenso ihre Mutter, ebenso Anna und Wladimir, die beiden Freunde auf der Couch. Wladimir sagt: Willst du das verstehen, ich fahre morgen früh, neun Uhr.

Es ist dunkel, auf der Rücksitzbank des Jeeps sitzen Natalia und zwei Gestalten wie aus einem russischen Reckenfilm. Meine Männer, sagt Wladimir, wir wollen sie in die Taiga bringen. Da sollen sie bleiben und Bäume für mich fällen. Er handelt mit Baustoffen und träumt davon, Nadelholz nach Deutschland zu verkaufen.

Kurz hinter Omsk einmal umdrehen. Die Raffinerie, die Waffenschmiede, die Schweinemast – verschwunden. Auch die Wohnriesen, die Verwaltungskolosse – alles weg, verschluckt von Himmel und Holz. Wieder nach vorne: flache, weiße Leere. Ein Kontinent. Irgendwo anhalten, aussteigen. Hineingehen in die Leere. Schlucken müssen. Das hat man nicht oft erlebt. Wie wenig man ist.

Wir fahren stundenlang, und immer sieht alles aus wie gerade noch. Einmal hölzerne Strommasten, die Leitung hängt durch wie eine alte Wäscheleine. Dafür muss man Augen haben, sagt Natalia. »American Beauty« gesehen? Wie sie sich über diese Plastiktüte freuen, die im Wind über die Straße treibt?

Schließlich taucht über dem Wald eine dünne Rauchsäule auf. Das ist das Dorf, das Ziel. Und nun hört zu: Es gäbe noch viel zu erzählen. Von der Omsker Chefärztin Olga Kniginitschewa und ihrer Theorie, nicht die Kälte verdunkle die Psyche der Menschen, sondern »fremdes Leben«, das einem aus den Fernsehgeräten ins Eigene funkele. Von Ljubuschka, der jungen Frau des längst toten Omsker Gouverneurs Gasford, die er aus Sankt Petersburg holte und die auf den Sommer wartete, bis sie starb. Deren Skulptur heute nahe der rätselhaften Märcheneisstadt die Menschen daran erinnert, den Winter zu ehren statt auf den Sommer zu warten. Zu berichten wäre von einem Besuch im Theater, von einer Komödie, bei der jeder Seufzer stimmte, von Spielfreude, Hingabe und kleinem Leben, von seinem Verschwinden im Glück, nicht von Macht und ihrem Zerrinnen in Unglück.

Doch statt der ganzen Geschichten nur noch diese: Wir werden jetzt mit Wladimir einen dreckigen, alten Bus holen, ein Lastwagen wird ihn ziehen. Der Bus hat keinen Motor und keine Sitzbänke mehr, der Lastwagenfahrer wird ihn tief in wegelose Wälder schleppen. Die beiden Männer werden dableiben, sich mit den unfassbar schmutzigen Innereien des Busses beschäftigen. Feuer machen im Kanonenofen, einen Groschenkrimi lesen und nachts in dem einen dreckigen Bett liegen. Am Tag werden sie Holz hauen mit verschmierten Äxten, Keilen und Hämmern. Sechs Wochen lang. Dann wird der Lastwagenfahrer sie wieder abholen. Sagt er. Im Moment sitzen die Männer noch im Jeep und lachen. Beobachten einen Traktor, der sich auf breiter Straße mit einem winzigen Schneepflug müht. Sie sehen zufrieden aus. Wenn man sie fragt, sagen sie: »Schön im Wald.« Vor ihnen tanzt Schnee in dünnen Wolken.

Emanuel Eckardt

Emanuel Eckardt, 1942 in Hamburg geboren, studierte Illustration und Buchgrafik, arbeitete als freier Karikaturist und seit 1971 als Reporter für den stern. Er war Kisch-Preisträger des Jahres 1981, Mitglied der Chefredaktion von MERIAN und GEO. Er entwickelte die Zeitschrift GEO-SAISON und leitete AMADEO, das Musik-Magazin des stern. Eckardt schrieb mehrere Bücher, darunter ein Bilderbuch, »Der Mops von Bornholm«, und den Roman »Der Hausmeister«. Er lebt als freier Autor in Hamburg und schreibt unter anderem für MERIAN, den stern, den FEINSCHMECKER und DIE ZEIT.

Der Zauber des perfekten Klangs

**Strahlende Gesichter, Spaß bei der Sache, voller Einsatz: Sir Simon Rattle führt die Berliner Philharmoniker zu neuen Höhen.
Ein Weihnachtsmärchen**

von Emanuel Eckardt
DIE ZEIT
23. Dezember 2002

Wo gibt es das noch? Eine Insel der Seligen im Ozean des Missvergnügens. Keiner meckert, keiner jammert, keiner stöhnt. Mitten im krisengeschüttelten Berlin ein Laden, der läuft. Strahlende Gesichter, Spaß bei der Sache, voller Einsatz. Da arbeitet, in aller Öffentlichkeit, ein effizientes Team junger Menschen, hoch begabt, genial, mit nicht minder effizienten und engagierten Oldies auf engstem Raum zusammen, in einem Großraum ohne Schreibtische und Computer, topfit, solidarisch, ein Muster an Synergie.

Das gibt es also in Deutschlands Hauptstadt: Spitzenkräfte, die aufeinander hören und die jeden Tag Tausende mit ihrer Begeisterung anstecken. Ein Weihnachtsmärchen. Ein fantastischer Krimi, dessen letztes Kapitel mit einer Erpressung begann. Ein störrischer Lockenkopf weigerte sich, seinen Vertrag zu unterschreiben, solange diese europäische Hauptstadt ein Orchester als Behörde führte.

Sir Simon wollte klare Verhältnisse in Berlin. Er wartete monatelang, bis er seinen Willen bekam. Nun sind die Berliner Philharmoniker eine Stiftung, und Simon Rattle, 47, ist ihr Chefdirigent. Nun sind sie glücklich. Aus Musikern im Staatsdienst wurden Angestellte einer Organisation, die sich nur der Kunst verschrieben hat und der es an Geld nicht mangelt. Denn neben Zuwendungen der Stadt, die, dank beherzten Zugriffs auf städtische Lottoeinnahmen, für Jahre garantiert sind, fließt eine Millionenspende der Deutschen Bank. Immerhin: Die Hälfte des 27-Millionen-Euro-Etats spielt das Orchester selbst ein.

Geld ist kein Thema im Künstlerfoyer hinter dem Podium. Eine erstaunliche, fast unwirkliche Euphorie hat das Orchester erfasst, ein Schwebezustand, wie er im richtigen Leben nur nach einer bewegenden Liebesnacht denkbar ist. Die Musiker reden vom Honeymoon, vom Honeymoon mit Simon. Auftakt einer Romanze in strahlendem Dur. Der Schleier weht noch in den Fluren.

Simon nimmt auf, was vom Orchester kommt. Simon ist entschlussfreudig. Bei Simon ist alles klar. Simon sagt wunderbare Sachen. Simon ist witzig, immer charmant, aber in der Sache unglaublich ernst. Simon hat unsere Bereitschaft, etwas Neues zu machen, hervorragend abgerufen. Wie er Turnages *Blood on the floor* dirigiert hat: Genial. Sein Haydn: Toll, voller Humor, eine Entdeckung. Und dieser Bruckner!

Bruckners Symphonien waren für sie das Vermächtnis des Dirigenten Günther Wand, der im Februar im Alter von 90 Jahren starb. Sie haben seinen Bruckner noch im Ohr, seine gläserne Größe, seine Wucht. Wand hatte ihren Bruckner eisenhart ausgekehrt. »Schmusen Sie nicht!«, hatte er den Streichern zugerufen. Wie überrascht sie nun waren. Wie Simon ranging bei der neunten Symphonie, wie er saftiges Tenuto-Streicherspiel wieder zuließ. Kein Geschmuse, aber Sinn für die lange Linie, für den Atem, für große Bewegung. Er hat das Werk in seiner Größe wie eine Kathedrale hingestellt, sagen sie.

Nach sechs gemeinsamen Wochen ist Simon abgereist. »*Guys*, das waren die fantastischsten Wochen meines Lebens!«, hatte er ihnen noch zugerufen. Zum Neujahrskonzert kommt er wieder.

Probenalltag in der Berliner Philharmonie. Der Klangkörper erwacht, reckt sich, Geigen singen sich ein, Bögen schwingen, Finger sausen über Saiten und Klappen, Atemwege machen sich Luft. Die Kakophonie des Einstimmens lässt keinen Vergleich mit politischen Parteien zu. Kakophonie kann voller Spannung sein, voller Unruhe, endlich loslegen zu dürfen. Dieser Haufen ist mit keiner Koalition zu vergleichen, verströmt reines Vergnügen, ruht auf lautstarke Weise in sich selbst.

Ein Herr im Pullover springt aufs Dirigentenpult, Bernhard Haitink, 73, der Niederländer, ein alter Freund des Orchesters. Bögen ticken an die Notenständer, eine nonverbale, freundschaftliche Begrüßung. Schon hebt er den Stab. Man probt die erste Symphonie von Johannes Brahms, ist vertraut mit dem Stoff, einem Eckpfeiler im Repertoire des Orchesters. Ein Riesenwerk, das aus dem Nichts zu kommen scheint. Paukenschläge treiben es voran. Ein fliegender Start von null auf 115.

Dieser Anfang! Und wenn du ihn 50-mal gespielt hast, sagt ein Geiger, packt es dich immer wieder neu. Diese Musik läuft dir den Rücken runter. Diese Spannung lädt dich auf, zieht dich mit. Intermezzo im Künstlerfoyer. Bier für die Bläser, einige Streicher neigen zum Milchkaffee. Das Stück ist schwanger, sagt einer, du spürst es in jeder Sekunde. Wunderbare Musik, voller Lichtblicke, sagt eine junge Bratschistin, wir legen uns da unglaublich rein. In diesem Klang zu baden ist etwas Herrliches.

»Wenn man vor dieses Orchester tritt, muss man wissen, was man entfesselt.« Bernhard Haitink hat die Partitur vor sich, den Taktstock sauber ausgerichtet daneben. »Es geht sofort zur Sache, jeder Einzelne ist fantastisch motiviert. Die Berliner Philharmoniker mittelmäßig spielen zu lassen ist sehr schwer.« Seit 40 Jahren kennt er das Orchester und seine Eigenarten. Natürlich hat es sich verändert. Man braucht nur in die Gesichter zu sehen. Seit 1989, dem Beginn der Ära Abbado, sind 80 Musiker neu hinzugekommen. »Es ist schön zu sehen, wie die neuen Leute im Strom mitgenommen werden. Es ist etwas im Klang. Es war schon da, bevor ich kam, etwas, das sich überliefert.«

Der Klang der Berliner Philharmoniker ist Legende. Er steht für wuchtige Tiefe, warmen Streicherton und eine fantastische, leicht angedunkelte Bläserkultur. »Es ist ein Sog, der jeden erfasst, der ins Orchester kommt. Man wird mitgerissen, hineingezogen«, sagt Hans-Joachim Westphal, 72, Stimmführer der zweiten Geigen, der fast 50 Jahre im Orchester saß. »Als wäre es vorgeschrieben. Keiner weiß, was es ist, eine Art kollektive Erinnerung aus einer Zeit, die man selbst nicht erlebt hat.«

Klang ist ein Sekundenphänomen. Wie kann es geschehen, dass er durchgereicht wird, seit 120 Jahren, von einem Dirigenten zum nächsten? Am Anfang stand Hans von Bülow, kein Klangzauberer, eher ein Baumeister, ein Perfektionist. Dann kam, für 27 Jahre, Arthur Nikisch, eine charismatische Figur. Er kultivierte den Klang, gab ihn weiter an Wilhelm Furtwängler, dessen Aura nicht mit Worten zu greifen war und dessen Ära das Orchester in einsame Höhen führte.

Die Klangfarben sind reicher und heller geworden

Für seinen Nachfolger Herbert von Karajan war Klang eine Vision, ein hohes Ziel, das er ein Leben lang beharrlich verfolgte, aber auch etwas, das man erarbeiten musste, polieren zu höchstem Glanz, in unendlich vielen Proben. Er kam 1956, und der Klang floss in die weit geöffneten Schleusen der Stereophonie. Karajan wurde zum Superstar und spielte Bachs h-Moll-Messe in Breitwand mit neun Kontrabässen.
»Ich glaube, Bülow, Nikisch, Furtwängler und Karajan war eines gemeinsam«, resümiert der Erste Solobassist und Orchesterhistoriker Klaus Stoll, 59, »sie verlangten immer das, was nicht mehr möglich war. Sie haben immer mehr gefordert, als sie bekamen. Das ist der Basisgedanke des dirigentischen Daseins: Es ist nie genug.«
Als Karajan im Frühjahr 1989 seinen Vertrag mit dem Orchester kündigte und wenige Monate darauf starb, war der Italiener Claudio Abbado nicht einmal der Favorit für die Nachfolge gewesen. Aber er hatte das Orchester bei den Berliner Festwochen mit der dritten Symphonie von Johannes Brahms so sehr beeindruckt, dass ihn die Musiker spontan zum Chefdirigenten wählten.
Es war eine schwierige Ehe. Die Philharmoniker bekamen einen scheuen, fast autistischen Künstler von hohen Graden. Er nutzte die Proben, um nahezu wortlos ein Werk durchzubuchstabieren. Offenbar konnte und wollte er nicht verbalisieren, was er meinte, sagte allenfalls Sätze wie: »Wäre möglich, Trompete sollte mehr pianissimo.« Ein gefährlicher Virus machte sich breit. Langeweile. Viele Musiker waren mit der Probenpraxis nicht einverstanden, kamen mit dem krassen Wechsel von der Diktatur zur Demokratie nicht zurecht. Sie wollten Führung, klare Ansagen. Ein tiefer Spalt ging durchs Orchester. »Ich habe Claudios Proben nie als langweilig empfunden«, verteidigt ihn eine junge Geigerin. »Er brauchte sie, um sich hineinzuhören. Er wollte herausfinden, was von uns kommt.«
Ein Dialog ohne Worte, alles blieb offen. Einmal saßen sie nach so einer Probe zusammen, erinnert sich ein Cellist. Sie waren aufgebracht, verzweifelt. Nichts hatte funktioniert. Morgen Abend muss was passieren. Aber was? »Claudio trat ans Pult, mit blassem grauen Gesicht, die Augen glühten. Die Spannung war mit Händen zu greifen. Und dann die Entladung. Vielleicht haben wir die fünfte Beethoven nie so gespielt.«
Claudio war ein Mann des Abends. In Konzerten konnte er sich öffnen. »Es gab bei Claudio begnadete Momente, in denen man dankbar war, Musiker zu sein«, resümiert Rudolf Watzel, Solobassist und langjähriger Orchestervorstand, »manchmal waren es die Momente der Stille.«
Man ging entspannter miteinander um, nachdem Abbado angekündigt hatte, seinen Vertrag nicht über 2002 hinaus verlängern zu wollen. Als er nach schwerer Krankheit wieder ans Pult trat, kam man sich näher, fanden Dirigent und Orchester zusammen. Es regnete Rosen.
Die Berliner Philharmoniker suchten zunächst keinen Nachfolger. Sie nahmen sich Zeit, diskutierten ein anderes Thema. Die Orchestervorstände Rudolf Watzel und Peter Riegelbauer beriefen mehrere Orchesterversammlungen ein, in denen es nur um die Frage ging: Wo wollen wir künstlerisch hin? Was für ein Orchester wollen wir sein? Wollen wir überhaupt einen Chef? Am Ende ergab sich ein klares Bild, erst dann wurde auch über Namen gesprochen, über Mariss Jansons, Daniel Barenboim und Simon Rattle. Eine eindeutige Mehrheit sprach sich für den Engländer aus. Doch das Wahlergebnis kennen nur drei Männer, die geschworen haben, niemals die Zahl der Stimmen zu nennen, die der eine oder andere Dirigent erreicht hat. Watzel sagt: »Wozu auch. Ich habe sie längst vergessen.« Auch über die Gründe für die aktuelle Trennung vom Intendanten Franz Xaver Ohnesorg hüllen sie sich in Schweigen. Es ist so vereinbart.

Man geht neue Wege. Zur zeitgenössischen Musik, zu französischen Komponisten wie Debussy und Poulenc. Zum zeitgenössischen Spektrum von Nono, Kurtág, Ligeti und Rihm. Zu Mozart, Haydn und Bach, zur historischen Aufführungspraxis in kleiner Besetzung. Dreizehn Jahre Abbado haben das Orchester sensibilisiert. Die Klangfarben sind reicher und heller geworden. Man spielt durchsichtiger. Guy Braunstein, 31, seit zwei Jahren Konzertmeister, findet das aufregend: »Ich habe viel Kammermusik gespielt. Hier spielst du Quartett mit 80 Leuten. Die Berliner Philharmoniker sind das größte Quartett der Welt.«

Neue Töne. Doch kein Klang ohne Raum. Lange galt der Berliner Sound als typisch deutsch, im Gegensatz zum singenden Ton Wiener Geigen. Das liegt durchaus an der Adresse, an dem Haus, in dem Klang kultiviert wird. Der Wiener Musikverein mit seinem historischen, auf Holzbohlen schwebenden Podium ist wie geschaffen für überirdischen, seidenweichen Streicherklang. In der Philharmonie des Architekten Hans Scharoun sitzen die Musiker in einer Bodensenke zwischen aufsteigenden Weinbergen, der Himmel ist weit. Die Streicher müssen stärker zur Sache gehen, dafür strahlen die Bläser.

Noch ist ihr Ton unverwechselbar, doch im Zeitalter der Globalisierung und ständig wechselnder, international geprägter Gastdirigenten fällt es den großen Orchestern zunehmend schwerer, ihren Originalklang zu bewahren. »In Frankreich spielt man offener, heller. In England und in den USA ist der Ton deutlich dünner, hat weniger Kern«, schwört ein Oboist. Dafür liegt in Amerika der Kammerton etwas tiefer. Karajan hatte ihn sehr hochtourig, auf 445 Hertz, gefahren, nun haben ihn die Berliner Philharmoniker tiefer gelegt, auf 443 Hertz; eine subtile Korrektur, die Musiker mit absolutem Gehör gerade noch tolerieren.

Karl-Heinz Steffens, 41, als Soloklarinettist im Zentrum der Farbgebung, ist sich sicher: »Es genügt nicht mehr, diesen besonders warmen Philharmoniker-Ton zu treffen. Heute muss ich ein paar Register mehr ziehen, vielschichtiger sein, offen für neue Farben und Nuancen, von Bach bis Berio bis hin zum Jazz.«

Vor 20 Jahren wäre das unsagbar gewesen, brachte der Konflikt um den richtigen Klarinettenton Herbert von Karajan und das Orchester fast auseinander. Der Krach um die Klarinettistin Sabine Meyer war nicht nur eine Klang-, sondern auch eine Machtfrage. Das Orchester wollte sich vom Dirigenten und Intendanten nicht vorschreiben lassen, mit wem es eine Solostelle besetzt, und stimmte gegen die renommierte Solistin, weil sie in den Orchesterklang nicht hineinpasste.

Orchestermusiker dürfen nicht stressanfällig sein

Sie wäre die zweite Frau im Orchester gewesen, nach Madeleine Caruzzo, 46. Die Schweizerin hatte sich 1981 beim Vorspiel gegen zwölf männliche Kandidaten durchgesetzt. Sie spielte das Mozart-Violinkonzert in A-Dur und die Solosonate für Violine von Bach in a-Moll und zog stolz an der Konkurrenz vorbei. »Damals habe ich Bach mit der Geige gesungen. Heute würde ich so was nicht wagen«, sagt sie. »Ich würde es ganz anders spielen. Es gibt so viele neue Erkenntnisse, neue Spielweisen, nicht zuletzt durch Nikolaus Harnoncourt.«

Der Grandseigneur der historischen Aufführungspraxis hat weltweit eine ganze Generation von Musikern beeinflusst, oft mit den Berliner Philharmonikern gearbeitet und tiefe Spuren hinterlassen. Ein großer Geist, sagen sie. Ein wunderbarer Kommunikator. Wie er Phrasierung erklärt: Cool. Er baut einen Plan. Du fühlst, was er will, sagen sie.

Was er den Streichern vermittelt hat, klingt nach. Historische Aufführungspraxis ist im Orchester Allgemeinwissen, wird in Kammermusikvereinigungen gepflegt. Der Nachwuchs kennt sich selbstverständlich mit Darmsaiten aus. Stürmisch drängt er in die Philharmonie. Hunderte bewerben sich um einen freien Platz, hoffnungsvolle Virtuosen, von berühmten Lehrern geschult. Viele haben internationale Wettbewerbe gewonnen, spielen in angesehenen

Orchestern an den ersten Pulten, haben Erfahrungen in Kammermusik und zeitgenössischer Musik.
Manche bringen ihren Lehrer mit, manche die Mama. Sie kommen aus Japan, den Vereinigten Staaten, aus dem europäischen Ausland und von der Orchesterakademie der Berliner Philharmoniker. Von 150 Bewerbern bei den Violinen wurden 52 nach Berlin eingeladen und 13 zum Hauptprobespiel in der Philharmonie zugelassen. Drei kamen durch.
Die Kandidaten zeigten solistische Qualitäten, alle spielten auf bewundernswert hohem technischen Niveau. »Früher war das Spiel mehr gefühlsbetont. Das verlangen wir nicht«, erklärt der Geiger Armin Brunner. »Aber ein fehlender Horizont ist als Mangel hörbar. Persönlichkeit, Herzensbildung, Offenheit hören wir heraus. Und auch, ob einer schwer zu integrieren ist.«
Oft stehen sie – grausames Spiel – nebeneinander auf dem Podium, spielen einen zweiten, dritten oder vierten Durchgang. Kein Zittern, kein Zagen. Orchestermusiker brauchen Nervenstärke, dürfen nicht stressanfällig sein, müssen gelassen bleiben, wenn es darauf ankommt. Es kommt immer darauf an.
Neulinge im Orchester machen eine erstaunliche Erfahrung. Niemand hat einen Stammplatz, außer den Solisten an den ersten Pulten. Alle anderen rotieren, suchen bei jedem neuen Programm einen anderen Platz. »Ein Leben lang bis an die Pensionsgrenze immer neben demselben Kollegen zu spielen wäre für mich ein Horror«, sagt eine junge Geigerin. »Wechsel ist wichtig. Wir hören uns besser. Wenn du neu im Orchester bist, gibt dir das unglaublich viel. Alle Kollegen lernen dich kennen. Du lernst von ihnen, sie lernen von dir.«
Die Berliner Philharmoniker sind, eine Folge des strengen Auswahlverfahrens, ein Solistenorchester, das stolz von sich sagt, keinen einzigen Tuttisten in seiner Mitte zu haben. »Als Geigerin wirst du nur gehört, wenn du schlecht spielst«, erklärt eine Violinistin. »Doch jeder spielt für sich. Jeder spielt volles Risiko. Es wird von dir erwartet, dass du so spielst, als seist du allein auf der Bühne. Aber das Schönste ist, wenn du spürst: Jetzt atmen wir gemeinsam. Wir haben den gleichen Puls. Dann ist es genial.«
»Wir sind nur gut, wenn wir alle gut sind«, erklärt ein Posaunist. »Wir spielen fast immer im Satz. Das macht uns solidarisch. Du kannst nicht jeden Tag die gleiche Leistung bringen. Du weißt als Kollege, dass einer gerade kurz vor einer Grippe steht. Oder das Kind kriegt die ersten Zähne, und du hast die ganze Nacht nicht geschlafen. Das alles darf niemand heraushören, schon gar nicht der Dirigent.«
Ein diskretes, seismographisch feinfühliges Regelsystem steuert den Einsatz der Stimmen. Wenn einer Schwierigkeiten hat, übernimmt ein anderer seinen Part. Wer auf der vorderen Position nicht mehr spielen kann, zieht sich zurück auf eine andere, die weniger exponiert ist. Das wird kollegial geregelt. Nur wenn der Leistungsabfall zum ernsten Problem wird, trennt sich das Orchester von einem seiner Mitglieder.
Bei der Probe zur Alpensinfonie sind keine Probleme erkennbar, Leistung pur. Das Prachtstück von Richard Strauss, seit Karajan ein Gipfel im Repertoire des Orchesters, glänzt in philharmonischer Höhensonne. Am Schlagwerk geht es heftig zur Sache, Kuhglocken tragen zum Panorama bei, eine Windmaschine wird angeworfen, gleich kommt die Orgel. Die Musiker haben ihren Spaß. Ein junger Geiger reitet eine engagierte Attacke, schwingt den Bogen wie einen Skistock im Riesenslalom. Die Hornistin kippt, immer vergnügt, Kondenswasser aus dem Instrument. Ein Geiger kitzelt die junge Kollegin am nächsten Pult mit der Bogenspitze zwischen den Schulterblättern, sie kichert wehrlos.
Das Bild des Orchesters hat sich sichtbar gewandelt. Es trägt Lippenstift, aparte Frisuren, Lidschatten und Make-up. Frauenpower con brio. 16 Frauen sind im Orchester, 30 sitzen heute auf dem Podium. Stipendiatinnen, Musikerinnen im Probejahr, Aushilfen. Der Trend zeichnet sich ab. Bei Probespielen setzen sich Frauen durch, an den Hochschulen und in der Orchester-Akademie sind Männer längst in der Minderheit. »Es liegt in der Zeit«, sagt die Geigerin Eva-

Maria Tomasi, 40, Frauenbeauftragte des Orchesters. »Frauen sind heute ehrgeiziger als viele Männer, wollen etwas beweisen. In den Schulen ist es sichtbar. Die Jungs nehmen es eher locker.« Sie ist Mutter zweier Kinder, sieht die Doppelbelastung sportlich, als Marathon. »Ich spiele viel zu gern, um es als Beruf zu sehen.« Ihr Mann, Alessandro Cappone, 45, erster Geiger bei den Berliner Philharmonikern, spielt in jeder freien Minute. Sein Vater war viele Jahre Orchestermitglied. Inzwischen hat auch Maurizio Cappone, 7, angefangen. Er spielt Cello, ist allerdings noch nicht sicher, ob er dabei bleibt.

Dass Frauen im Orchester einmal ein Problem waren, kann heute kaum noch jemand verstehen. »Ich sehe das leidenschaftslos«, sagt Solocellist Ludwig Quandt, 41. »Es geht immer um Leistung. Frauen musizieren genauso gut wie Männer, sie riechen genauso nach Schweiß wie Männer, haben das gleiche Engagement, den gleichen Corpsgeist. Wo ist das Problem?«

»Ein Problem im Musikerberuf ist, dass wir uns emotional total verausgaben«, findet ein Bläser, »dass nach einem Konzert eine emotionale Leere zurückbleibt, die man irgendwie wieder aufladen möchte. Na und? Musik ist entstanden aus der Erfahrung von Schmerz, Liebe, Trauer. Das schwingt doch immer mit. Wir leben nicht im luftleeren Raum.«

Wenn es mal funkt, kriegen es nicht alle mit. Aber es reden alle drüber. Das Orchester ist ein Dorf. In diesem Dorf haben Paare zueinander gefunden, andere haben sich getrennt. Es gibt Romanzen, Kinder der Liebe und geschiedene Leute. Das ist in einem Krankenhaus, einer Redaktion oder in einer Parteizentrale nicht anders.

Es gibt Richtungsstreit, Auseinandersetzungen, und wer vorn ist, spürt schon mal scharfen Wind. Danuta Waskiewicz, 29, hatte als erste Frau in der Geschichte des Orchesters eine Soloposition erobert. Ihr Probespiel war sensationell, ihre solistischen Qualitäten ebenso. Doch nach einem halben Jahr kündigte sie ihre Stelle als Stimmführerin bei den Bratschen, um wieder im Tutti zu spielen. Für das Orchester ein Schock.

Warum dieser Schritt zurück? »Am ersten Pult hast du die Führungsrolle. Du musst die Gruppe prägen. Du musst es können, und du musst es wollen. Du spielst etwas vielleicht zum ersten Mal, und die Kollegen haben es schon 15-mal gespielt. Du musst dir eine Elefantenhaut zulegen, härter werden, rieten Kollegen. Das konnte ich nicht. Mich regte das alles viel zu sehr auf. Ich bin nicht der Typ Supercool, den nichts tangiert.« Nach der Kündigung hatte sie viele gute Gespräche mit den Kollegen. Aber sie weiß, dass ihre Entscheidung richtig war. Sie ist gern mittendrin, fühlt sich frei, hat wieder Vergnügen am Spiel. Ihre Bratsche, vermutet sie, ist das billigste Instrument im Orchester. Einmal hatte sie eine Guadagnini für 1,4 Millionen Euro in der Hand. Sie hatte sich sofort in das Instrument verliebt, es aber schnell zurückgegeben. »Die Verantwortung ist mir zu groß. Und ich hätte nie damit Fahrrad fahren können.«

Viele Musiker haben sich in Schulden gestürzt, um ein Instrument anzuschaffen, das dem Anspruch des Orchesters gerecht wird. So steht es in ihrem Vertrag. Inzwischen sind wirklich große Instrumente nicht mehr erschwinglich. Die Solocellisten zum Beispiel spielen Instrumente, die Millionen gekostet haben, Leihgaben der Deutschen Bank. Ludwig Quandt ist überzeugt: »Mein Cello ist ein Lebewesen.« Es stammt von Francesco Ruggieri, einem Nachbarn von Stradivari, wurde 1675 gebaut und ein halbes Jahrhundert nicht gespielt. Auf einer Auktion in New York kam es zum Verkauf. Es musste erst wiederbelebt werden. »Es klingt traumhaft schön. Aber es hat gute und schlechte Tage. Der neue Steg ist etwas zu dick, schon klingt es verschnupft. Es kann sich Erkältungen einfangen und reagiert sensibel auf Klimawechsel.«

Auch die dicken, großen Brüder der Celli sind hoch empfindliche Oldtimer. Die Kontrabässe der Berliner Philharmoniker haben seit 1890 fünf Saiten und kommen in profunde Tiefen, bis zum Subkontra-h. Brahms schrieb nur bis zum e. Er hat vier Töne verschenkt. Aber beim fortissimo c im vierten Satz seiner ersten Symphonie spielen sie eine Oktave tiefer. Das Subkontra-c klingt phänomenal. Brahms wäre sicher einverstanden. Die jüngeren Komponisten Mahler und Strauss haben für die Berliner Bässe komponiert. György Ligeti lotet die Tiefe aus bis zum Grund. »Ein Genießer«, sagt Bassmann Klaus Stoll. Ligetis Requiem, ein selten gespieltes Meisterwerk des 20. Jahrhunderts, stand im November auf dem Programm.

Der schwer kranke Komponist ließ sich die Aufnahmen der Proben täglich ans Bett bringen. Er war nicht zufrieden, wollte das Erdbeben der Kontrabässe noch eruptiver. »Das geht nur, wenn wir auch die Entstehungsgeräusche vorzeigen«, wandten die Bässe ein und grummelten laut, mit scharrenden Bögen. Der Komponist war glücklich. »Genau so wollte ich es haben.«

Neue Musik wächst zunehmend in das Programm hinein. Das Orchester folgt neugierig den Strömungen der Außenwelt, mit gewissem Abstand und jener leichten Verzögerung, wie sie auch Dirigenten beim Auftakt erleben. So spürt das klassische Dream-Team inzwischen auch den heißen Atem der Fitness-Gesellschaft.

»Wir Musiker haben immer noch das Image des Vergeistigten. Aber das hier ist Leistungssport«, schwört Henrik Schaefer, 34. Der Bratscher, einer von vier Dirigenten im Orchester, beklagt einen chronischen Haltungsschaden. »Mit der Bratsche sitzt du genau so verdreht wie ein Geiger, nur das Instrument ist 500 Gramm schwerer, der linke Arm weit gestreckt, was die Sache statisch schwieriger macht.« Er wünschte sich, dass in den Musikhochschulen auch Sport unterrichtet würde, Rückengymnastik, Bauchmuskeltraining. »Ich hol mir das im Fitness-Center.«

Fitness, das ewige Leitmotiv – sie radeln, joggen und spielen Tennis

Fitness, ewiges Leitmotiv im Leben eines Orchestermusikers. Die Berliner Philharmoniker sind ein Sportverein ohne Eintragung, mit Marathonläufern, Triathleten und Extrembergsteigern. Philharmoniker joggen, radeln und treiben Wasserski; sie spielen Tennis und haben eine eigene Fußballmannschaft, deren Angriffsspiel sich durch das Engagement junger Musiker deutlich verbessert haben soll. Der Vorschlag, bei Probespielen auch eine Torwand aufzustellen, ist allerdings noch ohne Mehrheit.

Die Tonathleten kommen aus 18 Ländern, aus Australien, Japan und den USA, aus Israel und Italien, Serbien und Kroatien, Österreich und Frankreich. Die Schweiz bildet mit sieben Vertretern die größte Minorität, die Oboisten sind eine rein bayerische Kolonie. Immerhin: 83 Musiker haben einen deutschen Pass, sieben stammen aus Berlin, nur drei kommen aus den neuen Bundesländern.

Neuester Zuwanderer im Klangkörper ist Edicson Ruiz aus Venezuela, Kontrabassist, mit 17 Jahren der jüngste Musiker in der Geschichte des Orchesters. Er lebt bei seinem Lehrer, dem Kontrabassisten Klaus Stoll, der sich rührend um ihn bemüht. »Ich kenne Edicson seit seinem 15. Lebensjahr. Er ist vollkommen angstfrei, ohne schlechte Erfahrungen. Sein Spiel ist von einer rätselhaften Reife. Da läuft's einem den Rücken runter. Bei Bruckner hatte er ein Riesentremolo, da fragt man sich: Wie ist das möglich? Wo kommt das her?«

Edicson stammt aus der Bewegung des José Antonio Abreu, Träger des Alternativen Nobelpreises 2001, Pianist, Dirigent und Wirtschaftswissenschaftler, der in Venezuela 120 Jugend- und 60 Kinderorchester, unter anderem mit Slumkindern, gründete. Mit neun spielte Edicson Bratsche, mit elf war er Kontrabassist im Jugendorchester in Caracas. Einer seiner Kollegen hat ihn dort entdeckt und das Ticket bezahlt, damit er beim Schleswig-Holstein Musik-Festival auftreten konnte.

Im September kam er auf die Orchester-Akademie, im Oktober hatte er sein Vorspiel vor dem Orchester. Ein sensationeller Einstand. Edicson lächelt sanft. Er spricht noch kein Deutsch. Auf die Frage, ob er sich vorstellen könne, bis an die Pensionsgrenze in diesem Orchester zu spielen, antwortet er lachend: »Auf diesem Level, wer will da nicht ein Leben lang spielen?«

Und wer hört dann noch zu? Das Orchester, das immer jünger wird, spielt vor einem Publikum, das hörbar in die Jahre kommt. Ein Abend in der Philharmonie ist ein Abend auf dem Zauberberg, ein Doppelkonzert zwischen Podium und Patientenkollektiv, das mit rätselhafter Vorliebe für stille, fragile und beklemmende Momente laut dazwischen hustet, – niest und auf der Suche nach Hustenbonbons kaum Sinn für pianissimo entwickelt. Was tun, wenn auch dieses Publikum ausstirbt?

Die mühsame Suche nach dem Publikum von morgen

Claudio Abbado hat vieles angeschoben, doch sein Versuch, Konzertzyklen in die Stadt hineinzutragen, Theater, Oper und Ballett, Cinemathek und Literatur miteinander zu verbinden, brachte das Kulturleben der Stadt nicht wirklich in Bewegung. Der Riese Berlin reagiert träge, zurückgelehnt im Völlegefühl kultureller Vielfalt. Von drei Opernhäusern und acht großen Orchestern bedient, erfährt der Zeitungsleser mehr über deren Kosten als die Künste. Die Anwesenheit so bedeutender Dirigenten wie Daniel Barenboim, Kent Nagano oder Simon Rattle ist eine Selbstverständlichkeit in einer Weltstadt.

»Wenn wir nichts tun, wenn wir nicht die Menschen zu uns herholen, die freiwillig nicht mehr kommen, wenn es uns nicht gelingt, die Schwellenangst abzubauen, dann werden wir eines Tages mit unserer Musik verschwinden«, sagt der Geiger Rüdiger Liebermann, 46. Er sitzt in der Berliner Humboldthain-Grundschule, im tiefsten Wedding, als Gast im Musikunterricht in Klasse 5 d. Mit ihm kamen der Trompeter Martin Kretzer, 52, die Hornistin Sarah Willis, 32, erste Frau im Blech, wie sie stolz erzählt, und Richard McNicol, 58, gelernter Flötist aus England und Leiter des Unternehmens Zukunft@BPhil, einer neuen Initiative der Berliner Philharmoniker, die die Arbeit des Orchesters und seine Musik einem breiten, vor allem jüngeren Publikum zugänglich machen soll. Er ist ein Vollblutpädagoge mit Erfahrungen im Zusammenspiel von Profimusikern und Straßenkindern, Slumkindern, Schulkindern.

Das Education Project der Berliner Philharmoniker geht in die Schulen, auf der Suche nach den Fans von morgen. Die Abgesandten der hier ziemlich unbekannten Big Band treffen auf multikulturelle Neugier, gut gelaunt, gut gemischt. Kinder aus der Karibik und aus Sri Lanka, Türkenkinder, Polenkinder, Spanier und Italiener. Etwa die Hälfte der Schüler sind Deutsche. Die Kinder dieser Schule sind musikerfahren, singen Lieder aller Farben und Nationalitäten, spielen Instrumente, dichten Rap und tanzen HipHop.

Sie bestaunen und befühlen die mitgebrachten Instrumente, sitzen im Kreis, klatschen im Rhythmus, üben gemeinsam mit den Musikern Synkopen ein. Sie hören auf die ungewohnten Klänge der Instrumente, musizieren dazu, finden zusammen, aufgeregt, mit leuchtenden Augen. Richard McNicol, der Pädagoge, strahlt: »*They are completely* begeistert.«

Auch das gibt es, mitten in Berlin. Die Berliner Philharmoniker haben den Elfenbeinturm elitärer Kunst verlassen. Simon wollte es so, und sie wollen es auch. Aufbruchstimmung. Unternehmen Zukunft. Sie gewinnen vierte, fünfte und zehnte Klassen, bringen Schulverweigerer, Null-Bock-Teenager und Kinder, die seit drei Jahren keinen Musikunterricht hatten, dazu, mitzumachen.

Sie haben sich Großes vorgenommen. Strawinskys *Sacre du Printemps*, das provokante und komplizierte Stück, das bei seiner Erstaufführung 1923 das erste große Pfeifkonzert in der Philharmonie ausgelöst hatte, wollen sie gemeinsam aufführen. Mit den Kindern des Education Project am 25. Januar in der Philharmonie und am 28. Januar in der Arena in Treptow, im Zusammenspiel mit 200 Kindern und Ballettschülern, einem Projekt, das Royston Maldoom in Bewegung gebracht hat. Der englische Choreograph hat in Äthiopien schon Kinder aus der Wüste zum Tanz geholt.

Aufgeregt sind alle, auch die Philharmoniker. »Improvisation ist mir völlig fremd«, stöhnt Solobassist

Rudolf Watzel. »Ich bin nur gut, wenn ich Noten vor mir habe. Du fühlst dich nackt, findest dich in einer Situation wie bei einem Vorspiel. Wir fangen völlig von vorn an.« Das Education Project sieht er als Abenteuer, auf das er sich gern einlässt. »Alle von uns, die da bisher mitgemacht haben, finden das unglaublich spannend. Und außerdem: Ein Orchester ist nie fertig.«

Ullrich Fichtner

Ullrich Fichtner, geboren 1965, volontierte bei der FRANKENPOST in Hof, studierte danach Germanistik in Bremen und Berlin. Während der Wendejahre arbeitete er für die Nachrichtenagentur AP in Berlin. 1994 wechselte er als Nachrichtenredakteur zur FRANKFURTER RUNDSCHAU, von 1996 bis 2000 war er FR-Korrespondent in Berlin, anschließend Redakteur im ZEIT-Dossier. Seit April 2001 ist er Reporter beim SPIEGEL. Fichtner wurde 2000 und 2001 mit dem Egon Erwin Kisch-Preis ausgezeichnet.

Annette Großbongardt

Annette Großbongardt studierte Romanistik und Germanistik in Gießen und Lille und volontierte danach bei der FRANKFURTER NEUEN PRESSE.
Nach der Wende wurde sie Korrespondentin für die Nachrichtenagentur AFP in Berlin, zuständig auch für Neue Bundesländer.
Seit Ende 1993 ist sie Redakteurin beim SPIEGEL, zunächst in Bonn, seit 1999 als Korrespondentin in Jerusalem.

Der Krieg der Mädchen

Rachel Lewi war 17 und Israelin. Ajat al-Achras war 18 und Palästinenserin. Sie lebten nicht weit auseinander, haben sich aber nur einmal getroffen – vor einem Supermarkt in Jerusalem. Dann zündete Ajat ihren Sprengstoffgürtel.

von Ullrich Fichtner und Annette Großbongardt
DER SPIEGEL
22. April 2002
Fotos: AFP/dpa

Selbstmordattentäterin Ajat: Freundlich und lustig

Es sind Hubschrauber über der Stadt am Vorabend eines neuen Schabbat, durch die Straßen jagen Rettungswagen des Roten Davidsterns mit gleißendem Warnlicht und Sirene. Die Rushhour stockt, das ganze Leben stottert im hügeligen Straßengeflecht zwischen Knesset und Altstadt, hohes Alarmgeheul und viele tiefe Hörner, und jetzt weiß jeder in Jerusalem, was die Stunde geschlagen hat.

Um 16.18 Uhr platzt diesmal die Bombe, es ist der Tag, an dem der Außenminister der USA seine Friedensmission beginnt, kaum hat Colin Powell sein Gespräch mit Ministerpräsident Scharon geführt, als der große, dumpfe Schlag die Jaffa Street erschüttert. Wie alt ist da der Krieg, den Powell zu einem Ende bringen will? 2 Wochen, seit dem Einmarsch der Israelis in der Westbank? 18 Monate, seit Beginn der zweiten Intifada? 15 Jahre, seit Beginn der ersten? Oder gleich 54, seit der Gründung des Staates Israel?

Nach Kirjat Hajowel im Südwesten Jerusalems kam der Krieg am Karfreitag. Um 13.50 Uhr zündete ein palästinensisches Mädchen im Windfang des »Supersol«-Markts einen Gürtel aus Sprengstoff am eigenen Leib. Die Splitter schlugen fingertiefe Mulden in den Steinboden ringsum, demolierten die senfgelben Deckenpaneele, schwirrten 20 Meter weit nach rechts über die Reihe der neun Kassen hinweg und bohrten sich in Regale mit Süßigkeiten und Glühbirnen.

Mehr als zwei Dutzend Menschen traf es, und zwei lagen tot, in Stücke gerissen der 55-jährige Wachmann Chaim Smadar und Rachel Lewi, 17. Sie war zwei Armlängen entfernt von der Täterin, als es geschah, gut möglich sogar, dass sich ihre Blicke trafen am Ende, denn der Wachmann rief noch »Warte!« oder »Halt!«, was Rachel Lewi auf sich hat beziehen können, sodass sie sich vielleicht umwandte, als hinter ihr Ajat al-Achras Selbstmord und einen Doppelmord beging. Ein Mädchen auch sie, 18 Jahre alt, aus dem Ghetto Daheische in Betlehem, Westjordanland, Palästina.

Es gibt Augenzeugen, die sagen, sie hätten die beiden dort, vor dem Supermarkt, für Schwestern gehalten. Es gibt Bilder von beiden, die ihre Ähnlichkeit bezeu-

gen. Es gibt eine Rede des US-Präsidenten, der sagt, wenn es so weit komme, dass sich ein 18-jähriges Mädchen in die Luft sprenge und dabei ein 17-jähriges Mädchen töte, »dann stirbt die Zukunft selbst, die Zukunft Palästinas und die Zukunft Israels«.

Aber es gibt auch die Freunde der beiden, die Geschwister und die Mütter. Sie fragen, wie man Rachel und Ajat, Ajat und Rachel überhaupt in einem Atemzug nennen könne. Wie man sie vergleichen könne, das Opfer und die Terroristin – die Zionistin und die Märtyrerin.

Es ist die Woche, in der der US-Außenminister in und um Israel den Frieden sucht, vergangener Dienstag, hinter den Checkpoints der israelischen Armee liegt Betlehem in milchigem Licht wie eine Geisterstadt. Die Hauptstraße vom hoch gelegenen Kontrollpunkt Waladscha hinunter ins Ghetto Daheische liegt verlassen.

Eine halbe Stunde Fahrt von den Schaufenstern im Jerusalemer Zentrum streunen Katzen durch die Dritte Welt, vorbei an rauchenden Müllsäcken und Hausruinen, frisch gerissen von Panzern und Bulldozern der israelischen Armee. Es riecht säuerlich nach verschmortem Plastik, und die Luft schmeckt nach Staub, die Straße ist zerpflügt von Militärgerät.

Zum Haus der Märtyrerin, der Schahida, führen steile Gassen, die Wände sind über und über bemalt mit dem schönen Ornament der arabischen Sprache, »Wir gehen den Weg ins Martyrium«, »Unsere Heimat Palästina«. Poster zeigen junge Männer mit Stirnbändern und großen Gewehren, in ihrer Nähe grüne Vögel als Symbol des Martyriums im Namen Allahs.

Ajat al-Achras ist zu sehen, überall, die Leute von der Fatah-Bewegung haben ihr Lächeln vielfach kopiert auf schwarzweiße A4-Blätter, 10, 15 Stück kleben auf zehn Meter Hauswand. Auf ihnen heißt das Mädchen aus Daheische »Braut Palästinas«; Geschenk Allahs an das Volk, und: Sie habe bewiesen, dass »uns kein zionistischer Checkpoint aufhalten kann«.

In ihrem Geburts- und Elternhaus sitzt eine traurige, wütende Mutter in einem großen U aus Polstermöbeln. Die Stimmung im Haus straft Berichte Lügen, dass hier gefeiert worden sei, als die dunkle Nachricht aus Jerusalem eintraf. Der Vater ist in sich versunken seitdem, er verlässt kaum mehr das Bett, weint oft und kämpft mit viel zu hohem Blutdruck. Der älteste Sohn Samir liegt in einem Krankenhaus zur Beobachtung, weil er den Ärzten gefährlich depressiv vorkommt.

»Gesang? Tanz? Wie könnten wir feiern? Wir haben unsere Tochter verloren«, sagt Umm Samir al-Achras, 48 Jahre alt, die Mutter. Ajat war ihr siebtes Kind von elf. »Sie war schön«, sagt die Mutter, »sie war gut in der Schule, sie war verlobt, beliebt, sie hatte Freunde und war lustig, alle Nachbarn mochten sie.«

Sie spricht schnell, die Übersetzerin haspelt ihre Sätze ins Englische: »Scharon und seine nazistische Regierung haben sie zerstört. Sie zerstören unser Glück. Sie machen unsere Kinder zu Schuhada, zu Märtyrern. Seit wir geboren sind, leiden wir unter Israel.« Eine Tochter bringt Tee, der wie süßer, flüssiger Rosmarin schmeckt.

Am Vorabend der »Operation« saß die Familie beisammen und plante mit Ajat für den großen Tag der Hochzeit im kommenden Juli. Das Mädchen verhielt sich völlig normal. Ihr Verlobter Schadi Abu Laban war da mit seinen Eltern, sie bauten Schlösser aus Luft, lachten viel, und nachdem die Gäste aus dem Haus waren, ging das Mädchen wie immer an die Schularbeiten zurück. Als wäre nichts.

Am Morgen des 29. März verrichtete sie, wie immer, das frühe Gebet, gab danach den Gebetsteppich an die Mutter weiter, um 7.30 Uhr verließ sie das Haus, in der Schule waren Nachholstunden für ausgefallenen Unterricht am sonst freien Freitag angesetzt. Sie traf eine Freundin vor der Haustür, sie gingen gemeinsam den Weg, die Mutter rief ihnen noch nach, ob denn wirklich Schule sei, aber sie war nicht beunruhigt. Ajat war wie immer. Und zum Essen würde sie wieder zu Hause sein.

Opfer Rachel: Verträumt und sportlich

Abseits des Zentrums ist Jerusalem eine Stadt der Sackgassen. Die Metropole steht auf viele Hügel verteilt, von der Geografie zerlegt in Siedlungen, kleine Viertel, Dörfer, Schlafstädte. In einer davon, im Südwesten, lebte Rachel Lewi, ihre Sackgasse hieß Kadisch Luz, eine kleine Straße hoch droben mit weitem Blick, wo man meint, Betlehem fast sehen zu können.

Vier Monate alt war das Kind, als die Eltern Israel verließen und in die Vereinigten Staaten zogen, Los Angeles, Silicon Valley. Irgendwo dort scheiterte die Ehe acht Jahre später, und Awigail Lewi, die Mutter, entschloss sich 1993 zur Rückkehr mit den Kindern in ihr Heimatland.

Im Gepäck eine kleine Amerikanerin, neun Jahre alt, mit einem Westküstenakzent, die zum ersten Mal in ihrem Leben Männer mit Gewehren sah, auf offener Straße, israelische Soldaten in voller Uniform und mit Waffen beim Bäcker, beim Gemüsehändler, an der Bushaltestelle. Die erste Intifada verebbte gerade, Rachel fürchtete sich.

Sie weigerte sich, Hebräisch zu lernen, das Kind fragte die Mutter, immer auf Englisch, wann sie endlich zurückgingen nach Amerika und warum sie überhaupt hier seien, sie, die Mutter und ihre beiden Brüder, wenn doch Krieg sei, und lange verstand Rachel nicht, wenn Awigail Lewi antwortete: »Weil wir hierher gehören.«

Unscharfe Schnappschüsse dokumentieren Rachel Lewis kurzes Leben. Sie zeigen ein Kind mit Zahnlücke zwischen den Schneidezähnen, im hellblauen Schlafanzug mit einer Mickymaus auf dem Arm. Sie zeigen einen westlichen Teenager mit langen Haaren, der sich kokett dagegen wehrt, fotografiert zu werden.

Bilder aus Paris und aus London kleben im Album, eine verrutschte Aufnahme aus Madame Tussaud's Wachsfigurenkabinett. Darauf ist Rachel zu sehen, wie sie zwischen den Puppen Jassir Arafats und Saddam Husseins posiert, rechts steht Gaddafi. Ein harmloses Foto, aber die Ereignisse haben es doppelsinnig werden lassen. Die Aufnahme erzählt plötzlich viel über das Leben junger Israelis, über ihre Bedrohungen, ihre Angst, über ihre Jugend in feindlicher Umwelt, sie erzählt von Kindern, die Feinde haben von Geburt an.

Awigail Lewi sitzt auf einer Couch im Apartment 44 ihres Wohnblocks mit weitem Ausblick über zedernbestandene Hügel nach Süden. Es ist der vierte Tag der Friedensmission von Colin Powell, Montag vergangener Woche, der Minister hat Jerusalem für einen Tag verlassen Richtung Damaskus und Beirut, körnige Bilder werden ihn zeigen, wie er die Hände der dortigen Führer schüttelt, Rachels Mutter wird ihm nicht dabei zusehen.

Sie kann die Nachrichten nicht mehr ertragen, die halben Friedensschlüsse und versteckten Kriegserklärungen, sie will wissen, warum ihr die Palästinenser das angetan haben, sie sagt: »Es ist nicht für ihr Land, es ist nicht Politik, es ist der Hass in ihnen. Deshalb bringen sie unsere Kinder um. Sie wollen keinen Frieden.«

Sie kramt nach einem Zettel, es ist eine Englischarbeit ihrer Tochter, eine halbe Seite in links gekippter Kinderschrift, der Lehrer hat »Excellent« darunter geschrieben, die Klasse sollte ihren Traum vom Glück erzählen, und Rachel wünschte sich fort auf eine ferne, einsame Insel »in Thailand«, wo bunte Fische im Meer schwimmen, prächtige Vögel fliegen, sie wünschte sich an einen Ort tiefer Stille, »weitab von allen Menschen«.

In Daheische sind alle halbe Stunde Schüsse zu hören aus automatischen Gewehren, kurze Salven, nicht zu orten, platzende Geräusche wie von großen Knallfröschen, beantwortet von dünnen Echos weiter entfernt. Am späteren Nachmittag, wenn die Langeweile des Ghettos die Kinder und die Halbstarken drückt, fangen sie an, die israelischen Besatzer zu necken, sie laufen in No-Go-Areas, werfen Steine, Flaschen, Eisenschrott. Die Luft ist dann vom Krawall der Warnschüsse voll.

Daheische, der Ort heißt meist »Flüchtlingslager«, aber der Begriff gibt ein falsches Bild wie von Zeltstädten oder Hütten oder Zäunen. Tatsächlich ist der Vorort Betlehems eine gebaute Stadt aus mehrstöckigen Häusern, 12 000 Einwohner eng zusammengerückt an der steilen Flanke eines großen Hügels. Kleine Ramschläden verkaufen kleine Dinge, Kekse, Limonaden, Zahnpasta, zwei, drei Kisten Gemüse je nach Tagesangebot, unreife Tomaten, verwelkte Petersilie. Das ist die ganze Wirtschaft Daheisches. Handel für ein paar Schekel, ansonsten geht nichts; mit dem ganzen Westjordanland rutscht das Viertel Woche für Woche tiefer ab und sieht an einigen Kreuzungen schon aus wie ein Slum.

Für die Palästinenser gibt es keine Arbeit mehr. In diesen Monaten hocken die Männer eingesperrt in ihren Gebieten, in Daheische, sie schämen sich vor ihren eigenen Kindern, wie sie unnütz die Zeit totschlagen und kämpfen am heftigsten nicht gegen die Besatzung, sondern um das bisschen Würde, das ihnen geblieben ist.

An den Abenden der vergangenen Woche ist von Daheische aus der Feuerschein zu sehen vom Kampf um die Geburtskirche drunten im Zentrum von Betlehem. Die großen Schläge stammen aus Panzerkanonen, die auch vom Gebrüll Hunderter Fernseher und Stereoanlagen in den Gassen nicht zu übertönen sind. Die Bewohner von Daheische schlafen ein mit dem Krieg, und sie wachen auf von seinem Lärm. Seit Monaten schon. Die Übersetzerin sagt, nebenhin, »die Schüsse sind unsere Musik geworden«.

In den Kämpfen starben zwei Nachbarn der Familie al-Achras, aber was heißt Kämpfe. Einer, sagen sie, Issa Sakari Faradsch, sei erschossen worden durch das Fenster, als er und seine Tochter mit Lego spielten. Drei Wochen vor dem Selbstmordanschlag Ajats soll das gewesen sein. Sie habe jedenfalls verängstigt in der Tür gestanden, als ihr Bruder Samir den sterbenden Mann aus dem Haus schleifte.

Sie schrie und weinte laut, sie verlor die Fassung, das viele Blut, sagt die Mutter, schockierte sie, sie redete viel von all dem Blut, sie zog sich stumm zurück, niedergeschlagen, die Mutter sagt: »Allah allein weiß, was in ihrem Kopf vorging.« Zu diesem Zeitpunkt muss sie schon gewusst haben, dass sie eine Märtyrerin werden würde, dass eine Bluttat bevorstand.

Sie ging, irgendwann, vielleicht schon vor Monaten, zu Leuten, die jeder kennt in Daheische, nur ein Fremder nicht. Leute von der Fatah, von deren Aksa-Brigaden, ihnen bot sie ihr Leben an für den Kampf um Palästina. Sie muss sich als gelehrig erwiesen haben, diszipliniert, kühl im Fanatismus, präzise im Hass. Ihre Hintermänner beobachteten sie. Sie warteten auf eine Schwäche, auf kindliche Fehler, dann hätten sie die Sache abgeblasen. Aber Ajat bestand, stolz und groß machte sie der Auftrag.

Stolz und groß verliest sie ihr Bekenntnis zu Palästina und Allah ins Auge einer Videokamera. Irgendwann vor der Tat ist es aufgenommen in einem geschmückten Raum, sie lacht nicht mehr, sie hat ein Stirnband um den Kopf und ein Gewehr um die Schultern, sie verurteilt die arabischen Führer wegen ihrer Schwäche, nicht gegen Israel aufzustehen. Von hier ist es nicht mehr weit zum »Supersol«-Markt von Kirjat Hajowel. Von hier geht der Weg in den Tod. Sie bekommt ihren Gürtel am Tag der Tat, jemand hilft ihr beim Anlegen, jemand bringt sie in die Nähe des Tatorts, dann ist sie da. Dann ist der 29. März.

Ihr Zimmer, quadratisch, zweieinhalb mal zweieinhalb Meter, musste sie mit einer Schwester teilen. An der Wand ein Setzkasten mit kleinen Porzellanvasen, arabischer Kitsch, Blümchen aus Stoff, bunte Hühner aus Keramik, keine Bilder, auch sonst kein persönlicher Besitz, nichts Eigenes. Auf dem Boden ihre dünne Matratze, rot und schwarz gemustert, kaum 1,50 Meter lang.

In ihren 18 Jahren ist Ajat al-Achras nie in einem anderen Land gewesen, sie hat nie das Meer gesehen und nie die Berge. Das Westjordanland verließ sie zum ersten Mal am Tag ihres Todes.

Palästinensische Kinder wissen nicht viel von der Welt, und die eigene Führung hält sie dumm. Die Schulbücher lehren eine Geografie, die den Staat Israel nicht kennen will. Israelische Städte haben arabische Namen oder werden ganz ignoriert. Wenn überhaupt, dann taucht der jüdische Staat als zionistischer Unterdrücker auf, als Macht der Vertreibung und Besatzung.

Jerusalem ist in den Kinderbüchern die geheiligte Hauptstadt »unserer Heimat Palästina«. Das Hebräische wird als Dialekt abgetan. Die Kinder singen in den unteren Klassen Lieder auf berühmte Märtyrer und in den oberen schreiben sie Besinnungsaufsätze über den Dschihad. Den Rest erledigen die Prediger in den kleinen und großen Moscheen und am Ende die terroristischen Handlanger, die explodierende Kinder für eine brauchbare Waffe halten.

Dabei war Ajat al-Achras ein lustiges, freundliches Mädchen, sie wird so gewesen sein wie ihre beste Freundin Iman Abu Saris, die um ein paar Ecken den Hügel weiter hinauf in Daheische wohnt. Iman trägt eine Brille, ein grelles T-Shirt, die Haare unverdeckt, sie hat geschminkte Lippen, und sie strahlt. Sie könnte ein Mädchen sein aus Tel Aviv, aber sie ist aus Daheische, und sie sah Ajat als Letzte hier im Ort, vier Stunden vor dem Attentat, sie sagt: »Niemand kannte sie wie ich.«

Aber auch Iman, 17 Jahre alt, hat keine guten Antworten. »Die Schuhada müssen das tun«, sagt sie auf die Frage, wie Ajat ihr, der besten Freundin, den Plan verheimlichen konnte. Aber ist sie nicht enttäuscht, dass die Freundin schwieg? »Es ist besser, auf diese Weise zu sterben als anders. Sie hat es so entschieden für sich selbst.« Ist sie stolz auf Ajat? »Sehr stolz, ja. Sie macht uns allen Mut.« Was denkt sie über den Tod Rachel Lewis, ein Mädchen so alt wie sie selbst? »Ich bin glücklich darüber. Sie haben es verdient. Sie bringen uns um und nehmen uns das Land.« Und könnte sie sich vorstellen, etwas Ähnliches zu tun? »Wir hoffen«, sagt Iman. Was heißt das? »Wir hoffen.« Worauf? »Wir hoffen.«

Im Gespräch wird gelacht und gekichert, andere Mädchen reden dazwischen, eine Schwägerin sagt aufgeregt, sie würde ihr zweijähriges Kind nehmen, mit Sprengstoff umwickeln und nach Israel schicken, so schlimm sei die Lage, so groß die Verzweiflung, ihr Bruder sei während der ersten Intifada ums Leben gekommen. »Wer sind die Terroristen? Wer sind die Terroristen? Wer ist Scharon?«

Iman holt Schulhefte, an deren Rand kleine Botschaften gekritzelt sind, kindische Mädchensachen, die sie sich hin- und herschob mit Ajat in der Schule. Auf einem Zettel mit arabischen Gedichten und Liedzeilen steht auf Englisch: »I love you deep my heart«, unterschrieben mit einem runden, ausschwingenden A für Ajat.

»Ich habe alles aufgehoben, ich werde immer an sie denken«, sagt Iman.

Die ersten drei Tage nach ihrem Tod hat sie nicht schlafen können. Immer musste sie an Ajat denken. Hoffte in Träumen, sie wieder zu finden, sie zu treffen am nächsten Morgen, als wäre nichts gewesen, »um mit ihr zu reden, über alles zu reden«.

Es ist die Woche, in der Colin Powell Frieden sucht, die Rede ist von »nützlichen«, »konstruktiven« Gesprächen, es geht um eine regionale Nahost-Konferenz mit oder ohne Arafat, Powell hat einen vollen Kalender, seine Leute haben Arbeitsgruppen gebildet und beharken die Apparate in Ramallah und Tel Aviv. CNN und BBC haben ihre Geräte auf den Balkonen der Jerusalemer Hotels aufgebaut und kommentieren die Lage mit den leuchtenden Mauern der Altstadt im Hintergrund. An den späten Abenden begießt die Weltpresse den Tag in der Kellerbar des American-Colony-Hotels, Uno-Leute sind da, es geht laut und ausgelassen zu wie in Hollywood-Filmen, die in den letzten Tagen des Vietnam-Kriegs spielen.

Der Mittwoch bringt den Unabhängigkeitstag zur 54. Wiederkehr der Staatsgründung von 1948, im ganzen Land flattern weiß und blau die Wimpel und Fahnen mit dem Davidstern, mehr als je zuvor, jedes zweite Auto fährt beflaggt, manche kleben sich große Scharon-Poster ins Heck als Bekenntnis zu einer Politik der Härte.

In Rachel Lewis Schule kleben Kinder den Namen des Opfers auf schwarze Trauerbanner, man richtet ihr zum Gedenken eine Nische ein, die Tote wird mit solchen Ritualen eingeführt in die Familie der mehr

als 20 000 Menschen, die seit der Staatsgründung für Israel ihr Leben ließen oder lassen mussten.
Rachel Lewi, das Kind aus Amerika, starb am Ende als Israelin. Sie hatte hart zu kämpfen um das Hebräische, sie erwarb es sich mühsam, hielt auch sonst in der Schule mit, nun stand sie kurz vor dem Abitur. In ihr Tagebuch zu Hause übertrug sie träumerisch Psalmen aus der Bibel, die weichen, flehenden, zornigen Lieder Davids an seinen Gott. Sie mochte die Sprache. An den nationalen Gedenktagen ging sie mit Freundinnen auf den Herzl-Friedhof, schwelgte mit ihnen in patriotischen Liedern, Reden und Gefühlen, und als sie im letzten August sechs Wochen in Amerika war, rief sie ihre Mutter an und sagte: »Ich vermisse mein Land.«
Mit 17 Jahren kannte sie schon viele Länder der Welt. Sie hatte im Pazifik gebadet, kannte den Eiffelturm aus der Nähe. Im Palästinensergebiet war sie nie. Ramallah, Betlehem, erst recht Daheische waren für sie blinde Wörter aus den Nachrichten, Namen ohne Anschauung, obwohl sie fast in Sichtweite ihres Zimmers lagen.
Einmal, vor zwei Jahren, ehe die zweite Intifada im September 2000 ausgerufen war, organisierte eine Lehrerin ihres Gymnasiums ein Treffen mit palästinensischen Schulkindern. Es fand in einem Friedenskibbuz statt, weil die Behörden eine Fahrt nach Betlehem für zu gefährlich hielten. Aber vielleicht meinten sie auch nur, die israelischen Kinder sollten nicht sehen, wie ihre Nachbarn in Palästina leben. Jedenfalls lernten die 15-jährigen Israelis, Rachel Lewi und ihre Freundinnen, dass es die Palästinenser gibt und auch, dass zu ihnen palästinensische Gebiete gehören.
Rachel lernte in der Schule sogar, dass Israels freudiger Gründungstag für die Palästinenser ein Tag der Katastrophe war; sie lernte, dass Geschichte viele Seiten hat, dass sie schwierige Fragen aufwirft, und das Mädchen zog daraus die Konsequenz, Politik und Geschichte nicht zu mögen und sich noch mehr auf den Sport zu konzentrieren. Wenn die Mutter Nachrichten sah im Fernsehen, und besonders, wenn sie schlecht waren, nahm Rachel die Fernbedienung und schaltete um.
»Mir taten die früher auch Leid«, sagen Maajan und Hila, zwei Freundinnen Rachels aus der Schule, 17 Jahre alt. »Aber sie greifen uns an. Sie bringen uns um. Das ist unser Land. Sie haben unsere Freundin getötet, sie sprengen sich selbst in die Luft. Das sind doch keine Menschen!«
Jerusalem ist eine Stadt der Sackgassen. Powells Kolonne aus Staatskarosse und Geländewagen schnürt oft durch die Hauptstraßen und fährt am Hotel in der King-David-Street in schneller Folge vor und wieder ab. Auf ihren Balkonen sprechen die Kommentatoren des Fernsehens von »Shuttle-Diplomatie«, »Fortschritten« und einem »Rahmen für weitere Gespräche«. Das heißt, die Mission ist gescheitert. Bilder vom Donnerstag zeigen Powell zurück in Washington. Er sieht müde aus.

Holger Gertz

Holger Gertz, geboren 1968 in Oldenburg, studierte Sozialwissenschaft in Bremen und Kommunikationswissenschaft in München, verbunden mit der Ausbildung an der Deutschen Journalistenschule.

Seit 1996 ist er bei der SÜDDEUTSCHEN ZEITUNG, zunächst als Sportredakteur, seit Sommer 1999 als Reporter für die »Seite Drei«. 1998 erhielt er den Axel-Springer-Preis.

Oliver Kahn, der Mann, auf den es ankommt beim Finale der Fußball-WM: »Du musst für den Erfolg brutal arbeiten«

Die Hände, der Kopf, das Tor

Es ist, als verkehre sich jetzt alles in sein Gegenteil – nach vielen Niederlagen und Anfeindungen steht der Nationaltorwart an einem Gipfelpunkt

von Holger Gertz
Süddeutsche Zeitung
29. Juni 2002

Seoul , 28. Juni – Sepp Maier sitzt im Foyer des Sheraton Walker Hill, von irgendwoher klimpert zarte Musik, und in der lackierten Tischplatte spiegeln sich seine zerschundenen Hände. Sie tun nicht weh, aber die Finger knacken. Und die Gelenke, »schauen Sie, wie dick die sind«. Torwarthände. »Jeder gute Torwart hat solche Hände«, sagt Sepp Maier, der im Kasten der Nationalmannschaft stand, 1974, als sie die WM gewannen, 28 Jahre her, fast auf den Tag. Jetzt ist er der Torwarttrainer, ein dünner Mann im Trainingsanzug, der dauernd an seinen Fingern herumzupft. Vielleicht haben Torwarte eine besondere Beziehung zu ihren Händen. Maier streckt die Finger, dreht die rechte Hand, betrachtet sie von allen Seiten, schweigend, wie man manchmal seinen Führerschein anschaut, das alte Foto darin, und dann ist man kurz in einer anderen Zeit. Die Musik klimpert, es könnte sentimental werden jetzt, aber Maier ist dafür nicht der Typ. Er sagt, er wisse nicht mal, wie die Hände von Oliver Kahn aussehen, mit dem er täglich trainiert, beim FC Bayern und in der Nationalmannschaft. »Ich müsste da direkt mal nachschauen.« Aber er glaubt nicht, dass Kahns Hände ein Geheimnis haben.

Alle schauen in Oliver Kahns Gesicht, an diesem Tag vorm Sheraton in Seoul, wo die Nationalmannschaft Quartier bezogen hat, bevor es weitergeht nach Yokohama, zum Endspiel der Fußball-WM. Man kann sein Gesicht kaum sehen zwischen den Kameras und Mikrophonangeln, nur die Bürstenhaare linsen oben heraus. Keine Kamera ist auf die Hände gerichtet, ziemlich bleiche Hände, der Ehering am Finger. Ganz normale Gebrauchshände. Während oben aus dem Kameradickicht seine Stimme ein paar seiner Lieblingsworte in die Mikros schnurrt, »du musst für den Erfolg brutal arbeiten, du musst radikal sein gegen dich«, ballen sich unten die Finger, bei *brutal* und *radikal*, zu einer halben Faust. Wenn die Finger sich entspannen, wirken die Hände zart, wie große Kinderhände. Manchmal schreiben die Leute was von Pranken, aber das stimmt nicht. Es sieht von weitem nur so aus.

Nur einer kam durch

An diesem Sonntag, im Endspiel gegen Brasilien, werden Hunderte von Millionen Menschen am Fernseher diese Hände sehen, genauer gesagt: seine Handschuhe. Es gibt keine berühmteren im Moment. Sie haben das Unentschieden gegen Irland festgehalten, die Siege gegen Kamerun, gegen Paraguay, gegen die USA, sie haben eine Mannschaft ohne Hoffnung im Turnier gehalten, tatsächlich gehalten. »Ohne den Oliver wären wir vielleicht nach der Vorrunde nach Hause gefahren«, sagt Rudi Völler, der Teamchef, und das *vielleicht* gebraucht er nur, um Kahns Mitspieler nicht zu kränken. Ein einziger hat diese Hände besiegt, der Ire Robbie Keane in der Nachspielzeit, und auch an dem Ball war die Hand von Kahn noch dran. Fast wäre er mit null Gegentoren ins Finale eingezogen. In der Zeitung stand, es spiele nicht Deutschland bei dieser Weltmeisterschaft, sondern Kahn-Land. Immer hatten die Deutschen gute Keeper, aber nie musste man Turek-Land oder Schumacher-Land oder Köpke-Land auf der Karte suchen. Nie bestand eine Mannschaft so sehr aus ihrem Torwart. Auch vom Maier-Land war nicht die Rede.

Sepp Maier sagt: »Das Geheimnis von Oliver Kahn ist eher sein Kopf.«

Der Torwart Kahn hat inzwischen die große Pressebühne im Mungunhwa Ballroom des Sheraton erklommen, und er sagt, dass das Ganze mit Schicksal und Glück nicht viel zu tun hat. »Das ist das Ergebnis von harter Arbeit, über viele Jahre hinweg, von der großen Erfahrung, die ich habe, das kommt jetzt alles zusammen. Außerdem vielleicht meine Fähigkeit, mich genau auf den Punkt zu konzentrieren.« Oliver Kahn hat ein paar Sätze in seinem Kopf, die spult er immer wieder ab. Wenn etwas außergewöhnlich ist, nennt er es Wahnsinn, wenn etwas noch außergewöhnlicher ist, hängt er ein paar a mehr ins Wort, wie gesprochene Ausrufezeichen. Das Spiel gegen Brasilien, hatte er nach dem Halbfinale gegen Südkorea gesagt, sei »ein Waaaahnsinnsendspiel«, im Sheraton nennt er es »daaaas Spiel«. Um zu gewinnen, werde jeder gefordert sein, »das Spiel seines Lebens zu machen, das wissen die Spieler auch, das braucht man nicht extra betonen«. Als gäbe es einen Knopf, auf dem steht »Spiel des Lebens«; den drücken alle, und dann ist der Sieg gewiss.

Wenn es so ist, wie Sepp Maier sagt, dass Kahns Kopf sein Geheimnis birgt, sollte man es auf seinem Gesicht suchen. Es ist ein knautschiges Gesicht, ziemlich alt für einen Mann von 33 Jahren, und jede Falte hat etwas zu erzählen. Er trägt kleine Narben, eine stammt von einem Golfball, den ein Zuschauer in Freiburg nach ihm geworfen hat, damals, als Kahn noch kein deutscher Held war, sondern der Torwart des überall geschmähten FC Bayern. Als sie ihn hassten für seinen Ehrgeiz – für den sie ihn heute lieben. Als die Fans Bananen kistenweise in den Strafraum warfen; die warf er schweigend wieder hinaus. »Sowas motiviert mich«, sagt Kahn, und im Moment sieht es so aus, als kehrte sich alles ins Gegenteil, als würden Prüfungen zu Stärke. Das Theater, das die koreanischen Fans im Stadion veranstaltet haben – ein tosendes Gebrüll aus einem Meer rotbemalter Fans – kann einen wie ihn nicht irritieren. »Als Spieler brennt man darauf, in ein solches Stadion zu gehen.« Die Falten kommen von der Niederlage in der Champions-League 1999, dem 1:2 gegen Manchester, sie hatten 1:0 geführt, das Spiel war gelaufen eigentlich, und dann trafen die Engländer zweimal. Da war das Spiel kaputt. Er hat zwei Jahre, beim Aufstehen, beim Insbettgehen, an dieses Spiel gedacht, hat Kahn mal erzählt, bis die Bilanz endlich ausgeglichen war. Im Finale gegen Valencia 2001 hielt er drei Elfmeter. Er hat Falten, die stammen von den Jahren auf der Ersatzbank in der Nationalmannschaft. Er hat ja lange warten müssen, bis er die Nummer eins tragen durfte, bei der WM 1994 in den USA war er dritter Torwart, Ersatz des Ersatzes. Er war der einzige damals, für den keine Interviewanfragen vorlagen.

Sepp Maier sagt: »Der Olli ist ein Wiederkommer«. Einmal sind ihm die Kreuzbänder gerissen, da habe er darüber geredet, aufzuhören. »Da hab ich gesagt, du bist ja bekloppt. Wir kriegen das hin, du wirst wieder der Alte.« Manchmal klingt Maier wie ein Arzt, naja, wie ein Gesundbeter wenigstens.

»Dann hätte ich aufgehört«

Manchmal klingt Oliver Kahn wie ein Analytiker, wie ein Schutzmann der eigenen Seele, die auch die der ganzen Mannschaft ist. »Das Endspiel ist eine so genannte extreme Ausnahmesituation, aber wenn man sich im Vorfeld mit den vielen Kleinigkeiten beschäftigt, die passieren können, kann man auch mit dieser Situation fertig werden.« Was passieren kann, konnte man im Spiel gegen Paraguay sehen, als Kahn bei einem Freistoß nicht nur eine Spielermauer vor sich sortierte, sondern den Verteidiger Linke zu sich ins Tor stellte. Eine vollkommen unübliche Vorsichtsmaßnahme, aber es war auch ein vollkommen unüblicher Schütze, der da anlief. José-Luis Chilavert, der Torwart von Paraguay, Mannschaftskapitän wie Kahn, Torwart wie Kahn, aber sonst haben sie nichts gemein. Chilavert ist dick, Kahn hat gewaltig abgenommen. Chilavert ist fast die Parodie auf einen Torwart, Kahn ist das Bild von einem Torwart. Chilavert badet im Applaus, wenn er nach vorn rennt, zum Freistoß, vielleicht ist ihm der Applaus wichtiger als sein Schuss. Kahn sagt, er höre den Applaus nicht beim Spiel. Chilavert war mal ziemlich gut, aber zuletzt hat er Fehler gemacht. Ein Mann von gestern. Kahn war nie so perfekt wie heute. In dieser 75. Minute ging es ums Viertelfinale für die Mannschaft, für Kahn ging es um das Lebenswerk – wenn man das, was ein Keeper mit seinen Händen schafft, als Lebenswerk bezeichnen kann. Hätte er ausgerechnet von einem ein Tor bekommen, der das genaue Gegenteil von ihm ist, wäre da nicht alles zusammengebrochen, für das er steht, der Fleiß, die Schinderei, die Zähigkeit? Die eigene Legende, zerborsten wie das eigene Modell? Kahn sagt: »Ich glaube, wenn er mir einen reingeschossen hätte, hätte ich sofort aufgehört mit Fußballspielen.« Chilavert schoss drüber. Kahn sagt: »Ich bin froh, dass das vorbei ist.«

Fußball ist ein psychologisches Spiel. »Man kann den Erfolg erzwingen«, sagt Kahn, auch das ist einer seiner Lieblingssätze, und das heißt, bezogen auf die anderen: man kann ihn herbeireden, manchmal. Wenn er den Gegnern Angst einjagen will, spricht er von sich, als bestünde die Mannschaft aus einem Mann mit der 1 auf dem Trikot, als trüge er alle Verantwortung. »Die Brasilianer müssen erst mal an mir vorbeikommen.« Wenn er den Mitspieler Mut zuflüstern will, hebt er hervor, was gut war. »Thomas Linke, mit seiner ganzen Erfahrung – was der für eine WM gespielt hat.« »Christoph Metzelder, die Entdeckung schlechthin, und man muss ja auch sehen, welche Perspektiven er hat, mit Blick auf die WM 2006.« Ein Lob von Kahn hört sich an wie eine Bemerkung des Schuldirektors im Abschlusszeugnis, wie amtlich beglaubigt.
Der alte Torwart Maier ist sich in der Sache einig mit Kahn, aber wenn er lobt, die Schnupftabakdose in der Hand, klingt das mehr nach beckenbauerschem Gefranzel oder nach Stammtischgesprächen der Fans: »Der Dings, der Torsten Frings, den musst nach dem Spiel mit dem Lasso einfangen, da will der immer noch laufen.«

Der Mann, der nie lächelt

Wenn man im Pressezentrum, an den Computern und Datenbanken, noch mal alle Spiele der WM aufruft und alle Zitate abfragt, passiert zweierlei. Zum einen reichen einem die freundlichen koreanischen Pressezentrumsmitarbeiter die Ausdrucke, unter anteilnehmendem Gemurmel, aus dem das Wort »Kahn« heraussticht wie der echte Kahn aus seiner Mannschaft. »Kahn Champion«, sagen sie. In Japan hatten die Fans ihren eigenen Namen für Kahn gefunden: der Torwart, der nie lächelt. Zum anderen stellt man fest, dass Kahns Worte den Charakter von Vorhersagen haben – die alle Wahrheit geworden sind. Kahn, vor der WM: »Wir können für eine große Überraschung sorgen.« Kahn nach dem Sieg gegen Paraguay:« Jetzt ist sehr viel möglich. Ich rede das nicht nur so in den Wind. Ich bin davon überzeugt, dass man mit dieser Mannschaft auch ins Finale kommen kann.« Kahn, nach dem Gewürge gegen die USA: »In zwei Tagen fragt kein Mensch mehr danach. Entscheidend ist, dass wir im Halbfinale stehen.« Kahn, nachdem bekannt geworden war, dass das alte Fußballidol Fritz Walter gestorben war: »Man hat ihnen damals wenig zugetraut, und sie wurden Weltmeister. Uns traut man auch wenig zu. Vielleicht werden wir ja auch Weltmeister.« Kahn, vor dem Spiel gegen Südkorea, der Stimmung im Stadion trotzend: »Wir sind zu sehr auf unser Ziel fokussiert, ins Finale vorzustoßen.« Kahn, drei Tage vor dem Finale: »Mein Gefühl sagt mir, dass wir Weltmeister werden. Warum, kann ich nicht erklären.«

Irgendwie glauben jedenfalls im Moment eine Menge Leute, Kahn könnte recht haben. Bestimmt liegt es daran, dass bei so einer elend langen WM alle eng zusammenrücken, die Spieler, die Funktionäre, die Journalisten auch. Es raunt keiner im Pressesaal, wenn Kahn flunkert: Die Abwehr steht bombensicher. Dabei hatte jeder, vor ein paar Wochen noch, das Gegenteil gesehen und beschrieben. Bestimmt liegt es an Kahn selbst, an seiner Leistung, an seinen Worten. Er strahlt, spielend und sprechend, so etwas Beruhigendes aus. Man kann es Unangreifbarkeit nennen.

Brasilien kommt mit Ronaldo, Ronaldinho und Rivaldo. Eigentlich ist Brasilien nicht zu schlagen. Sepp Maier sagt: »Wir gewinnen das Spiel.« Warum, kann er nicht erklären.

Es könnte schief gehen, trotz Kahn. Wegen Kahn. Es gibt die alten Bilder von ihm, mit dem entgleisten Gesicht eines Wahnsinnigen, wie er einem Gegenspieler fast in den Hals beißt. Es war auch bei der WM einmal fast so weit, im Spiel gegen Kamerun ist er dem Gegenspieler Rigobert Song von hinten in den Rücken gesprungen, zumindest hat er entschlossen gerempelt. Sepp Maier sagt: »Das war ein kleiner Rückfall in frühere Zeiten. Naja, er sieht das dann schon selber ein, er sagt dann: Was hab ich da wieder gemacht.« Sepp Maier, der als Spieler und Trainer gerade bei seiner achten WM ist, hat Torwarte verzweifeln sehen, zum Beispiel Toni Schumacher bei der WM 1986, auch so ein Verrückter, der mit gerissenen Sehnen und geplatzten Kapseln gespielt hat, die Finger waren manchmal so dick, dass sie kaum in die Handschuhe passten. Bei der WM damals hatte er keinen Fehler gemacht, bis er im Finale, in den letzten Minuten, in seinem Tor blieb, als ein Argentinier auf ihn zurannte. »Er ist sonst immer rausgelaufen, das konnte er, das war sein Stärke. Und auf einmal, zack, setzt es bei ihm aus. Der bleibt einfach stehen.« Maier hat damals hinter dem Tor gehockt, wie er sagt, und den Ball schon ins Tor fliegen sehen, bevor er drin war. Torwartauge. Er kann bis heute nicht richtig begreifen, wie es dazu kommen konnte. Es wird Übermotivation gewesen sein, »wenn du zuviel willst, blockierst du.« Bei Kahn sei das im Moment gut im Lot. »Ich hoffe, das bleibt so«, sagt Maier. Er ist sich aber nicht ganz sicher. Bei Torwarten kann man sich nie sicher sein.

Beim Elfmeter

Auf der Balustrade lacht Michael Ballack. Er gibt ein Interview und lacht die ganze Zeit. Ballack hat gelb gesehen im Halbfinale, er ist fürs Endspiel gesperrt. Die WM ist vorbei. Der Druck ist weg.

Nebenan, im Presseraum, wütet der Druck. Da spricht Oliver Kahn über Deutschland gegen Brasilien. Kahn sagt: »Vielleicht wird es eins von den Spielen, in dem sich beide Mannschaften total neutralisieren, ich denke an das Finale von 1994, Brasilien gegen Italien«. Ein Spiel dauert 90 Minuten, dann kommt die Verlängerung, wenn es dann noch unentschieden ist, kommt das Elfmeterschießen. Dann ist der Torwart, wenn er es nicht schon vorher war, das Zentrum des Spiels, das sich fortan nur noch abspielt in dem kleinen Bereich vor seinem Kasten. Wenn die Manege sich auf Strafraumgröße verengt, steht der Torwart allein gegen den Schützen, keine Menschenmauer vor ihm, kein Gewühl von Leibern, nur ein Vollstrecker, elf Meter entfernt. Vielleicht kann es keine Steigerung mehr geben zum Elfmeterschießen, wie es keine Steigerung mehr geben kann in solch einer Karriere. Karlsruher SC, Bayern München. Pokalsieger, Deutscher Meister, Champions-League-Sieger. Bester Torwart in Baden, bester Torwart in Deutschland, bester Torwart in Europa, bester Torwart der Welt, drei, zwei Tage, wenige Stunden vor dem wichtigsten Spiel. Vielleicht ist Oliver Kahn jetzt, genau jetzt, ganz oben, dort, wo ein Bergsteiger die Fahne hinsteckt. Naja, eine Steigerung gibt es schon noch, und nach allem, was bei dieser WM passiert ist – warum sollte nicht dieses Letzte auch noch geschehen? Nach allem, was mit Oliver Kahn passiert ist. Es hat schon Elfmeterschießen gegeben, in denen der Torwart seinen Kasten verließ, selbst an den Kreidepunkt trat, vom Fänger zum Schützen wurde.

Oliver Kahn, der Torwart, der niemals lächelt, lacht ein bisschen bei dem Gedanken; dieses Kahnlachen, das kleine Falten außen neben seine Augen malt. »Ob ich einen Elfmeter schießen würde?« Er ist längst wieder ernst, er kämpft mit sich, die Aussicht ist ihm fremd. »Normalerweise hab ich immer gesagt, das ist nicht meine Aufgabe.« Die Aussicht ist auch verlockend, er hat noch nie ein Tor geschossen. In der Bundesliga, in einem längst entschiedenen Spiel, hat er neulich einen Elfmeter vertan, und in einem anderen Spiel ist er mit nach vorn und hat den Ball ins Tor gewuchtet. Mit den Fäusten. Das zählte nicht. Kahn sagt: »Natürlich träumt man als Torwart immer davon, einen entscheidenden Elfer zu schießen.« Er entschließt sich, die Aussicht, wenn sie Realität würde, anzunehmen, als Auftrag. »Ich denke, ich bleib' bei meinem Leisten, und ich mache, was ich kann. Was nicht heißen soll, dass ich nicht auch einen Elfmeter schießen würde oder könnte.«

Oliver Kahn steigt vom Podium und sticht in die Gasse, die sich bildet, der Blick verhangen, leicht vornübergebeugt, breitbeinig stapfend, wie ein trauriger Gorilla oder ein Boxer auf dem Weg in den Ring – oder wie ein sehr entschlossener Fußballer auf dem Weg aus der Kabine. Er braucht seine Hände nicht an diesem Tag, er muss sich keinen Weg bahnen. Die Journalisten, Sicherheitsleute und ein paar Mitarbeiter des Sheraton Walker Hill drängen sich von selbst an die Wand. Fast sieht es aus, als stünden sie Spalier.

Matthias Geyer

Matthias Geyer, geboren 1962 in Aachen. Nach einem Volontariat beim Kölner EXPRESS ging er 1997 zur WELT AM SONNTAG, dann zum SPIEGEL. 1993 zog er von Hamburg wieder ins Rheinland und wurde dort Sportchef beim KÖLNER STADT-ANZEIGER. 1997 kehrte er zum SPIEGEL zurück, für den er als Reporter in Berlin arbeitet.

Revolution unterm Hammer

Die Hamburger Internet-Firma »Kabel New Media« galt als Star am Neuen Markt, ihr Gründer als Prototyp eines modernen Unternehmers. Die Geschichte über Aufstieg und Pleite von Peter Kabel ist ein Fallbeispiel für das Scheitern der New Economy.

von Matthias Geyer
DER SPIEGEL
18. Februar 2002

Auch die Nummer 50 muss unter den Hammer. Nummer 50 ist ein Schreibtisch, im Auktionskatalog steht, dass er aus Metall und Holz gearbeitet ist, 1600 Millimeter lang, 1100 Millimeter breit, er hat eine graue Arbeitsplatte und silberne Füße. Nummer 50 soll für 160 Euro aufgerufen werden.
Nummer 50 steht im 4. Stock eines Bürogebäudes in Hamburg, Schanzenstraße 70. Bis zum Sommer vorigen Jahres war hier die »Kabel New Media AG« zu Hause.
Kabel New Media war ein Internet-Unternehmen, das in Deutschland als Vorreiter der Start-ups galt. Peter Kabel, 39, der Gründer dieser Firma, war ein fixer Kopf, war zusammen mit Paulus Neef von »Pixelpark« und Thomas Haffa von EM.TV einer der drei großen Zampanos der New Economy. Der Unterschied zwischen Kabel, Neef und Haffa bestand darin, dass die Anzüge, die Kabel trug, noch besser waren als die Anzüge von Neef und Haffa.
Auktionsstück Nummer 50 war mal der Schreibtisch von Peter Kabel.
Am Mittwoch vergangener Woche steht ein Herr mit geradem Scheitel vor Nummer 50. Er trägt eine randlose Brille und einen dunklen Anzug, an seinem Revers steckt ein Namensschild, Peter Schwarzrock steht auf dem Schild. Herr Schwarzrock arbeitet für die Firma »Industrie Rat«. Er versteigert das Inventar von Unternehmen, die Pleite gegangen sind. Er verscheuert den Sperrmüll der Visionen.
»Also, der Tisch hier, das ist ein Designerstück. Der hat neu 1000 Mark gekostet, mindestens«, sagt er. Herr Schwarzrock könnte auch gebrauchte Autos verkaufen.
Das komplette Inventar von Kabel New Media soll am nächsten Tag versteigert werden. Tage vorher hat der Auktionator vier Angestellte in die Schanzenstraße geschickt. Sie haben sauber gemacht und alle Gegenstände sachgerecht aufgestellt, damit man sie vor der Auktion besichtigen kann, und am Ende haben sie auf jeden Gegenstand einen gelben Zettel mit einer Nummer geklebt.
»Ich sag immer, es muss aussehen wie in einem Kauf-

haus. Die Braut muss ja auch schön gemacht werden«, sagt Herr Schwarzrock.

Jetzt laufen viele junge Käufer durch die Büros in der Schanzenstraße und begutachten ehemalige Statussymbole der New Economy. Sie sehen ein paar Dutzend Rechner mit Monitoren und Tastaturen. Nummer 34, eins der besseren Stücke; ein PC mit Pentium-III-Prozessor, soll für 200 Euro aufgerufen werden. Auch Nummer 76, der Aktenvernichter, ist weit unter Neupreis zu haben, 50 Euro. Nummer 31, der Wasserspender, kostet auch 50 Euro. Nummer 311, eine Laser-Datenübertragungsanlage, die Daten von einem Gebäude des Start-ups zum anderen geschossen hat, kostete mal 350 000 Euro. Jetzt steht sie mit 32 000 Euro im Prospekt.

Es sind insgesamt 511 Gegenstände ausgestellt, und es sind viele junge Menschen in die Schanzenstraße gekommen.

Es ist nicht nur eine Firma, die hier versteigert wird. Und es ist auch nicht nur ein Schreibtisch und ein Apple-Computer und ein Aktenvernichter. Es ist der Ausverkauf einer Jugendbewegung, die New Economy hieß. Es ist, als hätte man 1970 Woodstock-Gitarre, Mao-Bibel und Che-Plakat versteigert. Es ist die Grablegung einer Idee, die glaubte, sie sei eine Revolution. Sie wollte, in den paar Monaten eines heißen Sommers nur, die Betonmauern der Weltökonomie sprengen. AOL kauft Time Warner, genauso gut hätte Yahoo den Disney-Konzern verschlucken können.

Sie glaubte, sie würde eine neue Generation prägen. Sie dachte: Unsere Eltern gingen auf die Straße, um die Welt zu verändern; wir gehen an die Börse, um die Ökonomie zu verändern.

Jetzt ist die Revolution bei Herrn Schwarzrock angekommen.

Peter Kabel, der Ex-Boss, ist schon lange nicht mehr in der Schanzenstraße gewesen. Er hat jetzt keine Arbeit mehr. Er sitzt gelegentlich im »Marinehof«, einem Lokal in der Hamburger Innenstadt, das er gern mag. Wenn er ein Gespräch führt, liegt sein Handy auf dem Tisch. Er trinkt schwarzen Tee und Weißweinschorle und raucht Marlboro Lights. Er drückt sie immer aus, wenn sie erst zu zwei Dritteln verbrannt sind.

Vor zwei Jahren war Peter Kabel einer von denen, die für Gerhard Schröders runderneuertes Deutschland standen, für Leistung, die sich tatsächlich wieder lohnt. Peter Kabel wollte der Wirtschaft eine neue Lebensart einpflanzen, sie war sensibel, jugendlich und voller Soul, sie bestand aus Nachtarbeit und geilen Festen. Wenn der Kanzler sagte, Deutschland habe sich »zu einem Gründerland« entwickelt, dann hatte er Menschen wie Peter Kabel im Sinn. Die Aktienkurve am Neuen Markt war auf ihrem Gipfel angekommen.

Heute macht Kabel den Eindruck, als wäre er noch immer auf dem Sprung. Aber er hat jetzt Zeit. Er hat jetzt jede Menge Zeit. Er spricht über die Vergangenheit, aber er sagt, man dürfe das nicht schreiben. Er fürchtet, dass ihm das schaden könnte.

Einmal wurde Peter Kabel gefragt, was er tun würde, wenn er Pleite ginge. Er sagte: »Die Wunden pflegen und von vorn anfangen.« Angefangen hat sein Traum von der neuen Ökonomie vor neun Jahren, in einem Konferenzraum am Hamburger Hafen.

Januar 1993

In diesem Konferenzraum, er gehört zum »Trendbüro«, hängt ein Plakat mit einem großen Oval darauf, und in dem Oval stehen jede Menge Adjektive. Die Adjektive sollen die unterschiedlichen Ausprägungen des menschlichen Handelns beschreiben.

Menschliches Handeln kann zum Beispiel unter dem Oberbegriff »Lust« stehen. Wer sich von »Lust« leiten lässt, ist: »verspielt«, »verführerisch«, »sensationell«, »magisch«. Ein anderer Oberbegriff heißt »Kontrolle«. Kontrollierte Menschen sind: »diszipliniert«, »vorsichtig«, »traditionell«, »fleißig«, »ordentlich«.

Peter Kabel hat häufig in diesem Konferenzraum gesessen, als er und Peter Wippermann 1993 Geschäftspartner wurden, »Lust« paktierte mit »Kontrolle«. Wippermann leitete das Trendbüro, er forschte nach neuen Strömungen in der Gesellschaft und beriet Unternehmen, für jeden Trend gab es Fakten, er hantierte mit der Wirklichkeit. Kabel war der Chef bei Kabel New Media, er sprach von Interaktivität und einer digitalen Welt, und außer Kabel wusste keiner, was das ist. Er jonglierte mit der Möglichkeit.

Peter Kabel, Sohn eines ägyptischen Vaters und einer deutschen Mutter, war aus Stuttgart nach Hamburg gekommen, er studierte Visuelle Kommunikation und entwarf nebenbei Plakate für die Hafenstraße und das Metropolis-Kino. Er bewegte sich in der linken Szene und trug orangefarbene Trainingsanzüge. Ende der achtziger Jahre kaufte er sich für 20 000 Mark einen Apple-Macintosh-Laptop.

Es war die Zeit, in der Erich Honecker noch Militärparaden abnahm und der Westen das Fax-Gerät entdeckte.

Als er seinen Laptop hatte, wusste Peter Kabel, was es bedeutet, wenn man seiner Zeit voraus ist.

Die Bürogemeinschaft Wippermann und Kabel zahlte sich jeden Monat 7000 Mark aus, und wenn am Ende eines Jahres etwas übrig blieb, wurde das Geld aufgeteilt. Peter Kabel trug jetzt keine orangefarbenen Trainingsanzüge mehr, er kam in richtigen Anzügen zur Arbeit und hatte einen Knopf im Ohr. Nebenher lehrte er an der Fachhochschule Hamburg als Professor für Kommunikationsdesign. Er sprach von einer vernetzten, globalen Gesellschaft, von Internationalität, von den Vereinigten Staaten, von der Börse.

Wippermann sagt heute, die Arbeit im Detail habe seinen Kompagnon damals schon nicht mehr interessiert. Der habe sich vielmehr als globalen Businesstypen verstanden. Kabel habe eine große Welle ankommen sehen, »und er wollte schnell draufspringen und vorne mitsurfen«.

Kabel redete in einer Sprache, die Wippermann nicht mehr verstand. Sie standen in ihrem Büro und guckten den Schiffen im Hafen hinterher, und Kabel sprach dabei von »Virtuosität im virtuellen Raum«, »Echt-Welt-Strukturen«, »weltweitem Bezugsrahmen«.

Irgendwann sagte er bei so einer Gelegenheit mal: »Ihr spielt Fußball, gebt mir die Vorlagen, und ich verwandle sie.«

Sie trennten sich 1997. Peter Kabel zog mit Kabel New Media in die »Alte Pianofabrik«, einen aufgemöbelten Altbau im linken Hamburger Schanzenviertel. Es sollte ein Unternehmen werden, das die Geschäftsauftritte großer Betriebe im Internet gestaltet. Es sollte ein Unternehmen mit amerikanischem Lebensgefühl werden. »Es ist einfach nicht mehr cool, etwas herzustellen«, sagte der US-Managementberater Ron Nicol damals im »Wall Street Journal«.

Februar 1999

Stefan Meyhoefer las eine Stellenanzeige bei »Horizont.Net« im Internet. Kabel New Media hatte inseriert, es war eine Stelle, die auf den Kommunikationswissenschaftler passte. Meyhoefer stellte sich in der Pianofabrik vor, er stand am Empfangstresen und sah frische Blumen und frisches Obst. Es gab immer frisches Obst und frische Blumen bei Kabel New Media.

Die Firma war inzwischen seit zwei Jahren in der Pianofabrik, sie hatte angefangen auf einer Etage, sie fraß sich durch die Pianofabrik wie ein hungriges Tier, inzwischen hatte sie sich auf vier Gebäudekomplexe ausgebreitet, sie brauchte neue Leute. Meyhoefer wurde zum 1. März eingestellt.

Er arbeitete erst mal als Konzepter, dann wechselte er in die Presseabteilung. Er bekam eine Visitenkarte, auf der stand nicht »Presseabteilung«, sondern »Corporate Communications«. Manchmal hatte er direkt mit Peter Kabel zu tun. Man sagte »der Peter« zu ihm in der Firma. Alle sagten Du zueinander in der Firma. Die Presseabteilung wusste, dass die Firma am 15. Juni an die Börse gehen würde. Meyhoefer und seine Kollegen waren deshalb mit der Frage beschäftigt, worum es sich bei so einem Börsengang im Einzelnen handelt, denn es würden Menschen von den Medien anrufen und Fragen stellen.

Stefan Meyhoefer saß mit den anderen im Büro und sagte: »Also, Börse, das sind für mich die Blue Chips.« Ein Kollege wusste auch nicht viel von Börse, aber immerhin war ihm bekannt, dass die Banken ein Auge darauf haben. »Die prüfen das, die würden das nicht machen, wenn wir eine Klitsche wären«, sagte er.

Am 15. Juni musste Peter Kabel mit seinem Finanzchef Fritz Mathys nach Frankfurt am Main; seine Firma wurde zum ersten Mal auf dem Parkett gehandelt. Er ließ sich fotografieren.

Am selben Tag stand in der Zeitung, dass dieser Börsengang dem Unternehmen Kabel New Media 26 Millionen Euro gebracht habe. Die Aktie hatte einen Ausgabekurs von 6,15 Euro. Ein Techniker von Kabel New Media richtete für die Computer der Mitarbeiter ein so genanntes Desk Top Tool ein, ein kleines Fenster auf dem Bildschirm; man musste es einfach nur anklicken, und schon wusste man, wo die Aktie gerade stand.

Jeder, der bei Kabel New Media arbeitete, hatte eine bestimmte Anzahl von Aktien zum Ausgabekurs zugeteilt bekommen. Stefan Meyhoefer hatte 500 Aktien. Jeden Tag klickte er den Desk Top Tool auf seinem Computer an. Jeden Tag wurde er reicher. Einmal brüllte jemand durchs Büro: »Yeah, wir sind über 80 Euro!«

Natürlich fragte sich Meyhoefer manchmal, ob er verkaufen sollte. Aber er wollte kein Parasit sein, kein Trittbrettfahrer, er wollte »mitgestalten«, wie er sagt. Verkauf hieß Verrat. Außerdem kannte er die Kurse vom Konkurrenten Pixelpark. Der war etwas später an die Börse gegangen, und seine Aktie war gleich auf 160 Euro geschossen. »Warte ab, ernte was, wir sind nicht schlechter als Pixelpark«, dachte Meyhoefer.

Immerhin hatte er verlässliche Werte, auf die er sich stützen konnte. Kabel New Media war so schnell gewachsen, dass die Firma in der Hamburger Schanzenstraße ein zweites Haus mit fünf Etagen dazumieten musste.

Es gab eine Abteilung bei Kabel New Media, die nannte sich »New Business Development«. Man hätte auch »Akquise« dazu sagen können. Im New Business Development saßen zeitweise fünf Angestellte, die damit beschäftigt waren, neue Aufträge nach hinten zu schieben. Das Unternehmen war ausgelastet.

Es arbeitete für die ersten Adressen der deutschen Wirtschaft, für BMW, Siemens, Karstadt, Dresdner Bank, Henkel, ProSiebenSat.1 Media. Das Schöne an der deutschen Wirtschaft war, dass ihre Manager noch immer nicht genau wussten, was Internet ist. Sie meinten, sie seien auf der Höhe der Zeit, wenn sie es hinkriegten, eine E-Mail zu verschicken. Was sonst noch alles ging, erzählte ihnen Peter Kabel.

Er sprach zum Beispiel vom denkenden Kühlschrank, der übers Internet beim Lieferservice Milch bestellt, wenn sie alle ist. Er nannte es »Total Customer Care«.

Für seine Leute organisierte er Weihnachtsfeiern in einer Hamburger Kirche oder in einer Villa an der Elbe. Ein Mann aus dem Vorstand sagte: »Bei Kabel arbeiten die coolen Leute.«

Einmal schalteten sie eine Anzeige, sie hatte die Überschrift: »Superman geht in Rente.« Der Text dazu hieß: »Die Helden von heute sind wie Sie. Tragen Anzüge, aber ohne rotes Cape. Fighten, sind wachsam. Und haben Superkräfte – ihren Instinkt. Jetzt macht Kabel New Media eine Kapitalerhöhung. Eins der führenden Unternehmen der Zukunftskommunikation. Und Quality-Leader im E-Business-Bereich. Was sagt Ihre Nase? Zeichnen Sie jetzt!«

Stefan Meyhoefer war unter anderem dafür zuständig, den neuen Mitarbeitern zu erklären, wie diese Firma funktioniert. Jeweils zum 1. und zum 15. wurden die Leute eingestellt, manchmal waren es 30 in einem Monat.

Ihre Gesichter konnte sich irgendwann keiner mehr merken. In der Kaffeeküche wurden Fotos von den Neuen aufgehängt, darunter standen die Namen und die Lebensläufe. Peter Kabel wusste schon lange nicht mehr, wer für ihn arbeitete. Menschen nannte er »intellectual capital«. Er sagte, dass sich »die Welt aufteilen wird in Leute, die Zeit haben, aber kein Geld. Und in Leute, die Geld haben, aber keine Zeit«. Irgendwie hätte er auch eine Sekte anführen können.

April 2001

Jochen Hilbig* saß in seiner Hamburger Wohnung und surfte durchs Internet. Dann klingelte sein Telefon, es meldete sich eine Mitarbeiterin von der Pressestelle bei Kabel New Media.

»Kannst du mal für eine halbe Stunde rüberkommen?«, fragte sie.
»Schick mir doch einfach eine Mail, das ist einfacher«, sagte er.
»Nein, komm besser vorbei.«
»Was soll das? Werd ich jetzt rausgeschmissen oder was?«
»Ja, aber von mir weißt du das nicht.«
Hilbig, 22, hätte eine ordentliche Karriere machen können im Unternehmen. Peter Kabel hatte ihm, als er mit dem Betriebswirtschaftsstudenten zum ersten Mal sprach, gleich die Stelle des persönlichen Assistenten angeboten. Hilbig wollte lieber sein Studium zu Ende bringen. Er wurde als studentische Hilfskraft angestellt, er kümmerte sich für 25 Mark die Stunde um das Gebiet der Corporate Identity (CI), die Firma sollte nach innen und nach außen ein einheitliches Erscheinungsbild bekommen. Hilbig war Kabels Schönheitskosmetiker. Sogar die Schilder, die vor den Toiletten hingen, wurden von Hilbig in Auftrag gegeben.
Wenn sich die Firma bei neuen Kunden vorstellte, gab es immer eine kleine Einführung, sie hieß: »Who we are, what we do.« Man zeigte dem Kunden eine Weltkarte, auf der kleine Fähnchen mit den Standorten des Unternehmens zu erkennen waren. Im Lauf des Jahres 2000 waren es immer mehr kleine Fähnchen geworden. Wenn mal wieder irgendwo auf der Welt ein neues Unternehmen dazugekauft worden war, kam ein neues kleines Fähnchen auf die Weltkarte.
Innerhalb von 18 Monaten hatte Kabel elf Unternehmen aufgekauft, in Deutschland, England und Skandinavien, er hatte Außenbüros von Wien bis New York. Internet-Experten waren inzwischen kostbare Kräfte geworden, die Zukäufe hatten ihren Preis. Die schwedische Internet-Gesellschaft »Projector« mit 65 Mitarbeitern zum Beispiel war 50 Millionen Euro teuer, eine Firma aus Brighton mit 15 Angestellten kostete 8 Millionen Euro, ein Aachener Unternehmen mit 100 Leuten 25 Millionen Euro, eine Firma aus Bonn und Friedrichshafen mit 100 Leuten 36 Millionen Euro.
Das Unternehmen, das mit vier Mitarbeitern begonnen hatte, beschäftigte jetzt fast 1000 Menschen.
Wer nicht ganz blöde sein wollte in Deutschland, investierte sein Geld in Aktien der New Economy. Das Kabel-Papier galt als sichere Kaufempfehlung.
Was Kabel genau machte, wussten die wenigsten von denen, die Kabel-Aktien kauften. Sie wussten vielleicht, dass er irgendwelche Internet-Seiten zusammenzimmert, aber sonst wussten sie nichts. Einmal rief jemand abends um acht bei der Pressestelle an. Der Mann sagte, er melde sich von der Nachtschicht, er sei Fließbandarbeiter bei Bosch, und er wolle jetzt mal wissen, was E-Commerce sei, er habe ein Recht auf Information, er sei schließlich Kabel-Aktionär.
Für Jochen Hilbig war die Arbeit schwerer geworden, seit so viele Fähnchen auf der Weltkarte steckten. Er musste sich um die Corporate Identity von Firmen kümmern, die er noch nie gesehen hatte.
Irgendwann in dieser Zeit bekam er einen Anruf von Peter Kabel. Kabel sprach so laut, dass jeder, der im Büro war, verstehen konnte, was er sagte. »Wir sind hier bei Olympischen Spielen, aber bei Olympia geht es nicht nur ums Dabeisein, sondern um Leistung.«
Jochen Hilbig ahnte, dass dieser Ausbruch in einem größeren Zusammenhang stand. Fast automatisch war das Unternehmen gewachsen, Schwindel erregend schnell, noch schneller schrumpfte sein Börsenwert nun, ohne dass jemand genau sagen konnte, warum. Kabel New Media steckte mittendrin in diesem Gewitter, das über der New Economy aufgezogen war, in diesem Tornado der schlechten Stimmung, in diesem Teufelskreis aus düsteren Worten. Liquiditätsproblem. Gewinnwarnung. Kurscrash. Todesliste. Kapitalvernichtung. Entlassung.
Bei »comdirect.de« konnte Jochen Hilbig bald nachlesen, dass die Aktie mit der Wertpapier-Kennnummer (WKN) 622950, Kabel New Media, innerhalb von einem Jahr 90 Prozent ihres Werts verloren hatte, man bekam sie im April 2001 für etwa drei Euro. Die Kurse waren weltweit zusammengebro-

chen. In Skandinavien mussten 40 von Kabels Mitarbeitern entlassen werden, in New York wurden seine Büros geschlossen. Aus dem Ausland zogen jede Menge schlechte Nachrichten heran, aber im Schanzenviertel glaubten sie, dass über Hamburg für immer die Sonne scheinen würde.

Peter Kabel ließ im Januar 2001 vermelden, sein Konzern werde zum Jahresende die Gewinnzone erreichen. Er sagte, Kabel New Media schwimme »klar gegen den Strom am Neuen Markt«. Im Februar entwickelte er eine neue Geschäftsidee, sie handelte davon, dass man Staubsaugerbeutel künftig mit Hilfe der Wap-Technik übers Handy bestellen könnte.

Im April bekam Jochen Hilbig diesen Anruf von der Frau aus der Pressestelle. Er kam in die Schanzenstraße, er fuhr mit dem Aufzug in die fünfte Etage, eine Kollegin saß da und der Personalchef. Der Personalchef sagte: »Tut uns Leid, es geht uns im Moment schlecht, wir müssen euch entlassen. Ihr seid sofort freigestellt.«

Hilbig musste seine ID-Karte und seinen Schlüssel abgeben, er sollte ein Formular unterschreiben, auf dem er sich zur Verschwiegenheit verpflichtet. Er ging noch einmal in sein Büro, er wollte noch ein paar E-Mails verschicken. Aber sein Computersystem funktionierte nicht mehr. Der »Lotus Notes Account« war abgemeldet.

An diesem Tag wurden im Standort Hamburg 31 Angestellte entlassen. Peter Kabel war im Urlaub. Er sagte: »Die Leute müssen sich ja nicht bei mir, sie können sich ja bei ihren direkten Chefs und anderen Verantwortlichen ausheulen.«

29. Juni 2001

Als Muriel Fuchs gegen zehn Uhr an ihren Arbeitsplatz kam, sah sie unaufgeräumte Schreibtische und benutzte Kaffeetassen und eingeschaltete Computer, aber sie sah keine Menschen.

Muriel Fuchs, 36, ist Französin, sie hatte früher bei Radiostationen und Fotoagenturen gearbeitet, jetzt war sie Dolmetscherin bei Kabels Internet-Konzern, sie war feste freie Mitarbeiterin. Sie übersetzte die Internet-Seiten, die die anderen für die internationale Kundschaft entworfen hatten, ins Französische.

Es hatte in den vergangenen Monaten einige Anzeichen dafür gegeben, dass irgendetwas hakte in der Firma. Muriel Fuchs war jeden Tag in der Firma gewesen, sie arbeitete auch am Wochenende, aber sie hatte seit Februar kein Geld mehr bekommen. Sie wartete auf 37 000 Euro.

Außerdem hatte es diese Weihnachtsfeier im Dezember 2000 gegeben. Sie verriet vieles darüber, was in der Welt des Neuen Markts passiert war.

Kabels Leute trafen sich diesmal nicht in einer Kirche oder in einer Villa an der Alster. Sie trafen sich in der Cafeteria des Kaufhauses Karstadt Sport. Es gab Hähnchenschnitzel mit Kartoffelsalat und Adventskekse auf gezackten Papptellern. Und es gab eine Tombola. Ein Mitarbeiter gewann ein Erlebniswochenende im Intercity-Hotel von Magdeburg.

Es gab keinen Unterschied mehr zwischen einer Weihnachtsfeier für die Belegschaft von Kabel New Media oder einer Weihnachtsfeier für die Belegschaft eines Drogeriemarkts.

Muriel Fuchs wollte, wenn die 37 000 Euro endlich da wären, zum ersten Mal in ihrem Leben in eine Rentenversicherung einzahlen. Und sie wollte ihrer Mutter die Schulden zurückzahlen. Sie lebte von dem Geld ihrer Mutter. Sie zahlte jeden Monat 1100 Mark Miete und 486 Mark Krankenversicherung.

Sie ging an diesem Morgen, an dem sie die verlassenen Arbeitsplätze sah, in die Kaffeeküche und drehte sich eine Zigarette, sie ließ die Tür offen stehen. Dann hörte sie Schritte. An der Kaffeeküche gingen Kollegen vorbei, ungefähr 50, sie kamen aus einem Konferenzraum, und sie redeten nicht.

Sie fragte jemanden, was passiert sei.

»Zahlungsstopp, Insolvenzantrag.«

Das Unternehmen hatte das abgelaufene Geschäftsjahr mit 130 Millionen Euro Verlust abgeschlossen.

Muriel Fuchs ging zurück in die Kaffeeküche und weinte. Dann setzte sie sich an ihren Computer und schrieb Rechnungen.

Sie hatte ein gutes Verhältnis zu ihrem direkten Vorgesetzten, er sorgte dafür, dass sie am selben Tag einen Termin bei Peter Kabel bekam. Sie ging mit zwei anderen freien Mitarbeitern in Kabels Büro, sie saßen an einem runden Konferenztisch und wollten Antworten von ihm.
»Unter solchen Marktbedingungen muss man mit Risiko leben«, sagte er.
»Wir als Freie wissen, was Risiko ist. Aber bei uns geht es ums nackte Überleben.«
»Ich kann verstehen, dass eure Situation unangenehm ist«, sagte er.
»Unangenehm ist das falsche Wort. Katastrophal ist das richtige Wort«, sagte sie.
Muriel Fuchs hatte nie »Peter« zu Peter Kabel gesagt. Sie hatte ihn vor diesem Tag noch nie gesehen und danach auch nicht mehr. Sie vertritt jetzt eine Gruppe von zwölf freien Mitarbeitern, die zusammen noch 216 000 Euro Honorar fordern.
»Einem wie Kabel«, sagt Muriel Fuchs, »muss man nur fünf Minuten zuhören, dann weiß man, was nicht stimmt. Er hat keine soziale Kompetenz.«
Vier Tage nach ihrem Gespräch bei Peter Kabel war sie wieder an ihrem Arbeitsplatz. Kabel hatte gesagt, es sei wichtig, jetzt weiterzumachen, weil es vielleicht noch eine Rettung gebe. Muriel Fuchs beobachtete die Mitarbeiter der Reinigungsfirma, die sonst immer die Büros geputzt hatten. Sie holten ihre Sachen ab, Putzmittel und Klopapier.

30. Juni 2001

Der Masseur Lars Maué saß im Wartezimmer seines Arztes und las das »Hamburger Abendblatt«. Die Zeitung berichtete vom Zahlungsstopp und dem bevorstehenden Insolvenzantrag bei Kabel New Media. Es war Samstag.
Am Montag rief Lars Maué bei Kabel New Media an und fragte, ob er noch mal kommen solle. »Nein«, sagt ihm jemand, »wir haben kein Geld mehr.«
Lars Maué ist freiberuflicher Masseur. Er betreibt keine eigene Praxis, er braucht nicht viel für seine Arbeit. Er hat einen mobilen Massagestuhl, den er auf einem Kickboard durch die Stadt transportiert. Lars Maué kommt zum Kunden.
Kabel New Media war sein bester Kunde.
Der Service, den er anbietet, gehörte mal zu den Segnungen der neuen Arbeitswelt. Im Intranet, dem betriebsinternen Kommunikationssystem, konnten Kabels Mitarbeiter mit einem Mausklick »Ressourcen« buchen. Unter Ressourcen verstand man alles, was gerade benötigt wurde. Einen digitalen Projektor etwa oder eben eine Massage bei Lars Maué. Die Firma zahlte.
Im Jahr nach dem Börsengang war Lars Maué dreimal in der Woche für vier Stunden bei Kabel New Media. Er nahm 30 Mark für 20 Minuten und arbeitete wahlweise in der »Joint-Release«- oder in der »Shiatsu«-Technik. Seinen Stuhl stellte er im Konferenzraum auf.
Lars Maué ließ seinen Kundenstamm schrumpfen, weil er bei Kabel so dick im Geschäft war. Kabel war wie seine Altersversicherung. Kabel war im Jahr 2000 zum »Entrepreneur des Jahres« gewählt worden, seine Firma hatte zwischenzeitlich einen Börsenwert von 1,3 Milliarden Euro.
Manchmal ging der Masseur Lars Maué zu seiner Bank, um die Kontoauszüge abzuholen. Die Frau, die sein Konto betreute, hatte einen Ordner angelegt mit Zeitungsartikeln über Kabel New Media. In einem Artikel stand, dass Kabel New Media in den ersten neun Monaten des Geschäftsjahres 2000/2001 34 Millionen Euro Verlust gemacht hätte.
»Seien Sie vorsichtig«, sagte sie einmal zu dem Masseur.
Die Zeiten, in denen er dreimal die Woche zur Massage ins Büro kommen musste, gingen vorbei. Im März 2001 sagte man ihm, er müsse nur noch zweimal kommen. Im Mai kam er nur noch einmal in der Woche. Er massierte den Kunden die Nackenmuskeln und wusste, wie es enden würde. »Die waren knüppelhart«, sagt er.

3. Juli 2001

Der Stuttgarter Wirtschaftsanwalt Mark Binz hatte im »Handelsblatt« einen Artikel über den Zusammenbruch des Unternehmens Kabel New Media gelesen. Dort stand, dass Peter Kabel im März 2000 »mit sicherem Weitblick« durch Aktienverkäufe 50 Millionen Euro Kasse gemacht habe. Die Zeitung vermutete, Kabel habe »von langer Hand geplant, das von ihm gegründete Unternehmen schleichend in die Insolvenz zu treiben«, um es mit dem gebunkerten Verkaufserlös preiswert und natürlich schuldenfrei aus der Konkursmasse zurück zu erwerben.

Mark Binz erinnerte sich an den Tag, an dem er den Unternehmer Peter Kabel kennen lernte. Es war vor einem Jahr an der Côte d'Azur. Im Südfranzösischen war damals ein auserlesener Herrenkreis zusammengekommen, um ein mit Hightech ausgestattetes Segelschiff zu Testfahrten hinaus aufs Meer zu führen. Binz hatte Kabel seit diesem Tag nicht mehr gesehen.

Der Anwalt recherchierte beim »Handelsblatt« und erfuhr, dass Peter Kabels Anwälte keine Ansprüche auf eine Gegendarstellung geltend gemacht hatten. Mark Binz reichte deshalb bei der Staatsanwaltschaft Hamburg eine Strafanzeige gegen Peter Kabel ein. Der Anwalt sieht einen Anfangsverdacht auf Insolvenzdelikte und Untreue.

Auch vom Hamburger Rechtsanwalt René Gralla ging eine Strafanzeige bei der Staatsanwaltschaft ein. Gralla vertritt sechs Aktionäre, die durch die Insolvenz bei Kabel New Media Vermögen verloren haben. Gralla will nachweisen, dass Peter Kabel falsche Angaben über sein Unternehmen gemacht hat, die Anleger hätten deshalb die Aktie nicht richtig bewerten können.

Die Staatsanwaltschaft Hamburg ließ daraufhin Kabels Büro- und Privaträume untersuchen und begann ein Ermittlungsverfahren. Zurzeit wird geprüft, ob das Unternehmen gegen Paragraf 88 des Börsengesetzes verstoßen und Konkursverschleppung betrieben hat. Auch der Verdacht auf Insidergeschäfte wird untersucht; das wäre ein Verstoß gegen Paragraf 38 des Wertpapierhandelsgesetzes.

Sollte Peter Kabel ein Konkursdelikt begangen haben, dann müsste er mit seinem schönen Privatvermögen haften. Aber die Staatsanwaltschaft hat auch verlauten lassen, dass solche Dinge schwer nachzuweisen seien. Peter Kabel muss sich keine großen Sorgen machen.

31. August 2001

Peter Kabel saß im 4. Stock des Firmengebäudes in der Schanzenstraße und schrieb eine E-Mail an seine Mitarbeiter.

»Liebe Mitarbeiter, Kollegen, liebe Mitstreiter und Freunde,

... Das wichtigste Wort heißt: Danke! ... Es tut mir Leid. Auch wenn es vermessen klingen mag, glaube ich auch heute noch, dass diese Organisation, eure Organisation und die Organisation, die ich gegründet habe, außergewöhnlich war ... Ich kann euch versichern, dass mir keine Umstände und Vorgänge bekannt sind, die unrecht oder gar kriminell waren ...

Selbstverständlich haben Fehleinschätzungen zu Fehlentscheidungen auf unterschiedlichen Management-Levels und Management-Gebieten geführt ...

Vermutlich waren wir alle auch zu selbstgewiss ...

Was bleibt zu sagen? Farewell! ...

Ich glaube, jeder nimmt eine Menge Erfahrungen mit in sein weiteres Leben. Ich wünsche euch Glück und Erfolg!

Peter«

Peter Kabel war wenige Stunden vorher als Vorstandsvorsitzender zurückgetreten. Drei Tage nach diesem Schreiben wurde das Insolvenzverfahren über das Vermögen des Unternehmens eröffnet. Am 2. Oktober nahm der Neue Markt die Aktie von Kabel New Media, WKN 622950, aus dem Handel. Das Insolvenzverfahren wird vermutlich erst in ein paar Jahren abgeschlossen sein. Ob die Gläubiger irgendwann Geld bekommen, weiß jetzt noch keiner.

Epilog

Peter Kabel steckt sich noch eine Marlboro Lights an. Er hat zweieinhalb Stunden über das gesprochen, was in seiner Firma passiert ist. Jetzt möchte er seine Ruhe haben.

Das Gespräch ging auch um die Frage, was er im Moment eigentlich so macht.

Er möchte dazu nichts sagen. Das hat ihm sein Anwalt geraten.

Sicher ist, dass er in den vergangenen Monaten häufiger auf einem Bauernhof war, den er in Mecklenburg-Vorpommern erworben hat. Er hat jetzt mehr Zeit für seinen Bauernhof. Er ist immer noch Professor an der Fachhochschule und lehrt Kommunikationsdesign. Er trägt aber keinen Knopf mehr im Ohr.

Die Frage ist, was er mit den 50 Millionen Euro aus den Aktienverkäufen machen wird.

Er möchte dazu nichts sagen. Auch das hat ihm sein Anwalt geraten.

Ob es genau 50 Millionen Euro sind, lässt sich nicht mehr klären. Vielleicht sind es ein paar Millionen weniger, vielleicht sind es auch ein paar Millionen Euro mehr. Man kann aber davon ausgehen, dass es ihm nicht schlecht geht. Peter Kabel ist einer der wenigen Gewinner dieser bankrotten Revolution.

Natürlich ist auch Peter Schwarzrock, der Auktionator, ein Gewinner. Er hat jeweils 15 Prozent vom Höchstgebot bekommen. Die Computer ist er losgeworden, die Aktenvernichter, die Wasserspender und auch Peter Kabels Schreibtisch mit der Nummer 50. Er brachte 800 Euro.

Übrig blieb nur das Prunkstück der Firma, die 350 000-Euro-Anlage, die vom Dach des Stammhauses Daten per Laser zu den Filialen schoss. So etwas braucht heute keiner mehr. Sie bleibt, wo sie ist.

Herr Schwarzrock sagt, der neue Mieter habe jetzt eine schöne Antenne auf dem Dach.

Asmus Heß

Asmus Heß, Jahrgang 1968, aufgewachsen in Norderstedt/Hamburg. Studium der Politikwissenschaften in Berlin, anschließend Besuch der Evangelischen Journalistenschule. Nach einem kurzen Gastspiel beim Evangelischen Pressedienst in Magdeburg wurde er freier Journalist mit den Schwerpunkten Reportagen (FREITAG) und Kindergeschichten (BERLINER ZEITUNG). Seit Ende 1998 ist er Reporter bei der Agentur Zeitenspiegel mit Sitz in Weinstadt bei Stuttgart. Veröffentlichungen u.a. in stern, BRIGITTE, DIE WOCHE, brandeins, BERLINER ZEITUNG und KÖLNER STADT-ANZEIGER. Asmus Heß lebt und arbeitet in Berlin.

»Und trotzdem: Gott war da«

Vor acht Jahren töteten aufgeputschte Milizen in RUANDA hunderttausende Tutsi und gemäßigte Hutu. Eines der schlimmsten Massaker ereignete sich in Kaduha, auf dem Gelände der katholischen Kirche, in deren Obhut Zehntausende geflüchtet waren. Bis zu 18 000 Menschen wurden an einem einzigen Tag ermordet – vor den Augen der Münsteraner Ordensschwester Milgitha. Sie ist geblieben. Und kümmert sich um alle, Täter wie Opfer

von Asmus Heß
BRIGITTE
6. Februar 2002

Hier! Schauen Sie! Hier war alles voller Blut. Und hier auch. Und dieser dunkle Fleck, der ging nicht weg. Wir haben geschrubbt und immer wieder geschrubbt, vier Wochen lang, aber er ging nicht weg. Die Toten lagen ja einige Tage hier, und es war warm, und die Leichen sind ausgelaufen. Das Körperfett hat sich in den Steinboden gefressen. Überall sind noch diese dunklen Flecke. Da drüben auch. Hier im Beichtstuhl, da haben wir nicht geschrubbt, da sollten die Flecke bleiben, zur Erinnerung. Nur der Jesus über dem Altar ist damals heil geblieben. Der hat nichts abbekommen. Hier, schauen Sie!«

In der Kirche zu Kaduha, im Südwesten Ruandas, steht eine deutsche Nonne und betrachtet den Gekreuzigten an der Wand. Schwester Milgitha, 67, wird plötzlich still, ganz still, versinkt. Betet. Dann sagt sie noch einmal, dass er damals heil geblieben sei, der Herr Jesus, und sie sagt es, als sei es ein kleines Wunder, als habe dies eine tiefere Bedeutung. Damals, in der Nacht zum 21. April 1994, kurz nach Mitternacht, sangen tausende verzweifelte Menschen vom Volk der Tutsi in der Kirche das Magnifikat: »Meine Seele preist die Größe des Herrn, und mein Geist jubelt über Gott, meinen Retter ...« Wenige Stunden später waren sie tot, ermordet mit Handgranaten, Gewehren und Macheten.

Schwester Milgitha, mit bürgerlichem Namen Paula Christine Kößer, Mitglied der Münsteraner Clemensschwestern, lebt seit knapp dreißig Jahren in Kaduha, auf einem der tausend Hügel Ruandas, und in ihrer Welt gibt es nur ein »davor« und »danach«. »Davor«, lange Zeit davor war sie eine kräftige junge Krankenschwester, um welche die Männer warben, die aber »anstatt nur für einen für alle da sein« wollte und Nonne wurde. Davor, da ging sie nach Ruanda, um nach dem Wort Gottes zu leben und ein »Centre de Santé«, eine Gesundheitsstation, aufzubauen, von der aus inzwischen eine halbe Million Menschen im Südwesten des Landes medizinisch versorgt werden. »Danach«, das ist die Zeit, in der das Leben für sie keine Gewissheiten mehr hat, außer vielleicht der,

dass Gott in jener Aprilnacht trotzdem da war. Trotz allem. Es ist eine Gewissheit, die sein muss. Die fest verankert ist in ihrem Glauben. Ohne die es keinen Sinn mehr geben würde.
Der Ort, an dem Gott trotzdem war, ist von karger Schönheit. Von dem Hügel, auf dem das »Centre de Santé« liegt, blickt man auf das Dorf mit seinen rund 500 Hütten und Häusern, in geschwungene Täler und auf Felder, als Terrassen in die umliegenden Anhöhen gegraben. Bananenstauden und Eukalyptusbäume sorgen für grüne Farbtupfer, die stumpfe graue Erde verwandelt sich nach Regen in sattes Braun. Wolken sitzen auf den Anhöhen am Horizont wie Watte. Rund 200 Meter vom »Centre« entfernt steht Milgithas backsteinrotes, langgestrecktes Haus, mit Wellblech auf dem Dach und von Beeten umgeben: Rosen, Akazien, Granatäpfel. Einen Steinwurf weit weg, hinter einer mit Glasscherben bewehrten Mauer, die Schule, das Pfarrhaus und die Kirche.
Hier hatten sich damals, im April 1994, die Tutsi versammelt, auf der Flucht vor den Hutu, die auf den Marktplätzen der Dörfer Nachbarn denunzierten, Häuser anzündeten, Männer, Frauen und Kinder erschlugen. Es waren blutige Tage, in denen die Tutsi Haus und Hof verließen und über die Hügel zur Kirche von Kaduha liefen, denn das Gotteshaus erschien ihnen als letzter sicherer Ort. Es kamen immer mehr und mehr, und weil nicht genug Platz in der Kirche war, lagerten viele von ihnen auch im Pfarrhaus und in der Schule. Milgitha und ihre Mitschwester Quirina versorgten die Ängstlichen mit Matratzen, Decken, Suppen und Medikamenten. Und wollten nicht glauben, nicht wahrhaben, was die Tutsi immer wieder sagten: Wir werden sterben.
Doch dann waren Hutu-Milizen auf Lastwagen in Kaduha angekommen, Tierfelle um die Köpfe geschlungen, und hatten die Kirche eingekreist. Sie bereiteten sich in aller Ruhe auf den Angriff vor. Und jetzt war dunkle Nacht, es regnete, und plötzlich sangen die Tutsi: » ... denn der Mächtige hat Großes an mir getan, und sein Name ist heilig«. Und während sie sangen, dass der Herr die Mächtigen der Erde vom Thron stoßen und die Niedrigen erhöhen werde, zog Schwester Milgitha in ihrem Haus Mantel und Stiefel an und versteckte Geld und Papiere im Unterrock. Dachte, sie müsse fliehen. Wusste nicht, wohin. Dachte, sie müsse sterben. Um halb zwei hörte Milgitha die erste Granate in der Kirche explodieren, hörte, wie das Morden an 12 000 oder 15 000 oder 18 000 Menschen begann, niemand hat die Toten später gezählt, nur einige wenige Meter entfernt begann das Schlachten, hinter der Mauer. Und Milgitha hörte die Gewehre und die Schreie der Sterbenden und den dumpfen Klang schlagender Macheten.

Das Töten ging bis morgens um sieben, und Milgitha und Quirina beteten und schwiegen, beteten und schwiegen. Milgitha legte sich angezogen aufs Bett, stand wieder auf, ging den Flur hoch und runter, legte sich wieder hin, stand wieder auf, ging in die kleine Kapelle neben ihrem Zimmer, hielt ein Holzkreuz in der Hand. Klammerte sich an ihren Rosenkranz. Meditierte. Hörte: Regen, Schreie. Erstarrte. Um sieben Uhr war plötzlich Ruhe, kein Laut durchbrach die Stille, bis eine halbe Stunde später das Morden weiterging, bis nachmittags um vier, und noch einmal schrien die Opfer ihre Verzweiflung heraus, hackten Macheten Köpfe ab, zerschlugen Gliedmaßen, verstümmelten Männer, Frauen und Kinder, weil diese Tutsi waren. Tutsi, die »Langen«. Bis die Mörder, die Hutu, die »Kurzen«, glaubten, dass alle tot seien. Alle, die gehofft hatten, Gott werde sie schützen. Dann war Ruhe.
Schwester Milgitha, die in Münster ausgebildete Krankenschwester, arbeitet in Kaduha als Ärztin, Pflegerin, Psychotherapeutin. Rund 80 Kranke kommen jeden Tag in ihr »Centre«, wegen Würmern, Wunden, Malaria, Masern, Diphterie, Entzündungen, Keuchhusten, Blutarmut, Aids, Unterernährung, Tuberkulose, Zucker, Geschwüren. Milgitha hat ein Impfprogramm auf die Beine gestellt, eine Mütterschule, eine Schwangerenberatung, und beschäftigt über 50 Männer und Frauen, die sich um Wäsche, Haushalt, Wasserleitungen und Garten kümmern, die Pille, Kondome und

Medikamente verteilen, Drei-Monats-Spritzen geben. Bei Kaiserschnitten im nahen Krankenhaus hat sie schon oft assistiert, und wenn der Arzt, der einzige im Umkreis von zig Kilometern, nicht da wäre, würde sie die Babys auch selbst mit dem Skalpell auf die Welt holen: »Man kann alles, wenn man muss.« Sie hat gelernt, dass es immer irgendwie geht. Weitergeht. Selbst mit jenen rund 500 Patienten, die den »Krieg«, den Genozid seelisch nicht überlebt haben und schwer traumatisiert sind. In Ruanda nennt man sie die »lebenden Toten«, sie sitzen vor ihren Hütten und tun nichts, gar nichts mehr. Milgitha versucht seit sieben Jahren, Kontakt zu ihnen zu finden.

Sie bräuchten Kraft, um über damals zu reden. Kraft, die keiner der lebenden Toten mehr hat. Die Milgitha oft selbst nicht mehr hat. Die verloren ging, weil ein Volk das andere ausrotten wollte. Kraft, die früher so selbstverständlich da war, »davor«, und davor war auch ihr unbeschwerter Blick auf das Leben und die Lust daran. Schwester Milgitha sagt von sich selbst, sie sei traumatisiert. Sie sagt es, als würde sie über jemand anderen sprechen. Sie sitzt auf der Terrasse vor ihrem Wohnzimmer, in dem ein mächtiger Kamin die Wand hinaufragt und ein afrikanisches Reliefbild bäuerliches Leben zeigt. Neben dem Bild hängt ein Foto ihres Bischofs, ein freundlich lächelnder, mit sich und der Welt zufriedener, in die Jahre gekommener Herr mit graumelierten Haaren, einer großen, eckigen Brille und einem dicken Goldkreuz um den Hals. Jener Bischof Augustin Misago der Diözese Gikongoro, der während des Genozids bei ihm Schutz suchende Tutsi der Polizei übergeben hatte. Er hätte wissen können, dass das ihr Todesurteil war. Schwester Milgitha sucht nach einer Erklärung, die ihren Bischof entlasten soll und doch nur ihre ganze Hilflosigkeit, ihre Einsamkeit in der Zeit des Mordens offenbart: Nein, er habe natürlich nicht den Mördern helfen wollen. Er habe sicherlich nicht gewusst, dass die Polizei das Töten mitorganisierte. Vielleicht aber habe er nicht genügend gegen das Morden protestiert, sagt Milgitha vorsichtig: »Vielleicht konnte er nicht so schnell reagieren. Vielleicht hätte ihm jemand einen Schubs geben müssen.« Der Bischof hat sie nie gefragt, wie es in jener Aprilnacht war.

Milgitha trauert, frisst den Schmerz in sich hinein. Man möchte die Hand auf ihren Arm legen, doch man bekommt schnell das Gefühl, dass es ihr nicht recht wäre. Sie klammert sich an Fakten und Zahlen, wenn sie über die Zeit des Tötens spricht, das Erinnern und Beschreiben fällt ihr schwer, und wenn sie es doch schafft, schießt ihr dabei das Blut in den Kopf, und ihr wird heiß, als habe sie Fieber. Sie sucht nach irgendetwas, an dem sie sich festhalten kann, und es gibt nur eine einzige Erklärung für das Morden, die ihren Schmerz lindert: »Vor 2000 Jahren ist einer für alle am Kreuz gestorben. Hier sind alle für einen gestorben.« Die Toten seien Heilige, sagt Milgitha. Sie sagt das immer wieder. Es muss so sein. Sonst wäre es nicht auszuhalten.

Es dauerte zwei Tage, bis Milgitha sich das erste Mal vor die Tür wagte, hinüber ins »Centre« ging, um nach den Kranken zu schauen, und am fünften Tag nach dem Massaker holte sie ihre kleine Kamera aus der Schreibtischschublade, steckte sie in die Manteltasche und machte sich auf den Weg zur Kirche. Ein Berg von Leichen quoll aus einem der Eingänge, im Gotteshaus lagen die Toten überall verstreut. An den Wänden, am Altar, auf dem Boden, in den Beichtstühlen – überall Blut. Ihre Hand zitterte, als sie auf den Auslöser drückte. Sie wusste, dass die Mörder noch in der Nähe waren, sie hatten sich auf den Hügeln rund um das Dorf niedergelassen und warteten. Die Hutu-Milizen hatten Zeit. Sie warteten darauf, dass sich Tutsi zeigen würden.

Am Tag zuvor hatten die Mörder noch vor der Kirche herumgelungert, doch jetzt war niemand zu sehen. Milgitha und einige ihrer Angestellten suchten nach Überlebenden, und ein Mädchen fanden sie versteckt in einem Raum am Ende des Kirchenschiffs, einen kleinen Jungen zusammengekauert im Kühlschrank des Pfarrhauses und noch einen Jungen irgendwo unter den Toten. Und dann hörte die Schwester jemanden ganz leise »Milgitha« rufen, und nachdem sie Leiche um Leiche zur Seite geräumt hatten, fanden sie eine junge Frau, mit blutverkrustetem Kopf und zerschlagenem Rücken am Boden liegen. Sie holten Bretter, um die Frau ins »Centre« zu tragen, aber sie waren vom gegenüberliegenden Hügel beobachtet worden und sahen plötzlich, dass Hutu durchs Tal rannten. »Wir konnten nur weglaufen und mussten die Frau liegen lassen«, erzählt Milgitha, »ich habe gehört, wie sie sie mit Macheten umgebracht haben.«

Die Kinder aber schob sie vor sich her, bis sie in ihrem Haus, in Sicherheit waren. Milgitha hat Fotos von ihnen und auch eines von der Frau, wie sie im Schmutz liegt und mühevoll den Kopf anhebt, als reiche allein dafür noch ihre Kraft. Ein obszön anmutendes Bild, weil die Frau halb nackt und dabei so schutz- und hilflos ist, ein brutales Bild, das die ganze Geschichte des Genozids im Gesichtsausdruck einer Sterbenden erzählt. »Ich musste fotografieren«, sagt Milgitha, »es hätte mir doch niemand sonst geglaubt, dass das alles passiert ist.«

In den Wochen nach dem Massaker retteten Milgitha und Quirina über hundert Menschen vor dem sicheren Tod. Milgitha weiß nicht, warum, aber die Hutu verschonten das »Centre«, und mit viel Glück und der Hilfe der Nonnen verließen die Überlebenden ihre Verstecke und schafften die 200 oder 300 Meter bis hinter die schützenden Mauern. 200 oder 300 Meter ins Leben zurück. Zwei kleine Jungen fand Milgitha im Glockenturm der Kirche, einen anderen in ihrem Gemüsegarten. Nur sein Haar guckte aus der Erde. Mehrere Tage war das Kind lebendig begraben. Sein Vater war vor der vier Meter hohen Madonna aus Gips gestorben, die auf dem Platz vor der Kirche steht. Er hatte seinen Mördern 300 000 ruandische Franc dafür bezahlt, dort erschossen zu werden. Er wollte nicht durch eine Machete sterben. Er brauchte das Geld ja auch nicht mehr. Am Ende des Massakers war der Preis für den Gnadenschuss auf 300 Franc gesunken.

In der Zeit »danach« kümmerten sich Milgitha und Quirina Tag und Nacht um die Überlebenden im »Centre«, die krank vor Todesangst waren, und sie pflegten auch die Mörder, wenn diese sich verletzt hatten. Sie lebten nach dem Wort Gottes an einem Ort, an dem Gott nur noch trotz allem war. Führer von Miliz und Militär empfing Milgitha im Esszimmer des Wohnhauses, und die Massenmörder bekamen alles, wonach sie verlangten. Einer wollte ein heißes Bad nach dem Massaker, und er bekam es. Andere wollten Geld oder Essen, und sie bekamen es. Nur eines bekamen sie nicht: die Tutsi. »Gebt die Tutsi raus«, forderte einer. »Ich kenne keine Tutsi. Ich kenne keine Hutu. Ich kenne nur Ruander«, antwortete Milgitha.

Milgitha kümmert sich noch immer um die Täter. Jeden Freitag besucht sie das Gefängnis in Carambo, eineinhalb Autostunden von Kaduha entfernt. Wenn die Nonne kommt, versammeln sich die Mörder vor dem Gefängnis, einem Haus mit mehreren dunklen, schmierigen Zimmern, die mit billigen Vorhängeschlössern gesichert sind, in denen zusammengerollte Strohmatten und Plastiktüten an den Wänden hängen und jeder der rund 160 Männer und vier Frauen nachts einen halben Quadratmeter zum Schlafen hat. Doch jetzt sitzen sie auf dem Vorplatz in der Sonne, zerlumpte, abgerissene Gestalten, öffnen den Mund, um einen faulen Zahn zu zeigen, knöpfen das Hemd auf, weil die Lunge krank ist. Und vor ihnen steht Milgitha in ihrer hellblauen Ordenstracht, blickt ernst auf ihre Patienten hinab, fragt und hört zu, tastet, horcht ab, guckt in stumpfe Augen, notiert, welche Medikamente sie das nächste Mal mitbringen muss. Bleibt distanziert, aber hilft, so wie sie jedem helfen würde. Sie kennt nur Ruander. Pascal, einer der Gefangenen, sagt, sie bräuchten Decken und Seife, und außerdem müssten sie jeden Tag auf den Feldern ohne Lohn arbeiten. »Ihr wisst, warum ihr hier seid«, antwortet Milgitha, »ihr wisst, was geschehen ist. Das hier ist euer Kreuz.« Keiner der Gefangenen widerspricht. Die Täter schweigen. Oder leugnen ihre Schuld. Ihm werde vorgeworfen, einen Menschen ermordet zu haben, aber das sei nicht wahr, betont Pascal. Und die anderen? Gibt es

überhaupt jemanden im Gefängnis, der schuldig ist? Pascal will die Frage nicht verstehen.
Es ist einfacher, die Täter zu fragen als die Opfer. Man kann den Tätern in die Augen gucken. Bei den Opfern fällt das schwer. An einem warmen, sonnigen Nachmittag, in einem Klassenraum der ehemaligen Katecheten-Schule neben der Kirche von Kaduha, meint Milgitha, dass es jetzt an der Zeit sei, mit den Fragen an Claudine Mukandinda aufzuhören. Keine Fragen mehr nach den über 50 Leichen, die hier noch immer auf Holztischen liegen. Die Toten wurden nicht begraben, um die Lebenden zu erinnern, und Claudine reibt die grotesk verrenkten, mumifizierten Körper seit drei Jahren regelmäßig mit Kalk und Sand ab. Sie pflegt die Toten, als streichele sie ein Baby, vorsichtig, mit viel Bedacht. Sie verteilt das weiße Pulver auf den kaputtgeschlagenen Körpern, von denen viele daliegen, als hätten sie in der letzten Minute Schutz gesucht: den Arm hochgerissen, um einen Schlag abzuwehren, die Beine angezogen, weil sie schon auf der Erde lagen und sich möglichst klein machen wollten. Ganz klein. Den Mund geöffnet zum Schrei oder zur Bitte, abzulassen. Claudine sagt, sie tue die Arbeit gern, weil es ihre »Geschwister«, ihre »Angehörigen« seien. Sie meint damit das Volk der Tutsi, man kann die Toten nicht mehr identifizieren. Claudine war am 21. April 1994 nicht in Kaduha, sondern zu Besuch bei Freunden in der nächsten Präfektur. Aber ihre Familie war hier, und Claudine hat in dieser Nacht Vater und Mutter verloren, Brüder und Schwestern, ihren Mann, ihre Tanten und Onkel, ihre Großväter und Großmütter. Sie zeigt auf einen der Körper: »Das war eine Frau. Man kann die Falten von der Brust noch sehen.« Was kann man antworten? Milgitha sagt stockend, es täte uns allen so Leid, dass es passiert ist. Wir seien sehr traurig. Claudine sagt ruhig, wir sollen uns gedulden.

Mitte Juni 1994 verließen Milgitha und Quirina das Dorf, weil ein Beamter der Präfektur sie heimlich gewarnt hatte, sie ständen auf einer Todesliste. Man wolle keine Zeugen. Sie flohen ins sichere Deutschland, doch sie fanden sich dort nicht zurecht. Sie konnten nicht schlafen. Sie konnten nicht reden. Sie brauchten Ruhe, aber es gab keine. Sie wollten nach Hause. Nach Kaduha. Wenn Milgitha »wir« sagt, dann meint sie nicht »wir Nonnen«, »wir Frauen« oder »wir Deutschen«, sondern »wir Ruander«, und weil ihr Deutschland nach dreißig Jahren Afrika fremd war und sie wusste, dass die Menschen in Kaduha Hilfe brauchten, kehrte sie zusammen mit Quirina schon einige Wochen später zurück, in ihre Heimat Ruanda. Französisches Militär flog sie im Hubschrauber von Zaire über die Grenze, und aus der Luft sah Kaduha aus wie ein Ameisenhaufen. Das Dorf war von Flüchtlingen überrannt worden, doch dieses Mal waren es Hutu, die flohen, hunderttausende auf dem Weg Richtung Westen, voller Angst, dass die vorrückende Rebellenarmee der Tutsi Rache nehmen würde.
Milgitha ging zurück, obwohl sie die nächsten Wochen und Monate immer wieder an geöffneten Massengräbern stand, in welche die Hutu-Milizen ihre Opfer geschmissen hatten, und zu diesem Zeitpunkt nicht klar war, wie der »Krieg« ausgehen würde, sie um ihr Leben fürchten musste. Sie hat auch jetzt noch Angst, denn es ist noch immer nicht vorbei: So wie sie heute die Bürgermeister, Präfekten und Minister Ruandas kennt, kannte sie auch damals schon die Elite des Landes und damit viele der Organisatoren des Genozids, die sich ins Ausland absetzten, als ihr »Krieg« verloren ging. Viele von ihnen leben inzwischen in Zaire, Belgien oder Frankreich und schreiben ihr Briefe. Einer ruft Milgitha sogar an, wenn sie einmal im Jahr für einige Wochen in Deutschland ist, glaubt, mit ihr reden zu können, als sei nichts passiert. Sie legt dann auf. Sie schreibt nicht zurück. Sie hat Angst, weil sie nicht weiß, wie weit die Arme der Schlächter noch reichen. Aber sie bleibt. Obwohl Schwester Quirina seit 1999 wieder in Münster und Milgitha jetzt allein in Kaduha ist. Sie bleibt, weil jemand bleiben muss. Weil ohne sie die medizinische Versorgung der Region zusammenbrechen würde. Weil es ein Zeichen geben muss, dass Gott da war. Da ist. Trotz allem.

Ihre Hoffnung sind die Kinder. Es waren schwierige Kinder, anfangs, als Schwester Milgitha nach dem großen Schlachten das Waisenhaus im »Centre« gründete, Kinder, die wie durch ein Wunder überlebt hatten. Sie weinten nicht. Sie lachten laut, wenn der Schmerz in ihnen aufstieg, und wenn sie doch einmal weinten, wusste Milgitha, dass jetzt nur noch Beruhigungsmittel helfen würden. Doch Milgitha bekam sie durch, pflegte sie, jahrelang, brachte sie dann bei Verwandten unter, wenn das Rote Kreuz noch welche fand, oder bildete kleine »Kind-Familien«, wenn ihre Schützlinge alt genug waren, ins leere Haus der Eltern zurückzukehren. Inzwischen sind im Waisenhaus zu Kaduha kaum noch Tutsi-Kinder, die Vater und Mutter im »Krieg« verloren haben. Dafür Hutu-Kinder, deren Väter jetzt im Gefängnis sitzen oder deren Eltern einfach verschwanden, auf dem Weg ins Exil, zu den Flüchtlingslagern in Goma.

Besonders gern hat Milgitha den behinderten Eric, zehn Jahre alt, der nachmittags mit zuckenden Gliedmaßen auf einer roten Matte in der Sonne liegt, die Zunge rausstreckt, gluckst, lacht, seine Freude mit spastischen Armen in die Luft wedelt, weil Milgitha sich zu ihm hinunterbeugt, ihm die Hand auf die Beine legt, das Kinn streichelt, den Bauch kitzelt. Dann setzt sich die Nonne auf eine Bank, nimmt ein zweijähriges Mädchen auf den Arm und muss aufpassen, dass die fünf anderen Kinder, die sich bereits an ihren Beinen und Armen festgeklammert haben, ebenfalls Aufmerksamkeit bekommen. Und manchmal, so wie jetzt, da ein Trupp weiterer kleiner Menschen durch das Tor des »Centre« von einem Spaziergang zurückkehrt, Milgitha erblickt und wie eine Horde Wildgewordener mit spitzen Schreien sofort in ihre Richtung rennt, weiß die Nonne nicht mehr, wem sie zuerst übers schwarze, krause Haar fahren soll, und geht im Ansturm der Gunst- und Liebesbezeugungen ihrer Kinder einfach unter. Es ist ein kurzer Moment der Befreiung, in dem die Vergangenheit aus ihrem Gesicht verschwindet. Sie lächelt. Beglückt. Und plötzlich ist Milgitha, deren Name »Die reich an Milde ist« bedeutet, plötzlich ist diese stämmige, ernste, in ihrer Seele so schwer verletzte Schwester leicht. So leicht.

Ralf Hoppe

Ralf Hoppe, 43 Jahre alt, geboren in Teheran, aufgewachsen in Wolfsburg. Studierte Volkswirtschaft und Politik, wäre lieber Kinderarzt, Meeresbiologe oder Künstler geworden, wurde aber Volontär bei der BRAUNSCHWEIGER ZEITUNG. Ging dann zum stern, zum SONNTAGSBLATT und zur ZEIT, war Ressortleiter beim KÖLNER STADTANZEIGER und ist heute Redakteur beim SPIEGEL. Daneben verfasste er Dokumentarfilme, ein Kinderbuch und Krimi-Drehbücher fürs Fernsehen. Ausgezeichnet mit dem Theodor-Wolff- und dem Christopherus-Preis. Hoppe ist verheiratet und hat zwei Söhne.

Aufstand einer Tochter

In Iran streiten islamische Hardliner und Reformer um die Macht. Mitten in diesem Richtungskampf will eine in Frankfurt lebende Künstlerin den politischen Mord an ihren Eltern aufklären.

von Ralf Hoppe
DER SPIEGEL
30. Dezember 2002

Oppositionelle Forouhar vor dem Bild ihres Vaters: Museum des Mordes

Am Nachmittag, als die Frau aus dem Haus der Derwische tritt, erschöpft, gehüllt in einen schwarzen Tschador und eskortiert von zwei Dutzend wachsamen Männern, da weiß sie schon, dass es Schwierigkeiten geben wird. Sie ahnt aber nicht, dass sie gleich um ihr Leben laufen muss.

Die Frau heißt Parastou Forouhar. Sie hat zwei Adressen. Die eine: Buchwaldstraße 45, Frankfurt-Bornheim, im dritten Stock eines ruhigen Mietshauses. Dort sitzen ihr Freund Thorsten und ihre zwei Söhne und machen sich Sorgen.

Ihre zweite Adresse: Sadeh-Gasse 22. Die geht ab von der lauten, sechsspurigen Hedajat-Straße, es ist eine Kleine-Leute-Gegend, an der Ecke hat ein Schneider seine Werkstatt. In dem Haus mit der Nummer 22, einem der größten in der Nachbarschaft, ist Parastou Forouhar aufgewachsen, als behütetes Kind eines Anwalts und seiner Frau. In diesem Haus wurden ihre Eltern ermordet, vor vier Jahren, es war der Tag, der ihr Leben änderte.

Und deshalb ist sie heute wieder hier, zurückgekehrt aus Deutschland, mitten in Teheran, Hauptstadt der Islamischen Republik Iran, mitten in einem heimlichen Bürgerkrieg.

Etwa 400 Parteianhänger, Freunde ihrer toten Eltern und Regimegegner waren eben während der Trauerzeremonie im Derwisch-Haus. Vier Ansprachen wurden gehalten, dazwischen Gedichte vorgelesen, die Leute saßen auf Plastikstühlen unter den obligatorischen Riesenporträts der Revolutionsführer Chomeini und Chamenei und blinzelten in die Kronleuchter.

Die Reden waren ausdrucksvoll; Persisch, mit seinen tönenden Vokalen und schwingendem Singsang, ist eine Sprache der großen Gefühle. Manche Besucher benutzten ihre Handys wie Mikrofone, in Täbris, Hamadan, Isfahan und anderen Städten hörten viele Leute mit. Und die Lautsprecher an den Hofmauern des Derwisch-Hauses übertrugen, hallend, knacksend, jedes Wort nach draußen.

Im Hof stehen jetzt immer noch etwa 500 Besucher, und in den umliegenden Gassen drängen sich an die 4000 Menschen. Jünglinge, Greise, Studenten sind darunter, Mütter und Zahnärzte, Köche und Taxifahrer, manche haben feuchte Augen, viele singen Lieder, in denen das Wort *Asadi* vorkommt, Freiheit. Batzen von Flugblättern werden hochgeworfen, flattern zu Boden, die Leute bücken sich eilig danach, andere halten Fotos von Parastou Forouhars Eltern hoch. Das allein ist schon verboten, die Fotos sind alt, und auf der Nationalflagge im Hintergrund fehlt das Symbol der Islamischen Republik. Und Sprechchöre, immer wieder: *Sendani-je sijasi asad bajad gardad*! Freiheit für die politischen Gefangenen!

Auf den umliegenden Dächern stehen Männer, sie blicken durch Videokameras und sammeln Gesichter, es sind Mitarbeiter des Geheimdienstes.

Jetzt mischen sich merkwürdige Männer in die Menge, die meisten zu Fuß, manche zu zweit auf einem Moped: Sie sind auffallend breitschultrig, sie haben grobe, unrasierte Gesichter und tragen Eisenstangen und hölzerne Schlagstöcke unter ihren Armen, notdürftig getarnt durch Zeitungspapier. Es sind Mitglieder der regimetreuen *Ansar-e Hesbollah*, der geheimen Partei Gottes. Sie nennen sich der »sprechende Koran«. Sie sind berüchtigt.

Was gleich passieren wird, hat Parastou Forouhar in den vergangenen vier Jahren immer wieder herausgefordert. Weil sie Trauerfeiern veranstaltete, jedes Jahr eine. Weil sie in den Teheraner Tageszeitungen, sofern die noch nicht verboten waren, Interviews gab. Weil sie den Mord zu dem machte, was er war: zum Politikum.

Die Dämmerung bricht herein. Die Schmuckbeleuchtung auf der Hedajat-Straße springt an, Neonblumen, rot, grün, weiß, glimmen auf.

Was gleich passieren wird, hat Parastou Forouhar in den vergangenen vier Jahren immer wieder befürchtet. Aber ihr Trotz war immer stärker als ihre Angst.

Frühmorgens, vor der Trauerkundgebung, war Parastou Forouhar auf dem Blumengroßmarkt, sie kaufte für mehr als 70 Dollar Forsythien, weiße Nelken, rote Rosen, schaffte eine Wagenladung Blumen in ihr Elternhaus. Sie schleppte Vasen, steckte Teelichter an, verteilte die Sträuße und kleinen Kerzen im ganzen Haus: Im Hof vor der verrosteten Hollywoodschaukel, wo früher der Wagen ihres Vaters stand; im Salon, wo Fotos und Gemälde hängen; im Arbeitszimmer ihres Vaters, wo sein Armstuhl steht, in derselben Position, in der ihn vor vier Jahren die Mörder hinterließen, Richtung Mekka. Darunter, auf dem Teppich, einem sehr alten, beige-roten Täbris, ist noch ein Blutfleck zu sehen, ein Stück Plexiglas bedeckt die Stelle. Der Gehstock ihres Vaters lehnt am Stuhl, der Knauf ist mit Silber ausgelegt, mit einer kleinen eingravierten Blüte.

Zimmer für Zimmer, Blumenstrauß für Blumenstrauß schmückt die Tochter ihr Elternhaus um, zu einem Museum des Mordes.

Es ist ihr 13. Besuch seit dem Tod ihrer Eltern, aber ein besonderer. In dieser Woche hat sie nichts anderes getan, als von einem Amt zum nächsten zu laufen. Sie hat, wie so oft, Anträge gestellt, Formulare ausgefüllt, mit dem Polizeichef gesprochen, und sie hat es geschafft: Am Nachmittag darf eine öffentliche Trauerfeier im Haus der Derwische stattfinden, und nun, am Vormittag, eine private Zeremonie im Elternhaus.

Ständig summt die Gegensprechanlage. Ständig kommen neue Besucher in den Hof des Mordhauses. Parastou Forouhar schüttelt Hände, tauscht Küsse, Umarmungen. Sie begrüßt Studenten, Professoren und Parteigenossen, alles Freunde und Anhänger ihrer Eltern, mehr als 70 Menschen sitzen bald im Salon. Wegen des Fastenmonats Ramadan wird kein Tee gereicht, aber sie plaudern mit gedämpften Stimmen, erzählen von neuen Verhaftungen. Sechs Studenten. Aber drei von ihnen sollen wieder frei sein. Angeblich. Manche Besucher schreiben, was sie sagen wollen, lieber auf einen Zettel, man weiß nicht, ob das Haus nicht doch verwanzt ist.

Vier Jahre vorher, am 21. November 1998, hatte die Gegensprechanlage um kurz nach 21 Uhr gesummt. Der Hausherr, Dariusch Forouhar, 69 Jahre alt, fragte, was los sei. Sie seien Polizisten, sagten die Leute, die vorm Tor standen. Sein Auto sei wohl in einen Unfall verwickelt, sie müssten es nach Beulen absuchen. Seine Tochter weiß das inzwischen aus den Ermittlungsakten. Dariusch Forouhar muss sich gewundert haben, sein Wagen stand unversehrt im Hof.

Dennoch ließ er die beiden späten Gäste herein. Sie hatten Taschenlampen und leuchteten den Wagen ab. Forouhar merkte nicht, dass einer der vermeintlichen Polizisten das Tor öffnete; nun schlüpften noch zehn weitere Mörder ins Haus. Sechs hielten draußen Wache. Forouhars Frau, neun Jahre jünger als er, lag zu diesem Zeitpunkt schon im Bett, fiebernd, hustend, sie hatte Grippe. Neben dem Bett lag ein Röhrchen mit Vitamintabletten.

Die zwölf Männer trugen lange Messer, sie handelten im Namen Allahs, des Barmherzigen, des Allmächtigen. Es war kurz nach Neumond.

An diesem Abend saß Parastou Forouhar in Offenbach, wo sie damals lebte, der Fernseher lief, sie wartete auf den Anruf ihrer Eltern. Ihre beiden Jungs schliefen. Im Ersten lief »Einer wird gewinnen« mit Jörg Kachelmann, das Telefon blieb still. Das »Wort zum Sonntag«, um 22.35 Uhr, sprach Bärbel Deifel-Vogelmann. Zu der Zeit war es in Teheran bereits weit nach Mitternacht. Und Parastou Forouhar ging zu Bett, ohne den Spätfilm gesehen und ohne ihre Eltern noch ein Mal gesprochen zu haben.

Am nächsten Vormittag erfuhr sie, dass ihr Vater im Armsessel seines Arbeitszimmers verblutet war, an 12 Messerstichen in den Hals, in Brust und Bauch. Der Teppich unter dem Armsessel war vollgesogen mit Blut und verknäult. Man hatte den schweren Stuhl so verdreht, dass das Gesicht des Toten zur Wand zeigte: Richtung Mekka.

Der Tote war ein ehemaliger Mitstreiter des Ajatollah Chomeini, ehemaliger Arbeitsminister der Islamischen Republik Iran, außerdem Parteichef der »Hesb-e Mellat-e Iran«, einer Art iranischer SPD. Er hatte für die Islamische Revolution gekämpft, inzwischen galt er als einer der profiliertesten Regimekritiker.

Und er hatte sein Leben lang ein Prinzip gehabt: niemals Angst zu zeigen.

Parvaneh Forouhar, seine Frau, starb an 24 Messerstichen. Die Bettdecke war zerfetzt und über ihr

Gesicht gezogen, die Vitamintabletten schwammen im Blut.
Der Mord an den Forouhars war einer von vielen Versuchen des Regimes, seine Kritiker einzuschüchtern. Mit Erfolg. Danach, die vergangenen vier Jahre, herrschte im Iran eine bedrohliche Ruhe.
Seit jener Nacht lebt Parastou Forouhar zwei Leben. In Teheran ist sie Anklägerin, in Deutschland ist sie Künstlerin. In ihrer ersten Heimat kämpft sie um Gerechtigkeit, in ihrer zweiten Heimat schafft sie die Kunst, die ihr die Kraft gibt, ihren Kampf durchzuhalten.
Parastou Forouhar ist ein warmherziger Mensch, eigentlich heiter, eigentlich zu weich für ihre Gegner. Jedes Mal, wenn sie über den Mord an ihren Eltern spricht, kommen ihr die Tränen, jedes Mal gibt sie sich Mühe, nicht zu weinen. Aber sie hat sich an diese Anspannung, unter der sie lebt, gewöhnt. Sie hat einen Weg gefunden, Trauer in Zähigkeit zu verwandeln.
Und in Poesie. In Bonn bemalte sie Museumswände mit persischen Schriftzeichen und füllte den Raum mit vielen hundert beschrifteten Tischtennisbällen, beschrieben mit Gedanken, Wünschen, Träumen, die, tok-tok, durch den Raum kollerten.
Im vergangenen Jahr beteiligte sie sich an der Berlin Biennale, mit riesigen Fotos, für die sie Männer in schwarze Schleier steckte. Im Oktober dieses Jahres sollten die Bilder in der Galerie Golestan gezeigt werden, einer der wichtigsten Teheraner Galerien. Doch dann kam der Anruf, anonym: Ihr würdet es bereuen.
Die Ausstellungseröffnung fand am 11. Oktober statt, sie war gut besucht, aber an den Wänden hingen nur leere Rahmen. Die Fotos hatte Parastou Forouhar weggeschlossen, trotzdem wurde schon am ersten Tag die Hälfte aller Arbeiten verkauft. Die Teheraner kaufen Bilder, weil sie sie nicht sehen dürfen.
Schon da war zu spüren, dass sich die Stimmung im Land geändert hatte, und dann passierte etwas, was Parastou Forouhar neuen Mut machte: die Proteste gegen das Urteil für den Geschichtsprofessor Haschem Aghadschari. Der hatte gesagt, Menschen seien keine Affen, die den Mullahs alles nachmachen müssten. Wegen Blasphemie und Beleidigung des Propheten wurde der Wissenschaftler zum Tode verurteilt. Außerdem zu 74 Peitschenhieben, Berufsverbot, Verbannung in die Provinz.
Studenten protestierten, sammelten Unterschriften, es kam zu Schlägereien auf dem Teheraner Campus. Das Urteil wurde nicht rechtskräftig, eine Revision angekündigt – als wäre Iran ein Rechtsstaat. Das Regime gab nach, ein Signal für alle, die um ihr Recht kämpfen.
»Nach 23 Jahren Islamischer Republik«, sagt ein Chirurg, der an der Trauerfeier für die Forouhars teilnimmt, »nach so vielen Morden, Berufsverboten, Verhaftungen hat fast jeder hier eine offene Rechnung zu begleichen; mit einem Mullah, mit jemandem bei der Polizei, der Justiz.«
Den Geistlichen, mit ihrem irdischen Sinn für Geld und Luxus, ginge es heute besser denn je, unzählige Witze kursieren in Teheran über die Mercedes-Mullahs. Aber sie haben es verstanden, auch andere gesellschaftliche Gruppen mit Geld und Einfluss zu versorgen. Der Basar zum Beispiel, die traditionelle Kaste der Händler, steht größtenteils hinter dem Regime. Oder die verarmten Familien im Süden von Teheran, die einen Märtyrer in ihrer Verwandtschaft vorweisen können – sie bekommen von der Regierung mal Geld, mal Lebensmittel, mal eine Wohnung.
Vielleicht 20 Prozent der Iraner profitieren vom System, unterstützen es, schätzt der Chirurg. Die übrigen wünschen es zum Teufel.
Kaum ein Treffen unter Teheranern, bei dem nicht die misstrauische Frage mitschwingt: Auf welcher Seite stehst du? Die Iraner, vor allem die der Mittel- und Oberschicht, sind betont höflich und kultiviert; aber darunter verbergen sie Angst und Argwohn. Jeder Spielfilm, der gedreht wird, jedes Freitagsgebet, jede Zeitung, die verboten wird – alles wird auf Symbolik und Doppelsinn behorcht.
Und niemand kann sich diesem stillen Krieg entziehen. Auch nicht die Toten.
An diesem Freitag, während Parastou Forouhar ihre Gäste begrüßt und ein letztes Mal die Flugblätter sor-

tiert, an diesem Feiertag, dem islamischen Sonntag, mobilisiert auch die Gegenseite ihre Toten.
Mehr als 20 Armee-Tieflader sind seit dem frühen Morgen durch die Stadt gekrochen. Sie rumpelten über die Eslamboli-Avenue, fuhren die Dr.-Beheschti-Avenue entlang, die Fatemi Avenue bis zur Enghelab, der Straße der Revolution. Ihr Ziel: der Haupteingang der Teheraner Universität. Ihre Fracht: 300 Särge.
Darin – angeblich – die sterblichen Reste unbekannter Soldaten aus dem Irak-Krieg, der bis 1988 dauerte. Warum man die Leichen erst jetzt bestattet, nach 14 Jahren, danach fragt niemand, es gäbe wohl auch keine Antwort. Was zählt, ist die Symbolik. Das Regime schickt Särge, als Antwort auf die Studentenproteste.
Das Freitagsgebet auf dem Campus wird heute vom Revolutionsführer gesprochen. Jenem Mann, den mehr als 80 Theologen, der so genannte Expertenrat, gewählt haben, jenem Mann, der somit der direkte Nachfolger des Staatsgründers Chomeini ist, unangreifbar in allen Urteilen, mit dem schwarzen Turban, der ihn als Abkömmling des Propheten ausweist, mit mehr Macht als Präsident, Ministerrat und Parlament zusammen: Ajatollah Chamenei. Dass er heute selbst auftritt, ist die eine Botschaft des Regimes, sie lautet: Bis hierher und nicht weiter. Seht, wir mobilisieren die Märtyrer und Toten gegen die Aufmüpfigen, und wir stopfen euch das Maul da, wo ihr aufbegehrt, an der Universität.
Die zweite Botschaft: Das Militär steht treu zum Klerus. Armeehubschrauber in Tarnfarben knattern über den Campus, sie fliegen tief. Jeder der 300 Särge ist eingenäht in die Nationalflagge, grün, weiß, rot, auf den Tiefladern stehen weiß gekleidete Soldaten mit Stulpenstiefeln und starrem Blick, die Wagen sind geschmückt mit Efeu und roten Nelken. Menschen sind über die Absperrung gestiegen, drängen sich um die Särge, um sie zu berühren, zu küssen, sie sind hysterisch.
Seit dem frühen Morgen haben Busse aus den südlichen Armenvierteln Gläubige herangekarrt, mehr als 20 000 Menschen. Männer kontrollieren sie mit Metalldetektoren, Religionswächter mit Kalaschnikows stehen herum, Geheimpolizisten durchsuchen und röntgen jede Tasche. Männer und Frauen werden in getrennte Bereiche geschleust.
Chamenei spricht von einer Predigerkanzel aus, unter einem Chomeini-Bild. Er redet gelassen, seine Stimme klingt warm, der Inhalt seiner Rede ist eisig. Er geißelt den Größenwahn der USA, die Ränke des gottlosen Feindes, die Iran destabilisieren sollen – und er schiebt eine Warnung an die Regimekritiker nach: Wer das islamische System der Despotie bezichtigt, wer Freiheit und Menschenrechte fordert, ist entweder ein Feind oder vom Feind verführt.
Eine Warnung, dröhnend verkündet über Lautsprecherbatterien, die man im Westen von Stones-Konzerten kennt. Danach herrscht auf dem Campus ein paar Augenblicke völlige Stille. Und dann verneigen sich die vielen tausend Menschen, alle auf den Knien, das Gesicht gen Mekka, sie murmeln die heiligen Worte, pressen ihre Stirn zu Boden vor dem Bevollmächtigten Allahs.
Kurz nach 14 Uhr, nach der privaten Zeremonie, hat der Trauerzug das Forouhar-Haus verlassen, die Tochter geht voran. Sie sind über die Hedajat-Straße gezogen, haben den Baharestan-Platz überquert; das Chanegah, das Vereinshaus der Derwische, liegt dahinter.
Immer mehr Menschen reihen sich unterwegs in den Trauerzug ein, Passanten, Unbekannte, über tausend Menschen füllen die schmale Safi-Ali-Schah-Straße vor dem Derwisch-Haus. Die Veranstaltung gerät außer Kontrolle. Die Polizisten werden nervös, sie haben ihre schweren Gummi-Schlagstöcke gezückt, ihre Offiziere bellen, man solle die Menge zerstreuen, aber wie? Immer wieder Sprechchöre: Freiheit für die politischen Gefangenen, und: Forouhar, Forouhar, wir gehen deinen Weg weiter!
Vier Reden werden gehalten, Parastou Forouhar tritt zuletzt an die Mikrofone.
Sie beschreibt ihre Suche nach Gerechtigkeit, ihr Anrennen gegen das Totschweigen und die Verschleierungstaktiken des Justizapparates. Über 100 Briefe

hat sie geschrieben, mehr als 70 Besuche bei Staatsanwälten und Richtern absolviert, drei Anwälte hat sie verschlissen, einer sitzt deswegen im Gefängnis, verurteilt auch zu 50 Peitschenhieben.

Der Prozess gegen die 18 Täter fand vor zwei Jahren statt, er war eine Farce in ihren Augen. Aktenblätter verschwanden, ein Beschuldigter beging vor Prozessbeginn angeblich Selbstmord, indem er Enthaarungsmittel trank. Die des Mordes überführten Täter sprachen zwar von mysteriösen »Auftraggebern«, doch die wurden nie bekannt.

Parastou Forouhar nennt Namen an diesem Nachmittag im Haus der Derwische. Sie spricht von den *Wasiran-e etelaat*, den Informationsministern, also Geheimdienstchefs. Als ihre Eltern ermordet wurden, führte ein gewisser Mullah Ghorban-Ali Dorri Nadschafabadi die Geschäfte; zuvor war es Ali Fallahian, bekannt als einer der mutmaßlichen Drahtzieher im Berliner »Mykonos«-Anschlag.

Parastou Forouhar hält eine Trauerrede, zugleich eine politische Anklage. Ihr Auftritt ist ein Wagnis – für sie und die, die ihr zuhören. Wer in Teheran verhaftet wird, gerät in ein System orientalischer Willkür. Das Evin-Gefängnis, berüchtigt schon zu Schah-Zeiten und eingegraben in die Bergkette im Norden der Stadt, ragt wie eine Drohung über Teheran.

Doch Parastou Forouhar und die Leute, die heute gekommen sind, und viele der so genannten Reformer – sie alle nehmen dieses Risiko auf sich.

Sie tue das, sagt Parastou Forouhar, weil man ihr die Revolution gestohlen habe. Weil die Revolution von 1979, der Sturz des amerikahörigen Schahs, eben auch *ihr* Kampf war. Ihr Vater hatte als Schah-Gegner oft genug im Gefängnis gesessen, sie hatte ihn als Kind manchmal besuchen dürfen, an der Hand ihrer Mutter. Und wenn sie ihren Vater fragte, warum er nicht nach Hause dürfe, sagte er, er müsse leider hier bleiben, weil es um die Freiheit ginge.

Forouhar war ein guter Bekannter Chomeinis. Und in seinem Haus in der Sadeh-Gasse 22 waren in den Monaten vor der Revolution fast täglich Mullahs zu Gast. Man besprach sich. Man war höflich. Man schmiedete ein Bündnis. Die Intellektuellen und die Frommen.

Und als der Schah fliehen musste, da tanzte Parastou Forouhar, damals gerade 16, tagelang auf der Straße. Ihre Freundinnen und sie hatten Flugblätter verteilt, demonstriert, Wandzeitungen aufgehängt, obwohl es auch unterm Schah einen berüchtigten Geheimdienst gab, damals hieß er Savak.

Umso größer die Enttäuschung, als Klerus und Basar nach geglückter Revolution das Bürgertum kaltstellten. Trotzdem bleibt von diesen euphorischen Tagen eine Erinnerung: Man kann ein Regime stürzen. Es ist gefährlich, aber es geht.

Es ist kurz nach 16.30 Uhr, die öffentliche Trauerfeier ist zu Ende. Parastou Forouhar und die Freunde ihrer Eltern verlassen das Haus der Derwische. Draußen, auf der Straße, drängen sich noch Tausende von Menschen. Zwei Dutzend Männer schirmen Parastou Forouhar ab, sie sollen sie durch das Gewühl sicher nach Hause bringen. Es könnte ein Triumphzug werden, es wird ein Desaster.

Allahs Milizen schlagen zu.

Die Männer von der Ansar-e Hesbollah reißen das Pack- und Zeitungspapier von ihren Eisenstangen und Schlagstöcken und beginnen, auf die Menge einzuschlagen, an 5, 10, 20 Stellen zugleich. Die Männer sind in der Minderheit, vielleicht 300, 400 Kerle. Aber sie sind, in dem, was sie tun, trainierter.

Eine Eisenstange, vielleicht zwei, drei Kilo schwer, etwa 70 Zentimeter lang: eine fürchterliche Waffe.

Die Menschen werden panisch, Knochen brechen, alte Frauen stürzen zu Boden. Brillen fliegen in den Straßenstaub, werden zertreten. Mütter schreien nach ihren Kindern, die irgendwo in diesem Chaos verloren gingen. Manche der Schläger sind mit Mopeds gekommen, der Fahrer rast in die Menge, der Sozius drischt in das Knäuel der Schreienden, Wimmernden, Drängelnden, Fliehenden, und ehe ein paar Beherzte den Angreifer überwältigen können, ist der Schläger aufgesprungen und gibt sein Mopedfahrer Gas. Manche Knüppelgardisten jagen gezielt Einzelne, etwa Fotografen, im Labyrinth der Straßen rennen die Gehetzten unversehens in eine Sackgasse; wer hier erwischt wird, wird zusammengeschlagen.

Die Trauerzeremonie wird zum Teil des schwelenden Machtkampfes in Iran. Es ist ein Krieg der klerikalen Reformer gegen die klerikalen Machthaber. Ein Krieg der Bürgerlichen gegen die Mullahs. Der Intellektuellen gegen den Basar. Der Studenten gegen die Parallelarmee der Pasdaran und ihr Hilfscorps, die Bassidsch. Täglich neue Fronten.

Der Angriff auf die Trauergemeinde der Forouhars ist bestellt und gut vorbereitet. Um die Protestierer zu bestrafen? Um Angst zu verbreiten? Oder wollen die Hesbollah-Männer an Parastou Forouhar heran?

Es scheint so. Sie läuft um ihr Leben. Die Parteianhänger ihres Vaters bilden einen Kordon um sie, und so schafft sie es nach Hause, halb blind, ein Strahl von Tränengas hat sie getroffen, so nahe waren die Schläger an ihr dran. Ihr Freund Hossein Schahoweissi, ein Maschinenbau-Ingenieur aus Aachen, ein kräftiger Mann, aber schon Ende 50, blutet aus tiefen Kopfverletzungen, ein Schlagstock-Hieb hat seine Nase zertrümmert. Im letzten Moment hat er sich schützend über Parastou Forouhar geworfen.

Das staatseigene Fernsehen verschweigt die Hintergründe des Straßenkampfes, eine offizielle Bilanz der Verletzten gibt es nicht, es dürften Hunderte sein.

Im Westen wird der stille Kampf in Iran wenig beachtet, er ist nicht medientauglich, diese Mullahs sehen alle gleich aus, kein Mensch kann sie unterscheiden. Wenn wenigstens der Schah-Sohn aus dem Exil zurückkäme, die Rückkehr des Prinzen wäre eine Story, aber so?

Der Aufruhr wird irgendwann zur Ruhe kommen und irgendwann wieder aufbrechen. Die islamischen Machthaber stecken in der Klemme: Sobald sie politische Freiheiten gewähren, wie es der relativ machtlose Präsident Khatami fordert, setzen sie eine Entwicklung in Gang, die sie nicht mehr beherrschen können. Und wenn sie die Freiheiten verweigern, erhöht sich der Druck. Sie kennen das Spiel, schließlich waren sie auch mal Revolutionäre. So bleibt ihnen nur: Einschüchterung.

Zwei Wochen nach der Trauerfeier will Parastou Forouhar nach Frankfurt fliegen; aber am Flughafen Mehrabad lässt man sie nicht durch, man nimmt ihr den Pass weg – erst nach zwei mürbenden Tagen darf sie ausreisen, eine letzte Warnung.

Wird sie jemals wieder nach Iran fliegen? »Natürlich«, sagt sie am Telefon, »demnächst, warum denn nicht?«

Sie lacht, es klingt seltsam, so, als würde sie weinen.

Steffi Kammerer

Steffi Kammerer, 33, aufgewachsen in Bad Honnef am Rhein, studierte Gesellschafts- und Wirtschaftskommunikation, Geschichte und Filmwissenschaft in Berlin und Mobile, Alabama. Absolventin der Evangelischen Journalistenschule. 1998 Hörfunkredakteurin beim WDR in Köln, danach dreieinhalb Jahre Redakteurin im Berliner Büro der SÜDDEUTSCHEN ZEITUNG. 2002 Arthur F. Burns-Stipendiatin bei der DALLAS MORNING NEWS in Texas und beim NEW YORK MAGAZINE. Seit 2003 freie Journalistin in den USA. Ausgezeichnet mit dem Helmut-Stegmann-Preis der Journalistenschulen und dem Dietrich-Oppenberg-Medienpreis.

Wenn dein Nachbar so viel Macht hat, kann das nicht gut sein

George W. Bush kaufte eine Ranch im texanischen Städtchen Crawford, um seine Ruhe zu haben. Für seine Nachbarn veränderte es die Welt

von Steffi Kammerer
Frankfurter Rundschau
26. Oktober 2002

Es geht schon auf der Landstraße los, viele Kilometer vor dem Ort. Blauweißrot vor jedem Haus, ein Bauer hat gleich sein ganzes Weizenfeld beflaggt. Die Stromfirma wirbt: »Wir sind glücklich, die Elektrizität für den Präsidenten und die First Lady zu liefern.« Ein paar Kakteen weiter ein Schild mit dem Foto des strahlenden Präsidenten: »Welcome to Crawford. Home of President George W. Bush.« Dann ist da noch ein Schild, das den Gottesdienst der Baptisten ankündigt und eines, auf dem steht, dass 705 Menschen hier leben.

Dann ist man im Zentrum.

Downtown Crawford, das ist eine Kreuzung mit einer Ampel. Daneben gibt es eine Tankstelle, zu der die »Coffeestation« gehört, das einzige Restaurant im Ort. Freitags gibt es Fisch, all you can eat für 4.99 Dollar. Aber nur bis acht. Dann gehen die Leute zum Highschool-Football. Wenn die »Crawford Pirates« auswärts spielen, bleiben alle zu Hause und sehen fern. Eine Bar gibt es nicht. Alkohol ist in der Gemeinde seit 100 Jahren verboten.

Crawford liegt an der alten Eisenbahnlinie nach Santa Fe. Vor dem Krieg gab es 35 Läden, ein Kino, ein Hotel. Als sich Landwirtschaft immer weniger lohnte, schloss ein Geschäft nach dem andern, Leute zogen fort. 1992 machte der letzte Lebensmittelladen zu. Dann passierte nicht mehr viel.

Bis vor drei Jahren der damalige Gouverneur von Texas herzog. Er wollte Präsident werden und dafür brauchte der Millionärssohn eine Ranch und einen durchschnittlichen Ort: Crawford. Die Zeitungen druckten Fotos von George W. Bush beim Holzhacken und seine neuen Nachbarn freuten sich. Wenn er zu Besuch kam, warteten sie an der Kreuzung und winkten.

Nachdem Bush gewählt war, fiel ihnen auf, dass die Fassaden dreckig waren und überhaupt kam ihnen ihr Städtchen plötzlich schäbig vor. Sie gründeten ein »Verschönerungskomitee« und eine Handelskammer, auf das Getreidesilo schrieben sie in 20 Meter Höhe »Bush-Country«. Die ersten Journalisten kamen, Touristen, dann Tony Blair, Wladimir Putin,

Kronprinz Abdullah. Gestern reiste Jiang Zemin an, der chinesische Präsident.
Lebensmittel kann man im Ort noch immer nicht kaufen. Aber Edelnippes. Ein halbes Dutzend Souvenirläden gibt es. Der letzte eröffnete an Ostern. Ins Gästebuch schrieben Menschen aus Schanghai, Seattle und San Francisco. Im Mai hielt der Tourbus der Taiwanesischen Oper. In den Regalen gibt es den Präsidenten und seine Familie hundertfach, auf Handtüchern, Tellern und Pullovern. Der Mann hinterm Tresen sagt, er sei stolz auf Crawford. »Man kennt uns jetzt in der Welt.« Für die Schüler sei es phantastisch. »Es gibt ihnen Selbstbewusstsein fürs Leben. Und Geschichte bekommen sie auch mit.« Als Tony Blair da war, servierte er den ganzen Tag Earl Grey und Scones. Gestern übte er sich in asiatischer Küche. Er reichte grünen Tee und Frühlingsrollen, dazu Wan Tans nach texanischer Art: mit Schokoladensauce, Zucker und Zimt.
Bill, den alten Friseur von Crawford, interessiert das alles nicht. Auch Bush kümmert ihn wenig. Nur auf ein Foto, das sie gemeinsam zeigt, ist er stolz. Nett sei er, so normal. Er hat versprochen, mal zum Haareschneiden zu kommen. »Wenn man mit ihm redet, würde man nicht denken, dass er Präsident ist«, nuschelt er. Er hat kaum mehr Zähne im Mund.
1960 übernahm er den Barbershop vom Vater. Er änderte nichts, behielt auch die gusseisernen Frisierstühle aus dem vorletzten Jahrhundert. Vom Gesparten kaufte er einen Chevrolet El Camino, fabrikneu und leuchtend rot. Heute ist er rostbraun und löchrig. Jeder hier kennt den Wagen. Steht er mal nicht vor der Tür, rufen die Leute bei Bill an und fragen, ob er krank ist.
Der Laden ist holzgetäfelt, auf dem blinden Spiegel klebt ein Schild: »Haare schneiden $5, rasieren $2.« An der Wand ein Kalender von 1986, in der Ecke ein Stapel Gesangbücher. Früher kamen Sonntags oft Männer, die sich nicht für die Kirche anziehen wollten, sie haben hier zusammen gesungen, in der Bibel gelesen.
Auf der anderen Straßenseite bauen sie jetzt eine Bank, das Fundament ist schon fertig. Gleich neben dem alten Gefängnis, einer Blechhütte mit zwei Zellen. Als nächstes soll eine Autowaschanlage gebaut werden.
Wenigstens passiert etwas vor seinem Fenster. Sonst fährt nur der Zug von Houston nach Chicago vorbei, zweimal am Tag. Oft ist er den ganzen Tag allein. Bill sagt, das gehört dazu. »Jemand der nicht warten kann, ist kein guter Friseur«. Wenn es regnet, kämen viele Kunden. Manchmal fünf oder sechs. Neben Bill's Barbershop eröffnet bald ein neuer Laden mit Souvenirs und Pistolen. Ein bunt lackierter Indianer steht schon vor der Tür.
George Bush zog nach Crawford, weil es Ruhe gab und mehr Tiere als Menschen. Vielleicht sehnte er sich nach einfachem Leben. Nach Nachbarn, die Heu bündeln. Sein kleines Stück Himmel hat er die Ranch genannt. Alles solle bleiben, wie es ist, sagte er. Vielleicht hat er daran geglaubt.
Wie im vergangenen Jahr verbrachte er den ganzen August in Crawford. Mit ihm kam das halbe Weiße Haus, rund 200 Sicherheitsleute und mehr als 100 Journalisten. Die Grundschule wurde zum Pressezentrum, in die Turnhalle hängten sie ein ovales Schild: »The Western White House.« Die Chefin der Handelskammer lud die Presseleute am ersten Tag zum Grillen ein. »Wir wissen, dass es hier langweilig sein kann. Aber es gibt viel zu sehen«, rief sie. Natürlich haben die Journalisten doch wieder geschrieben, dass es nichts zu tun gibt hier, dass es schrecklich heiß ist. Sie haben Geld zusammengelegt und eine Klimaanlage gekauft für die Turnhalle. Wenn ihnen das Warten auf Bush zu langweilig wurde, haben sie die Kameras angeschaltet. Plötzlich mussten die Leute aus Crawford eine Meinung haben. Zur Todesstrafe, zur Weltwirtschaft, zur Außenpolitik.
Sieben Kirchen gibt es im kleinen Ort. Der Friedhof der Baptisten liegt weit oben auf dem einzigen Hügel der Gegend, neben der 100 Jahre alten weißen Holzkirche. Wind weht über struppiges Gras. Nichts ist zu hören außer dem Zirpen der Grillen und dem Trapsen der Heuschrecken. Man sieht Himmel und weites, gelbes Land.

Hier oben liegen Heinrich und Wilhelmine Engelbrecht, gestorben als Henry und Minnie. Es stehen fast nur deutsche Namen auf den Grabsteinen. Irgendwie sind sie alle mit Heinrich Engelbrecht verwandt. Als junger Mann kam er 1884 aus Westphalen, kaufte 650 Hektar. Sie wurden vererbt, von Generation zu Generation. Im Frühjahr 1999 entschied sich Benjamin Franklin Engelbrecht, das Land zu verkaufen. Der neue Besitzer ist George W. Bush.
Jerry Gauer sagt, er habe Onkel Ben oft gefragt, warum er das getan hat. Aber eine richtige Antwort bekam er nicht. Er würde den Familienbesitz nie hergeben, egal wie viel man ihm bietet. »Vor Ben hat das keiner getan.« So an den Dingen festzuhalten, »das ist wohl das Deutsche an uns.« Aber der Onkel habe Geld gebraucht und: »Prestige hat sicher auch eine Rolle gespielt.«
Das Gelände, das nun Bush gehört, ist größer als 650 Fußballfelder. Jerry hat 41 Hektar weniger. Die Zahl hat er im Kopf. Es wurmt ihn, Rancher Nummer zwei zu sein. Eigentlich wollte er Land hinzukaufen. Aber seit Bush hier ist, ist der Preis gestiegen. Wer jetzt noch kauft, macht sich lächerlich.
Jerry ist 62, wurde hier geboren, wird hier sterben. Er hat nichts gegen Bush, er hat ihn sogar gewählt. Vor dem 11. September ist er oft vor seinem Haus langgejoggt. Dann hat er gewunken und gefragt, wie es so geht. »Er kennt uns alle beim Namen.« Er benehme sich wie einer von ihnen. »Er spielt hier nicht den großen Führer.« Und die lärmenden Hubschrauber und Düsenjets, die Tag und Nacht übers Haus fliegen, wenn er da ist, das müsse wohl sein.
Aber eines muss nicht sein, sagt Jerry. »Dass er diese Leute herbringt.« Erst Putin und jetzt den Mann aus China. »Für mich sind das immer noch Feinde. Man zeigt seinem Feind nicht sein Zuhause.« Jerry redet langsam und normalerweise nicht besonders viel. Aber er versteht einfach nicht, was die Menschen plötzlich in Crawford suchen. Die Journalisten mit ihren Satellitentrucks. Neugierige Touristen. Zu Ostern standen Abtreibungsgegner vor der Kirche und schrieen rum. Vorher waren sie mit Plakaten und Fotos die Hauptstraße langgefahren. »Alles Sachen mit denen wir nie was zu tun hatten.«
Jerry ist Dekan seiner Kirche. In ihr saßen noch bis Mitte der 70er Jahre Frauen und Männer im Gottesdienst getrennt. In der Halle hinter der Kirche hat Bush im Wahlkampf Rhetorik geübt, hat trainiert für die Debatten mit Gore. Zum Dank lud er später den Pastor zur Pressekonferenz mit Putin. Es ist eine kleine Kirche. Der Pastor kennt jeden mit Namen, den Männern klopft er auf die Schulter, den Frauen reicht er die Hand.

Bush war zweimal hier an Ostern, mit der ganzen Familie. Sie saßen in der ersten Reihe, vor der US-Fahne. Der Pastor schimpfte, weil 250 Leute gekommen waren: »Viele von Euch sind nur wegen der Würdenträger da. Aber Ihr solltet hier sein, um Jesus Christus zu sehen.« Zu Bush sagte er: »Sie brauchen Frieden und Ruhe wie wir alle. Wir lieben Sie. Wir beten regelmäßig für Sie.« Er schloss mit dem Satz: »Sie sind Präsident, weil Gott es so wollte.« Und die Gemeinde sagte: Amen.
Als Bush nach Crawford kam, versprach er, ein guter Nachbar zu sein. Und er bemüht sich. Er sprach bei der Abiturfeier auf dem Fußballfeld und schüttelte Hände bis in die Nacht. Ende August lud er 200 Crawforder zum Barbecue ins Gemeindezentrum. Jeder durfte sich mit ihm fotografieren lassen, draußen vor den Heuballen. Hier sei er zu Hause, sagte Bush. Nirgendwo könne er sich so erholen. Er trug Jeans. Und er sagte, wenn er nicht mehr Präsident sei, wolle er sich auf der Ranch zur Ruhe setzen. »Dann will ich mit Euch in der Coffeestation sitzen und reden.«
Als Crawford George Bush adoptierte, vor drei Jahren, haben wenige nach dem Preis gefragt. Jetzt sagt die Leiterin der Handelskammer, sie denke schon manchmal: »Wo führt das alles hin. Wann ist Schluss?« Dass irgendwann ein McDonald's kommen könnte, ist ihr eine furchtbare Vorstellung. Sie wünscht sich einen Laden, in dem sie Milch und Shampoo kaufen kann, mehr nicht.

In der »Coffeestation« wird Touristen »George W.'s Lieblingsessen« serviert: Cheeseburger mit Zwiebelringen, 4.59 Dollar. Bush Vater und Bush Sohn stehen als Pappfiguren in der Ecke. Der Präsident, sein Hund, sein Wagen, sein Hubschrauber. Letztes Jahr war er für zwei Stunden hier. An der Wand hängt der Brief, in dem er verspricht, er werde wiederkommen. »Die Burger sind klasse«, fügte er handschriftlich hinzu.

An der Kasse gibt es Skizzen, wie man hinfindet zu ihm. Zur Kirche, dann rechts und 12 Kilometer nach Osten, immer geradeaus. Vorbei an Kühen, die unter Bäumen dösen, Gänsen und Ziegen. Bis der Secret Service die Straße blockiert. Dahinter liegt die Ranch. Sie ist nicht zu sehen.

Keith Lynch wohnt ein paar Häuser westlich. Farmer ist er wie sein Schulfreund Jerry Gauer, und wenn er sagt, man könne ihn am Samstagmorgen besuchen, meint er früh um sieben. Er steht dann vor dem Haus und wartet. Ein Bilderbuchtexaner, der ohne Stetson nicht vor die Tür geht, eine Waffe im Wagen hat und eine tellergroße Gürtelschnalle vor sich her trägt.

Er gehört zu jenen, die nicht wollten, dass Bush nach Crawford zog. »Ich gebe es zu.« Die wenigsten sagen es. Er ist immerhin der Präsident. »Aber wenn dein Nachbar so viel mehr Macht hat als du, kann das nicht gut sein«, sagt Keith. »Und wir waren vor ihm hier – er kam zu uns, nicht wir zu ihm.«

Einmal hat Bush angehalten, als Keith gerade seine Hirtenhunde trainierte, sie haben sich über die Hunde unterhalten. Bush hat ja auch welche. Nett sei es gewesen. Aber es ändert nichts daran, dass sich sein Leben verändert hat. Dass sein Ort ein anderer geworden ist. Und dass es ihm nicht gefällt. Diese unhöflichen Burschen vom Geheimdienst, die nicht winken, wenn sie vorbeifahren. Der Verkehr. Früher kamen an seinem Haus vielleicht vier Autos am Tag vorüber. Jetzt sind es manchmal 1300, sagt er. Jedesmal wenn Bush die Ranch verlässt, wird er von zwölf Wagen begleitet.

Wenigstens haben die Spekulanten kapiert, dass er sein Grundstück nicht verkauft. Nicht mal zehn Hektar. »Hier kamen wildfremde Leute an, mit Karten, darauf war jeder Hügel verzeichnet. Die wollten Land neben Bush, egal wie viel.« Und neulich war jemand von einer chinesischen Menschenrechtsorganisation da, der wollte jetzt mit 3000 Leuten wiederkommen und suchte einen Platz zum Demonstrieren. Er wollte auf Keiths Rasen ein Zelt aufstellen, gegen Geld. Er hat ihn weggeschickt.

Er ist Demokrat, einer der wenigen, die übrig geblieben sind in Crawford. »Früher waren hier 95 Prozent Demokraten«, sagt er. »Als Bush kam, haben plötzlich alle die Republikaner gewählt. Das ist doch alles nicht richtig.« Er frage sich oft, was aus Crawford wird, wenn Bush nicht mehr im Amt ist. »Ich glaube, es wird wieder die Geisterstadt werden, die es war. Und die Leute werden sich die Augen reiben.«

Letztes Jahr hieß es, sie wollten eine neue Straße bauen raus zu Bush, vierspurig, ohne Kurven. Der Secret Service könnte doppelt so schnell fahren, wie bisher. Keith hat die Pläne gesehen. Angeblich sei das Projekt abgeblasen. Aber seit ein paar Wochen markieren fremde Leute den Asphalt. Die neue Straße würde sein Land durchtrennen. Es ist seit 1845 in der Familie. Was er täte? Er macht sich die Fingernägel mit einem Brotmesser sauber und überlegt. »Ich würde meinem Nachbarn, dem Präsidenten, sagen, dass er ein Problem hat.«

Aber für Spekulationen hat er keine Zeit. Er muss aufs Feld und vorher zum Friseur. Seit er denken kann, geht er samstags zu Barber Bill. Erst zum Senior, seit 40 Jahren zum Sohn. Im Laden wirft er seinen Hut an den Nagel, dann reden sie übers Fußballspiel von gestern. Sie waren beide nicht da, aber Crawford hat gewonnen. Das gibt ihnen Gesprächsstoff. Es ist ja sonst nicht viel passiert.

Kurt Kister

Kurt Kister, geboren 1957 in Dachau. Studium in München, Ausbildung an der Deutschen Journalistenschule. Seit 1983 bei der SÜDDEUTSCHEN ZEITUNG. Für die SZ bis 1989 Reporter in der Innenpolitik. Bis 1991 Ressortleitung der Seite Drei, danach USA-Korrespondent. 1996 Rückkehr nach München und Eintritt in die Ressortleitung Ausland. 1998 wechselte er als Büroleiter nach Bonn, seit August 1999 ist er Redaktionsleiter in Berlin.

Das Wortduell zwischen dem Kanzler und seinem Herausforderer: »Es macht wenig Sinn, wenn wir uns jetzt darüber unterhalten«

Wolfslächeln und Nadelstiche

Gerhard Schröder gab sich kurz angebunden, Edmund Stoiber eher weitschweifig – aber beide machten aus ihrer gegenseitigen Antipathie keinen Hehl

von Kurt Kister
Süddeutsche Zeitung
13. August 2002

Berlin, 12. August – Der Bundeskanzler betrachtete mit großem Interesse die Fingernägel seiner linken Hand. Neben ihm saß Edmund Stoiber und sagte: »Es wird heute sehr viel Oberflächlichkeit in der Politik praktiziert.« Gerhard Schröder schaute immer noch auf die Nägel, so als suche er etwas. Das war sonderbar, denn vor ein paar Minuten hatte Stoiber, als Schröder gerade redete, seinen rechten Zeigefinger lang gestreckt und sehr hingebungsvoll mit dem Nagel seines linken Zeigefingers unter dem Nagel des rechten gegraben. Zuvor hatte er schamanenhaft seinen Ehering gedreht, was übrigens auch Schröder im Verlauf des Gesprächs ein paar Mal tat. Es heißt ja, wenn jemand unter Anspannung ist, dann weiß er nicht so recht, was er mit seinen Händen tun soll, wenn er sie nicht gerade zum Gestikulieren benutzt. Stoiber tut das häufiger als Schröder. In diesem Sinne gehört Schröder eher zu den Händefaltern, während Stoiber der Gattung der Fuchtler zuzurechnen ist.
Anspannung? Gar Aufregung? Nein, beide, der Amtsinhaber und der Kandidat, hatten versichert, angespannt seien sie nicht. Darf man ja auch nicht sein. Man ist ja Profi. Man kennt sich und sitzt sich jetzt schon zum zweiten Mal gegenüber. Anfang Juli traf man sich im Springer-Verlag, um *Bild* und *Bild am Sonntag* das erste Duell zu bescheren. Diesmal sind Süddeutsche Zeitung und *Welt* dran.

»Mach ihn fertig, Gerhard«

Um drei viertel zwei am Freitagnachmittag standen die Chefredakteure Hans Werner Kilz *(SZ)* und Wolfram Weimer *(Welt)* vor der großen Holztür, die den Zugang zum Innenhof der Französischen Straße 47 verschließt. In dem roten Sandsteingebäude nahe des Gendarmenmarkts breitet sich die Berliner SZ-Redaktion über drei Stockwerke aus. Links und rechts von der Tür war rot-weißes Trassierband gespannt, dahinter warteten Kameraleute, Photographen und normale Schaulustige. Um 13.53 Uhr stieg Stoiber aus einem dunklen Siebener BMW, posierte für ein paar Aufnahmen und wurde anschließend unter heftigstem Smalltalk zwei Stockwerke hinaufgeführt. Dann passierte erst mal nichts weiter. Die Chefredakteure standen unten, der Kandidat war nebst kleiner Entourage oben (»Habt's an Kaffee?«) und erzählte von seinem gerade absolvierten Kurzbesuch im Kosovo. Der Kanzler kam nicht. Er kam nicht, nicht um zwei, wie ausgemacht, nicht um zehn nach zwei und auch nicht um Viertel nach.

Gegen zwanzig nach zwei schien er dann doch auf, autolos, von Leibwächtern geschützt und strammen Schritts. Ein paar Leute applaudierten und einer rief: »Mach ihn fertig, Gerhard.« Oben, im zweiten Stock, stürmte Schröder dann den langen Flur hinunter, sah aber keinen Stoiber. Der hatte sich mit seinen Imageknechten und PR-Hintersassen Michael Spreng, Ulrich Wilhelm und Martin Neumeyer in ein Büro zurückgezogen. Gemächlich verließ er es und näherte sich dem leicht hibbeligen Kanzler von hinten. Bevor Schröder seine kurze Entschuldigung vorbrachte (»... bin bei der *ARD* aufgehalten worden«), murmelte einer der Stoiberisten: »A hoibe Stund. Des duat ma net.«

Gleich danach, auf dem offiziellen Viererphoto – Schröder, Stoiber, Weimer, Kilz – wollte der Kandidat partout nicht neben Schröder stehen. Er bugsierte den groß gewachsenen Weimer neben den eher pyknischen Kanzler, und so wurde für die Nachwelt ein recht gezacktes Quartett der körperlich unterschiedlich hohen Herren festgehalten. Plaudern wollte nach dem Foto keiner von beiden. Mit dem Satz »Ist das hier?« strebte Schröder flugs dem Halbrund der vier Sessel zu. Man platzierte sich, im Hintergrund wurden ein paar Stühle gerückt.

Allgemeines Schwitzen

Schröders Regierungssprecher Uwe-Karsten Heye zog sich in eine Ecke des Raumes zurück. Dort sitzend verfolgte Heye dann mit meist stoischem Gesichtsausdruck das mehr als zweistündige Geschehen. Immer wieder mal musterte Heye so intensiv die Decke, als ob der Gipsstuck da oben das Geheimnis bergen könnte, wie man die SPD wieder auf 40 Prozent bringt. Heyes Stellvertreter Bela Anda, dezidiert kein Stoiker, saß derweil unter den Stoiberisten auf der Heye entgegengesetzten Seite des Raumes. Nach weniger als einer Viertelstunde hob ein allgemeines Schwitzen an, weil die für die Fotografen aufgebauten Scheinwerfer das Klima im Konferenzraum auf mittelbrasilianische Verhältnisse, etwa zwei Uhr nachmittags in Manaus, trieben. Weder die Politiker noch die Chefredakteure entledigten sich, vielleicht aus Anstand, ihrer Sakkos, was ihr Leben nicht erleichterte. Zwar brummte irgendwo eine mobile Klimaanlage vor sich hin, aber die erbrachte nicht viel mehr als den Beweis dafür, dass man schon gedacht hatte, dass es heiß werden könnte.

Gott und das Private

Doch, die Herren waren angespannt, auch wenn das ihre Sprecher vermutlich dementieren würden. Ein gutes Drittel der Begegnung war dem im weiteren Sinne allgemein Menschlichen gewidmet. Für den Kanzler begann dieser Teil mit einer Frage nach seinem Verhältnis zu Gott. So was mag er nicht so gern, weswegen er dann auch den Frager mit halbfreundlicher Miene anraunzte: »Das sollte wirklich der Privatheit überlassen bleiben.« Als schwitzender Beobachter, in Maßen mit dem Kanzlermenschen und Menschenkanzler vertraut, wusste man da schon, dass das dem weiteren Gang des Gesprächs nicht direkt förderlich sein würde. Überhaupt machte Schröder nicht gerade den Eindruck, als sitze er auch nur halbenthusiastisch hier. Des Öfteren leitete er Antworten mit Sätzen wie diesem ein: »Wissen Sie, es macht wenig Sinn, dass wir uns jetzt darüber unterhalten.« Sein Tonfall war manchmal sogar mürrisch, vor allem dann, wenn er hinter Fragen des *Welt*-Chefredakteurs eine andere politische Grundeinstellung vermutete als die seine. Einmal belehrte er Weimer, dass er, Schröder, anders als Weimer, nicht die Union für die natürliche Regierungspartei in Deutschland halte. Wohl auch, weil die Unternehmung zum Teil viel mehr Viererinterview als Zweierstreitgespräch nebst intervenierenden Sekundanten war, tröpfelten die Minuten, an denen, die gerade nicht redeten, vorbei. Dies war die Zeit der Fingernägel, des Augenrollens, des Einander-kaum-ins-Gesicht-Sehens. Im Fernsehen darf das nicht so sein, weil einer, der nicht aufmerksam wirkt, entweder als arrogant oder als desinteressiert erscheint.

Der Kandidat war in dieser Phase äußerlich konzentrierter, vielleicht auch weil ihm nicht die spezifisch Schrödersche Selbstsicherheit (nach dem Motto: »ich kenn euch doch alle, was fragt ihr denn da für Zeug?«) zu eigen ist. Stoiber bemühte sich stets, auf die Fragen einzugehen, in diesem Sinne: zu gefallen. Er redete über seinen Glauben, sein Gesellschaftsbild (»eine blühende Wiese«), seine Prägung. Wenn er nicht über das Halbeinkünfteverfahren oder die Brüsseler Verschuldungskriterien sprach, wirkte allerdings selbst das Persönliche oft seltsam distanziert. Man hatte das Gefühl, als gebe es in seinem Inneren irgendwo einen Filter. Der sorgt vielleicht dafür, dass jenes, was selbst bei so einem Gespräch aus dem Bauch kommt, mit den Verstandesdingen maximal in einem Mischungsverhältnis von eins zu zehn steht. Und weil dieser Mischungsprozess manchmal etwas länger dauert, ist sein Redefluss immer noch von Pausen und »Äh« oder »Ähem« unterbrochen. Das ermöglicht dem Gegner, ihm elegant ins Wort zu fallen, was Schröder immer wieder weidlich nutzte. Das ging etwa so: Stoiber wurde nach seinem größten politischen Erfolg befragt. » Mein größter politischer Erfolg ...«, Pause, einatmen. Schröder: »Kommt noch, meint er.« Stoiber: »Es ist ja immer schwierig ...«, Pause, Äh. Schröder: »Wir arbeiten dran, dass das nix wird.« Kanzler setzt Wolfslächeln auf, Stoiber holt zu einer leicht mäandrierenden Antwort aus, Kanzler lehnt sich zurück.

Wenn man den beiden über eine verhältnismäßig lange Strecke zuhört, fällt auf, dass Schröder weniger weitschweifig spricht und sich nur relativ selten in einem Satz verirrt. Er redet, wie man so schön sagt, oft druckreif, was nicht unbedingt bedeutet, dass seine Einlassungen stets inhaltsschwer sind. Beides ließ sich auch in jenem ellenlangen Wurm von Manuskript erkennen, den der aufopferungsbereite *SZ*-Stenograph Johann Mayr, ein echter Held des Alltags, von der Berliner Begegnung anfertigte. (Notabene, der zweite Held an diesem heißen Nachmittag war der Kellner, der durch seine kontinuierliche, diskrete Getränkezufuhr dafür sorgte, dass zumindest körperliche Blackouts nicht vorkamen.) Stoiber hat zwar in der Disziplin Freie Rede erhebliche Fortschritte gemacht. Aber er baut immer noch gnadenlos komplizierte Sätze, deren Entstehung im Prozess des Redens nachzuvollziehen ist. Bei den Fernsehkollegen, die einen 20-Sekunden-O-Ton brauchen, macht er sich damit ziemlich unbeliebt.

Fehlerhafte Erinnerungen

Ein typischer Stoiber-Satz aus dem Gespräch, in dem er einen seiner politischen Fehler erklären wollte: »Vielleicht 1980 in der Bundestagswahl, dass ich vielleicht manchmal den Rat gegeben habe, die Konfrontation, die es ja zweifelsohne zwischen Helmut Schmidt und Franz Josef Strauß gegeben hat, nicht abzumildern, wenn man das heute so sieht.« Schröder hätte da an Stoibers Stelle gesagt: »1980, Schmidt gegen Strauß, war ich wohl etwas zu scharfmacherisch.« Manches in der gedruckten Version der Begegnung liest sich übrigens anders als es die Teilnehmer gesagt haben. Dies ist dem Nerven aufreibenden, Zeit fressenden Prozess der Autorisierung des Textes durch die Stoiber- und Schröder-Mannen geschuldet. Interessant übrigens war, dass auch die beiden die von Politikern ungeliebte Frage nach dem größten Fehler, den sie gemacht haben, nicht beantworten wollten. Der eine, Stoiber, konnte sich »direkt jetzt nicht an den größten Fehler erinnern«. Der andere, Schröder, sagte, er habe die ganze Zeit – kleiner Nadelstich –, in der Stoiber geredet habe, darüber nachgedacht, aber: »Mir ist ein größter Fehler nicht eingefallen.« Es sei eben so, dass der Fehler, den man gerade gemacht habe, immer der größte sei. Das aber relativiere sich dann wieder, meinte Schröder und zeigte seinem Kontrahenten, wie man eine solche Frage evasiv, aber dennoch ernsthaft wirkend, beantwortet. In der Auseinandersetzung mit solchen pseudo-persönlichen Dingen hat Schröder viele Vorteile auf seiner Seite. Ihm machte es nichts aus, auf Nachfrage Rudolf Scharping zu jenen zu zählen, die er verletzt habe, wohingegen Stoiber es weit von sich wies, etwa Theo Waigel verletzt zu haben. »Wir haben uns gut ergänzt«, sagte Stoiber, was unter den Umsitzenden zu heftigsten Mundwinkel- und Augenbewegungen führte.

Persönliches Geplänkel

Auch eine andere Phase des Treffens bestätigte bestehende Vorurteile. Während Schröder der Meister der kleinen Form der politischen Debatte ist, glaubt man Stoiber, dass er viel von Finanzen, Steuern und Wirtschaft versteht, auch wenn man als interessierter Laie oft nicht unbedingt nachvollziehen kann, was er gerade unter heftigstem Schütteln des Zeigefingers vorbringt. Als es um die Gewerbesteuer, das Halbeinkünfteverfahren und ähnliche für den normalen Wähler Arkana ging, wurde Stoiber geradezu leidenschaftlich. Weder von des Kanzlers Raunzereien noch von den Bemühungen der Moderatoren zu bremsen, erklärte der Kandidat den Anwesenden die Welt der ökonomischen Politik.

Trotzdem wurde es in diesem Teil ein echtes Streitgespräch, in dem sich der dozierende Stoiber und der aus der Defensive heraus angreifende Schröder intensiv beharkten. Vorausgegangen war dem einiges an persönlichem Geplänkel. Schröder etwa hielt Stoiber vor, er, Schröder, sei schließlich lange Zeit selbstständiger Anwalt, also Privatunternehmer, gewesen und wisse schon deshalb, wovon er rede, wenn es um den Mittelstand gehe. Stoiber, von Schröder als Oberregierungsrat tituliert, wollte das, wie alles andere auch, nicht auf sich sitzen lassen. Als Landtagsabgeordneter habe auch er eine Anwaltszulassung gehabt, »in einer sehr kurzen Phase«, als Syndikus habe er Lotto- und Totoannahmestellen vertreten. Edmund Stoiber zischte dabei ein wenig, Gerhard Schröder grinste mehr, als dass er lächelte.

Leiden können sich die beiden nicht. Schröder ging sichtlich auf die Nerven, dass Stoiber immer wieder mit seiner Kompetenz und Erfahrung argumentierte. Als Stoiber den Kanzler davor warnte, in der Außenpolitik die Formulierung vom »deutschen Weg« zu benutzen, ätzte Schröder: »Herr bayerischer Ministerpräsident, Ihre außenpolitischen Warnungen beeindrucken mich nicht.« In einer vergleichbaren Situation ging es darum, wer von beiden nun die seriösere Steuerreform vorgelegt habe oder vorlegen wolle. Der Austausch endete damit, dass der Kanzler Stoibers Ausführungen mit einem schmerzlichen »Oh, oh, oh« quittierte. Stoiber legte den Kopf in den Nacken und stieß aus: »Nein: Ha. Ha. Ha.« Das war kein Lachen, sondern das höfliche Äquivalent von »Du Depp, du arroganter.« Nein, sie können sich nicht leiden.

Schrubben durch Spreng

Nach gut zwei Stunden hatte Schröder dann sichtbar genug. Er schaute mehrmals demonstrativ auf die Uhr, bis er schließlich irgendwann Stoiber die Hand auf den Arm legte: »Können wir danach Schluss machen? Ich muss in die nächste Veranstaltung.« Stoiber sprach weiter. Der Kanzler nahm sich das kleine Mikro vom Revers und klappte vernehmlich die Absätze zusammen. Stoiber wollte gerade auf die Frage antworten, wer denn eventuell sein Nachfolger in Bayern werden könnte, als Schröder sagte: »Das macht unter euch aus.« Sprach's, stand auf, verabschiedete sich und enteilte.

Einerseits war das Ende zwar abrupt, andererseits aber hatte man sich ja doch sehr lange miteinander beschäftigt – und das noch dazu unter tropischen Bedingungen. Hinterher fragten dann alle, wie es denn war. Ja nun, sie haben sich belauert, sie haben sich gestritten und sie haben sich nicht allzu häufig direkt angeschaut. Vorbereitet haben sie sich nicht, jedenfalls nicht speziell auf dieses Gespräch und die Situation. Es geht ja die Mär um, dass die Imagemacher aus den Wahlkampfzentralen an den Kandidaten feilen und hobeln. Nun ja, sie versuchen das wohl. Aber Politiker wie Gerhard Schröder und Edmund Stoiber, Erfolgsmenschen, Rechthaber und Erfahrungsbewusste, lassen sich im Zenit ihrer politischen Karriere nicht mehr umkrempeln. Wenn vor allem Stoiber manchmal so wirkt, und das sagen gerade Leute aus seiner Umgebung, dann hat das sehr viel damit zu tun, dass er diesen Wahlkampf als ein stetig Lernender führt. Er hat vieles nicht, was Gerhard Schröder von Natur aus besitzt und was dem Kanzler zumindest zum Teil auch die deutlich höhere Popularität beschert. Außerdem ist Schröder am Ende dieser Legislaturperiode auch anzumerken, dass ihn vier Jahre als Kanzler geprägt haben. Diese Prägung fehlt dem bayerischen Ministerpräsidenten natürlich, und das wird gerade in einer solchen direkten Begegnung der beiden offenbar.

Apropos Lernen: Abgesehen vom Nutzen für die Leser und die beteiligten Zeitungen waren die so genannten Printduelle auch für die Kandidaten nützlich. Alle Welt möchte ja wissen, wie sich Schröder und Stoiber auf die Fernsehduelle am 25. August und am 8. September vorbereiten. Coaching? Fragemappen? Schrubben durch Spreng, Bürsten durch Anda? Nebbich, die Antwort lautet: Printduelle. Kann es eine bessere Vorbereitung geben als zweimal Sparring mit dem Gegner, der einem dann wirklich im Ring, also vor den Kameras, gegenübersteht?

Martin Knobbe

Martin Knobbe, geboren 1972 in München. Studierte in München Neuere und Neueste Geschichte, Politik, Sozial- und Wirtschaftsgeschichte. Er arbeitete frei für die SÜDDEUTSCHE ZEITUNG und gründete mit Kollegen das Journalistenbüro schreib.maschine. Danach Ausbildung an der Henri-Nannen-Schule in Hamburg. Seit Juli 2001 ist er Redakteur beim stern, Ressort Deutschland aktuell.

TOD EINES DEALERS

Er verschleierte seine Herkunft, benutzte einen Fantasienamen und hielt sich als Drogendealer in Hamburg über Wasser: Die wahre Geschichte des Asylbewerbers Michael Nwabuisi aus Nigeria, der starb, als die Polizei ihn mit Hilfe eines umstrittenen BRECHMITTELS überführen wollte

von Martin Knobbe
stern
19. September 2002

Der Pappkarton, den zwei Männer am Hamburger Flughafen an einem Dienstagmorgen in eine Boeing der Air France luden, war zwei Meter lang und 110 Kilogramm schwer. In dem Karton war eine Kiste, und in der Kiste lag Michael Nwabuisi. Seine letzte Reise in die Heimat startete um 10.25 Uhr, über Paris nach Port Harcourt, Nigeria. Sein Sarg hatte die Frachtnummer 057-77256491.

Zwei Stunden zuvor hatte Michael Nwabuisi noch eine andere Nummer. 17836 stand auf seinem Fach in der Leichenhalle des Friedhofs Hamburg-Öjendorf. Fünf Monate lag er da, auf acht Grad Celsius gekühlt, und keiner wusste, wer er war. Dort, in der Halle, nannten sie ihn Achidi John.

Das war der Name, unter dem Michael Nwabuisi in Deutschland gelebt hatte. Er stand auf seinem Asylantrag, den das Bundesamt für die Anerkennung ausländischer Flüchtlinge zweimal abgelehnt hatte. Er stand auf seinen Akten der Hamburger Polizei, die ihn als »Intensivdealer« bezeichnete. Und er stand auf seinem Totenschein, nachdem ihm eine Ärztin der Hamburger Rechtsmedizin 30 Milliliter eines Brechmittels eingeflößt und sein Herz plötzlich zu schlagen aufgehört hatte.

ES IST EIN SONNTAGMORGEN im Dezember, als ihn drei Schutzpolizisten des Hamburger Kommissariats 114 festnehmen. Sie entdecken den stämmigen jungen Mann mit der Daunenjacke in der Nähe des Hauptbahnhofs, Drogenbrennpunkt Hamburg-St.Georg, Danziger Straße. Er bemerkt die Polizisten erst, als sie vier Meter hinter ihm sind.

»Mund stand etwas offen.« – »Kleiner, weißer Gegenstand im linken Bereich des Mundraumes.« – »Vier Schluckbewegungen«, schreibt der Protokollführer. Als der junge Mann sich weigert, den Mund aufzumachen, nehmen sie ihn mit. Der Polizeicomputer identifiziert ihn als Achidi John, 19 Jahre alt, Heimatland Kamerun, Intensivdealer, fünf Einträge. Das Foto der Polizeiakte zeigt ein pausbäckiges Gesicht, über den Lippen Bartflaum. Der Schichtführer entscheidet, ihn in die Gerichtsmedizin bringen zu lassen. Es ist der 26. »Vomitivmittel-Einsatz« in Hamburg. Dem mutmaßlichen Drogendealer wird ein Brechmittel verabreicht, damit er die verschweißten Rauschgiftkugeln ausspuckt, die er zuvor verschluckt hat.

Der diensthabende Staatsanwalt genehmigt den Einsatz um 8.32 Uhr per Telefon. Da sitzt Nwabuisi schon im Streifenwagen, der ihn mit Blaulicht ins Universitätsklinikum nach Hamburg-Eppendorf fährt. Er schlägt um sich. Die Polizisten legen ihm Handschellen an. »You want to kill me«, brüllt er, bevor sie ihn den Gang des Instituts für Rechtsmedizin entlangschleppen. Dann torkelt Nwabuisi plötzlich und bricht zusammen.

Uta R. hat an diesem 9. Dezember des Jahres 2001 Dienst im Institut. Als die 28-jährige Medizinstudentin und Sektionsgehilfin von der Empfangsloge aus den jungen Mann liegen sieht, rennt sie zu ihm und prüft seinen Puls, 120. Mit dem Fingerknöchel klopft sie gegen die Schläfen, der Körper zuckt. In den Akten der Hamburger Staatsanwaltschaft ist später von »Vortäuschen eines Schwächeanfalls« die Rede.

ZWEI POLIZISTEN tragen Nwabuisi in den Untersuchungsraum. Als sie ihn auf einen Stuhl setzen wollen, »winkelt er seine Beine einfach nicht an«, wie es im Protokoll heißt. Deshalb lassen sie ihn auf dem Boden liegen. Der nächste Protokolleintrag ist auf 8.52 Uhr datiert, als die diensthabende Ärztin entscheidet, Nwabuisi das Brechmittel gegen seinen Willen zu verabreichen.

Professor Ute L. hat schon elf Brechmitteleinsätze durchgeführt, viermal gegen den Willen des Festgenommenen. Sie verwendet dann anstatt eines Plastikbechers eine Magensonde. Der 120 Zentimeter lange Schlauch aus weichem, biegsamem Kunststoff hat einen Durchmesser von 5,5 Millimeter. Er wird in eines der Nasenlöcher eingeführt und über die Speiseröhre in den Magen geschoben, durch den Rachen, vorbei am Kehlkopf. Um zu prüfen, ob der Schlauch richtig sitzt, pumpt die Ärztin etwas Magensaft ab. Dann spritzt sie 30 Milliliter eines Sirups der Ipecacuanha-Wurzel in den Schlauch, dazu einen knappen Liter Wasser. Spätestens nach 30 Minuten muss sich der Festgenommene übergeben. Im Erbrochenen suchen die Polizisten dann nach weißen Kugeln, die so groß sind wie Haselnüsse.

Diesmal braucht die 37-jährige Medizinerin drei Anläufe, bis der Schlauch den Magen erreicht. Zunächst schaffen es die drei Polizisten nicht, Nwabuisi auf den Rücken zu drehen. Sie fordern Verstärkung an. Beim nächsten Versuch liegt Nwabuisi auf dem Rücken, die gefesselten Arme unter sich. Zwei Polizisten halten die Beine fest. Der dritte drückt sein Knie auf den Oberkörper. Der vierte klemmt Nwabuisis Kopf zwischen seine Oberschenkel. Der Gefesselte spannt die Muskeln an, presst den Kopf eng an den Oberschenkel des Polizisten. »I will die«, brüllt er, »ich werde sterben.«

»Ich wollte derartige Einsätze eigentlich gar nicht machen«, sagt Ute L. später dem Staatsanwalt. »Uns wurde durch den Institutsleiter Prof. Dr. Püschel seinerzeit erklärt, dass die Polizei unterstützt werden müsse.«

Die Polizisten tauschen die Positionen. Einer setzt sich auf Nwabuisis Becken, zwei drücken die Beine auf den Boden, der vierte hält die Fußfesseln, der fünfte presst sein Knie auf Nwabuisis rechte Schulter und mit der Hand den Kopf gegen das andere Knie. Der Schlauch bleibt nach zwölf Zentimetern stecken, etwa dort, wo der Kehlkopf liegt. Die Ärztin versucht es am anderen Nasenloch. Wieder bleibt der Schlauch stecken. Erst als ein Polizist Nwabuisis Kopf nach vorn drückt, bis das Kinn die Brust berührt, lässt sich die Sonde knapp 50 Zentimeter tief bis in den Magen schieben. Anschließend pumpt die Ärztin den Sirup und das Wasser in den Schlauch, das dauert fünf Minuten, dann zieht sie ihn wieder heraus.

MICHAEL NWABUISI VERLIERT den Kampf, der in dieser halben Stunde in dem kleinen Raum des Instituts tobt. Der Ärmel seiner Daunenjacke zerreißt, ein Hosenknopf springt ab, die schwarze Mustang-Jeans rutscht

fast bis zu den Kniekehlen. Seine Augenlider zittern. Die Polizisten vernehmen »Schnauben, Prusten und Röcheln«, und einer bemerkt »etwas Warmes« auf seiner Uniform. Nwabuisi hat in die Hose gepinkelt. Als er sich nicht mehr bewegt, deutet die Ärztin das »als Simulation«. Es ist der Moment, als Nwabuisi zu sterben beginnt.
Drei Minuten bleibt er so liegen, noch immer gefesselt. Man wollte ihn »nicht stören«, sagt Ute L. später der Polizei.
Die Medizinstudentin Uta R. bemerkt als Erste, dass »mit dem was nicht stimmt«. Als sie Nwabuisis Handgelenk greift, spürt sie keinen Puls. Zusammen mit einem Polizisten schleppt sie ihn in den Brechraum, wo ein elektronischer Pulsmesser steht. Die Anzeige zählt rückwärts: »60...45«. Uta R. versucht, einen Tubus in Nwabuisis Mund zu schieben, die Ärztin muss ihn ein zweites Mal legen. Beatmungsgerät, Herzdruckmassage, zwei Minuten lang. Die Ärztin rennt ins Nebenzimmer und wählt eine interne Notrufnummer des Krankenhauses. Erst beim dritten Versuch erreicht sie das Notfallteam.

ES DAUERT ZWÖLF MINUTEN, bis die Notärzte von der Anästhesieabteilung die Pforte des Instituts am Rande des Krankenhauses erreichen. Sie wollen ihre Fahrräder noch anschließen. Ein Polizist ruft, es eile. Der Tubus wird ein drittes Mal gelegt, Nwabuisi bekommt ein Medikament, das den Kreislauf aktiviert, um 9.48 Uhr schlägt sein Herz wieder. Der Krankenwagen fährt einen kleinen Umweg, eine Baustelle, Nwabuisi wird in die Intensivstation geschoben. Für 76 Stunden und 35 Minuten gelingt es den Anästhesisten, den Patienten künstlich am Leben zu halten. Am Mittwoch, den 12. Dezember, um 14.23 Uhr schalten sie die Geräte ab. Michael Nwabuisi, der Intensivdealer, ist tot.

*

In einem kleinen Dorf im Süden Nigerias sitzt ein Mann auf einem zerschlissenen Sessel aus rotem Kunstleder. Er schaut aus einem Fenster, das keine Scheibe hat. Ein feuchter Film bedeckt seine Augen, ab und zu rollt eine Träne die Backenknochen herab. Paul Nwabuisi weint stumm.
Sieben Männer sitzen bei ihm, der König des Dorfes, der »Prime Minister«, die Verwandten. Sie trinken Palmenwein und Bier. An Heiligabend haben sie erfahren, dass Michael Uzodinma Nwabuisi, der viertälteste Sohn von Hannah und Paul Nwabuisi, tot ist. Es war abends gegen sechs, ein Anruf aus Deutschland: »Mike ist vergiftet worden.« Seitdem rätseln sie, was in diesem fernen »Germany« passiert ist und ob sie die Leiche des Sohnes jemals neben dem Haus begraben können, so wie das Sitte ist im Stamme der Ibo.
Das Steinhaus der Familie Nwabuisi ist das erste von zehn an einem Weg aus rotem Sand. Es liegt am Ende des Dorfes Umuezeala Ndume, und das liegt am Rande der Stadt Umuahia in Abia State, 450 Kilometer südöstlich von Lagos. In dem Dorf leben 700 Menschen, vielleicht auch 1000, so genau weiß das keiner. Das Haus besteht aus einem Wohn- und einem Schlafzimmer. Die sechs Kinder leben in Hütten neben und hinter dem Haus. Die Küche ist ein schmaler Raum ohne Dach, in der Mitte lodert ein Feuer.
Es war an einem Abend im September, als Paul Nwabuisi das letzte Mal mit seinem Sohn gesprochen hat. Michael Nwabuisi hatte bei einem Nachbarn angerufen, denn der Vater besitzt kein Telefon. »Ich habe Heimweh«, hatte er gesagt und dass er traurig sei. Der Vater antwortete, er solle viel beten und in die Kirche gehen. Es war das letzte Lebenszeichen aus einem Land, von dem Paul Nwabuisi eine eigenwillige Vorstellung hat. Er ist 59 Jahre alt und war in seinem Leben zweimal in Port Harcourt, der 100 Kilometer entfernten Hafenstadt, sonst nur hier, in dem Dorf, wo er geboren wurde, wie sein Vater und sein Großvater. Aus Deutschland kennt er nur einen Namen: Mercedes. »Dort in Europa«, sagt er, »fahrt ihr doch alle so ein Auto.«
Paul Nwabuisi hat ein Grundstück gepachtet, etwa zwei Kilometer von seinem Haus entfernt. Darauf baut er Kassawa-Knollen an. Er verkauft sie in einer

kleinen Holzhütte an der Hauptstraße von Umuahia. So kommen 300 Naira am Tag zusammen, drei Euro, manchmal auch weniger. Dann bleiben zwei seiner Kinder, Chibueze, 16, und Chizaram, 9, zu Hause, weil er für sie das Schulgeld nicht zahlen kann.

Auf einem Platz am Ende des Dorfes kicken die kleinen Jungen barfuß einen platten Plastikball, die größeren tragen auf ihren Köpfen Eimer voller roter Erde zu einem Haus, das eine neue Mauer bekommt. Wenn sie von Europa reden, senken sie ihre Stimme, als sprächen sie von einem großen Geheimnis. Von den Freunden und Verwandten, die es in die fremde Welt geschafft haben, hören sie nur Gutes: Man könne dort viel Geld verdienen, eine Ausbildung machen, Computer kaufen, hübsche Frauen kennen lernen und Fußball spielen, mit einem prallen Ball auf echtem Rasen.

Manchmal, vielleicht zweimal im Jahr, kommen weiße Frauen zu Besuch, wenn sie die Familie des Mannes kennen lernen wollen, den sie in Deutschland geheiratet haben. Dann spenden sie der Kirche Geld und lassen ein paar Spielsachen für die Kinder da. Und in der Sonntagsmesse tanzen und singen die Dorfbewohner als Dank, dass es einer von ihnen geschafft hat, »Praise the Lord«.

VON EINEM LEBEN im Land der schönen Autos hat auch Michael Nwabuisi geträumt. Geredet hat er darüber nicht. Er war 15, als er nach der neunten Klasse die Schule abbrach, weil kein Geld mehr da war. Er arbeitete bei einem Metzger, bis der Metzger keine Arbeit mehr hatte. Er zog zu seinem Bruder nach Gabun, der gut verdiente, zumindest so gut, dass er den Eltern etwas abgeben konnte. Als sein Bruder bei einem Bootsunfall in Gabun starb, wusste Michael Nwabuisi, dass er nun an der Reihe war. Die Kinder sorgen für die Familie, so ist es Sitte im Stamme der Ibo.

Er kochte, spülte und bediente in einem kleinen Restaurant in Libreville, der Hauptstadt Gabuns. 70 000 Gabunische Franc verdiente er im Monat, das waren 100 Euro. Er sparte das Geld, monatelang, vielleicht hat ihm noch jemand etwas dazugeschenkt. Er hörte, dass eine Freundin aus seinem Dorf in Deutschland lebte, in der Nähe einer Stadt, die Hannover hieß. Eine Schlepperbande hatte sie nach Europa geschleust, für 45 000 US-Dollar, zu zahlen in Raten, ein Leben lang.

Michael Nwabuisi besorgte sich über eine kleine gabunische Handelsfirma, die Kontakte nach Deutschland hatte, einen Einladungsbrief einer Import-Export-Firma in der Nähe von Hamburg. Darin versicherte der Firmeninhaber, dass er den Geschäftsmann Michael Nwabuisi aus Libreville zu einem »Business-Meeting« erwarte und »alle Kosten des Aufenthaltes« übernehme. Vielleicht war das Papier gefälscht, die Deutsche Botschaft in Gabun jedenfalls stellte ein Visum aus. Nwabuisi zahlte rund 1000 Euro für das Ticket, stieg am 4. Juli 2000 in eine Maschine der Air France, Ziel Paris, flog dann weiter mit der Lufthansa nach Bremen. Am 10. Juli, neun Tage bevor sein Visum ablief, warf er seinen nigerianischen Pass weg und beantragte bei der Hamburger Ausländerbehörde Asyl.

*

Michael Nwabuisi ist 22 und beginnt sein neues Leben mit einer Lüge. Am 18. Juli, morgens um acht, spricht er im Raum 23 des Bundesamtes für die Anerkennung ausländischer Flüchtlinge, Außenstelle Jena, vor. Dorthin haben ihn die Hamburger Behörden geschickt. Asylbewerber werden nach einer festgelegten Quote auf die Bundesländer verteilt. Für die Bahnfahrt bekam er einen Gutschein.

ER NENNT SICH ACHIDI JOHN und sagt, er sei 18 Jahre alt und stamme aus Kamerun. Er sagt, er sei von den Dorfbewohnern in einen Käfig gesperrt worden und habe geopfert werden sollen; er sei geflohen und habe sich viele Tage im Laderaum eines Schiffes versteckt. Die Anhörung dauert eine Stunde. Er ist einer von 78 564 Ausländern, die im Jahr 2000 in Deutschland Asyl beantragen. Und er gehört zu den 52 Prozent, deren Antrag im Jahr 2001 abgelehnt wird.

Die Behörde schreibt, er habe die Einreise über den Seeweg nicht beweisen können. Da in Kamerun keine

Fälle von Menschenopfern bekannt seien, sei auch »dieses Vorbringen aus asylrechtlicher Sicht nicht relevant«. Nwabuisis Einspruch ist erfolglos. Er wird aufgefordert, die Bundesrepublik Deutschland innerhalb von vier Wochen zu verlassen. Andernfalls werde er abgeschoben. Er weiß, es ist nur eine leere Drohung.

Die kamerunische Botschaft kann einen Achidi John nicht als Bürger ihres Staates identifizieren. Und weil er keinen Pass hat und man nicht weiß, wohin man ihn abschieben soll, bekommt Michael Nwabuisi eine Duldung ausgestellt, auf den Namen »Achidi John, Kamerun«. Sein »Aufenthalt wird räumlich beschränkt auf den Landkreis Nordhausen«. Bei unerlaubtem Verlassen wird eine Geldbuße verhängt. Arbeiten darf er nicht. »Die Wohnsitznahme in 99755 Ellrich, Riesenbergsiedlung 7c, wird angeordnet.«

Nwabuisi bekommt 80 Mark Taschengeld im Monat, ab und zu einen Kleidergutschein für C&A über 170 Mark. Er erhält gegen Quittung einen Schlüssel, einen tiefen, einen flachen Teller, Topf, Pfanne, Besteck. Der Tagesablauf ist geregelt: RTL 2 gucken, meistens die Polizeivideos. Trinken, meistens Adelskrone Export von Penny. Kochen, meistens Huhn mit Reis. Manchmal Fußball, manchmal ein Termin bei der Ausländerbehörde, manchmal kommen Freunde aus anderen Heimen zu Besuch, bis 22 Uhr, sagt die Hausordnung. Manche verbringen ihre Tage seit sieben Jahren so, in dem Betonbau, der Platz für 154 Flüchtlinge aus 22 Nationen hat, am Rande der kleinen Stadt Ellrich in Thüringen.

Nur am Freitagabend ist das Leben ein wenig so, wie sich das die jungen Afrikaner vorgestellt haben. Dann fahren sie nach Göttingen, ins Blue Note, wo der DJ Black Music und HipHop spielt. Sie ziehen sich ihre schönsten Pullover über, binden sich Tücher um den Kopf, tanzen, trinken, und manchmal lernen sie ein Mädchen kennen.

Am 3. Februar 2001 wird Michael Nwabuisi in Hamburg von Drogenfahndern zum ersten Mal dabei beobachtet, wie er kleine, weiße Kugeln im Mund versteckt. Ein paar Wochen später leitet die Staatsanwaltschaft das erste Ermittlungsverfahren gegen ihn ein. Nwabuisi hatte in seinem Asylbewerberheim davon gehört, wie einige seiner Zimmernachbarn ihr Taschengeld aufbessern. Er fährt mit ihnen nach Hamburg, in eine Wohnung, die ein Freund für sie anmietet. Das Rauschgift bekommen sie von einem Zwischendealer, der Nigerianer ist. Der arbeitet für einen Großdealer, der Albaner ist. Das erzählen sie im Heim. Zwischen 20 und 30 Mark bekommt Nwabuisi für eine Kugel Crack oder Kokain, mehr als die Hälfte muss er seinem Händler zahlen.

SCHWARZAFRIKANER DOMINIEREN die Szene der Hamburger Straßendealer. 145 Intensivtäter führte zu Beginn dieses Jahres das Drogendezernat des Landeskriminalamtes in seinen Akten, 95 Prozent stammten aus Afrika. Seit Mitte der 90er Jahre beherrschen sie den Handel mit Kokain und Crack in der offenen Drogenszene.

Man weiß nicht, wie viele Menschen es in Hamburg sind, die von der Droge Crack abhängig sind. 1000 vielleicht, sagt die Polizei. Aber man weiß, wie das Gemisch aus Kokain, Backpulver und Wasser wirkt, das beim Rauchen knistert, wovon es seinen Namen hat. Der Rausch stellt sich nach kaum zehn Sekunden ein und hält nur wenige Minuten an. Er ist intensiver als ein Kokain-Rausch. Crack macht aggressiv, depressiv, abhängig, schon nach dem ersten Mal. Mit der Menge an Drogen, die nach seinem Tod in seinem Magen gefunden wurde, hätte Michael Nwabuisi 199 Süchtige versorgen können, für einen kurzen Rausch in ihrer langen Abhängigkeit.

Straßendealer sind Täter. Sie verdienen ihr Geld, indem sie mit Gift handeln. Sie beuten die Abhängigen aus, und Abhängigkeit hat immer Konjunktur. Aber sie sind nicht die Ursache von Sucht, sind nicht die Verführer, nur die Verkäufer. Straßendealer sind das Ende einer langen Kette, die »organisierte Kriminalität« heißt. Sie sind für die Polizei am leichtesten zu greifen, die Bosse bleiben meist im Dunkeln.

Nwabuisi hat mit dem Rauschgift nicht viel verdient,

zumindest nicht die 4000 Mark in der Woche, von denen mancher im Heim prahlt. Er konnte sich nur einen VW Santana leisten, verrostet, ohne TÜV-Plakette, den er mit dem Schiff zu seinem Vater nach Nigeria schickte. Ein paar Monate später noch einen blau-weißen Isuzu-Bus, das Geld dafür hat er sich von einem Freund geliehen. Er hat noch einen Teppich hineingepackt, einen Videorecorder, und die Türen verschweißt, wegen der Plünderer auf den Schiffen. Die beiden Autos stehen jetzt vor dem Haus in dem kleinen Ort im Süden Nigerias, und der Vater hatte sich ein bisschen geärgert, dass der Kleinbus nur Diesel tankt, denn an Diesel kommt er schwer ran in seinem Dorf.

*

Michael Nwabuisis Leiche wird noch am Abend des 12. Dezember 2001 nach Berlin gefahren, die Obduktion am nächsten Tag dauert dreieinhalb Stunden. Der Gerichtsmediziner Volkmar Schneider von der Freien Universität entdeckt grobe Narben am Herzmuskel des Toten und Kokainspuren in den Haaren. Möglicherweise hatte Nwabuisi regelmäßig Kokain geschnupft, und möglicherweise war das die Ursache eines Herzfehlers, von dem Nwabuisi nichts wusste. Möglicherweise führte die Aufregung beim Polizeieinsatz zu einem Kreislaufzusammenbruch und möglicherweise der Defekt am Herzen zum Tod. Der Professor hält diese Version »am ehesten« für richtig.

VIELLEICHT ABER HAT DIE ÄRZTIN auch die Sonde falsch eingeführt. Vielleicht haben die Polizisten im Gerangel auf die Halsschlagader des Festgenommenen gedrückt, was zur sofortigen Bewusstlosigkeit führen kann, auch zum Tod, bei einem schwachen Herzen. Der Professor sagt, diese Annahmen seien »zu diskutieren«, nach den vorliegenden Erkenntnissen aber »nicht zu beweisen«.

Das späte Eingreifen nach dem missglückten Einsatz führt der Gutachter auf die »Überforderung« der Gerichtsmedizinerin und ihrer Sektionsgehilfin zurück. Deren Patienten sind normalerweise schon tot, wenn sie mit ihnen zu tun haben.

Das Gutachten geht an die Staatsanwaltschaft Hamburg; die ermittelt in einem Einsatz, den sie selbst angeordnet hat. Sie vernimmt Zeugen und lässt ein zweites Gutachten erstellen. Michael Nwabuisi liegt in dieser Zeit in der Leichenhalle auf dem Friedhof in Hamburg-Öjendorf. Das Ordnungsamt sucht vergebens nach Verwandten. Erst als ein Verein afrodeutscher Musiker recherchiert, wird er in Nigeria fündig. Die »Brothers Keepers« finanzieren die Rückführung. An einem Mittwoch, morgens um vier, nehmen sechs Männer auf dem nigerianischen Flughafen Port Harcourt einen 110 Kilogramm schweren Pappkarton entgegen. Acht Stunden später begräbt Paul Nwabuisi seinen viertältesten Sohn. Der Sarg wird in die rote Erde gelassen, gleich neben dem Haus, so wie es Sitte ist im Stamme der Ibo.

Es ist Juni 2002, als die Hamburger Staatsanwaltschaft ihre Ermittlungen einstellt: keine Hinweise auf ein strafbares Verhalten der Beteiligten. Die Hamburger Rechtsanwältin Gabriele Heinecke sagt: »Der Einsatz war gesetzeswidrig, grausam und unmenschlich.« Sie zweifelt die Ermittlungen der Staatsanwaltschaft an und beauftragt zwei Gutachter, die Klarheit bringen sollen in einem Fall, »der noch viele offene Fragen hat«.

Bei der Staatsanwaltschaft hat die Anwältin jetzt Strafanzeige gestellt. Gegen Professor Ute L., Hamburg. Im Namen von Hannah und Paul Nwabuisi, Umuezeala Ndume, Nigeria.

BRECHMITTEL

Rechtlich umstritten

In Hamburg, Bremen, Hessen, Nordrhein-Westfalen, Mecklenburg-Vorpommern, Baden-Württemberg und Niedersachsen dürfen mutmaßlichen Rauschgiftdealern Brechmittel verabreicht werden, um im Magen befindliche Drogenpäckchen zwecks Beweissicherung ans Licht zu befördern. Der Eingriff ist auch gegen den Willen des Festgenommenen erlaubt. Brechmitteleinsätze sind umstritten: Das Oberlandesgericht Düsseldorf erklärte sie 1995 für zulässig. Das Oberlandesgericht Frankfurt entschied 1996, dass der Einsatz gegen den Willen des Betroffenen nicht mit der Würde des Menschen vereinbar sei. Das Bundesverfassungsgericht nahm 1999 die Verfassungsbeschwerde eines Drogenhändlers nicht an, der zur Einnahme eines Brechmittels gezwungen worden war. Die Entscheidung war von einigen Bundesländern als Freigabe der Einsätze verstanden worden. Nach dem Hamburger Todesfall stellte das Gericht jedoch klar: »Die Entscheidung gibt keine Auskunft darüber, ob die Verabreichung der Brechmittel verfassungsrechtlich zu beanstanden war oder nicht.« Die Klage sei abgelehnt worden, da die Fachgerichte den Sachverhalt hätten klären müssen. Der Deutsche Ärztetag erklärte im Mai: Aus ärztlicher Sicht sei eine Gabe des Brechmittels ohne Zustimmung des Betroffenen »nicht zu vertreten«. Mediziner dürften zu solchen Maßnahmen nicht gezwungen werden. Auch der Ärzteverband Marburger Bund protestierte gegen den gewaltsamen Eingriff. »Gesundheitsrisiken«, sagt der Vorsitzende Frank Ulrich Montgomery, »lassen sich nicht wirklich ausschließen.« Die Berliner Polizei hat nach dem ***Tod des Hamburger Dealers*** *die Verabreichung unter Zwang ausgesetzt.*

Erwin Koch

Erwin Koch, 1956, geboren in der Zentralschweiz. Studium der Rechtswissenschaft. 1981 erste Versuche als freier Journalist. 1983 Redakteur beim SCHWEIZERISCHEN BEOBACHTER. 1984 bis 1989 Redakteur beim TAGES-ANZEIGER-Magazin, Zürich. Ab 1990 freischaffender Journalist u.a. für den SPIEGEL. »Tango Argentino« wurde unter seinem Pseudonym Hans Rudolf Schär veröffentlicht.

Tango Argentino

Eine Frau, zwei Jahre lang gefoltert, entkommt ihren Peinigern. Mit Hilfe eines Mannes, der zur Schändertruppe gehört. Eine Geschichte von Glück und Tod, Freiheit und Schuld – die Geschichte einer Liebe

von Hans Rudolf Schär
taz
19./20. Januar 2002

Zehn Männer standen im Raum. Einer öffnete den Koffer und sah die kleinen Schuhe, die sie ihren Kindern gekauft hatte. Zehn Männer. Einer stellte Fragen, wie viele Kinder hast du? Und sie wusste, die Fragen waren nur Schein. Man schloss den Koffer, sie sah die bunten Schuhe nicht mehr, und der Bus fuhr weiter, hinüber in die Sicherheit, Chile, Ausland, ohne Silvia Tolchinsky. Ich möchte vergessen, sagt die Frau, möchte mein Leben keinem erzählen, mein Leben gehört mir. Sie redet langsam, streichelt sich den Hals. Dann war Ruhe. Und sie wusste, diese Schuhe siehst du nie mehr. Es war ein heller Tag. Der 9. September 1980. Am frühen Morgen war sie in Mendoza in den Bus gestiegen, um Argentinien zu verlassen. Wo sie geboren war. Das sie liebte. Ein Land, beherrscht von Generälen, die folterten, mordeten, tausendfach, seit sie sich Jahre zuvor an die Macht putschten, 1976, 24. März. Der Bus hielt in Las Cuevas, dem Grenzort, es war Mittag, ein Mann sagte, mitkommen. Silvia Tolchinsky dachte, so also ist es, wenn sie einen schnappen. Sie ist klein, sie zitterte. Einer schloss den Koffer, und sie sah die Schuhe ihrer Kinder nicht mehr. Zehn Männer. Straßenkleider. Sie nannten sie eine Hure der Subversiven, der Verräter von Vaterland, Familie und Kirche. Man schrie, man schlug, zerrte ihr die Ohrringe aus dem Fleisch, alle Kleider vom Leib, jemand drückte eine Pistole an ihren Kopf. Zehn Männer der Institutos Militares. Ich möchte schweigen und muss reden. Ihre Stimme ist tief und einsam. Silvia Tolchinsky überlegte, wegzulaufen bei nächster Gelegenheit, damit man sie erschieße. Sie dachte an die Giftkapseln, die sie, eine Montonera, Frau im Untergrund, oft mit sich getragen hatte. Zyankali, das sie zweimal schon im Mund hatte, wenn Soldaten, Polizisten, Geheimagenten sich ihr näherten in den Schluchten von Buenos Aires. Wir waren Sozialisten, glaubten an den neuen Menschen, an Gerechtigkeit und Aufbruch, wir suchten den Umsturz, damit Argentinien sich neu ordne. Und wir, die Montoneros, begriffen uns als Vorhut. Als Avantgarde des Besseren. Sie lächelt aus rotem Polster, lächelt und schließt die Augen. Ich studierte Geschichte, weil ich es für meine revolutionäre Pflicht hielt, ich wollte, dass der Holocaust sich nie wiederhole. Zehn Männer und eine Ewigkeit. Man gab ihr die Kleider zurück, verband ihr die Augen, fesselte sie an Händen und Füßen und zwang sie in ein Auto, fuhr los. Dann stieg man aus, führte die Frau irgendwohin, es war kühl, es hallte, sie musste sich bücken, eine Höhle. Frau Tolchinsky, was hat Ihre Kindheit geprägt? Silvia Tolchinsky fährt sich über das schwarze Haar. Wenn abends mein Vater, ein Kettensägenhändler, nach Hause kam, die Zeitungen unter dem Arm, und mit dem Papier dann zu reden begann, die Zeitungen mit Leidenschaft lobte oder tadelte. Sie schweigt. Unvergessen ist mir, wie ich eines Tages auf dem Arm einer Frau, die mir Essen reichte, eine blaue Zahl entdeckte, Auschwitz, ich war dreizehn, ich erschrak sehr, der Holocaust brach in mein Leben, war tatsächlich und hier, und ich, noch Kind, wollte helfen, konnte nicht, kam zu spät. Schritte hallten, Männer schrien, befahlen ihr, sich zu setzen, Silvia Tolchinsky setzte sich, einer sagte, sie habe Glück, ihnen, den Institutos Militares, in die Hände gefallen zu sein und nicht anderen. Einheiten der argentinischen Armee. Die nicht zaudern mit Abfall wie dir. Sie saß in der Höhle, die Augen verbunden, in Ketten gelegt, und dachte an die Worte einer Freundin, Genossin, Montonera, die die Folter überlebt hatte und frei gekommen war. Kollaboration ist keine Garantie, dass du überlebst, gerade die größten Verräter bringen sie um, hatte die Freundin gesagt. Und erzählt, was man mit ihr gemacht hatte, Silvia Tolchinsky ertrug das Grauen nicht, sie bekam Zahnschmerzen, damals, heftig und rasch, musste zum Arzt. Der nicht verstand, was ihr wehtat. Frau Tolchinsky, die Montoneros entführten, mordeten. Haben Sie je getötet? Flugblätter habe ich verteilt, ich brachte Schriften von einem Ort zum andern, arbeitete in der Führung der Organisation mit, ich bin ein ängstlicher Mensch, bei bewaffneten Aktionen war ich nie dabei. Ich habe nicht getötet. Ich weiß nicht, was ich getan hätte, hätte man mir das Töten befohlen, ich weiß es nicht, no sé. Sie schweigt, krümmt sich über den Tisch in ihrem Haus, führt den Finger über die Maserung des Holzes. Wir waren nicht sehr kritisch, sagt sie. Aber ich war Mitglied. Bin verantwortlich. Man schob sie wieder in ein Auto, brachte Silvia Tolchinsky in die Stadt Mendoza, band sie an ein Bett. Jemand stellte Fragen. Wann bist du geboren? Am 9. März 1948. Wo? In Buenos Aires. Bist du Jüdin? Ja. Wo ist dein Mann? Tot. Wieso? Am 8. Juli 1978 wurde er von Geheimpolizisten entführt und in die Escuela de Mecánica de la Armada gebracht, fünf Tage später lag seine Leiche im Parque Centenario in Buenos Aires. War er Montonero? Ja. Kennst du Marx? Ja. Drei Tage war sie schon in Mendoza, ohne Wasser, ohne Brot, vermummt und gefesselt, in einem Schulhaus gefangen. Und immer war einer neben ihr. Eine Stimme, die fragte, fragte, schrie und ihr zu reden befahl, erzähl uns alles, erzähl uns dein ganzes Leben, und wehe, du vergisst etwas, wir wissen genau, wo deine Kinder sind. Silvia Tolchinsky begann, von ihrer Großmutter zu reden, die aus Odessa floh, 1905, als die Christen sich über die Juden hermachten. Die Jiddisch sprach und ihr, der Enkelin, ein Wort hinterließ, das es im Spanischen nicht gibt, Mensch. Und sie erzählte, dass sie im Norden der Stadt Buenos Aires die Schulen besuchte. Dass sie, beim Putsch gegen Perón, 1955, auf der Plaza de Mayo den Lärm der Bomben hörte. Dass sie in den Schulbüchern die Bilder des Gestürzten und seiner berühmten Evita mit weißem Papier überkleben mussten. Dass dass dass. Die wussten nicht, was sie mich fragen sollten, wussten nicht, was mit mir zu machen. Und ich redete und redete, dachte, so lange du redest, lassen sie dich leben, ich redete um mein Leben, und plötzlich hörte ich meinen Peiniger schnarchen. Ab morgen, sagte schließlich einer, gehört dein schöner Körper dem Bataillon 601. Servicio de Inteligencia del Ejército, SIDE, gefürchteter Foltertrupp des Heeres. Viel Spaß, sagte einer. Die Augen verbunden, zwangen sie Silvia Tolchinsky in ein kleines Flugzeug, die Hände auf dem Rücken, sie hörte die Stimme des Piloten, Landung in Córdoba, dann in Campo de Mayo, einem Armeegelände bei Buenos Aires. Man stieß sie in einen Wagen, drückte sie auf den Boden, sie merkte, dass eine aufging, sich schloss, der Wagen verließ die Anstalt, rollte endlich über Kies und hielt vor einer Quinta, einem Wochenendhaus, umflossen von Rasen, nicht weit von Campo de Mayo. Dort blieb ich elf Monate. Ich will nicht, dass mein Leben zum Roman wird, und doch rede ich, muss reden und erklären, ich habe keine Wahl, sagt die Frau. Man führte sie in ein Zimmer, fesselte sie auf ein Bett, die Arme hingebreitet, eine Kette zwischen den Füßen, zwei Ketten, unter der Pritsche, zwischen Füßen und Armen, regungslos, blind. Sie hörte Menschen, Nachbarinnen, die Wäsche aufhängten, Nachbarn, die Zucker in Tassen rührten, Kinderlieder. Hörten diese Menschen das Rasseln meiner Ketten nicht? Wollten sie nicht hören? Sie windet sich den seidenen Schal um Arme und Brust. Oft fragte ich mich, warum erkennen meine Folterer in mir keinen Menschen mehr, nur noch Quälbares? Einer lärmte: Ein neues Paket ist hier, lasst es uns öffnen. Der Raum, in dem sie gefesselt lag, schien ihr riesig, er war klein. Jeden Morgen um sieben Uhr trat jemand ins Zimmer, brachte Matetee, und Silvia Tolchinsky durfte sich aufsetzen. Dann führte man sie ins Bad, sie war auch dort nie allein, Toilettengang dreimal täglich, Ausnahmen nicht erlaubt. Dann, vielleicht am vierten Tag im Wochenendhaus, auf ihr Bett gebunden, hörte sie, wie Männer in ihr Zimmer kamen, Eisenstangen schlugen gegeneinander, die Männer fluchten und schimpften, und sie wusste, das ist die Picana, die sie vorbereiten, das Metallbett, auf das sie dich fesseln, um elektrische Stöße durch den Leib zu jagen. Sie schrien, nannten sich el Ratón, die Ratte, oder el Tío, der Onkel, einer hieß el Viejo, der Alte, ein anderer el Gitano, Zigeuner, el Negro, Cacho, Fito, Carlos. Nun bist du an der Reihe. Silvia Tolchinsky dachte an ihre Eltern, die nicht wussten, ob sie noch lebte. Jemand knurrte, Kleines, wir sind Löwen und haben Hunger, du musst uns schon Kuchen schenken, damit wir dich nicht fressen. Dann stellte er eine Frage. Silvia Tolchinsky antwortete nicht. Sie hörte einen lauten tiefen Schrei, roch verbranntes Fleisch, und sie merkte, dass man einen Menschen an ihre Seite gebunden hatte, einen Mann, sie stellten ihr Fragen, folterten den Fremden, Frage Schrei Frage Schrei Frage Schrei, verbranntes Fleisch. Eine Frauenstimme: Hier drin musst du lernen, die nächsten fünf Minuten zu überleben. Jetzt schrie der Mann, den sie quälten, ich bin Padre Jorge Ardur. Silvia Tolchinsky ertrug den Schmerz des andern nicht länger, sagte, ich erzähle euch, was ich weiß, viel ist es nicht, und sie erzählte, dass sie, zusammen mit den drei Kindern, nach dem Tod ihres Mannes nach Kuba zog, Befehl der Organisation, dass sie vor fünf Monaten als Kurierin nach Argentinien zurückkam, dass die Person, die sie treffen sollte, nicht erschien, dass sie die Dokumente deshalb zerstörte, Frage Schrei Frage Schrei. Und die Männer sagten, Mädchen, mach uns nicht zu Narren, was du redest, wissen wir längst. Sie wussten alles, sagt Silvia Tolchinsky. Die Montoneros waren längst aufgerieben, von fünftausend Mitgliedern im Jahr 1976 lebten 1980 noch vierhundert, neun von zehn Gefolterten hielten dem Elend nicht stand, verrieten Namen, Orte, Geheimnisse, wurden dann erschossen, erschlagen, erwürgt, aus Flugzeugen lebend ins Meer geworfen, einige Tausend Menschen. Jeden Morgen um sieben trat eine Stimme an ihr Bett, brachte Matetee, sagte, wir sind Löwen und haben Hunger, gib uns Kuchen, damit wir dich nicht fressen. Elf Monate lang lag sie dort, die Augen verbunden, in Ketten gelegt, sie hörte die Löffel der Nachbarn, die Zucker rührten, Kinderstimmen, elf Monate, si, señor, si, señor. Und plötzlich läutet jemand an der Tür, zwei Männer, höflich fragen sie, wer in diesem netten Haus lebe, Volkszählung, und du weißt nicht, ob du schon verrückt bist, und du weißt nicht, ob du schreien sollst, damit die Volkszähler dich hören, und dann fällt dir ein, dass dein Schreien zwei Schuldlose in Gefahr bringt, man wird sie töten, wenn sie dich hören, man darf dich nicht hören, es gibt dich nicht mehr. Denn der Mensch ist auch, was andere in ihm erkennen, sagt Silvia Tolchinsky, schiebt die schmalen Hände zwischen die Knie, und wenn andere in dir nur noch ein Paket sehen, wirst du zum Paket. Sie wollte nicht sterben. Dachte an ihre Kinder, die sie, bevor sie Kuba verließ, in ein Heim gebracht hatte, dachte an die Worte ihrer Freundin, die die Folter überlebte. Lass deinen Folterer nie merken, wie zerstört du bist. Den Anblick deiner wahren Zerstörung erträgt er nicht. Dann nimmt er dir, um sich zu befreien, dein Leben. Silvia Tolchinsky sang Tangolieder, sie sang sie leise und ständig. Einer, vielleicht el Viejo, vielleicht Fito oder Carlos, ließ sie einen Brief, ohne Datum, an ihre Schwiegermutter schreiben, bitte, nimm meine Kinder zu dir, sie sind in Havanna in einem Heim. Einer gab ihr einmal Fisch zu essen, statt billige Wurst, und eine Stunde später schlich der Folterer an ihre Pritsche, flehte, ihn nicht zu verraten, Fisch statt Wurst sei gegen das Gesetz. Alles machten sie mit mir, sagt Silvia Tolchinsky, alles, einzig auf ihr elektrisches Bett legten sie mich nicht. Mit dir, sagten sie, haben wir Besseres vor. Einer gab ihr, statt fünf, sechs Zigaretten, dann bettelte er, verrate mich nicht. Manchmal brachten sie die Frau in ein anderes Zimmer, setzten sie an einen Tisch, sagten, so, nun wollen wir etwas Gutes essen, und holten einen anderen Gefangenen, setzten ihn neben sie und trugen dann das Mahl auf. Und begannen, als sie nach der Gabel tasteten, zu schreien, ihr Hurenkinder, ihr Subversiven, was fällt euch ein, hier eure faulen Mägen zu füllen, sie schrien und schlugen, fesselten die Frau wieder ans Bett. Manchmal fragten sie, was willst du zum Frühstück? Und dann antwortete sie, Kaffee. Was glaubst du, wo du bist, du weniger als nichts, Kaffee gibt es im Hotel Hilton, nicht bei uns. Silvia Tolchinsky sang Tangolieder, leise, damit ihre Wärter sie nicht hörten. Tu angustia comprendió que era imposible / In deiner Angst begriffst du, es war sinnlos / Luchar contra la gente es infernal / Gegen die Leute zu kämpfen heißt höllische Qualen / Deshalb verließest du mich, ohne etwas zu sagen, meine Liebe. Oft fragten die Männer, wann hast du deine Tage? Sag mir, wann du deine Tage hast, ich bring dir Binden, so viele du willst. Eine Stimme erzählte, drüben in Campo de Mayo habe sich ein Folterer an einer Gefangenen vergessen. Und die Frau habe sich beschwert. Also habe man sie umbringen müssen. Geht doch nicht, dass einer sich an einer Gefangenen vergreift. Si, señor. Frau Tolchinsky, haben Sie verraten? Sie schweigt. Ich glaube nicht, ich hoffe nicht, sagt sie und führt den Finger über die Maserung ihres Tischs. Ich überlebte, indem ich sie im Ungewissen ließ, darüber, ob ich ihnen noch nützen könnte. Ständig tat ich so, versuchte so zu tun, als könnte ich ihnen irgendwann noch nützen. Wie im Fieber suchte ich nach Dingen, die ich ihnen erzählen könnte, Dinge, die ein bisschen wahr, meist aber erfunden waren, Dinge auch, die sie längst kannten, ich hatte keine Zeit, meine Folterer zu hassen, musste nachdenken, wie ich überleben könnte. Will man sterben, ist man verloren. Ich fing an, kubanische Häuser zu beschreiben, Häuser in Havanna, in denen ich gewohnt hatte, die ich kannte, dann schrien sie mich an einen Tisch, schoben mir die Augenbinde hoch, und wochenlang schrieb ich, schrieb auf, wie in Havanna Häuser aussehen, wie viele Fenster, Balkone, Türen, und meinen Bericht übergaben sie dann einem der ihren, Bataillon 601, damit der zeichne, was ich erzählt hatte. Ich hoffe, dass ich niemanden verraten habe, ich weiß nicht, ob es mir gelungen ist. Sie fesselt sich den hellen Schal um Arme und Brust. Verstehen Sie?, fragt Silvia Tolchinsky, sie lächelt, schwarze Hose, schwarze Bluse. Schweigt. Irgendwo bellt ein Hund. Ich kann nicht ausschließen, sagt sie, dass durch mich jemand leiden musste. Sie fährt sich über das Haar. Möchte nicht, dass mein Leben zum Roman wird. Sie gab den Henkern vor, sie spräche Deutsch und Französisch, und einer, Liebhaber klassischer Musik, brachte ihr die Gebrauchsanweisung seiner neuen teuren Anlage von zu Hause mit, befahl ihr, die Worte ins Spanische zu bringen, die Frau erbat sich ein Wörterbuch, übersetzte während Wochen, el ecualizador, der Entzerrer. Manchmal legten sie ihr Artikel aus dem Wirtschaftsteil einer Zeitung hin, hießen sie, den Text zu erklären, denn ihre Generäle, Agosti, Massera, Videla, Viola, hatten das Land verschuldet, vierzig Milliarden Dollar, zwei Fünftel der Industrie lagen zerstört, glaubst du, fragten die Folterer, Argentinien kommt je wieder hoch? Glaubst du, wir könnten eines Tages entlassen werden? Silvia Tolchinsky überlebte. Die Folterer fragten sie, was soll man mit den Leichen der Gefolterten tun? Irgendwo begraben? Oder den Familien übergeben? Und wenn wir sie den Familien zeigen, kann uns dies später nicht schaden? Welchen Kuchen, Chica, schenkst du uns heute? Sie dachte sich weg. Dachte an Miguel, ihren toten Mann, der so lustig gewesen war und klug, blond und schön, Liebe auf den ersten Blick, damals, 1968, Silvia Tolchinsky war erst zwanzig. Miguel Villarreal aus La Plata, Vater ihrer drei Kinder, 1971, 1974, 1976. Miguel, den alle Chufo nannten. Der alles und nichts ernst nahm. Miguel. Der mit ihr in die Vorstädte zog, Ungebildeten das Lesen und Schreiben lehrte, den Sozialismus predigte. Mit dem sie alles teilte. Zuerst das Glück, dann die Panik. Sie dachte daran, wie sie sich, nach dem Putsch der Generäle, versteckten, von einer Wohnung in die andere flohen, nie zu Hause waren, den Kindern beibrachten, keinem zu sagen, wie sie hießen, andere Namen zu nennen. Der Ältesten schrieben sie auf, wen sie anrufen sollte, wenn ihre Eltern plötzlich verschwänden. Man fühlte sich umstellt, umzingelt, ständig in Gefahr, alles machte Angst, die Militärs waren überall, einmal sogar auf unserem Dach, ohne zu wissen, wer wir waren, sie fingen die Leute, als wären sie Fliegen, von der Straße weg, alles war Angst, wenn man Brot kaufte, in den Bus stieg, jemanden traf, einmal hagelte es auf das Haus, in dem wir lebten, es hagelte stark, und wir glaubten, die Soldaten schössen auf uns, Panik, und die Kinder verstanden nicht. Zyankali in der Tasche, Zyankali im Mund. Wenn ich mir heute etwas nicht verzeihe, dann die Kindheit, die ich meinen Kindern bot, sagt Silvia Tolchinsky sehr leise. Meine Kinder machen mir keine Vorwürfe, sie müssten es eigentlich, es wäre gesund für sie. Sie lag im Wochenendhaus vor den Toren von Campo de Mayo und dachte sich Miguel auf den Rand ihres Foltergestells, Miguel Villarreal, Montonero, Sekretär der südlichen Zone von La Plata, den die Schächer längst eingefangen hatten, Ecke Corrientes/Paraná, Buenos Aires, 8. Juli 1978. Den sie in einen Lieferwagen stießen. Und fünf Tage später tot in den Park Centenario warfen. Dann zu seinen Eltern fuhren und sagten, der Mann habe sich selber getötet, Liebeskummer. Silvia Tolchinsky, blind und gekettet, erzählte ihrem Mann, wie sie den Kindern seinen Tod beibrachte. Wie die Kleine, kaum zweijährig, fragte, ob es die bösen Männer waren, die dich töteten. Und der Knabe wollte wissen, ob du wohl, auch als Leiche, noch Schnauzbart trägst. Nur die Älteste, die dich verehrte, sagte nichts, sie litt sehr, stumm, Chufo. Und dann, als du tot warst und auf deinem Grab ein Kreuz stand, Paz a Chufo, verließen wir Argentinien, es regnete, als man dich in die Erde ließ, dein Vater sagte, Chufo, Chufito, hasta el cielo te llora, selbst der Himmel weint um dich, wir zogen nach Mexiko, dann nach Kuba. Dort waren wir ein ganzes Jahr. Bis mich die Organisation, verzweifelt darüber, dass wir schon fast besiegt waren, nach Argentinien schickte, mit einigen Dokumenten. Unsere Kinder, verzeih, brachte ich in ein Heim. Hier lebten nur Kinder von Montoneros, toten und noch lebenden. Beim Abschied griff die Kleine nach meiner Hand, ich weinte, und sie sprach, Mami, lass uns gehen, als wollte sie sagen, lass uns aufhören mit dieser Farce, Mami, lass uns für immer nach Hause gehen, irgendwohin, und ich antwortete, ich kann nicht, Kleines, ich muss so wichtige Dinge tun. Chufo. Als Silvia Tolchinsky, April 1980, nach Buenos Aires zurückkam, in die Stadt, in der sie geboren war, war wenig wie einst. Viele Genossen, Freunde waren nicht mehr. Verschwunden ohne Nachricht. Gefangen. Vielleicht tot. Ihre Stimme ist tief und müde. Ich möchte vergessen, möchte mein Leben niemandem erklären, und doch muss ich es. Meine Geschichte holt mich ein. Die erste Nacht in der Heimat verbrachte die Frau in einem Hotel. Vorsichtig schaute sie aus dem Fenster, erkannte einen Wagen der Polizei. Silvia Tolchinsky schlich aus dem Zimmer, versteckte sich, bis es Morgen war, neben dem Wassertank des Hotels. Ging sie durch die Straßen, sah sie in alle Schaufenster, suchte im spiegelnden Glas Verfolger. Klopfte sie an eine Tür, fürchtete sie, Soldaten warteten dahinter. Alle hatten Angst, alle machten Angst. Sie war eine Fremde. Zweifelte, ob richtig sei, was sie tat. Konnte nicht anders, als es zu vermuten. Die Revolution. Noch nie so nahe wie jetzt. Nie mehr Holocaust. Nunca más. Ich betrog mich wohl selber, ich ahnte, dass ich längst Sinnlosem aufsaß, Rädchen in einer Maschine war, das sich drehte und nie aufhörte, sich zu drehen. Eine Leerläuferin. Doch machte ich weiter. War es den Toten schuldig. Und ich ahnte, irgendwann erwischen sie dich, irgendwann bist du an der Reihe. Man wartete, harrte aus. Dass man dabei sterben konnte, tröstete einen. Wo alles Angst ist, ist der Tod Zuversicht. Silvia Tolchinsky stellte sich vor Fabriken, verteilte Blätter, die Arbeiter staunten und verstanden nicht, was sie wollte. Fünf Monate blieb sie in Buenos Aires und sehnte sich krank nach ihren Kindern.

Am Morgen des 9. September 1980, acht Uhr, bestieg Silvia Tolchinsky in Mendoza einen Bus, der sich nach Chile aufmachte. Ein heller Tag. Las Cuevas. Mitkommen, sagte einer. Zehn Männer standen im Raum. Eines Tages brachte man einen Gefangenen an das Bett, auf das sie gekettet war. Man nahm ihr die Augenbinde ab, sie sah Lorenzo Viñas, Dichter und Genosse. Er lächelte, seine Beine waren voller Blut und Flecken. Er griff in sein Hemd, zeigte der Frau das Foto eines Kindes. Drei Wochen alt sei seine Tochter gewesen, als man ihn entführte, sprach er, und er lächelte und hielt das Bild in zitternden Händen. Sie redeten über Muttermilch und Windeln. Und irgendwann später, ich weiß nicht mehr, wann, führten sie Lorenzo wieder an meine Tür, ich glaube, ich konnte ihn sehen, ich bin mir nicht sicher, und ich wusste, nun wird er verlegt, ein Paket geht ab, ein Mensch wird getötet, und Lorenzo wusste es auch, er schien glücklich zu sein, er tänzelte, ich hörte, dass er tänzelte, er war glücklich und sagte zu seinem Bewacher, pass mir auf die kleine Silvia auf, und sie brachten ihn weg, ich sah ihn nie mehr, niemand sah ihn je wieder, ich wurde ohnmächtig. Achtzehn Gefangene, sieben Frauen und elf Männer, waren in den Zimmern jenes Wochenendhauses am Rand der Stadt Buenos Aires, miteinander, nacheinander, junge Montoneros, nach Argentinien zurückgeschickt, um mit letzter Kraft den Umsturz zu schaffen, die Contraofensiva der Organisation. Von ihnen überlebte nur Silvia Tolchinsky. Im Dezember 1980 warf man die Frau wieder in ein Auto, die Binde verrutschte, sie las ein Straßenschild, Calle Conesa 101, ein Eckhaus, wieder kettete man sie an ein Bett, hörte sie die Nachbarinnen. Ein Wärter legte ihr eines Tages Fotos hin. Deine Kinder, sagte der Mann. Und Silvia Tolchinsky sah drei Kinder, die im Hauseingang ihrer Schwiegermutter standen. Sie schaute sie lange an. Fragte, wer sind diese Kinder? Deine, sagte der Mann. Das sind nicht meine Kinder, sagte sie. Das sind sehr wohl deine Kinder, sagte der Folterer. Das sind nicht meine Kinder, sagte sie. Dies sind deine drei Kinder, ich schwöre es bei meinen. Und Silvia Tolchinsky wusste nicht, ob sie längst verrückt sei. Gab es im Kerker Trost? Sie schließt die Augen, macht sich klein und schweigt. Trost? Die Fantasie, die Gegenwelt, die ich mir schuf, ich dachte mich zu meinem Mann, der tot und irgendwo war, zu meinen Kindern, die nun bei meiner Schwiegermutter lebten, ich überlegte, was ich alles unternehmen würde, wenn ich hier rauskäme, stellte mir vor, ich würde ein Haus kaufen, ein altes schönes Haus, und darin eine Bibliothek einrichten für alle Kinder und alle Nachbarn, ein Haus des Friedens, der Begegnung. Ich dachte ständig an die Zukunft, obwohl ich an eine Zukunft nicht glaubte. Sie schweigt wieder. Mich tröstete auch eine Blume, die ich roch, Jasmin de Cabo, sie stand wohl vor meinem Fenster, ich konnte sie nicht sehen, ich roch sie ständig, sie war meine Vertraute, Jasmin de Cabo. Sie lächelt und wird stumm. Ich rede nicht gern mit Journalisten. Und schließlich zeigte man der Frau Bilder ihrer wirklichen Kinder, auf dem Schulweg, im Hauseingang, im Wohnzimmer der Schwiegermutter, he Chica, uns entgeht nichts, wir wissen alles, welchen Kuchen gibst du uns heute? Ein Bewacher setzte sich an ihr Bett, er war freundlich, fragte, Mädchen, wer hat gesiegt? Silvia Tolchinsky antwortete, Sie, mein Herr. Nein, sprach der Folterer, die Rebellen haben gesiegt, indem sie uns zwangen, Dinge zu tun, die wir nie mehr loswerden. August 1981. Man stieß sie in ein kleines Flugzeug. Drei Männer zur Bewachung. Landung in Paso de los Libres, Grenze zu Brasilien. Man löste ihr die Binde aus dem Gesicht, führte sie in ein Haus an der Calle Brasil, zehn, zwölf Männer standen im Raum, Bataillon 601, ich war verwirrt, kann mich an diesen Tag kaum erinnern. Silvia Tolchinsky trug keine Ketten mehr, die Haut über den Knöcheln vernarbte, sie putzte die Zimmer ihrer Peiniger, kochte, wusch, war Sklavin, lebte mit ihnen. Jemand klopfte an die Tür, mach auf, befahlen die Männer, sie öffnete, sah vor sich ein kleines Mädchen in einem bunten Rock, das Lose verkaufte, das Mädchen lachte, Silvia Tolchinsky erschrak, plötzlich stand das Leben vor mir, das Unbegreifliche, sie fand kein Wort, ließ das Mädchen stehen und rannte ins Haus, in ihr Gefängnis. In Paso de los Libres, ständig umgeben von Soldaten, sehnte ich mich nach den Ketten zurück, diese Ketten waren mir auch Schutz gewesen, verstehen Sie? Kann man das verstehen? Man sperrte sie, direkt an der Stelle, an der die Busse hielten, die nach Brasilien fuhren, von Brasilien kamen, hinter Gitter. Von drei Männern bewacht, saß sie dort, wartete auf den nächsten Bus, wartete, bis ihr jemand eine Liste der Reisenden gab und deren Pässe, bis die Menschen, genau in der Folge der Papiere, die vor ihr gestapelt lagen, aus dem Bus stiegen, und hätte ich nun jemanden erkannt, sollte ich ihn verraten, das war mein Leben damals, fünf Monate lang, zwölf Stunden am Tag, manchmal sechzehn. Ich erkannte keinen. Verriet niemanden. Ende November 1981, Silvia Tolchinsky war seit vierzehn Monaten Gefangene, ohne Nachricht verschwunden, kamen einige Männer des Bataillons 601 aus Buenos Aires angereist, sie trugen Sonnenbrillen und lederne Mappen. Die Frau sah die Männer aus einem Auto steigen, sah, wie sie ins Haus an der Calle Brasil traten. Einer aber, etwas verloren, ging nicht mit den anderen, mir schien, der gehörte nicht dazu. Er war jung und klein, kam zu Silvia Tolchinsky, sie hatte Angst, er stellte sich vor, Gustavo Scagliuzzi. Seltsam, nie stellte einer sich vor, und wenn, dann als die Ratte, der Alte, der Zigeuner, der Türke. Claudio Gustavo Scagliuzzi. Ziviles Mitglied des Bataillons 601. Er sah sie lange an, er schaute sich um, Angst in den Augen, es ist schwierig zu beschreiben, es war etwas Besonderes in seinem Blick, ich nenne es das Andere, ich glaube, in seinen Augen glänzte die gleiche Angst wie in meinen, und ich hatte das Gefühl, er sähe, obwohl er beim Bataillon war, zum ersten Mal eine Gefangene, das Ergebnis seiner Arbeit. Er sprach, er wüsste genau, wer sie sei, er, eigentlich Architekturstudent, habe die kubanischen Häuser zeichnen müssen, die Silvia Tolchinsky vor Monaten beschrieb. Dann wurde er leise. Man sei nach Paso de los Libres gekommen, flüsterte Scagliuzzi, um ihr eine Falle zu stellen. Denn es könne kaum sein, dass sie, Silvia, während Monaten von den Tausenden, die aus den Bussen stiegen, keinen erkenne. Man wird dich prüfen, sagte er. Wie denn? Ich weiß es nicht. Dann schwieg Scagliuzzi und ging zu den anderen. Ich dachte, vielleicht ist gerade dies die Falle, vielleicht ist er meine Falle, in die ich treten soll. Er ist einer von ihnen. Er gehört dazu. Bataillon 601. Ich weiß nicht, was ich dachte. Die Männer fuhren weg, und Silvia Tolchinsky saß wieder hinter Gitter, sah Menschen über die Grenze gehen, zwölf Stunden am Tag, wochenlang. Monate später, die Zimmer ihrer Folterer putzend, entdeckte sie eine Mappe. Papier darin. Sie putzte weiter, kehrte zur Mappe zurück, überlegte, das Papier zu lesen, ich hoffte, ich erführe so die Namen meiner Folterer. Die Männer saßen vor dem Fernseher, einer in der Toilette, Silvia Tolchinsky zog das Papier aus dem Leder, ein Pass, sie öffnete ihn, der Ausweis ihres Cousins, ich erschrak. Dessen Frau, Montonera, war zwei Jahre zuvor in Brasilien entführt worden, März 1980, hatte, als man sie von der Straße wegfing, den Pass ihres Mannes bei sich getragen. Silvia Tolchinsky wusste, dies wird deine Falle. Ich wusste, dass der Cousin, auch er ein

Montonero, nie erwischt worden war, ich wusste es nicht, ich hoffte es. Eines Nachts holte man sie aus dem Bett, trieb sie hinter die Gitter am Grenzübergang, Soldaten überall. Ein Bus fuhr vor, hielt aber nicht, wie bis dahin, direkt vor ihrem Versteck, etwas abseits, man brachte ihr die Pässe der Passagiere, nicht aber eine Liste mit deren Namen, es war sehr dunkel, Februar 1982, die Menschen, einer nach dem andern, traten aus dem Bus, und plötzlich habe ich den Pass meines Cousins in der Hand, und obwohl ich wusste, dass mir dies irgendwann geschähe, erschrak ich sehr, ich zitterte, wurde bleich, Panik, ich weiß nicht, ob Sie verstehen? Da habe ich den Pass dieses Verwandten vor mir, von dem ich hoffe, dass er noch lebt, und gleichzeitig weiß ich, dass der Pass längst im Besitz der Soldaten ist, was soll ich tun? Was, wenn der Cousin trotzdem im Bus sitzt? Was, wenn ich ihn verrate? Mir wird schlecht. Silvia Tolchinsky sagte, dies ist der Pass meines Cousins. Ein Geschrei ging los, Soldaten rannten, Gewehre, Lichter, man spielte Verhaftung, umstellte den Bus und alle, die darin gereist waren, das Vaterland in Gefahr, man schloss Silvia Tolchinsky ins Haus an der Calle Brasil, schloss sie in einen Raum, sie zitterte, wusste nicht, wie ihr geschah, ihr war schwindelig, der graue Koffer ging zu, und sie sah die bunten kleinen Schuhe nicht mehr, die sie ihren Kindern gekauft hatte. Die Frau wurde krank, stand während Tagen nicht mehr auf, und einer trat an ihr Bett, flüsterte, sei ruhig, dein Cousin war nicht im Bus, verrate mich nicht. Doch auch dies konnte ich nicht glauben, ich konnte niemandem mehr trauen, hatte diese Fähigkeit nicht mehr, ich war allein, alles, was mich umgab, diente der gleichen Sache, meiner Demütigung, meiner Zerstörung, nur er, dieser Gustavo, der mich gewarnt hatte, schien mir anders. Sie krümmt sich über den Tisch, kratzt sich die schmalen Hände. Ich habe niemanden verraten, und darauf bilde ich mir nichts ein. März 1982. Wieder in Buenos Aires. Man befahl Silvia Tolchinsky in eine Wohnung an der Calle Pueyrredón, vielleicht, sagte man, lassen wir dich bald frei, vielleicht auch nicht. Sie durfte das Haus nicht verlassen, du weißt, dass wir wissen, wo deine Kinder sind. Ich wollte nicht fliehen. Zwei Kerkermeisterinnen lebten mit ihr, ließen sie nicht aus den Augen, Schichtwechsel am Freitag. Die Generäle begannen den Falklandkrieg gegen Großbritannien. Und eines Tages trat Gustavo Scagliuzzi ins Haus an der Calle Pueyrredón. Er war schüchtern und anders, in seinen Augen, noch immer, glimmte Angst. Wie es gehe, fragte er, ob man etwas brauche. Am nächsten Tag brachte er Tassen, Gläser, Besteck, ich verstand nicht, was er suchte, wieso er kam. Er kam immer wieder, ließ ein Buch liegen, kam wieder, um es zu holen. Er ließ seine Jacke zurück, holte sie. Er sprach wenig. Schließlich war er einfach da, sagt sie, es gab keine Gefühle, ich lebte mit meiner Trauer, er mit seiner Freundin, aber er war da, fragte, ob man etwas brauche. Sohn eines Generals, Architekturstudent, ziviler Angestellter des Bataillons 601, INS-8. Manchmal fuhren Soldaten vor, Straßenkleider, dann zogen sie Silvia Tolchinsky aus ihrem Käfig, lass uns ein bisschen spazieren, und sie zwangen sie über die Plätze der Stadt, schritten hinter ihr, warteten, bis jemand sie anspräche, eine Genossin, ein Montonero, um ihn sofort wegzusperren, ich, der Köder. Die Generäle waren müde, Falkland verloren, die Geheimdienste suchten. Und tatsächlich kam einmal eine Bekannte auf mich zu, ich sah sie zu spät, sie redete mich an, ich sprach auf sie ein, als sei ich einst mit ihr zur Schule gegangen, ich redete Unsinn, verzog das Gesicht, bis sie merkte, in welcher Gefahr sie war. Panik. Hat Ihnen Gustavo das Leben gerettet? Zumindest hat er es mir zurückgegeben. Sie zieht die Schublade des Tisches, alles ist langsam an ihr, ihr Reden, ihr Verstummen, sie schiebt ein Bild über das Holz, ein Mann, Claudio Gustavo Scagliuzzi, unsicher lächelnd. Er, sagt sie. Ich rede mit Ihnen, damit ihm geholfen wird. Schweigt. Silvia, sagte Gustavo Scagliuzzi, schreib deiner Familie, dass du noch lebst, die Welt soll erfahren, dass es dich gibt, umso schwerer wird es dem Bataillon fallen, dich noch umzubringen. Eine Falle? Will er, dass ich meinen Eltern schreibe, um mich dann umso sinnloser zu töten? Sie schrieb. Und

Gustavo Scagliuzzi, Bataillon 601, steckte den Brief unters Hemd, bat seine Schwester, die nichts ahnte, ihn abzuschicken. Oft kam er in die Wohnung, schob die Kerkermeisterin in einen anderen Raum, flüsterte seiner Gefangenen zu, man wird dich morgen verhören, dies und das wird man dich fragen. Und dann berieten Silvia Tolchinsky und Gustavo Scagliuzzi die Antworten, die sie sagen sollte. Gustavo brachte Zeitungen, brachte die Welt ins Haus an der Calle Pueyrredón. Wenn er nicht bei mir war, hatte ich Angst, ich wurde abhängig von ihm, bis heute bin ich es, wir sind uns abhängig bis heute. Sie legt das Gesicht in ihre schmalen Hände. Im Treppenhaus bellt ein Hund, ein Fahrstuhl summt. Verstehen Sie? Kann man mich verstehen? Gustavo war das Andere für mich, er war mir der mutigste Mensch, der an einem Ort, wo es kein Gewissen gab, seinem Gewissen folgte, er war, indem er mir half, ständig in Gefahr, er schob sich zwischen mich und das Bataillon 601, er war mein Spitzel, mein Beschützer. Du musst dich deiner Familie zeigen, sagte er, dann wird man dich nicht mehr einfach töten können. Die Frau nannte ihm den Namen eines Onkels in Buenos Aires, Scagliuzzi rief den Onkel an, bestellte ihn an einem bestimmten Tag, Juli 1982, in die Calle Tupumán in eine bestimmte Bar, deren Namen ich vergessen habe, sagte ihm, dort werde er seine Nichte Silvia treffen, bewacht von einer Wärterin, eine zufällige Begegnung, verstehen Sie? Und der Onkel kam, weinte fast, und Silvia Tolchinsky, die Kerkermeisterin neben sich, sagte, was sie mit Scagliuzzi besprochen hatte, vor zwei Jahren habe ich mich von den Montoneros getrennt, ich habe seither in Verstecken gelebt, aus Angst vor der Rache der Genossen. Wochen später schlug Scagliuzzi der Frau vor, ihre Kinder zu besuchen. Ich wollte nicht, dass sie mich sähen, bevor ich wirklich frei wäre. Scagliuzzi suchte einen Vorwand, die Gefangene Tolchinsky nach La Plata zu fahren, in die Nähe ihrer Schwiegermutter, wo die Kinder lebten. Calle 62. Silvia Tolchinsky, klein und zitternd, sah von weitem ihre Kinder. Erkannte die Jüngste nicht mehr. Es war furchtbar, sagt sie. Frau Tolchinsky, was macht Sie sicher, dass Gustavo nicht folterte, nicht mordete? Sie nickt, sie schweigt. Es wäre ganz furchtbar für mich, wenn es so wäre. Ich glaube ihm, sagt sie mit brüchiger Stimme. Ich glaube ihm, weil in seinen Augen diese Angst war, die auch in den meinen war. Ich glaube ihm. Schweigt. Und wäre er schuldig, so müsste er büßen. Was bedeuteten Sie ihm? Es war nicht Liebe, sagt Silvia Tolchinsky, die Liebe kam später, ich weiß es nicht, weiß nicht. No sé. No sé. Ich glaube, ich war die erste Gefangene, die er sah. In mir erkannte er, was er tat, wo er war. Ich glaube, er suchte jemanden, der ihm half, der Welt zu entkommen, deren Teil er war, der Folterwelt. Ja. Er suchte nicht mich. Unsere Liebe, später, begann wortlos, sie erwuchs aus Schweigen, aus Blicken, Gesten, Taten, no sé. Sie schweigt. Dies hatte mit dem Tod zu tun, der einem ständig vor Augen stand, ihm und mir. Ja. Sie führt den Finger über das helle Holz. November 1982. Erste Massengräber wurden entdeckt, die argentinischen Gewerkschaften riefen zum Generalstreik. Und irgendwann verstand ich, dass Gustavo genauso gefangen war wie ich. Er war der Sohn eines Generals, war 1975 schon, noch vor dem Putsch der Folterer, zum Bataillon gekommen, weil er so sein Studium weiter betreiben konnte, Gustavo war zu schwach oder zu feige, das Bataillon zu verlassen, als er merkte, wozu es gut war.

Gustavo wusste, was geschah, er wollte es nicht wissen, er dachte, er bliebe, wenn er nichts wüsste, frei von Schuld. Ein Schreibtischtäter. Ich kann nichts entschuldigen. Er streifte den Tod von mir. Sie schiebt die Hände zwischen die Knie, macht sich klein. Gustavo Scagliuzzi fuhr Silvia Tolchinsky vor die Wohnung des Onkels, es war Freitag, eine Wärterin brachte sie ins Haus, 5. November 1982. Ihre Eltern. Die Mutter holte ein Heft aus der Tasche, Gedichte der ältesten Tochter, elfjährig. Eines hieß, Mami, ich verstehe das Leben nicht, zünde mir die Lichter meines Weges an. Silvia Tolchinsky schlug die Seite um, las den Titel eines Gedichts, das nie geschrieben wurde, La vida, das Leben. Sie schweigt. Argentinien schuldete dem Ausland fünfzig Millionen Dollar, hundertausend Menschen zogen durch die Straßen, schrien gegen die Regierung, die Generäle bereiteten den Abgang vor. Das Bataillon 601 beschloss, seine Gefangene Tolchinsky während der Nacht in der Wohnung des Onkels zu belassen, tagsüber aber ins Haus an der Calle Pueyrredón zu schließen, wir lassen mit uns nicht spaßen, Chica, denk an deine Kinder. Sie wussten nicht mehr, wieso sie mich gefangen hielten, wussten nicht, wie sie mich loswerden könnten. So saß die Frau, 34 Jahre alt, auf dem Sofa ihres Käfigs, tat nichts, wartete, bis es Abend wurde, tat nichts, wartete, schlief bei ihrem Onkel. Am 7. November 1982, kurz vor 15 Uhr, ging die Tür auf. Ihre Kinder. Hielten sich an den Händen. Kamen nicht näher. Kamen nicht näher. Ich. Ich glaube, ich möchte das Gespräch für heute beenden. Ende Dezember 1982 kam ein Offizier des Bataillons 601 in die Wohnung an der Calle Pueyrredón, in der Silvia Tolchinsky ihre Tage verbrachte, und bedeutete, man könnte ihre Gefangenschaft versüßen, falls, erstens, ihr Vater eine Wohnung kaufe, in der man sie ab und zu besuche. Falls sie, zweitens, verspreche, nicht zu fliehen und niemandem zu erzählen, was ihr im Lauf der vergangenen zwei Jahre widerfahren sei. Falls sie Abstand halte von alten Genossen, Montoneros, Hurensöhnen. Silvia Tolchinsky versprach. Ihr Vater kaufte eine Wohnung, ein letztes Gefängnis für seine Tochter, Calle Scalabrini Ortiz, Soldaten lungerten vor dem Haus, eine Kerkermeisterin, manchmal klopften sie an die Tür, verlangten Kaffee, Silva Tolchinsky bediente, leistete dem Sohn der Wärterin Nachhilfe in Geschichte, sie schüttelt den Kopf, das schwarze Haar, sie lächelt, ich war nicht frei, ich wollte, dass dies alles endlich ein Ende nähme, so oder so. Im Januar 1983 ließ man mich mit den Kindern in die Ferien fahren, ohne Bewachung, meine Kerkermeisterin fragte, ob sie uns begleiten dürfe, sie fühle sich allein ohne mich, ich weiß nicht mehr, mit welchen Worten ich sie abhielt, mitzukommen. Silvia Tolchinsky reiste an den Atlantik, Villa Gesell, sie spielte mit den Kindern, dachte an Miguel, den blonden schönen Mann, der tot und irgendwo war, dachte an Gustavo Scagliuzzi, Bataillon 601, warum nur trat er damals dieser Truppe bei, warum nur? Aber wäre er ihr nicht beigetreten, wäre ich nicht mehr am Leben. Wann merkten Sie, dass Sie Gustavo liebten? No sé, ich weiß es nicht, es gab, es gibt etwas Wahres, sehr Tiefes zwischen uns, das man nicht bereden kann, unsere Liebe gedieh aus dem Tod, no sé. Ein Offizier befahl Gustavo Scagliuzzi in sein Büro, hieß ihn, Platz zu nehmen, lächelte zuerst, wurde ernst, ein Affärchen in Ehren, mein Lieber, nur, irgendwann sollte dies erledigt sein, deine schöne Frau Tolchinsky ist eine Gefahr für Argentinien, und es gibt Kreise in diesem Land, die könnten plötzlich nicht mehr zulassen wollen, was du tust, verstehst du? Und wer weiß, ob dein Liebchen und seine Genossen nicht längst deine Entführung planen? Sie löst den Schal um ihre Brust, sie heisert, es war kein Leben mehr. Gustavo sagte, ich solle das Land verlassen, später werde er mir folgen, doch zuerst müsse er dieses Bataillon hinter sich bringen, sein Leben säubern. Sohn eines Generals. Im Juni 1983 trat Silvia Tolchinsky in das Haus von Marshall Meier, Rabbi zu Buenos Aires. Der Rabbi hatte Besuch, er bat die Gäste, mitzuhören, und die Frau erzählte zum ersten Mal, was ihr geschehen war, und während ich rede, merke ich, dass ich mich zu schämen beginne, dass ich mich schuldig fühle, weil alle tot sind, weil ich überlebt habe, ich dachte an die Mutter meiner kleinen Freundin, die auf ihrem Arm eine blaue Zahl trug und nie darüber sprechen wollte, ich dachte, nun werden sie dich fragen, warum hast du überlebt, wo so viele doch tot sind? Ich dachte, man glaubt dir nicht, weil du nicht tot bist, man hält dich für eine Lügnerin, wer überlebt, ist verdächtig, zum ersten Mal merkte ich, wer überlebt, muss sein Überleben rechtfertigen. Welchen Kuchen, Kleine, schenkst du uns heute? Der Rabbi rief die israelische Botschaft an. Vier Tage später, am 27. Juni 1983, brachte Gustavo Scagliuzzi, Bataillon 601, Silvia Tolchinsky, Montonera, und ihre drei Kinder auf den Flughafen von Buenos Aires. Scagliuzzi trug die einzige Tasche, stand neben ihr, als sie durch den Zoll schritt, sie zitterte. Die Frau und der Mann küssten sich schüchtern und schnell, sie wussten nicht, ob sie sich je wieder sähen. Man flog nach Montevideo, Uruguay, dann nach Zürich, Schweiz, war dort drei Nächte lang festgehalten, dann nach Tel Aviv, Israel. Wochen später verließ Gustavo Scagliuzzi das berühmte Bataillon 601. Verrat. Man nahm ihm den Pass ab. Scagliuzzis Vater, General, wehrte sich für den Sohn. Ausreise nach Spanien, August 1983. Nach Israel im September. Ich glaube, erst dort begriffen wir uns als Paar, sehr langsam, sehr zart. Wussten Ihre Kinder, wer er war? Nein, sagt die Frau, streichelt sich den Hals. Sie wissen es erst seit fünf Jahren, wir erzählten es ihnen, als der Putsch der Generäle sich zum zwanzigsten Mal jährte, 1996, der Sohn sagte, Gustavo ist der Mensch, der mich mein Leben lang zur Schule brachte, der arbeitete, damit ich an die Universität gehen konnte, die Jüngste fragte, bist du aus Liebe bei uns? Oder aus Schuldgefühlen? Und Gustavo antwortete, wahrscheinlich aus beidem, aber ihr seid die Wahl meines Lebens. Die Frau flüstert, wir sind uns abhängig. Dann, Juli 1986, zogen Silvia Tolchinsky, ihre Kinder und Gustavo Scagliuzzi nach Spanien, Menorca, Barcelona, Heirat am 24. April 1987, spanische Staatsbürgerschaft, Gustavo Scagliuzzi richtete Wohnungen ein, baute Möbel, handelte mit Türen und Holz, verdiente Geld, kochte, die Kinder gingen zur Schule, heiliger Alltag, gingen an Universitäten, Silvia Tolchinsky studierte, um ihr Leben vielleicht zu verstehen, Psychologie, schloss 1994 ab, es ging uns gut, wir waren, glaube ich, sehr glücklich, ich verfluche den Tag, als mein Mann sich dem Bataillon anschloss, und ich lobe den Tag, als ich seine Augen sah, darin die Angst, die auch in meinen war. Mein ewiges Zerwürfnis mit mir selbst. Die Älteste heiratete, man feierte ein Fest, und alle dachten an Miguel Villarreal, Chufo, den Brautvater, der tot war, keiner sprach seinen Namen, bis Gustavo Scagliuzzi einen Zettel aus der Jacke zog und las, heute ist ein großer Tag, doch das Leben macht viele Kurven, einige davon sind schön und angenehm, andere nicht, und wieder andere enden im Nichts, diese Wendung erfuhr Chufo, der jetzt unter uns ist, Chufo, Chufito, hasta el cielo te llora. Ich möchte vergessen, sagt die Frau, muss erklären, um Gustavo zu retten. Gustavo retten. Am 27. August 2001, es war Nachmittag, Silvia Tolchinsky saß in ihrer Wohnung im Westen von Barcelona, läutete jemand an der Tür. Ein Mann fragte, ist Claudio da? Die Frau wunderte sich. Niemand rief ihren Mann bei seinem ersten Namen, alle nannten ihn Gustavo. Mit wem rede ich?, fragte Silvia Tolchinsky. Ein Freund von der Stadtverwaltung, sagte der Mann. Dann öffnete sie die Tür, zwei Polizisten standen vor ihr, Straßenkleider, sie sprachen, einer von Claudios Kunden sei unzufrieden, habe ihren Mann angezeigt. Sie antwortete, mein Mann ist nicht hier. Sie gingen wieder, Silvia Tolchinsky wartete, Gustavo Scagliuzzi kam nicht wieder, Angst, dann Panik, der Koffer geht zu, sie sieht die bunten Schuhe nicht mehr. Am Abend ein Anruf. Carlos hier, ich verbinde. Dann Gustavos Stimme, ich bins. Wo bist du? Im Polizeigefängnis. Wieso? Ein Richter in Buenos Aires vermutet, ich hätte einst dich entführt, und siebzehn andere, ich sei beteiligt gewesen an deren Folterung, Ermordung. Er war das Andere für mich, war er bei mir, war der Tod ferner. Argentinien stellte ein Gesuch um Auslieferung des Claudio Gustavo Scagliuzzi, ziviles Mitglied des Bataillons 601 zwischen 1975 und 1983, Causa nro. 6859/98. Einst dachte ich, es gäbe keine Geschichte ohne mich, und nun bin ich ihre hilflose Geisel. Klein und müde, krümmt sich Silvia Tolchinsky über den hellen Tisch, den ihr zweiter Mann vor Jahren schuf, führt den Finger über die Maserung, singt leise, fue estúpido aullar la promesa de tu redención / la gente es brutal y odia siempre al que sueña / sinnlos war es, herauszuheulen, du seist erlöst / die Leute sind brutal und hassen den, der träumt / deine Geschichte und meine Ehre, entblößt auf dem Markt.

Ein Tango, sagt sie.

Peter Kümmel

Peter Kümmel, geboren 1959 in Stuttgart, studierte Germanistik und Anglistik in Konstanz, Dublin und Heidelberg. War Redakteur der STUTTGARTER NACHRICHTEN und Mitarbeiter der SÜDDEUTSCHEN ZEITUNG und des TAGESSPIEGEL. Seit Sommer 2000 ist er Theaterkritiker der ZEIT. 2001 erhielt er das Lessing-Stipendium der Stadt Hamburg.

Die Staats-schauspieler

Der deutsche Wahlkampf bietet großes Theater. Gerhard Schröder, der Zwangsentspannte, spielt gegen Edmund Stoiber, den verkannten Gutmütigen. Eine Rezension

von Peter Kümmel
DIE ZEIT
12. September 2002

Leuchtende Fehlleistungen. Am Anfang seiner großen Rede in der Münchner Olympiahalle sagt Edmund Stoiber einen wunderbaren Satz: »Die CSU ist näher am Menschen als jede andere Partei in diesem Land mit weitem Abstand!« Im Redemanuskript stand nur: »Die CSU ist näher am Menschen.« Aber Stoiber hat getan, was er oft tut: Er treibt die Sprache in eine Genauigkeit, zu der bislang nur Karl Valentin vordrang. Näher dran am Menschen mit weitem Abstand: Formuliert dieser Satz nicht trefflich die Tragik des nervösen Charakterdarstellers Edmund Stoiber?
Auch den Kanzler hat der Rezensent kürzlich bei einer sprachlichen Fehlleistung erleben dürfen, welche die Wirkung des Mannes zusammenfasst. Auf dem Bremer Domshof sagte Gerhard Schröder im Zusammenhang mit der Irak-Frage: »Niemand soll sich unter den Bündnispartnern über mangelnde deutsche Solidarität beklagen müssen – jedenfalls nicht, solange wir reden – äh – regieren!« Tatsächlich: Wenn Schröder redet, mit dieser gesalbten Stimme, mit seinen schweren, schöpfenden Armbewegungen, dann wird Reden Regieren, und den Zuschauern ist der Werkstoff körperlich wahrnehmbar, mit welchem der gedrungene Herr da oben arbeitet: Sein Material ist die Macht.

Showblöcke. In der Münchner Olympiahalle singen wir an diesem wunderschönen Samstagvormittag zwei Hymnen hintereinander, erst das Bayern- und dann das Deutschlandlied. Wir singen stehend und sehen auf einer Leinwand Luftbilder bayerischer Landschaften, von Hubschraubern einfühlsam überflogen, damit wir wissen, worum es geht. Das alles muss bewahrt werden, und das wird bewahrt werden: Wenn in der Halle der Name des harten, aber sicherlich gerechten bayerischen Innenministers Günther Beckstein genannt wird, erfasst die Menge eine euphorische Rührung.
Soeben betritt, umringt von befreundeten Sicherheitsleuten, der Kanzlerkandidat nebst Gattin und CDU-Chefin Angela Merkel das weite Rund, die

Menschen toben, ein Disco-Chor heult *Ready for the victory*, Scheinwerferkegel tanzen, jetzt hat der Kandidat sein Kompetenzteam erreicht, herzliche Begrüßung, Jubel. Diese Minuten wirken wie der rückwärts abgespulte Schlussausmarsch einer aus allen Nähten geplatzten Samstagabendshow: Die nachfolgenden Sendungen werden sich um eine Stunde verzögern. Das Ende der Veranstaltung ist auf 14 Uhr angesetzt, tatsächlich dauert sie bis 15 Uhr, was sich rumsprechen soll: Stoiber hat eine Stunde überzogen! Er ist größer als Gottschalk.
Auf der Bühne steht Stoiber dann fast linkisch neben dem adretten TV-Moderator Kai Pflaume, kein Tribun, sondern ein blinzelnder Saalkandidat, der unverhofft die Eine-Million-Euro-Frage beantworten soll. Pflaume fragt aber nur: Woraus bestand es denn nun, das Wolfratshausener Frühstück mit der Frau Merkel? Da muss Stoiber gschamig lachen, und seine Gattin sagt, es sei ein ganz normales Frühstück gewesen mit Marmelade, und mit Butter natürlich.
Der fesche Mathou singt *You Never Walk Alone*, und ein BMW-Roller muss noch verlost werden. Man spürt, wie unangenehm Stoiber das alles findet, er ist hineingeraten in diese Vermählung mit der Macht, nun muss er mitmachen, vom Polterabend bis zur Brautsentführung. Als er am Ende auf der überfüllten Bühne steht, mit einem Becher Bier, schaut er drein, als halte er im Gewimmel immerzu seine Brieftasche fest. Er geht in die Menge, aber er kann nicht in ihr baden. Das macht ihn seinen Anhängern sympathisch, denen geht's im Umgang mit der Jugend und dem Erotischen genauso: Es macht sie unbeholfen. In seiner Ich-mach's-halt-mit-Haltung ist Stoiber echt. Er beobachtet sich und ist sich peinlich. Schröder ist über so etwas weit hinaus.
Der Wiener Kritiker Hans Weigel schrieb: »Um Theater zu spielen, muss man also zunächst: sein können, wie man ist. Gehen, stehen, aufstehen, hinsetzen, Türen öffnen und schließen, alles das, was jeder immer tut, wird zum Problem, wird bewusst und muss auf der nächsthöheren Ebene wieder selbstverständlich werden. Das ist das kleine Einmaleins.«
Stoiber befindet sich auf jener Ebene, auf der alles zum Problem wird – alles, nur nicht die große Wut. Schröder hat, sollte er sie je betreten haben, die Ebene des Problematischen längst überwunden.
Man kann sich den Kanzler nicht in einer anderen Rolle vorstellen, er hat die ihm gemäße gefunden. Denkbar ist aber, dass Schröder in ein paar Jahren in kleinem Kreis als sein eigener Parodist auftreten wird, sich in die Videobänder mit seinen Performances vertiefen und die schönsten Stellen grinsend mitsprechen wird. Das werden glückliche Abende sein.

Theaterkünstler. Bei allem, was Schröder öffentlich tut, ist er langsam. Wenn er einen Einfall hat, formuliert er ihn gemessen: Schlagfertigkeit ist eine Sache für Untergebene. Je größer die Macht, desto reduzierter der Code. Bei Schröder scheint der Moment der größten Selbstkontrolle identisch zu sein mit größtem Selbstgenuss: Der Mann hat die Gabe, sich selbst zu inhalieren. Magisch ist seine Textgenauigkeit: Das Rolltempo eines inneren Teleprompters bestimmt seine Rede. Schröder sitzt in seiner Gelassenheit wie in einem Faradayschen Käfig. Der englische Befehl *Relax*! ist einst in ihn gefahren wie ein sehr langsamer Blitz und beherrscht ihn bis heute.
Beim ersten TV-Duell mit Stoiber trieb der Kanzler seine hypnotische Minimalgestik ins Groteske; er wirkte wie ein gepanzerter Burgherr, der von der Zinne seines Schlosses aus den feindlichen Kämpfern entgegensah, fest entschlossen, sie mit Blicken zu töten.
Im Auftritt vor Massen allerdings erreicht das Wenige, das Schröder zeigt, maximale Geltung. Betritt er eine Bühne, ist es ein Anlauf mit angelegten Armen: als wolle ein Turmspringer zum Brettrand vorstürmen und, Hände an der Hosennaht, in die Menge stürzen. Er bewegt sich behend auf der Stelle, in einem eng geführten Tanz mit sich selbst. Gern lehnt er sich auf den linken Ellbogen, den Theken-Ellbogen, und dieser Ellbogen markiert die Grenze zwischen Staat und Privatmann. Die rechte Hand, die Führ- und Lotsenhand, winkt uns vertraulich näher: Und ich sach Ihnen eins ...

Selbst das populistische Taktieren erscheint bei ihm, als gehorche er seinen inneren Gesetzen. Wenn er auf deutschen Marktplätzen seine berühmte ruhige Hand symbolisch zwischen den US-Präsidenten und den mörderischen Saddam schiebt, inszeniert er historische Momente. Er ist der perfekte Tatdarsteller, der auf der Bühne nie das Ganze gibt, weil er den Eindruck erwecken will, Kraftreserven fürs Wesentliche, fürs Regieren zu sparen. Er setzt sich mit maximaler Wirkung vom händeringenden Stoiber ab, der instinktiv nach seinem nächsten Vorgesetzten sucht und ihn im Fall der Kanzlerschaft im US-Präsidenten fände. In seinen starken Momenten taugt der Schauspieler Schröder für ein Historienspiel, in seinen schwachen Momenten für routiniertes Entertainertum. Wie liegt der Fall bei Edmund Stoiber?

Zorn und Rührung. Bei seinen vogeligen Kopfbewegungen, dem dünnen Zwangslächeln, der Vorliebe für Zahlen, der mahnenden Kreidestimme, die sich bei Signalwörtern um einen kasteiendjaulenden Halbton erhöht (Pisa! Schlusslicht! Körperschaftsteuer!), ahnt man, dass hier ein Asket am Werke ist, der über den Schmerz und das Reglement zur Lust findet. Seine Rolle im Theater könnte die des aggressiven (auch gegen sich selbst aggressiven) Normensetzers in hoher Position sein: ein Chefarzt, Studiendirektor, Staatsanwalt im Rausch des Aufräumens. Oder ein vom anbrandenden Unflat verbitterter Kardinal, der nicht ohne Genuss vom Weltuntergang spricht.
Auf dem Hamburger Gänsemarkt wird er von linken Störtrupps ausgepfiffen, aber hier ist er in seinem Element: Der äußere Sturm besänftigt den Sturm in seinem Inneren. Es ist, als hätte er Wachspfropfen in den Ohren, die es ihm erlauben, die Sirenen zu überhören. Gegen die wilden Störer erringt er einen Artigkeitstriumph. Und als er kürzlich in Düsseldorf auf dem Weg zum Podium stolperte, lächelte er anschließend, als habe er ein Kunststück vollbracht. Der Advokat ahnte, wie es wäre, ein Artist zu sein.
In jedem kleinen dicken Mann stecke ein großer dünner Mann, der verzweifelt darum kämpfe, herauszukommen, sagte Alfred Hitchcock. Beim dünnen, groß gewachsenen, nervösen Herrn Stoiber ist es umgekehrt: In ihm steckt ein gutmütiger, gütiger, geduldiger Dicker und sehnt sich danach, von uns bemerkt und geliebt zu werden.
Stoibers geheimes Ziel als Theaterkünstler ist die Rührung. Das merkt man, wenn er das Wort »Menschen« ausspricht, wenn er von seiner Frau erzählt oder vom großen Moment, da er den Männerpakt mit Lothar Späth schmiedete. Er legt dann den Kopf noch schiefer als sonst, er schaukelt vor Wärme. Wie begrenzt seine Rührbarkeit ist, spürt man allerdings, wenn klar wird, welche Rolle beispielsweise Sozialhilfeempfänger in seinen Monologen spielen.
»Jedes Land zeigt sich heute dazu geneigt, seine Produktion noch mehr als seine Menschen zu schützen«, heißt es bei Elias Canetti, und die Wahrheit dieser Formel ist in den Reden beider Kandidaten zu spüren. Schröder aber kann noch das Härteste so formulieren, dass es gefällt, während es für Stoiber Arbeit bedeutet, zu gefallen. An Schröders Gesicht nagt keine Frustration, am Gesicht des Herausforderers schon; auch ein verzweifelter Hochmut ist bei ihm bisweilen zu erkennen: Recht zu haben und allein damit zu bleiben, die Zahlen zu kennen und die Worte nicht zu finden. Schröders *street credibility* ist eine Sache des Sounds: Man stelle sich die beiden Politiker mit der Stimme des jeweils anderen vor und ahnt, wie drastisch die Folgen für Schröder wären.

Schauspielausbildung. Alle Kanzlerkandidaten sind Juristen, Leute, die nichts produzieren, sondern von der (auch schauspielerischen) Auslegung der Regeln leben. Dabei gibt Schröder den pragmatischen Juristen, für den das Regelwerk ein Unterholz ist, durch das man für den Mandanten Schneisen schlägt. Stoiber dagegen wirkt als der Grundsatzjurist, der sich in diesem Unterholz behaglich einnistet. Zu Guido Westerwelle kommen wir noch.
Möglich, dass der Jurist, der in die Politik überwechselt, bloß ein Anwalt ist, der keinen Mandanten mehr braucht: Er ist sein eigener Fall geworden. Im-

mer geht es in den Plädoyers in eigener Sache vor allem um eines: Ich will die Macht und bin doch unschuldig.

Bühne & Theaterfoto. Unter Gerhard Schröders Wahlkampfpult ragt ein roter Steg hervor, der über die Bühne hinaus ein paar Meter in die Menge hineinführt. Will dieses in der Luft hängende Zeichen uns sagen, dass Schröder jeden Moment hinterm Pult hervorkommen könnte, um zu den »Freundinnen und Freunden« zu springen, ein *stage diver* im Dreiteiler?

Bei Jacques Derrida, zu dem man immer greifen kann, wenn man einen schlauen Spruch braucht, findet sich eine andere Deutung. In seinem Essay *Das andere Kap* steht: »Im allgemeinen – und vor allem in Kriegszeiten – ist es ein Mann, der über das Ziel, über die vorgeschobene Spitze entscheidet, die er selbst ist, er, der Bug, als Haupt dem Schiff oder Flugzeug vorstehend, das er steuert.« (...) »Die Idee einer vorgeschobenen Spitze der Beispielhaftigkeit ist die Idee der europäischen Idee.« (...) »Bestimmt, gebildet, kultiviert hat sich Europa stets dadurch, dass es die Gestalt des westlichen Kaps angenommen hat, die Gestalt der Spitze als Endzweck.«

Stoiber hat so eine Spitze, so ein kleines, schamanenhaftes Kap nicht, das in die Menge hineinzeigt. Er hat Günther Beckstein, der ihn vor der Menge schützen soll.

Was wäre das Theater ohne große Theaterfotos? Schröder hat das schönste: Spät ist es geworden, der Kanzler studiert Akten, er ist ins Lösen unserer Probleme vertieft, wir dürfen ihn durch seine eventuelle Abwahl keineswegs stören. Dieses Plakat, auf dem das Licht der alten Meister liegt, hat die Opposition zur Weißglut gebracht. »Das Ziel meiner Arbeit? Dass alle Arbeit haben« steht darauf, dabei hat Schröder versprochen, er werde die Arbeitslosenzahl auf 3,5 Millionen herunterdrücken. Welche Chuzpe, so zu tun, als sei er dazu jetzt in der Lage. Indes, das Plakat ist genial: Es stellt die vom Kanzler gefühlte Zeit über die Realzeit. Es ist die um die Folgen des 11. September und der weltwirtschaftlichen »Verwerfungen« bereinigte Kanzlerzeit, in der wir Schröder da sitzen sehen. Schröder hat die Fähigkeit, so zu erscheinen, als sei er in vier Jahren nur um zwei Jahre gealtert, als befände er sich mitten in seiner ersten Amtsperiode. Zum Mann auf dem Plakat passt dieses Gedicht von Robert Frost: *The woods are lovely, dark and deep, / But I have promises to keep, / And miles to go before I sleep / And miles to go before I sleep.*

Der Mann darf noch nicht schlafen, weder den kleinen noch den großen Schlaf, er hat Versprechen einzulösen ...

Guido und Joschka. Guido Westerwelle, der dritte Kanzlerkandidat, hat kein Privatleben. Er verbringt seine Tage in jenem Fitnesscenter, das für ihn die Politik ist. Das völlige Aufgehen in den Strukturen prädestiniert ihn dramaturgisch nicht zum Charakterdarsteller, sondern zur Type. In früheren Zeiten wäre er vielleicht in einer schneidigen Jungoffiziersrolle denkbar gewesen. Komödie und Krieg setze alles in ein Verhältnis zu allem, hat Hofmannsthal gesagt, und damit alles in ein Verhältnis der Ironie. Diese geheime Ironie passt zu Westerwelle. Jetzt ist Westerwelle anderen Mächten zu Diensten, die alles mit allem ins Verhältnis setzen, mit dem Recht und der Steuer. Er ist der Politiker als Steuerberater, und sein Mantra heißt: Mehr Netto. Entlasten, Steuersystem vereinfachen, abspecken, Fenster aufmachen, Mief rauslassen. Während Schröder, Fischer und Stoiber Lebensleistungsdarsteller sind, ist Westerwelles Domäne das verkaufsorientierte Referententum. Er ist ein Anlageberater für Wählerstimmen, der uns die maximale Dividende verspricht. Von allen Darstellern hat er am meisten von einem Motivationstrainer: Macht euch fit, macht euch frei! Er, der immer *drin* war und innerhalb der Strukturen höher hinaus will, spricht begeisternd vom befreienden Draußen ...

Der Schauspieler Alec Guinness habe sich, so berichtet sein Freund John le Carré, ein Leben lang als schüchternes Kind gefühlt, das sich mit seinen Rollen gegen die Erwachsenen schützte. Und wenn

Guinness eine neue Rolle lernte, dann, so le Carré, wirkte er, als bräche das ewige Kind auf in Feindesland. Guinness studierte die Tricks und Masken der Alten und war bald furchterregender als sie selbst.
Ein wenig erinnert diese Beschreibung an den Darsteller Joschka Fischer. Fischer, lange als ewiger großer Junge gehandelt, hat sich über Nacht im Feindesland der Erwachsenen etabliert, in dem er nun schon zu den alten Weisen zählt. Sein Gesicht ist ein wahres Bühnenbild, es ist die knisternde Inszenierung des Ausdrucks *I'm deeply concerned*. Der Verantwortungsschock ist diesem Mann in Schopf und Glieder gefahren.
Fischers ganzes politisches Leben ist ein Fettabbrennprogramm, dessen Intensität sich im Wahlkampf nur ein wenig steigert. Seine Stimme, fürs Schreien nicht gemacht, verliert bei jeder Veranstaltung ein bisschen Substanz – wie ein Reifen, der beim Bremstest etwas Gummi auf der Strecke lässt. Wo er auch spricht, bleibt ein wenig kostbarer Fischer-Abrieb zurück, auch an diesem Freitagvormittag in Lüneburg. Sein kurzärmeliges Hemd ist jetzt feucht, man denkt an Camacho, den Trainer der spanischen Fußballer bei der WM in Südkorea, der seine Schweißflecke wie ein Ehrenzeichen trug. Jeden Zwischenruf nimmt Fischer mit heiliger Strenge an, dankbar für das Adrenalin, das er einschießen lassen kann. Die Außenpolitik umlagert seine Rede, Joschkas große Welt, und er, der nun Erwachsene, schont uns, die wahren ewigen Kinder, vor dieser Welt, so gut er kann.
»Ob Sie CDU, SPD, FDP, Grün wählen, egal!, das dürfen wir nicht zulassen«, sagt er zum Thema Ausländerfeindlichkeit, und dieses *egal*! ist bei ihm von fast jenseitiger Qualität: Da hat einer schon losgelassen, bereit, ohne uns weiterzugehen. Fischer, der Verschleißkünstler, gibt den Pilger, wie ihn Schiller im gleichnamigen Gedicht beschreibt:
»Abend wards und wurde Morgen, / Nimmer, nimmer stand ich still, / Aber immer bliebs verborgen, / Was ich suche, was ich will.«

Schlussverbeugung. Der Wahlkampf ist ein reines Theaterwunder. Die Darsteller lernen, während sie spielen, sie haben keine Gelegenheit, monatelang zu proben. Ihre Bühnen sind die Straße, die Gremien, die Ausschüsse, Kanzleien, Fernsehstudios, und ihre Regisseure sind grinsende *spin doctors*. Politiker sind abgezockte, hoch professionelle, furchtlose Menschendarsteller, die, um's mal in der Fußballersprache zu sagen, 180 Minuten Gras fressen können, und das Tollste: Sie machen die Gewalttour durch unser schönes Land, ohne je in jenes Lachen ausbrechen zu müssen, das Elvis Presley befiel, als er zum tausendsten Mal *Are You Lonesome Tonight*? sang.
Ehren wir sie also, bewundern wir sie, fürchten wir sie ein bisschen. Sie alle waren in den letzten Monaten näher dran am Menschen, als wir es je sein werden. Mit weitem Abstand!

Dirk Kurbjuweit

Dirk Kurbjuweit, 40, besuchte die Kölner Journalistenschule. Studium der Volkswirtschaft. Von 1990–1999 Redakteur der ZEIT in den Ressorts Wirtschaft, Dossier und Politik. 1998 und 2002 (gemeinsam mit Dietmar Hawranek) mit dem 1. Egon Erwin Kisch-Preis ausgezeichnet. Kurbjuweit ist stellvertr. Büroleiter beim SPIEGEL in Berlin. Er verfasste mehrere Romane und veröffentlichte in diesem Jahr »Unser effizientes Leben – Die Diktatur der Ökonomie«.

Die Leiden des Mr. Dax

Jubel, Panik, Entsetzen: Der Kursmakler Dirk Müller ist das Gesicht der deutschen Börse. Fotografen lieben ihn, denn sein Platz ist direkt unter der Anzeigetafel – so wurde er zur Symbolfigur für die Dramen auf dem Frankfurter Parkett.

von Dirk Kurbjuweit
DER SPIEGEL
5. August 2002
Fotos: Kai Pfaffenbach/Reuters, S. 143
Oliver Stratmann/dpa, S. 144
Ralph Orlowski/ Reuters, S. 145
Werner Baum/dpa, S. 146/147
Oliver Berg/ dpa, S. 148

Das Erste, was Dirk Müller von seinem Feind wahrnimmt, sind die tappenden Schritte. Müller muss nicht hochgucken, um zu wissen, dass der Feind in Kürze bei ihm sein wird. Er guckt weiter auf seine Bildschirme, er hört die Schritte, Gummisohle auf Bongossi-Parkett. Der Feind rennt. Es geht um Sekunden.

Er startet von einem kleinen Büro am anderen Ende des Börsensaals. Er läuft eine lang gezogene Kurve um die Schranken herum. Sein Ziel ist Müller, der hinter der letzten Schranke steht. Der Feind ist 27 Jahre alt, klein, untersetzt. Sein Haar ist hell, vorn ausgedünnt. Er trägt eine Brille mit ovalen Gläsern. In leichter Schräglage und mit viel Schwung biegt er um die vorletzte Schranke. Jetzt muss er bremsen, stoppt hart vor Müller und macht ein Gesicht wie ein Raubtier. Sein rechter Zeigefinger schnellt hoch, zielt auf Müllers Kopf.

»Allianz, fünfhundert an dich«, ruft der Feind. Müllers Blick bleibt ungerührt. »Fünfhundert von dir«, sagt Müller, der seinem Feind gerade fünfhundert Aktien der Allianz abkaufen musste.

Der Feind ist zufrieden, und wenn er zufrieden ist, muss Müller unzufrieden sein. Das ist die Natur ihrer Beziehung.

Der Feind macht eine Notiz auf seinem Block. Dann geht er davon, mit breiten, unhörbaren Schritten. Seine linke Schulter hängt. Zurück bleiben zwei graue Striche auf dem Börsenparkett, die Bremsspur seiner Gummisohlen. Zurück bleibt Müller und wischt sich den Schweiß von der Stirn.

Seit 9 Uhr an diesem Mittwoch, dem 24. Juli, fällt der Dax, er fällt und fällt. Der Tag begann mit 3515 Punkten. Um 10.15 Uhr sind es 3355 Punkte. Müllers Telefon klingelt. »Panik«, brüllt er in den Hörer, »hier herrscht Panik.« Wieder hört er die Schritte, tapp, tapp, tapp. Das Hemd des Feindes ist völlig durchgeschwitzt.

Jeder kennt Müller. Das heißt, jeder hat ihn schon einmal gesehen. Dirk Müller, 33, gilt als Mr. Dax. Er steht direkt unter der Tafel mit der Dax-Kurve, er ist ein emotionaler Mensch und dazu als Schauspieler

nicht unbegabt, weshalb er zu jedem Kurs das passende Gesicht machen kann. Das gefällt den Pressefotografen. Wenn die Zeitungen über die deutsche Börse berichten, stellen sie fast immer ein Foto von Müller dazu, mal heftig jubelnd, mal schwer zerknirscht. Auch im Ausland ist das so. Als »Dirk of the Dax« kennt man Müller in angelsächsischen Finanzkreisen.

Das Gesicht der deutschen Börse ist freundlich, breit, kastig, auch wegen der glatten Stoppelhaarfrisur, die Müller auf dem Kopf sitzt wie ein Brikett. Er trägt eine Brille mit dünnen Rändern und hat die Statur eines Ringers, der etwas füllig geworden ist. Er war mal Ringer.

Im Moment ist sein Gesicht eher sorgenvoll. Die Börse ist in der Krise. Seit der kurzen, heftigen Blüte der New Economy im Jahr 2000 sank der Dax von weit über 7000 Punkten auf deutlich unter 4000. Die Anleger sind enttäuscht, unsicher. Die Volksaktie Telekom war ein Reinfall, große amerikanische Konzerne wie Worldcom oder Qwest haben ihre Bilanzen gefälscht, der Kapitalismus wird hässlich. Sein Versprechen vom großen Wohlstand verblasst gegen die Angst vorm großen Crash. Der ginge wohl von der Börse aus, wo, wie es scheint, der Kapitalismus sich besonders unverfroren als Raubtier gebärdet, Zockerei, die Jagd nach dem schnellen Geld.

Dirk Müllers Rolle in diesem Spiel ist die eines Kursmaklers. Er betreut zwölf Werte, vor allem die Allianz, einen der wichtigsten Werte im Dax. Er hat vier Keyboards und vier Bildschirme. Er legt den Kurs fest, zu dem Aktien der Allianz den Besitzer wechseln. Auf

seinen Bildschirmen sieht er, was die Käufer zahlen und die Verkäufer haben wollen. Dann macht er den Kurs, rund tausendmal am Tag. Er tippt ständig auf seinen Keyboards. Sein oberstes Gebot heißt »Fairness«. Käufer und Verkäufer sollen den bestmöglichen Kurs bekommen.

Simpel gesagt: Sieht er auf dem Bildschirm viele Käufer für höchstens 135 Euro und viele Verkäufer für mindestens 133 Euro, legt er den Kurs, zu dem gehandelt wird, auf 134 Euro fest. Er muss auch selbst kaufen und verkaufen, um den Markt im Gleichgewicht zu halten.

Sein Feind steht ihm jetzt direkt gegenüber. Er steht breit, seine Arme stützen sich auf die Schranke, die Finger seiner linken Hand klopfen auf den Notizblock. Er lauscht der Stimme in seinem Kopfhörer, fixiert dabei die Zahlen an den Tafeln hinter Müller. Manchmal schaut er ihn an. Müller guckt nur auf die Bildschirme, macht Kurse. Beide schweigen.

Der Feind ist ein Arbitrageur, das heißt, er lebt davon, dass ein Kursmakler für einen Augenblick unaufmerksam ist. Neben dem Parketthandel, für den Müller die Kurse macht, gibt es den elektronischen Xetra-Handel. Laufen die Kurse auf beiden Märkten auseinander, nutzt das der Arbitrageur. Er kauft auf dem Markt mit dem niedrigeren Kurs und verkauft sofort auf dem anderen. Müller muss das in einem gewissen Rahmen mitmachen, so sind die Regeln.

Die Arbitrageure stehen auf der untersten Stufe der Börsenhierarchie. Sie haben keine eigene Entscheidungsfreiheit, empfangen ihre Befehle vom Kunden über Kopfhörer. Sie profitieren von den Fehlern anderer. Ihre Arbeit ist Ausdruck der reinen Gier auf den schnellen Euro, es geht nicht einmal vordergründig um Geldanlage. Der Arbitrageur steht für das Raubtierhafte des Kapitalismus.

Noch immer stehen sie sich gegenüber, ein stilles Duell, auf den ersten Blick auch ein Kampf Gut gegen Böse. Denn Müller sieht sich in einer würdevollen Tradition des Börsenhandels. Unternehmen suchen Geld, Bürger suchen Möglichkeiten der Geldanlage, alles hübsch langfristig gedacht, ein Beitrag zur Prosperität, zum Wachstum, zur Schaffung von Arbeitsplätzen.

Müller hat das Makeln gelernt wie ein ehrbares Handwerk, hat eine Prüfung abgelegt und musste einen Eid leisten, dass er faire Kurse machen würde. Er ist ein Akteur des rheinischen Kapitalismus. Geld machen ja, aber mit Moral und unter Aufsicht des Staates.

Er will auch persönlich kein Raubtier sein. Er hat das einmal so erzählt, in der Bar »Bull + Bear«, direkt neben der Börse: Gerade sprach er von »Menschlichkeit«, einem seiner liebsten Wörter, als vor ihm eine Fliege über den Tisch krabbelte. »Wissen Sie«, sagte er, »ich käme nie auf die Idee, da einfach draufzuhauen, patsch, und tot ist sie. Es ist doch schön, dass

diese Fliege leben kann.« Dann kam ein Zigeunermädchen und wollte ihm für 50 Cent eine Obdachlosen-Zeitschrift verkaufen. Müller gab ihr einen Fünf-Euro-Schein und sagte, dass es okay sei.

Er mag die Show, aber er ist nicht großkotzig gönnerhaft. Man glaubt ihm das Herz. Er hat sein Auto mit allem ausgerüstet, was man im Falle eines Unfalls braucht, Feuerlöscher, Warnfackeln. Er will helfen. Er will ein guter Mensch sein. Er sagt, dass es früher mehr »Menschlichkeit« an der Börse gegeben habe, Regeln des Anstands, ungeschriebene Codes der Fairness. »Die jungen Leute«, sagt er, »kennen das nicht mehr.« Ein Satz aus dem Mund eines 33-Jährigen. Die Börse, an der alles rasend schnell gehen muss, macht schnell alt.

Müller weiß nicht, warum der Dax an diesem Morgen sinkt. Niemand weiß es. Um halb elf herrscht immer noch Panik. »Ficken« brüllt ein Makler, »fickt euch doch alle.« Ein Kollege macht sich mit den gestreckten Fingern seiner rechten Hand ein Horn an die Stirn und rast so über das Parkett. »Telekom«, schreit jemand, und im selben Moment macht Müllers Feind eine Wende aus vollem Lauf und stürmt zurück in sein Büro. Dazu zwitschern die schwarzen Anzeigetafeln, die ringsum im Börsensaal hängen. Ständig ändern sich die Kurse, und die Klappmecha-

nik der weißen Ziffern klingt dann wie ein Vogelschwarm.
»Sieht so aus, als würde ein großer Fonds alles, was er hat, auf den Markt werfen«, sagt Müller. Spekulation. Der Saal rotiert, und niemand weiß, warum. Müllers Handy klingelt. Er geht kurz weg, lächelt, als er zurückkommt. Seine Frau war beim Frauenarzt, alles gut. Ende August wird Müller Vater. Aber jetzt muss er das gleich wieder vergessen, muss rechnen, Kurse machen. Um 11.21 Uhr liegt der Dax bei 3331 Punkten. »Da klebt Blut dran«, sagt Müller. Heute Morgen haben eine Menge Leute eine Menge Geld verloren.

Ein Fotograf taucht auf. Er läuft ein wenig herum, stellt sich dann so hin, dass er Müller und die Dax-Kurve zusammen ins Bild bekommt. Müller betont jetzt seine Gesten, seine Mimik changiert zwischen Sorge und Grimm, weil das zur fallenden Kurve passt. Er dreht den Kopf so, dass ihn die Kamera gut draufhat. Dirk Müller ist jetzt Mr. Dax.
Er trägt ein weißes Hemd und eine goldene Krawatte. Seine Ärmel sind hochgekrempelt. Es ist warm, aber man soll auch sehen, dass er richtig ranklotzt.
Müller lebt in einem Dorf, dessen Namen er nicht genannt haben will. Es liegt eine Autostunde von Frankfurt entfernt, 6000 Einwohner, kleine, flache Häuser.

Es gibt zwei griechische Restaurants und als einzige Aufregung einen großen Streit darüber, welches das bessere sei. Müller hat sich für »Insel Kreta« entschieden.
Ein Abend dort mit Müller, seiner Frau und seinem besten Freund ist wie ein fröhliches Seminar über Heimat, über Beständigkeit, Verlässlichkeit, Bodenhaftung. Alles Gegenbegriffe zur Börse. Es gibt riesige Fleischportionen, Sirtaki und die etwas beklemmende Behaglichkeit aus dem Lied »Griechischer Wein« von Udo Jürgens. Müller fühlt sich so richtig dicke wohl hier und findet den Ausgleich für das Flatterhafte seines Berufslebens. Er hat schwer gefremdelt, als im »Insel Kreta« nach zehn Jahren die Wände neu gestrichen wurden.
Er wohnt in einem kleinen, flachen Haus, wie alle anderen hier. Man sieht Wohlstand, aber keinen Reichtum. Auf dem Tisch im Wohnzimmer liegen fünf Fernbedienungen, Zerstreuung ist wichtig. In einer Ecke steht eine Truhe, und aus der ragt ein großes Schwert. Man sieht auch ein Lederwams und einen Ritterhelm mit Vollvisier. An manchen Wochenenden nimmt Müller sein Schwert, setzt den Helm auf und geht mit seiner Frau, die einen Friseursalon hat, zu Ritterspielen. Ihn fasziniere das Mittelalter, sagt er, das Einfache, Ursprüngliche, Echte.

Keine Computer. Er braucht sehr viel Ausgleich. Die Zeitungen, die ihn zeigen, sammelt er in einer Mappe. Müller war auch schon in der »Los Angeles Times« zu sehen, am 11. September 2001. Es berührt ihn seltsam, dass einige dieser Zeitungen mit seinem Gesicht an jenem Morgen auf Schreibtischen in den Finanzbüros im World Trade Center gelegen haben könnten und später in den Trümmern versunken sind. Die »Washington Post« druckte am nächsten Tag Dirk Müllers Gesicht, um das Chaos und die Verzweiflung an den internationalen Finanzmärkten einzufangen.

12.55 Uhr, der Dax dümpelt bei 3400 Punkten. Die allermeisten Händler in den Banken und Investmenthäusern machen Mittag, eine Stunde der Ruhe auf dem Parkett. Es ist aus Bongossi-Holz aus Südafrika, 1690 Quadratmeter. Es hat einen rötlichen Stich und zeigt Bremsspuren vor allem dort, wo mit Aktien der Telekom und der Allianz gehandelt wird.

Vor dem großen Bildschirm mit den Xetra-Kursen stehen müßig die Parketthändler. Genau wie Müller tragen sie keine 5000-Mark-Anzüge von Möller & Schaar, obwohl der Laden, in dem sich Rudolf Scharping einkleiden ließ, gleich um die Ecke liegt. Sie sind eher praktisch gekleidet, Schuhe, mit denen man auch mal rennen kann, Hosen, bei denen Bequemlichkeit vor Eleganz geht. Es ist eine recht kleinbürgerliche Versammlung, nichts vom Geldkaisertum eines Gordon Gekko aus Oliver Stones Film »Wall Street«.

Die Männer auf dem Frankfurter Parkett reden gern von früher, auch wenn sie, wie Müller, noch jung sind. Denn früher, das waren die guten Zeiten, sie kommen nicht wieder. Bei aller Hektik des Morgens war nicht zu übersehen, dass sich auf dem Börsenparkett ein langsamer Tod vollzieht. Gerade mal ein Dutzend Männer rannten zwischen den Schranken herum. Es war nicht das große Gewoge und Gebrülle, das man von einer Börse im Sinn hat.

Nur noch gut zehn Prozent des Aktienhandels spielen sich auf dem Parkett ab. Der Rest läuft über Computer, die Händler sitzen in Büros. Für Müller stirbt damit auch ein Stück »Menschlichkeit«, weil Händler, die sich täglich begegnen, fairer miteinander umgehen würden. Im Xetra-Handel seien auch »unfaire« Kurse möglich, die Anleger eine Menge Geld kosten können.

Um kurz nach 13 Uhr wird das Gezwitscher wieder lebhafter. Die Pause ist vorbei, nach wenigen Minuten zeigt sich, dass die Kurse weiter wegbrechen. Gerenne, hier und dort ein Schrei. »Einer geht noch, einer geht noch rein«, singt jemand. Ein älterer Mann kommt zu Müller und sagt: »Jedesmal, wenn ich Mut hatte, hat's Geld gekostet, jetzt hab ich keinen Mut mehr.«

Müllers Telefon klingelt. Er nimmt den Hörer, lauscht, sagt »okay«, legt auf. »Die Zürich Rückversicherung soll pleite sein«, sagt er. »Ein Gerücht, 90 Prozent dieser Gerüchte sind falsch, und trotzdem richten sich viele Leute danach.« Der Dax fällt, die Hektik steigt. Ein Freihändler kommt zu Müller und fragt: »Hast du gehört?« Müller nickt. Niemand weiß, woher das Gerücht stammt, in den Nachrichten kommt nichts dazu. Die Dax-Kurve fällt steil auf den Rand der Tafel zu. Die Ziffern zwitschern wie die Vogelschwärme in Hitchcocks »Die Vögel«.

Auch das Gerücht hat etwas Unheimliches, Bedrohliches. Es fliegt durch den Börsensaal, es setzt sich scheinbar harmlos auf jede Schulter. Aber es attackiert sofort. Es bringt die Händler aus der Ruhe, sie kaufen, verkaufen. Sofort werden Milliarden von Euro in Bewegung gesetzt. Leute werden reich, werden arm. Die Welt wirkt für eine halbe Stunde, bis das Gerücht erlegt wird, instabil, dem Crash nahe, ohne wahren Grund. Die Zürich Rück ist nicht pleite, wie sich später herausstellt.

Um 15.40 steigt der Dax. Niemand weiß, warum. Müllers Feind rast herbei, hat aber kein Glück diesmal. Müller hat seinen Kurs rechtzeitig angepasst. Der Arbitrageur bleibt an der Schranke stehen, ringt nach Atem, fächert sich Luft mit dem Notizblock zu. Er hat rote Flecken im Gesicht. Jetzt, in der Erschlaffung, sieht er nicht aus wie ein Raubtier. Er hat ein rundes, fast liebes Gesicht. Er ist umgänglich, offen.

Er hat Sparkassen-Betriebswirt gelernt, und dann ist er bei einer Börsenfirma gelandet, die unter anderem Arbitrage-Geschäfte macht. Zweimal die Woche muss er aufs Parkett. Wie er findet, was er da tut? »Es ist nicht gerade die Königsdisziplin«, sagt er. In seinem Gesicht regt sich etwas, das Scham sein könnte. Er zuckt die Schultern. »Man kann es sich nicht aussuchen«, sagt er.

»Euch muss es auch geben«, sagt Müller wie zum Trost. »Wenn es euch nicht gäbe, würden der Parkettkurs und der Xetra-Kurs manchmal zu weit auseinander laufen.«

Es klingt nach dem Lob für die Nützlichkeit der Hyänen, schließlich muss ja einer das Aas beseitigen. Der Feind guckt Müller dankbar an.

»Achteinhalb Geld, die Allianz«, sagt Müller unvermittelt, und der Arbitrageur weiß sofort, dass dies ein Geschenk ist. »Eine an dich«, sagt er. »Eine von dir«, sagt Müller. Der Kunde des Arbitrageurs darf sich über ein gutes Geschäft freuen.

Der Dax steigt und steigt. Die Tafeln zwitschern so rege wie am Vormittag. Es ist die gleiche Hektik, die gleiche Aufregung. »Jetzt brauche ich einen Joint«, stöhnt ein erschöpfter Freimakler.

Um 16.07 Uhr landet ein neues Gerücht bei Müller. Bei der Allianz gebe es eine Hausdurchsuchung, Verdacht auf illegale Preisabsprache. Eine Viertelstunde später wird das Gerücht bestätigt. In kürzester Zeit verliert der Kurs der Allianz elf Prozent, Müller rechnet, rechnet, rechnet.

»Jetzt geht's nicht um Milliarden, jetzt geht's um Billionen«, schnaubt er. »Bei Versicherungen hängt die ganze Volkswirtschaft dran, jeder hat doch eine, wenn da das Vertrauen verloren geht, wird es richtig schlimm.« Man sieht die Anleger ja nicht auf dem Parkett, aber jetzt, nach sieben Stunden an der Börse, können sie einem langsam Leid tun: ausgeliefert den Raubtier-Spekulanten, den Gerüchten und den Kriminellen in Unternehmen. Ausgeliefert der totalen Undurchschaubarkeit. Man muss schon Optimist sein, vielleicht sogar Fatalist, um jetzt sein Glück an der Börse zu versuchen.

Dirk Müller hat sich früh für dieses Spiel begeistert. Als er 17 war, abonnierte er mit seinem besten Freund das »Handelsblatt«, sie verglichen die Kurse und malten eigene Charts. Es war ein Fieber, Begeisterung für das Abenteuerliche des schnellen Geldgewinns und Geldverlusts. Von dem Lohn, den sich die beiden in einem Supermarkt verdienten, kauften sie noch als Schüler die ersten Aktien ihres Lebens, drei Stück von der BASF. Nach der Bundeswehr machte Müller eine Lehre bei der Deutschen Bank in Mannheim. Für ein paar Wochen durfte er auch in der Börsenabteilung zugucken. Für ihn war das »etwas Heiliges, ein Tempel«. Leider gab es gerade dort einen Einstellungsstopp.

Eines Tages sagte einer der Händler in das Großraumbüro hinein: »Ich wäre jetzt Geld für ein paar Mohrenköpfe.« In der Börsensprache heißt das, er würde jetzt gern Mohrenköpfe kaufen. Müller hörte das und erinnerte sich an einen Kontakt zu einem Hersteller von Mohrenköpfen. Dann sagte er den größten und vielleicht wichtigsten Satz seines Lebens: »Valuta Dienstag wäre ich 23 Brief für fünfzig.«

Für einen Moment herrschte Stille untern den Händlern. Müller, ein stämmiger, nicht besonders auffälliger junger Mann, hatte in ihrer Sprache perfekt gesagt, dass er am nächsten Dienstag fünfzig Mohrenköpfe zum Stückpreis von 23 Pfennig liefern könne.

»Fünfzig von dir«, sagte schließlich der Händler. »Fünfzig an dich, bleibe Brief«, sagte Müller. Das hieß, er könne noch mehr Mohrenköpfe besorgen. »Hundert von dir«, sagte ein anderer Händler. Am Dienstag darauf brachte Müller 1200 Mohrenköpfe in einer Schubkarre in die Bank. Als Anerkennung besorgten ihm die Händler einen Job bei einem Kursmakler an der Börse.

Müller kaufte sich Hosenträger, weil Gordon Gekko auch welche trug. Stolz und mit Herzklopfen ging er zu seinem ersten Tag auf das Frankfurter Parkett. Niemand außer ihm trug Hosenträger. Es war nicht die Wall Street, es war und blieb eine deutsche Börse, wo Geld immer auch ein wenig nach Mohrenkopf schmeckt und wo ein paar Leute so ehrbar sein wollen,

wie es einst die Ritter waren. Aber damit ist Schluss, wenn der Parketthandel verschwinden sollte.
Um 18.09 Uhr steht der Dax bei 3599 Punkten. Er ist gegenüber dem Vortag im Plus, auch der Kurs der Allianz hat sich erholt. Jetzt läuft nur noch Geplänkel, Müllers Feind ist nach Hause gegangen, Müller hat endlich Ruhe.
Die Dax-Kurve über ihm hat nun grob die Form einer Badewanne. Erst geht es steil bergab, dann kommt eine längere gerade Strecke, am anderen Ende geht es steil bergauf, ein Sinnbild der Vergeblichkeit. In der Summe hat sich der Dax um ein paar Pünktchen nach oben bewegt, aber das hat viele Leute eine Menge Nerven gekostet, manche ein Vermögen. Ein ganzer Tag Hektik und Aufregung wegen nichts.
Um 19.30 Uhr endet der Arbeitstag von Dirk Müller. Er ist seit 8.30 Uhr an der Börse, hat elf Stunden gearbeitet, war zweimal kurz auf der Toilette, das Mittagessen, Bohneneintopf, hat er an seinem Arbeitsplatz heruntergeschlungen und dabei Kurse gemacht. Er sieht grau aus. Er nimmt seinen Aktenkoffer und verlässt die Börse. Draußen bleibt er stehen, atmet tief ein, grinst und sagt: »Es gibt sie doch, die echte Welt.« Er hat Gänsehaut auf den Armen und zeigt sie gern. »Wie schön das alles ist«, sagt er, »die Luft, der Himmel, die Bäume.« Es sieht mal wieder ein bisschen nach Show aus, aber er ist eben so.
Im »Hard Rock Cafe« gleich um die Ecke trinkt er ein Pils und isst einen riesigen Hamburger. Seine Stimmung ist nicht schlecht. Er habe den Markt im Griff gehabt, sagt er. Er mag Turbulenzen, die schnellen Entscheidungen, die Adrenalinstöße. Er mag nicht, dass »der eigentliche Sinn der Börse verloren gegangen ist«. Es würde weniger mit Aktien gehandelt als mit Derivaten, hochriskanten Papieren, die schnellen Reichtum versprechen, aber genauso schnell in die Armut führen können. »Heute ist der Markt von Zockerei bestimmt, rein, raus, ohne einen Gedanken an die Unternehmen, deren Aktien man kauft oder verkauft.« Insofern ist der Unterschied zwischen Gut und Böse an der Börse, zwischen Kursmaklern und Arbitrageuren, so groß auch nicht. Sie alle dienen einem großen Geldspiel. Müller frustiert noch eine andere Sache. Er erzählt von einem Freund, der Fliesenleger ist. »Am Ende eines Tages hat er eine wunderschöne Wand geschaffen? Aber was schaffe ich?«
Am nächsten Tag sieht sich Müller auf den Titelseiten von »Süddeutscher Zeitung« und der »International Herald Tribune«. Sein Gesicht ist so, wie der Tag war: Es zeigt Skepsis, Sorge, Überraschung, aber keine Verzweiflung. Es ist ein Ausdruck irgendwo zwischen Baisse und Hausse, ein bisschen näher an der Baisse. Vor allem zeigt dieses Gesicht Ratlosigkeit.

Birgit Lahann

Birgit Lahann wurde 1940 in Hamburg geboren. Studium der Theaterwissenschaften, Germanistik und Kunstgeschichte. Regieassistenz am Bremer Theater bei Peter Zadek und Kurt Hübner. Kritikerin und Reporterin für Südwestfunk Baden-Baden, FRANKFURTER RUNDSCHAU, FRANKFURTER ALLGEMEINE, DIE WELT und WELT AM SONNTAG.

Seit 24 Jahren ist sie Autorin beim stern, sie erhielt den Theodor-Wolff- und den Egon Erwin Kisch-Preis. Von ihr sind u.a. folgende Bücher erschienen: »Genosse Judas – die zwei Leben des Ibrahim Böhme«, »Geliebte Zone – Geschichten aus dem neuen Deutschland« sowie Porträtbände über Brecht, Goethe und Hesse.

VON DER MUTTER VERRATEN

Werner Fischer, Bürgerrechtler in der DDR und damals Lebensgefährte von Bärbel Bohley, entdeckte erst jetzt, dass ihn die eigene Mutter an die STAATSSICHERHEIT verriet. Jahrelang lieferte Erna Fischer als treue Kommunistin unter dem Decknamen »Ursula« ihre Berichte ab

von Birgit Lahann
stern
27. März 2002

»Dich hätte man doch im ersten Badewasser ersäufen sollen«, sagt die Mutter zu ihrem Sohn, die ihn für renitent und aufsässig hält. Hier Erna und Werner Fischer, Pfingsten 1958

Dichter Nebel liegt über dem ausgehobenen Grab. Ein paar graue Gestalten stehen abseits. Die Tote kannte ja nicht viele Leute. Hatte auch keine Freunde. Nur ihr Sohn steht vor der Grube und blickt auf den Sarg. In den Händen ein letzter Gruß. Keine Blumen. Blumen mochte sie nicht. Akten hält er. Stasi-Akten der Hauptabteilung XX. Geschrieben unter dem Decknamen »Ursula«. Das war seine Mutter. Mit richtigem Namen hieß sie Erna.

Warum hat sie Berichte über den Sohn geschrieben? Er hat es nicht herausgefunden, denn er hat nicht gefragt. Sie war zu krank. Und wahrscheinlich hätte sie auch alles geleugnet. Oder einen Schlag bekommen. Nun wirft er der Mutter die eng beschriebenen Seiten in hohem Bogen hinterher. Und ihr Verrat flattert langsam zu ihr ins Grab hinein.

Die Mutter lebt noch. Es war ein Traum, den Werner Fischer hatte, als er ihre Berichte gelesen und beschlossen hatte: Ich werde sie nie mehr besuchen. Der Traum war der Punkt hinter seinen Gedanken.

Ich sitze bei Werner Fischer, dem ehemaligen Bürgerrechtler der DDR, der zusammen mit Bärbel Bohley verhaftet wurde, in den Knast kam und nach der Wende den Staatssicherheitsapparat mit auflöste. Ich sitze mit ihm am Küchentisch in seiner Berliner Wohnung, einen Sprung von der Zionskirche entfernt, unter Bildern von Bärbel Bohley. Wir trinken Tee, und er liest mir aus den Stasi-Berichten seiner Mutter vor.

In einer Charakterstudie sagt sie über ihren Sohn: *Ich schätze ihn im Grunde als feige ein. Er ist leicht verführbar, ein Phantast und Träumer.* Und als die Mutter mit einer Angstpsychose zu Hause liegt und der Sohn sie besucht, berichtet sie der Stasi: *Interessant war seine Äußerung, gleiche Symptome auch schon bei sich festgestellt zu haben wie Platzangst oder das Gefühl, überfordert zu sein.*

Solche Auskünfte sind für die Stasi Gold wert. Wer die Ängste des Feindes kennt, hat ihn schon fast besiegt. Die Mutter nennt ihren Sohn in manchen Berichten sogar beim Nachnamen. Sagt ihrem Führungsoffi-

zier: *Werner Fischer hat sich mit seiner möglichen Inhaftierung beschäftigt.* Und erzählt, mit welcher *Verbindungsperson* er geredet hat.
Sagt auch klipp und klar: *Werner Fischer lehnt die Friedenspolitik der DDR als falsch und verlogen ab*, sei allerdings auch *gegen die Politik der BRD*. Und erklärt, sie würde versuchen, *Näheres zu seinen Vorstellungen in Erfahrung zu bringen.*
Auf den Familienfotos mit dem kleinen Werner lacht sie, so wie sich das für Fotos gehört. Hier, an ihrer Jacke, sagt Fischer und zeigt auf das Bild mit der Einkaufstasche, steckt das Parteiabzeichen.
Und nun erzählt er seine Geschichte. Erzählt von seinem Vater, der aus dem Spreewald stammt. Kleinbürgerlich. Apothekerlehre. Ein bisschen Hausmusik mit Geige und Klavier. Mit 25 kommt er aus dem Krieg zurück. Seine Mutter ist das vierte von sieben Kindern. Oberschlesien. Vater Kesselschmied. Also ein richtiger Proletarierhaushalt. Auf der Flucht lernen Vater und Mutter sich kennen. Und die Machtfrage in dieser Ehe, sagt Werner Fischer, war schnell zugunsten meiner Mutter entschieden. Ihr mit eurem kleinbürgerlichen Mief!, hört er sie zu seinem Vater sagen. Was haben wir dagegen kämpfen müssen!
Als Fischer 1950 geboren wird, ist er nach zwei Fehlgeburten ein Wunschkind. Aber Küsse und Umarmungen? Die Freundlichkeit meiner Mutter, sagt er, war robust. Sie streichelt das Kind nicht, sie schüttelt es mal kurz durch. So. Nun ist aber gut.
Sie ist knorrig, herrisch, nie berechenbar. Da fliegen die Ehebilder aus dem Schlafzimmer samt Glas und Rahmen schon mal durch die Wohnung. Und von Scheidung ist die Rede. Und dass der Junge dann ins Heim kommt.
Ich erinnere mich an meine Kindheit als einen ewigen Kampf, sagt Fischer. Auch sein Vater leidet wie ein Hund. Manchmal versucht er, noch ein bisschen Spaß ins dumpfe Dasein zu bringen. Träumt von einem Kabarett im Betrieb. Will auch mal mit dem Schmalfilm losziehen. Aber alles wird niedergemacht. Und wenn er auf einer Familienfeier das Akkordeon anschleppt oder die Geige, brüllt die Mutter: Hör bloß auf!
Sie leben und arbeiten in Potsdam. Der Vater immer im mittleren Dienst, Kaderleiter in wechselnden Betrieben. Die Mutter fängt bei der Polizei an. Gehört in den Fünfzigern zu den Rollkommandos, die Säle räumen, wo Rock'n'Roll getanzt wird. Später landet sie im Gesundheitswesen, wird Stadtverordnete, leitet ein Kinderheim in einer Villa am Heiligensee, wo heute Joop und Jauch wohnen. 25 Jahre führt sie das Haus. Und viele Kinder, die dort adoptiert werden können, sind Kinder, die Republikflüchtlingen weggenommen worden sind.
Fischers wohnen, wo die Nomenklatura von Potsdam wohnt, der Bürgermeister, der Staatsanwalt, der Chef der Bezirksleitung der SED. Und deshalb, sagt Werner Fischer, war es für meine Mutter so wichtig, dass ich ein gutes Bild nach außen abgebe, also sauber, unauffällig, kurzgeschnitten und gekämmt. Ich hatte zu funktionieren. Und wenn ich das nicht tat, sagt er, fielen solche Sätze wie: Dich hätte man doch im ersten Badewasser ersäufen sollen! Oder: Schaff dir bloß nie Kinder an! Oder: Wenn du weiter so frech bist, kommst du ins Heim.
Nie hat meine Mutter mir Märchen vorgelesen, sagt Fischer. Und nie haben wir zusammen Ausflüge gemacht. Die Eltern haben auch keine Freunde. Feiern nicht. Und Kindergeburtstage? Hat er nie erlebt. Und Weihnachten geht alles immer ganz schnell. Sie haben einen Baum, ja, es wird auch gekocht, ja, aber keine Gemütlichkeit.
Und keine Musik. Auch keine Bücher. Dass ich welche hatte, sagt Fischer, war meiner Mutter immer suspekt. Du mit deinen Büchern! Das hast du alles aus diesen Scheißbüchern, sagte sie, wenn ich nicht spurte. Also von da her drohte Gefahr.
Sie hat mir auch mit Gewalt die Haare geschnitten. Hat mich richtig festgehalten dabei. Später wird er in einem ihrer Stasi-Berichte lesen: *Die Familie wurde damals oft von den Nachbarn gedrängt, Werner zu einer kürzeren Haartracht zu veranlassen.* Aber der Junge war renitent. Hat ihr doch tatsächlich ins Gesicht gesagt: *Wenn er kriminell oder unhöflich zu den Nachbarn wäre, ließe sich darüber reden, aber nicht wegen sei-*

ner langen Haare, nur um es den Nachbarn recht zu machen.
So lebt der Junge zwischen Krach und Kälte, zwischen Demütigung und Entmündigung. Und immer mit der Angst vor Scheidung und Heim. Einziger Lichtblick sind seine beiden Brüder. Nachzügler. Zehn und elf Jahre jünger als er. Mit ihnen spielt er, wie er früher mit Puppen gespielt hat. Und er schiebt sie beglückt im Kinderwagen durch Potsdam.
Das geht so bis 1964. Bis er 14 ist. Bis er in die FDJ soll. Aber da sagt er nein. Was heißt hier nein? Natürlich gehst du, sagt die Mutter. Alle gehen. Ich nicht, sagt Werner. Und er sagt es nicht aus politischen Gründen. Er will einfach nicht. Muss sich endlich wehren. Wieder Luft kriegen. Also die Eltern können sich auf den Kopf stellen. Er bleibt dabei. Auch wenn er nun die erweiterte Oberschule, auf die er sollte, vergessen kann. Und ein Studium sowieso. Egal.
Er hat die Wurzeln gekappt, wird Lehrling, geht auf Montage, lernt Rohrleitungsmonteur, schuftet zwölf Stunden am Tag, bei Regen, Matsch und Kälte. Hat Probleme und niemanden, mit dem er reden kann. Der Pubertierende vergräbt sich vorm Einschlafen in Dostojewskis Romane, identifiziert sich mit dessen düsteren Helden. Und wird schon wieder schief angeguckt. Mensch, der liest! Also hockt er abends mit der Brigade in Kneipen und kotzt nachts vors Arbeiterwohnheim.
Vom ersten Geld kauft er sich eine Hose mit Schlag. Als er am Wochenende damit nach Hause kommt, wandert die gleich in den Ofen. So was trägst du nicht, sagt die Mutter. Auch harmlose Liebesbriefe gehen in Flammen auf. Und wenn jemand für ihn anruft – wir gehörten ja zu den wenigen in Potsdam, die Telefon hatten, sagt Fischer –, geht gleich die Mutter an den Apparat und sagt: Hier wird nicht angerufen!
Hier wird auch kein Westfernsehen geguckt. Wäre ja noch schöner. Wenn die Eltern weg sind, kommt der Stecker in eine Lederhülle mit Schloss. Und Freunde mit nach Hause bringen? Nichts da. Hier kommt kein Fremder rein! Und wenn er unterwegs ist und nachts in die Wohnung schleicht, gibt's Dresche. Und manchmal, sagt Fischer, haben wir wochenlang kein Wort miteinander geredet. Aber manchmal hat er seine Mutter auch heulen sehen.
Und sie kümmert sich. Als er die Lehre beendet hat und zwei Monate rumhängt, rennt sie gleich in die Abteilung Inneres und besorgt ihm einen Job in der Datenverarbeitung. Los, Junge, nun mach mal was!
Mit 19 macht er dann seine Ausbildung in der Armee. Und er, der Junge mit der angeknacksten Persönlichkeit, kommt tatsächlich an die Grenze. Natürlich wegen des zuverlässigen Elternhauses. Da hockt er in der Altmark mit zwölf Mann auf der Bude.
Man ging freundlich mit uns um, sagt er. Man musste uns ja bei Laune halten. Wir hatten ja eine tolle Aufgabe, sollten den Klassenfeind beobachten. Und natürlich Grenzdurchbrüche mit aller Macht verhindern. Wie war bei Flucht der Befehl? Erst Halt! rufen, dann Luftschuss, dann auf die Beine zielen, und wenn er weiterläuft, erschießen.
An seinem Grenzabschnitt hat es nie einer versucht. Zum Glück. Und er ist entsetzt, dass viele das schade finden. Dass sie gern geschossen hätten. Mensch, da rennt einer, und du knallst den einfach über Kimme und Korn ab. Und der fliegt um. Und dir passiert nichts. Du kriegst sogar Sonderurlaub. Fischer ist fassungslos. Hört nachts auch schon mal den Hitlergruß und die alten Lieder.
Eines Abends passiert etwas, das prägend für sein Leben und sein Bild der DDR wird. Er sitzt mit ein paar netten Soldaten aus der Singegruppe im Dorf beim Bier. Und wie junge Leute so quatschen, sagen sie: Wenn wir wollten, könnten wir ja in den Westen abhauen. Brauchst ja nur die Knarre an den Baum zu stellen und ab durch den Zaun. War alles Theorie, sagt Fischer. Niemand wollte abhauen. Aber einer der Soldaten ist ein Spitzel.
Am nächsten Tag wird Fischer abgeholt und 48 Stunden lang verhört. Ich war 19, sagt er, und hatte diesen Gerechtigkeitssinn und lache den Oberst noch freundlich an und sage: Das war doch nur Spaß. Aber der brüllt: Aufstehen! Und ein Stasi-Mann hält ihm die grelle Lampe direkt vors Gesicht.

Fischer kann es nicht glauben, macht einen Schritt nach vorn und will die Sache entschärfen, da schießt der Oberst schon auf ihn zu, offenbar, weil er glaubt, Fischer wolle ihn angreifen, und rammt ihm einen Brieföffner in den Arm.

Blut spritzt. Er wird verbunden und weiter verhört. Sechs, sieben Stunden am Stück. Dann zwei Stunden hinlegen. Und weiter. Ich habe geheult wie ein Schlosshund, sagt Fischer. Und geschluchzt: Ich lasse mir das nicht gefallen, ich werde mich beschweren. Da lacht der Oberst und brüllt: Beschweren? Wo wollen Sie sich denn beschweren? Wissen Sie nicht, wo Sie hier sind? Wir lassen Sie verschwinden, Mann!

Am nächsten Tag kommt ein Ranghoher aus Berlin und sagt: Sie können von Glück sagen, dass Sie solche Eltern haben. Abtreten! Und Fischer wird in die Küche versetzt. Seine Mutter sagt später ihrem Führungsoffizier: *Die Armeezeit verlief für Werner Fischer ohne Probleme, da er meiner Auffassung nach in einem festen und ihn positiv beeinflussenden Kollektiv integriert war.*

Das Erlebnis sitzt tief. Werner Fischer merkt: Es gibt eine Macht, die heißt Willkür. Und gegen die kommst du nicht an. Er ist 20, kocht für die Kameraden und liest Marx und Lenin. Er schreibt ellenlange Briefe über den dialektischen Materialismus an seine Eltern. Aber es kommt nur warme Luft zurück. Nun bleib mal mit den Füßen auf dem Boden, schreibt seine Mutter. Und schweb da nicht irgendwo so rum. Aber er will schweben, will hoffen, will verändern. Er hat sie doch gesehen, die Grenzer im Westen. Liefen da drüben rum, Ärmel hoch und locker und lachten den Sozialismus aus: Na, ihr Kommunistenärsche? Und wir standen da, martialisch vermummt, behangen und stumm.

Er überlegt auch, ob er in die Partei gehen soll. Man muss doch was verändern können. Nach anderthalb Jahren wird er ohne Beförderung als simpler Soldat entlassen. Komisch, sagt Fischer, dass ich nicht in der FDJ war, hat die ganze Zeit über niemanden gestört.

Er muss raus aus Potsdam, diesem kleinen, piefigen Potsdam. Die Eltern sind auf Betonlinie. Sind auch nicht sattelfest. Eher hilflos, wenn der Sohn Fragen stellt. Also wir kennen den Kapitalismus, sagt die Mutter nur. Du musst uns da nichts erzählen.

Das sind ihre Ansichten. Und sie ändern sich all die Jahre über nicht. In einem Telefongespräch vom Oktober 1988, das die Staatssicherheit abhört und aufzeichnet, wird die Denkschablone der Mutter deutlich. Ihr Sohn ist zu jener Zeit schon ein berüchtigter Bürgerrechtler und wird immer wieder von den, wie es heißt, Organen festgehalten und verhört.

Als er nach so einem Verhör bei ihr anruft, fragt sie: *Mensch, wann wirst du mal vernünftig?* Wie bitte? *Das sag mal deinen Genossen*, antwortet der Sohn. *Weißt du überhaupt, was gewesen ist?* Da sagt die Mutter: *Na ja, ich weiß bloß, dass du wieder »aufgehoben« warst.* Aufgehoben? Von der Straße weggeschnappt haben sie ihn. Ohne Grund. Ab ins Auto und zum Verhör. *Wie einen Schwerverbrecher. Dieses Recht nehmen die Schweine sich einfach heraus*, sagt der Sohn laut Protokoll. Und sagt der Mutter gleich hinterdrein: *Ich weiß, dass das Telefon abgehört wird.* Und die Mutter antwortet: *Aber du musst doch den richtigen Weg gehen können.* Den richtigen Weg? *Welchen?*, fragt er. *In diesem Land stinkt es bis zum Himmel.* Und die Mutter findet: *In anderen Ländern stinkt es noch viel mehr.* Aber er lebe nun mal in diesem Land. Und deshalb werde er sich weiter wehren. *Du wirst es trotzdem nicht ändern*, sagt die Mutter. *Aber ihr auch nicht*, sagt er. Und sie antwortet: *Wir sind mit unserem Los zufrieden.*

Und weil das so ist und immer so bleibt, will der Junge, als er aus der Armee zurückkommt, weg von der Hölle zu Hause. Er bekommt einen Job im Metropol-Theater in Berlin, Öffentlichkeitsarbeit, heiratet 1973, weil er sonst keine Wohnung bekommt, ist aber zwei Jahre später schon geschieden, lebt danach fast zehn Jahre mit einer neuen Liebe zusammen, bekommt eine Tochter, lernt die Leute von der Initiative Frieden und Menschenrechte kennen, also Ulrike und Gerd Poppe, Bärbel Bohley und Katja Havemann.

Sie treffen sich mit den West-Grünen Petra Kelly und Gert Bastian in Ostberlin, organisieren Lesungen mit

Heiner Müller, Christa Wolf, Ulrich Plenzdorf und Adolf Endler. Und die Stasi-Spitzel Sascha »Arschloch« Anderson und Ibrahim Böhme sind immer dabei. Und sie haben ein Büro, wo sie für Inhaftierte sorgen, also Anwälte beschaffen, Kinder betreuen, Verwandte beruhigen, Öffentlichkeit herstellen. Zu meinen Eltern, sagt Fischer, hatte ich nur noch einen Notkontakt. Einmal im Jahr besucht er sie. Und wann immer sie über Politik reden, knallt es.

So kann seine Mutter der Stasi also 1983 *nichts Neues über Werner berichten. Aber das Theatermilieu*, sagt sie ihrem Führungsoffizier, *wirkt sich negativ auf ihn aus.* Sie distanziert sich von seinen politischen Aktivitäten, hat auch die beiden jüngeren Söhne gebeten, den Kontakt zum großen Bruder abzubrechen. *Werner soll jetzt für seine Handlungen selbst geradestehen.*

Drei Jahre später hat er seinen ersten Zusammenbruch. Ich ging mit Bärbel und Katja in Grünheide spazieren, sagt er, und bekomme plötzlich einen Panikanfall. Wanke und denke, ich werd verrückt. Will nur noch mit dem Kopf gegen Bäume schlagen. In seiner Not geht er in die Nervenklinik der Charité. Sie müssen eine Therapie machen, sagt der Arzt. Und Fischer hat keine Ahnung, was das ist. Aber wann immer er nun von einer Sitzung kommt, steht vor dem Krankenhaus ein Lada. Vollbesetzt. Wir sind da!, heißt das. Wir von der Stasi.

Ein paar Wochen zuvor hatte Fischers Mutter in einem langen Bericht über die Platzangst ihres Sohnes gesprochen und dass er sich vor Verhaftung fürchte. Schon beim Gedanken, die Zellentür fällt hinter ihm ins Schloss, glaubt er durchzudrehen. Und die Herren Schlapphüte wissen, wie sie Kapital daraus schlagen.

Jahre später wird Werner Fischer in seinen Stasi-Akten lesen, wie die Genossen aus der Normannenstraße Absprachen mit dem Arzt getroffen haben. Sein Therapeut war ein Spitzel.

Am 25. Januar 1988 passiert es dann. Bärbel Bohley und Werner Fischer werden aus dem Bett heraus verhaftet. Die beiden leben damals zusammen. Und ihre politische Arbeit gilt als *landesverräterische Agententätigkeit.* Das heißt: im Zweifel zehn Jahre.

Um fünf Uhr früh klopft und trommelt es Sturm in der Fehrbelliner Straße. Ich zur Tür, sagt Fischer, und guck durch den Spion. Ach du Scheiße. Voller Stasi. Die stürmen also rein. Oskar, der kleine Hund, bellt sie an. Nehmen Sie den Hund weg! Wieso, der ist hier zu Hause. Bärbel will telefonieren. Eine Stasi-Hand drückt auf die Gabel. Ziehen Sie sich an!

Wir kommen nicht mit, sagen wir. Und laut Strafprozessordnung dürfen Sie sowieso erst ab sechs Uhr verhaften. Ziehen Sie sich an, brüllt ein Stasi-Mann. Und Fischer fragt: Haben Sie überhaupt einen Staatsanwalt dabei? Da schieben sie ein mickriges Männlein nach vorn.

Nein, wir bleiben hier! Da drückt jemand Fischer auf die Erde und bindet ihm die Arme mit Knebelketten auf den Rücken. Bärbel Bohley wird auch gefesselt. Sie hat sich nicht umgezogen. Sie wird im Nachthemd abgeführt. Es war dunkel und kalt, sagt Fischer. So ein richtig ekliges Januarwetter. Und als die Autos mit ihnen abfahren, bleibt Oskar allein auf der Straße zurück und bellt und bellt.

Im Oktober 1986, also ein gutes Jahr zuvor, hatte Werner Fischers Mutter ihrem Führungsoffizier gesagt: *Ich erklärte Werner, dass, egal, was passiert, er mein Kind ist und ich mich um ihn kümmern werde.* Und nun? Nun war ich für sie ein Staatsfeind, sagt Fischer. So stand es doch im »Neuen Deutschland«. Und was da stand, glaubte meine Mutter. Nein, sagt er, sie hat sich nicht um eine Besuchserlaubnis bemüht.

Die Anwälte von Bohley und Fischer sind Gregor Gysi, Wolfgang Schnur und Lothar de Maizière. Und das Allerschärfste, sagt Fischer, war der Lieferwagen, mit dem wir täglich zum Verhör gebracht wurden. Ein Tarnauto vom Fischereikombinat. Auf dem stand unter einem gemalten Fisch im Wasser: Vom Fang frisch auf den Tisch.

Bohley und Fischer wollen einen Prozess. Wollen Öffentlichkeit. Aber das wollen die Herrschaften um keinen Preis. Und eines Tages kommt Schnur mit

Tränenblick an und sagt: Die drohen. Die machen Ernst! Um Himmels willen, fahrt nach England!
Und so kommt es denn, dass Fischer und Bohley mit der Zusage, ein halbes Jahr später wieder einreisen zu dürfen, ohne Geld und ohne Zahnbürste und von der Stasi bis an die Grenze gebracht und in einen Zug gestopft, über Bielefeld, Bonn, Paris und Amsterdam nach London fahren.
Als Fischer von dort aus seine Mutter anruft, lässt die vor Schreck fast den Hörer fallen. Ein Anruf aus Feindesland. Da kroch eine Kälte durch die Leitung, sagt er, für die war ich erledigt.
Und als er im August 88 wieder in Ostberlin ist und seine Eltern in Potsdam besucht, ist die Mutter völlig verwirrt. Als Staatsfeind zum Studium nach England? Und zur Belohnung auch noch straffrei zurück? Es war ja wirklich ein einmaliger Vorgang in der DDR, sagt Fischer.
Seine Mutter ist zu dieser Zeit schon psychisch krank. Hat massive Angststörungen. Kann nicht mehr arbeiten. Ist Invalidin. Verlässt die Wohnung nicht mehr. Kennt die Wende und das neue Deutschland nur vom Fernsehen.
Im Februar 92 liest Werner Fischer zum ersten Mal in seinen Stasi-Akten. 67 Bände haben sie über ihn zusammengespitzelt. Sprachlos, fassungslos, mit einem Schleier vor den Augen sitzt er da in der Gauck-Behörde und weiß nicht, wo er anfangen soll.
Dabei sieht er schon seit der Wende in die Schlangengrube des Verrats. War Regierungsbevollmächtigter zur Auflösung der Stasi, hat im Stadtrat für Inneres gearbeitet und Schicksal gespielt, wenn er die Mitarbeiter des öffentlichen Dienstes überprüfen musste.
Auf seine Mutter ist er zum ersten Mal 1995 gestoßen. Da steht in einem Bericht, dass er mit Bärbel Bohley und Katja Havemann eine alte Waschmaschine von ihr abholt. Stimmt. Aber das wusste nur seine Mutter. Sieh mal an, sagt er sich, und fährt zu ihr nach Potsdam. Und nun wird's gruselig, sagt Fischer. Ich frag sie: Sag mal, Mutti, war bei dir mal jemand von der Stasi? Also so von Genosse zu Genosse? Können wir mal über Ihren Sohn reden?
Wie bitte? Stasi? Bei mir? Also die hätten mal kommen sollen, sagt seine Mutter. Denen hätte ich was erzählt! Sie war empört, sagt Fischer. Trat immer noch auf, als stehe sie über allem, wisse alles, habe alles im Griff.
Und nun war ich natürlich doch überrascht, sagt er, als ich vor ein paar Monaten neue Akten kriege und entdecke, dass meine Mutter ein GMS war, ein gesellschaftlicher Mitarbeiter Sicherheit. Heißt also, sie hatte eine Verpflichtungserklärung unterschrieben, bekam einen Decknamen und traf sich konspirativ mit der Stasi. Von 83 bis 87.
Und sie erzählt ihrem Führungsoffizier mit großer Liebe zum Detail. Erzählt, wo er mit Bärbel Bohley Keramik verkauft und wann er nicht in seiner Wohnung ist, was der Stasi signalisiert: Die Luft ist rein, wir können schnüffeln. Erzählt, warum er sich mit Kelly & Bastian trifft, und findet, dass er geltungssüchtig ist und sich missbrauchen lässt. Die Organe sollen sich also ruhig weiter um ihn kümmern.
Dass die Organe den Bürgerrechtler krank gemacht haben, hat sie in Kauf genommen. Und als Fischer 2001 die Berichte der Mutter liest, kommen sie wieder, diese Angstattacken. Wie soll er sie beschreiben? Also es ist ihm dann, als würde er aufs offene Meer hinaus schwimmen, ganz ruhig noch am Anfang, aber plötzlich denkt er: Halt, du musst zurück schwimmen. Dreht um – und da hat sich eine Nebelwand aufgebaut. Und er weiß nicht mehr, wo zurück ist. Und gerät in Panik.
Über all das hat er mit seiner Mutter nie reden können. Sie hatte ihre Verantwortung an den Staat abgetreten. An die Stasi. Das war ja eins für sie. Die Genossen waren ihre Vertrauten. Die machen das schon. Die kümmern sich. So war der Sohn für sie bis zur Wende ein Staatsfeind. Als er dann aber Regierungsbevollmächtigter ist und sie mit Personenschutz besucht, ist sie schwer beeindruckt. Junge, sagt sie, ich bin richtig stolz auf dich. Und als er ihr das Bundesverdienstkreuz Erster Klasse zeigt, das Bundespräsident Roman Herzog ihm überreicht hat, sagt sie sofort: Du, so was hab ich auch. Steht auf, kramt im

Schrank rum und holt ihre Verdienstmedaille der DDR.
Das alles ist lange her. Er hat die Eltern seit einem Jahr nicht mehr gesehen. Wird auch nie wieder hinfahren. Mein Vater, sagt Fischer, taumelt zwischen Alzheimer und Demenz in der Wohnung umher, in der die Jalousien auch tagsüber unten bleiben. Und er weiß oft nicht mehr, wer er ist.
Für seine Mutter die Hölle. Sie hat sich aufgegeben. Liegt mit ihrer Angst vor der Angst im Bett. Wagt sich nicht einmal mehr in die Küche. Steht abends um halb neun auf und isst, was die jüngeren Söhne bringen. Sitzt da mit strähnigem Haar, abgemagert und im Nachthemd, der Kopf ist noch klar, aber das Herz ist 99 operiert worden.
Und deshalb wird Werner Fischer ihr die Berichte auch nicht mehr zeigen. Sie würde ja doch alles abstreiten. Oder einen Schlag kriegen. Oder beides.
Und da sitzt er, Werner Fischer, müde und erschöpft. Sitzt bei der dritten Kanne Tee in der Küche unter einem Bild von Bärbel Bohley, auf dem trauernde Gestalten grübeln. »Niemandsland ist unser zu hause«, steht als Widmung für den Freund darunter.
Dabei hätte ich so gerne alles mit meiner Mutter geklärt, sagt er. Und ich hätte ihr verzeihen können, wenn sie mir gesagt hätte: Ach Junge, das war doch die Zeit. Und für mich war die Stasi kein Schreckgespenst. Und ich wollte dir doch eigentlich nur helfen. Wenn man gutwillig ist, sagt Fischer, kann man die Berichte nämlich so lesen. Aber er hört nur ihren Satz: Die Stasi? Also die hätten mal kommen sollen. Denen hätte ich was erzählt.
Vertan. Alle Chancen vertan. Und so träumte er denn seinen Traum vom Tod der Mutter. Träumte, dass er vor ihrem offenen Grab steht und die Akten mit beiden Händen in die Grube wirft, all die eng beschriebenen Blätter, die langsam ihren Sarg zudecken.

Renate Meinhof

Renate Meinhof, geboren 1966 auf Rügen, sie absolvierte nach einer Bibliothekslehre und dem Studium der Evangelischen Theologie die Deutsche Journalistenschule München. Es folgten drei Jahre bei ARD-aktuell (Tagesthemen) in Hamburg. Ende 1999 kam sie als Redakteurin zur »Seite Drei« der SÜDDEUTSCHEN ZEITUNG. Sie ist Mutter einer vierjährigen Tochter.

Eine Mutter und ihr totes Kind: »Das hat der Junge nicht getan«.

Der Schatten der Brücke

Vor einem Jahr stürzten drei Jugendliche von der sächsischen Göltzschtalbrücke in den Tod – wie Monika Moritz um den Ruf ihres Sohnes kämpft

von Renate Meinhof
Süddeutsche Zeitung
4. September 2002

Der Tag, an dem sie vom Himmel fielen, zeigte nichts, was man im Nachhinein als Vorzeichen hätte deuten können. Die Bürgersteige dünsteten Hitze aus, Menschen stürmten ins Freibad. Die Pflaumen gefielen sich schon im beschlagenen Blau, und in den Gärten taumelten Wespen sommermüde durch den Matsch aus Äpfeln und Birnen. Später hieß es, an diesem Tag habe der Leibhaftige seine Hände im Spiel gehabt. Wie anders sollte man die Heimsuchung erklären? Der Leibhaftige aber hatte keine Spuren hinterlassen. So konnte man seiner nicht habhaft werden.

Erika Giese weiß noch, dass der Hund anschlug, und dass es »so einen Pulterich« gab. Ein dumpfes Geräusch, wovon sie erwachte. Ihr Schlafzimmer liegt zur Brückenseite hin. Näher kann man kaum wohnen: zwanzig, dreißig Meter nur sind es bis zu den mächtigen Pfeilern und Bögen aus Ziegelstein, und wenn Züge über die Brücke fahren, aus München, Leipzig oder Dresden, hört Erika Giese ein Grollen, wie von ferne. Man möchte es als milde bezeichnen. Es klingt wie ein besänftigtes Gewitter.

Monika Moritz erinnert sich, dass es sie fröstelte in dieser Nacht, um die Schultern herum. Das Haus war doch satt von der Wärme des Spätsommertages, und so konnte sie das Frösteln nicht einordnen. Es überkam sie in dem Moment, als die Einsatzwagen an ihrem Haus vorbei die Ackermannstraße herunterfuhren, so schnell das holprige Pflaster es erlaubte. Gegen viertel nach eins war das, am 26. August 2001. Die letzte *Tagesschau* war gerade zu Ende. Monika Moritz schaltete den Fernseher aus und ging schlafen.

400 Mark für sein Foto

Die Nacht stahl sich davon und nahm drei Menschen mit. Michael, 14, Mike, 17, und René, 18 Jahre alt. Sie waren aneinander gebunden, als sie gegen Mitternacht aus 78 Metern Höhe in die Tiefe stürzten. So hoch ist die Göltzschtalbrücke bei Reichenbach im Sächsischen Vogtland. Die Fessel zwischen

René und den anderen beiden löste sich im Sturz. Mike und Michael aber schlugen zusammen auf.
Diese Nacht nahm auch Monika Moritz und ihrer Tochter Sandra das Leben. Jedenfalls das, welches sie bis dahin geführt hatten. Michael, der blonde schöne Junge, für dessen Bild ein Herr von der Zeitung tags darauf im Schwimmbad 400 Mark bezahlen würde, war Monika Moritz' Sohn.
So begann es. Kein Monat verging, da sprang ein 17-Jähriger aus Baden-Württemberg von der Brücke, im Februar ein 19-jähriger Lehrling aus Chemnitz, Anfang März zwei 16-jährige Mädchen aus Thüringen. Mitte April war es eine 38-jährige Frau aus Reichenbach. Sie hinterließ eine Familie. Ende Juli sprang ein Paar aus Dresden, 28 und 29 Jahre alt. Zehn Menschen in einem Jahr. Die Bürgermeister der Orte nahe der Brücke möchten alles beschweigen. Damit nicht andere kommen, es nachtun und springen. Die Leute vom Bundesgrenzschutz bewachen jetzt die Brücke, fast rund um die Uhr. In diesem Jahr haben sie schon zehn heruntergeholt, denen das Leben noch lieb war. Ein wenig jedenfalls.
»Entschuldigen Sie, ich recherchiere das Thema Jugendliche und Suizid, ich weiß, dass Ihr Sohn ...«
Es knackt in der Klingelsprechanlage. Scharf wie ein Skalpell ist ihre Stimme.
»Da wissen Sie mehr als ich«, schneidet diese Stimme die Stille an. »Ich nehme mir ja auch nicht die Freiheit zu sagen, dass er ermordet worden ist.«
Das ist die ganze Geschichte. Wie eine Frau, die ihr Kind verloren hat, um dessen Ruf kämpft, und wie sie es zu schützen versucht, als wäre es noch am Leben. Gegen Moderatoren, Reporter, Kameraleute und Talkmaster. Gegen die Schlagzeilen. Jede Zeile ein Schlag.
Monika Moritz ist eine hoch gewachsene Frau mit blonden, kurzen Haaren. An manchen Tagen wirkt ihr Körper schwer und schwankend, wie ein Kahn, den man überladen hat. Stille hat sich in ihre Wohnung geschlichen, Schweigen, wie ein ungebetener Gast. Als hätten die Räume das Atmen verlernt. Meistens trägt Monika Moritz Schwarz, weil es ein Schutz ist, sagt sie. »Dann lassen mich die Leute in Ruhe.«
Das Haus, in dem sie mit ihrer 20-jährigen Tochter lebt, seit 1992 ist sie geschieden, hat sie selbst umgebaut. Unten ist die Kanzlei, zehn Angestellte, sie ist Anwältin für Familienrecht. Es gibt Tage, da hat sie drei Ehescheidungen, Tage, an denen Mandanten vor Gericht weinen oder fluchen oder schlagen wollen, und sie kriegt alles ab. Neun Jahre lang war sie Richterin. Gegen alle nur denkbaren Widerstände hat sie sich durchgesetzt und ist in der DDR Juristin geworden. Sie ist nicht der Typ für Kniefälle.
Sie fährt einen silbergrauen Benz. Die beiden passen zueinander. Den Weg zum Oberreichenbacher Friedhof findet der Wagen wie von selbst. Monika Moritz kommt jeden Tag hierher. Bevor sie geht, bückt sie sich und streichelt mit dem Handrücken die Einfassung aus Granit. Wie man einem Kind über die Wange streicht. Aber es hat nichts Flüchtiges. Vor einem Jahr musste die Polizei hier den Verkehr regeln, Hunderte von Menschen waren gekommen, als man Michael Moritz zu Grabe trug. Die *Bild*-Zeitung titelte am Tag darauf: »Dreifacher Selbstmord an der Göltzschtalbrücke: Die Opfer wurden still und heimlich beerdigt.« Das hat sie wütend gemacht. Monika Moritz sagt: »Haben die gedacht, dass ich die ganzen Blumen da alleine hingelegt habe?« Sie erzählt von dem Mann, bei dem ihr Sohn immer Döner gekauft hatte. Er war mit seiner Frau gekommen, beide weinten sie und sagten in gebrochenem Deutsch: »Das hat der Michi nicht getan.«
Ein Jahr später stehen noch immer Blumen auf dem Grab, und sie weiß nicht, wer sie bringt. Auch Stofftiere liegen da. Alle paar Wochen nimmt sie sie mit, steckt sie in die Waschmaschine, schleudert sie, trocknet sie und zieht sie in Form. Dann bringt sie die Tiere zurück. Eine Frau mit einer Tasche voller Stofftiere auf einem Friedhof.
Monika Moritz erwachte früher als nötig an diesem Sonntagmorgen. Der 26. August war der letzte Ferientag. Ihr Sohn würde erst um 11 Uhr zurück sein vom Zelten mit den Freunden. Sie konnte da sicher

sein, denn er hielt sich an Verabredungen. Morgen würde die Schule beginnen, sie wollten zusammen Geschichte lernen, den Ersten Weltkrieg. Er hatte noch die gelben Müllsäcke heruntergetragen und die Straße gefegt. Beide Kinder mussten mit anpacken. So hatte er sich verabschiedet: »Vergiss nicht Mami, wir müssen noch Geschichte lernen.« Und dass er einen neuen Fahrradschlauch brauche, am Montag. Das noch.

Sprung im Hochzeitskleid

Als es Sturm klingelte, unten an der Tür, war Monika Moritz noch im Morgenrock. Sie drückte auf den Knopf der Sprechanlage, jemand sagte: »Hier ist die K«. Leichtfüßig ist sie die Treppen hinuntergegangen, es ist ja nichts Besonderes, dass die Kriminalpolizei von ihr als Anwältin etwas will. Was denn passiert sei, hat sie gefragt, doch die Beamten schwiegen. Nahmen sie, einer rechts, einer links, brachten sie ins Haus. Hielten ihr ein Polaroid- Foto vor die Augen, klein, doch groß genug. » Ich sehe nichts mehr«, hat sie gesagt. Sandra, ihre Tochter, holte die Brille, »und dann lag der Michi da«.

Das reichte den Männern. Sie fragten nicht, ob sie jemandem Nachricht geben sollten. Sie würden später wiederkommen, mit größeren Fotos, und wenn es doch nicht der Michi sei, sagten sie, dann täten sie sich jetzt schon entschuldigen bei der Frau Moritz.

Es ist dieses Bild, das Monika Moritz nicht verlässt. »Seitdem sehe ich das«, sagt sie. Es waren ja nur Sekunden, die sie es hatte anschauen müssen, aber es ist, als hätten diese Sekunden ihre Augen verletzt. Manchmal verschwimmt, was sie ansieht: Buchstaben in einer Akte, ein Apfel, ein Baum, und plötzlich beginnen diese Augen ihr gnadenloses Eigenleben und fügen alles immer wieder zusammen zu diesem einen Bild: Der Körper ihres Kindes am Fuß der Brücke. Sie kamen wieder, die Polizisten, mit größeren Fotos. Es war Michael.

Von nun an durfte ihn alle Welt als einen der Selbstmörder von der Göltzschtalbrücke bezeichnen. Seine Mutter, so passte es alles zusammen, als Karrierefrau, die für ihre Kinder nie Zeit hatte, und Reichenbach als einen Ort, dem man entfliehen muss, und sei es durch einen Sprung in den Tod.

Erika Giese erinnert sich, dass sie nicht das Bedürfnis verspürte, das Haus zu verlassen in dieser Nacht. Sie hörte die Stimmen und den Lärm der Polizeifahrzeuge, deren Lichter flattrige Schatten durch ihre Zimmer jagten. Doch sie ging den schmalen Sandweg nicht hinunter, der ihr Haus mit der Straße verbindet. »Ich bin froh, wenn ich sowas nicht seh'«, sagt sie, und dass ihr diejenigen leid täten, »die das wegräumen müssen«. Sie ist jetzt 75 Jahre alt, und in gewisser Weise hatte sie sich daran gewöhnt, dass der Tod sich gelegentlich der Brücke bedient, in deren Schatten sie lebt. Die erste Person, die sie springen sah, Erika Giese sagt »nunderhuppen«, war eine Frau. Sie trug ein Brautkleid. Das war Anfang der achtziger Jahre. Da kam der Tod noch maßvoll an die Brücke, wenn der Tod ein Maß hat. Aber im letzten Jahr ist es anders geworden. Nach dem Sturz der drei Jugendlichen hat Erika Giese ihr Bettzeug genommen und ist für ein paar Wochen auf die andere Seite des Hauses gezogen, in das Giebelzimmer, in dem sie ihre Mutter bis zum Tod gepflegt hat. Erika Giese konnte im Anblick der Brücke nicht mehr in den Schlaf finden. Sie habe auch gehört »der Kleene, der 14-jährsche, der wollte gar nisch nunder«.

Das ist es, was Monika Moritz um den Verstand bringt: »Wieso ist der Michi überhaupt dort mit hoch?« Seit einem Jahr quält sie diese Frage. Wenn sie die Robe anzieht, wenn sie mit Sandra zu Abend isst, wenn sie den Boden wischt oder den Hund füttert. Sollte es eine Mutprobe sein, wollten sie das, oder hat einer nur das Gleichgewicht verloren? Wollte einer springen und hat die anderen beiden mitgezogen? Gab es einen Vierten, der sie beeinflusst hat? Solche Fragen.

Es gibt tausend Varianten, sagt sie, tausend. Zwei Abschiedsbriefe fand die Polizei, auf einen waren auch Satanssymbole gezeichnet. Monika Moritz hat keine der beiden Schriften als die ihres Sohnes identifizieren können. Sie will, dass das, was passiert ist, »ein

Unfall« genannt wird. Das sei die neutralste Fassung. Ein unvorhersehbares Ereignis, das einen Schaden herbeiführt, wie die Juristen sagen. Ein Mörder dürfe ja auch erst als Mörder bezeichnet werden, wenn er verurteilt ist. Und für Selbst-Mörder solle es keine Unschuldsvermutung geben? Sie weiß, dass sie als Mutter »subjektiv ist bis zum Äußersten«, aber sie hat auch niemanden gefunden, der ihr sagte, »du siehst alles rosarot, dein Sohn war ganz anders«.

Sie kannte auch die beiden anderen Söhne, René und Mike. Sie waren öfter da, auch zum Essen. Monika Moritz wollte wissen, wer die Freunde ihrer Kinder waren, wenn sie sie schon nicht aussuchen konnte. Sandra, die Tochter, sagt, der René hat immer so traurig geguckt. Das hat sie beunruhigt. Eine Zeitlang habe der Junge im Heim verbracht, er sei kein fröhlicher Mensch gewesen. Monika Moritz fragt sich, ob ihr Sohn ihm »ein bisschen Wärme vermitteln« wollte.

Sie sitzt in ihrem Sessel, wie fest gewachsen sitzt sie da. Auf dem Kaminsims, hinter ihr, an der Tür, steht das Bild von Michael. Daneben Blumen. Draußen hat die Dämmerung schon ihr kühlendes Laken über alles gelegt. Auf der Ackermannstraße hasten Menschen in ihre Wohnungen, um Licht zu machen, etwas zu essen, zu schlafen. Monika Moritz sieht aus dem Fenster, dann sagt sie: »Ein Junge, der mal so eben in den Tod springt, der will keinen Fahrradschlauch am Montag, und der will auch nicht mehr Geschichte lernen. Das passt nicht.«

Im November stellte die Staatsanwaltschaft Plauen die Ermittlungen ein. Die Juristen schlossen einen okkulten Hintergrund aus. Monika Moritz hat die Akten gelesen, hat sich das angetan, alles. Aber es gab nicht einen Hinweis, keine einzige Zeugenaussage, die auf eine Suizidgefährdung ihres Sohnes hindeutete.

Montag, der 27. August, ein Tag ohne Gesicht. Monika Moritz kann ihn nicht beschreiben, sie hatte Spritzen bekommen, zur Beruhigung. Sie weiß nur, dass es Freunde waren, die versuchten, sie vor Zeitungen und Fernsehen zu schützen. Es klingelte dauernd an der Tür, Reporter und Fotografen auf der Suche nach Sätzen und Bildern. Nie hat sie geöffnet. Nie hätte sie geöffnet, selbst wenn sie in der Lage dazu gewesen wäre. Aber sie hat dann doch vieles gelesen, später. Dass ihr Sohn das langweilige Landleben satt gehabt habe, dass er deshalb gestorben sei, dass er verwöhnt gewesen sei und ohne Markenklamotten nicht das Haus verlassen habe, dass er ein Skateboard besessen habe, für 1000 Mark. Solche Sachen. Fernsehsender schickten ihre Teams nach Reichenbach, um nachzustellen, was passiert war. Als die Filme ausgestrahlt wurden, haben fremde Menschen bei ihr angerufen, Reichenbacher, und gesagt: »Frau Moritz, glauben Sie um Himmelswillen nicht diesen Scheiß.« Die Bilder der drei Jungen flimmerten in aller Welt über die Schirme, ohne Augenbalken. Michael in seinen Fußballsachen von Empor Unterheinsdorf, lächelnd, verschmitzt und ein wenig schüchtern.

Fröhlich und blond

Wenn sie von ihrem Sohn spricht, dann mit zarten Worten. Ihre Stimme verliert dann alle Schärfe. Sie will, dass man weiß, wie er war, und wie er vielleicht geworden wäre. Sie seien sehr innig miteinander gewesen, alle drei. Als Kind habe Sandra, die große Schwester, niemanden in den Wagen gucken lassen. Wie ein Vampir habe sie aufgepasst. Er sei ein fröhliches Kind gewesen, immer in Bewegung, ein Lausbub. Manchmal hat er seine Mutter »Babe« genannt. »Ach, Babe«, sagte er, wenn sie sich um etwas stritten, »wenn du wütend bist, bist du noch süßer.« Bei diesem Satz habe sie kapituliert. Wenn die Schule zuende war, kam er zuerst in ihr Zimmer in der Kanzlei, ein blonder Schopf in der Tür, auch wenn Mandanten da waren. Es kannten ihn ja alle. Nach Michas Tod konnte sie in diesem Zimmer nicht mehr arbeiten und zog um in ein anderes. Es sind Kleinigkeiten, nach denen sie sich sehnt: Jaffa-Kekse für ihn zu kaufen, weil er sie so mochte. Ihn zum Fußball zu fahren und fünfzig Meter vor dem Platz anzuhalten, damit die anderen nicht sehen, dass sie sich küssen zum Abschied. »So ist der Michi«, sagt Monika Moritz.

Am Dienstag, es war der 28. August, musste sie sich ständig übergeben. Ihr Sohn lag in der Pathologie in Chemnitz. Man hatte ihr gesagt: »Sie können ihn nicht mehr sehen«. Es mochte auch niemand sagen, wann sie ihn obduzieren würden. Das war gar nicht nötig, denn Monika Moritz wusste es. »Die Sektion habt Ihr Dienstag früh gemacht.«–»Woher wissen Sie das?«–»Weil ich gespürt hab', wie sie ihn aufgeschnitten haben.«–»Sie sollten ihn nicht sehen« – »Ich habe mein Kind auf die Welt gebracht, und ich werde es auch von dieser Welt verabschieden.« Dann ist sie gegangen, mit Sandra, und es war wie ein Weg ins Eis.

Neulich hat es geklingelt, unten an der Tür. Monika Moritz drückte auf den Knopf der Sprechanlage, jemand sagte: »Hier ist die K«. Da ist sie die Treppen hinunter geschlichen, musste sich festhalten am Geländer. Ihr war, »als ob der Darm und alles ausläuft. Ein Stichwort genügt, und Sie drehen am Rad.« Was denn passiert sei, hat sie gefragt. Ein Lkw habe von der Bahnhofstraße aus ihr Haus gestreift, betrunken sei der Fahrer gewesen, es sei gewiss ein Versicherungsschaden. »Gott sei Dank«, hat sie gesagt, »ein Laster hat mein Haus gestreift.« Jetzt hat das Haus eine Schramme.

Warten auf ein Echo

Erika Giese steht in ihrem Garten und streicht mit der Hand über den Knöterich, der vor einem der Fenster des Hauses hängt wie eine wolkige Gardine. Früher hatte sie ruhigere Zeiten. Früher heißt: bevor Michael, Mike und René vor ihrem Fenster vom Himmel fielen. Früher hatten sie fünfzig Schafe, die weideten oberhalb der Brücke. Jedes hatte einen Namen. Liesel war ihr Lieblingsschaf, es kam überall hin mit, sogar zum Einkaufen. Dann trug es die Tasche im Maul. Ihr Mann hat es mit zum Schlachthof gebracht. Aber das war ein Versehen. Da hat sie sich einen Hund gekauft. Vor zehn Jahren ist ihr Mann gestorben, vor ein paar Wochen auch der Hund. »Das Herz hat nicht mehr mitgemacht«, sagt sie. Es waren die heißen Tage. Sie hat noch einen Ventilator besorgt, damit er es luftig hatte. Nur drei Stunden hat er gekämpft, um 1 Uhr in der Nacht ist er eingeschlafen. Auf sein Grab im Garten hat sie ein Fleißiges Lieschen gesetzt.

Selten nur geht sie runter zur Straße. Wenn Touristenbusse ihre Ladung dort am Fuß der berühmten Brücke ausspucken, so sieht man jetzt auch Menschen, die nach oben schauen, mit einem Blick, der sagt: Vielleicht springt einer, und ich bin dabei. Andere suchen nach Spuren: Blumen, Blut oder Kerzen. Aber da ist nichts. Wieder andere stehen unter den Bögen, locken ein Echo. »Wie heißt der Bürgermeister von Weee-sel«, fragen sie die Brücke. Und noch einmal, und ein drittes.

Doch es bleibt still.

Die Brücke ist nicht gewohnt, Antworten zu geben.

Wolfgang Michal

Wolfgang Michal, Jahrgang 1954, Absolvent der Deutschen Journalistenschule, Studium der Politikwissenschaft am Münchner Geschwister-Scholl-Institut. Von 1988 bis 1999 GEO-Redakteur, seitdem freier Autor. Mehrere Buchveröffentlichungen. 1989 Klagenfurter Publizistikpreis, Auszeichnungen beim Hansel-Mieth-Preis 1999, 2000 und 2002. Lebt in der Nähe von Hamburg.

Herrgotts Winkel

Wenn das katholische Milieu zu schwinden droht, muss die Kirche ein vitales und solidarisches Netzwerk sein. Von kleinen Leuten, die nicht nur beten, sondern helfen

von Wolfgang Michal
MERIAN
März 2002
Foto: Andri Pol

Wenn die »Beweihräucherer« ihr Fässchen schwenken, bekommt der Katholizismus Aroma. Bis zu 30 Pfund Gummiharz jährlich steigen im Dom gen Himmel

Gut möglich, dass Sie am Ende dieser Geschichte etwas religiöser geworden sind. Oder dass sie die Kirche mit anderen Augen sehen. Seien Sie auf jeden Fall leise! Wir beerdigen nämlich gerade Tante Karola. Eigentlich sollte sie hier irgendwo anonym verscharrt werden, weil das Geld für ein ordentliches Begräbnis fehlte. Aber dann übernahmen die Friedhofsgärtner die Kosten, und Franz Meurer, der Don Camillo des Arbeiterviertels Höhenberg-Vingst, erklärte sich spontan bereit, der guten Tante Karola eine Abschiedspredigt zu halten.

Da unten, auf dem Parkplatz des Nordfriedhofs, sehen wir gerade, wie er sich umzieht. Wie er die Schiebermütze vom Kopf nimmt, die Anorakweste auszieht und mit sicherem Griff Gewand und Stola überstreift. Wie er die Arbeiterzigarre Marke Tropenschatz löscht, zur Toilette eilt und im Waschbecken die Kugel des Weihwasserwedels füllt, »denn die Leute müssen richtig nass werden beim Segnen.« Früher, sagt Meurer, kümmerten sich Messdiener darum, aber heute kann sich das reichste Bistum der Welt solchen Luxus nicht mehr leisten.

Immer öfter müssen sogar Fachfremde einspringen, Beerdigungsredner wie Pater Norbert vom altkatholischen Orden Mariaviten. Er wird gerufen, wenn die Gemeinden die Bestattung einer armen Seele aus Kosten- und Moralgründen verweigern. Die Totengräber kennen ihn schon, und grüßen ihn mit einem herzlichen »Na, du alter Drecksack!«

Pater Norbert beerdigt gerade eine Punkerin. Quietschend zuckelt das Elektrowägelchen mit der Urne an den Gräbern vorbei, im Schlepptau schlurfende Punker mit Bierflaschen in der Hand, Kassettenrecorder auf der Schulter und steif geföhnten Irokesenbürsten. Rhythmisch klirren die Ketten an den Lederhosen. Dann ist Tante Karola an der Reihe. Pfarrer Meurer hält die versprochene »würdige Predigt«, zitiert Umberto Eco und Elie Wiesel, erwähnt Mutter Teresa und Kaspar Hauser, und erinnert daran, dass Tante Karola Kölnisch Wasser – 4711 – so gern mochte. Dann geht die Predigt im Handyklingeln der Lokalpresse unter. So ist die Welt nun mal, sagt Meurer. Ich

kann mir keine andere backen. Also bitte keine Sentimentalitäten!

Die wären auch fehl am Platz in einer Stadt, in der kaum noch jemand die Kirche ernst nimmt. Oder wie soll man es nennen, wenn im Kölner Theaterhaus ein schwuler Jesus im Kreis seiner Kumpane zecht? Wenn der Kabarettist Jürgen Becker in einer Karnevals-»Stunksitzung« den Lokalhelden Tünnes ans Kreuz nagelt und Kardinal Meißner als »Arschloch« beleidigt? Wie soll man es nennen, wenn die Evangelische Kirche ihren Karnevalswagen vom Kölner »Fachhandel für Erektionsbekleidung« sponsern lässt, und in der Traditionskneipe Gertrudenhof das Vaterunser zum Saufgebet verkommt: »Unser täglich Bier gib uns heute, und vergib uns unsere Schulden ...«?

In einer solchen Krise, sagt der Kölner Psychiater und Theologe Manfred Lütz, muss sich die Kirche auf ihre theologischen Tugenden besinnen. Auf jene, die der Dominikaner Thomas von Aquin – einst Student in Köln – im 13. Jahrhundert formulierte: Glaube, Liebe, Hoffnung. Als erfahrener Psychotherapeut weiß Lütz, dass an den Rand gedrängte Institutionen oft eine überraschende Vitalität entwickeln. Machen wir die Probe aufs Exempel.

GLAUBE

Sehen Sie da drüben in der Lindenstraße, am Rand des Belgischen Viertels, das Kloster Heilig Kreuz? Es ist das älteste Kloster der Stadt. Nach dem Krieg konnte man die Beichtwilligen in langen Reihen bis hinaus auf die Straße stehen sehen. Sechs Beichtstühle reichten nicht aus, um all die Sünden der Kölner zu fassen. Heute zählt man 15 Gottesdienstbesucher, wenn's hoch kommt.

Und da, vor dem Stüssgen-Lebensmittelladen – erkennen Sie den Obdachlosen? Den ganzen Tag blickt er auf das, was die Klosterbrüder von Heiligkreuz respektlos ihre »Knastwand« nennen: schwere Eichentüren, Fensterkreuze aus Sandstein, massives Mauerwerk. Er hat keine Ahnung, daß hinter dem weltabgewandten Bollwerk seine Konkurrenz logiert: der Bettelorden der Dominikaner.

Schwenken wir kurz hinüber, durch die Eichentür, vorbei an der Pforte und der dicken Glocke, die die Mönche zu den Mahlzeiten ruft: da sitzen die Patres im frisch renovierten Esszimmer, mit Stoffservietten in Serviettentäschchen, es gibt Geschnetzeltes und Rotwein, zum Nachtisch Kokoscreme und Espresso. Acht Mitbrüder leben hier, die meisten jenseits der 65 und rechtschaffen müde. Der neue Prior dagegen, ein hoch aufgeschossener Mann von 50 Jahren, ein echter Achtundsechziger, ist wild entschlossen, das Kloster zu entstauben.

Also raus mit dem ornamentverzierten Chorgestühl und dem braunen Stragula, den schweren Cordgardinen und den Fransen-Tischdecken, den grünen Plüschsofas und dem Gelsenkirchener Barock. »Im Sprechzimmer«, spottet Prior Wolfgang Stickler, »sah es aus als hätte Lilly aus dem Puff ihr Mobiliar verschenkt.« Raus mit den dunklen Ölschinken, von denen verkniffene Dominikanergesichter blicken, raus aus dem Speisesaal, wo die Mönche so weit auseinander saßen, dass sie sich zuwinken konnten und jeder stumm vor sich hin mampfte. Meine Generation, sagt Prior Stickler, kriegt die Krätze in dieser depressiven Atmosphäre.

Ergo: Rein mit hellen Kiefernholzmöbeln, hellen Rauhfasertapeten, hellen Vorhängen. Rein mit dünn gerahmten Siebdrucken von New Yorker Wolkenkratzern und farbenfrohen Christusfiguren, reproduziert im Andy-Warhol-Pop-Art-Stil.

Die Ästhetik, sagt Stickler, sei ja nicht die schlechteste Erscheinungsform des Glaubens. Er selbst wohnt in weißen Ikea-Möbeln, seine Sammlung von Jazz-CDs steht, penibel geordnet, im Billyregal: Chet Baker, John Coltrane, Miles Davis. Auf weißem Sockel liegt ein Werk des berühmtesten israelischen Bildhauers der Moderne, Menashe Kadishman.

Stickler, das sieht man, ist dem Orden in den Jahren der Revolte beigetreten. War Krankenhausseelsorger und Gesprächstherapeut, ein nüchterner Mann ohne Pathos, der den Glauben in der Vernunft lokalisiert. Der kein Gesabbel mag, sondern »Shorties«, herausfordernde Kurzpredigten von maximal zehn Minuten, etwa über Edith Piafs Autobiographie »Ich bereue nichts«. Wenn er Papst wäre, sagt Stickler, würde er als erstes Dogma verkünden, dass niemand vor sieben Uhr aufstehen darf und keine Messe vor neun gelesen wird.

Auch die Kirche, unmittelbar neben dem Kloster, »in schweinchenrosa« gehalten, soll ein neues Kreuz bekommen, kreiert von Gerd Winner, dem Münchner Kunstprofessor, der schon die Dominikanerklöster in Düsseldorf und Braunschweig modernisierte. Vier der sechs Beichtstühle »fliegen raus«, man benötigt sie nicht mehr, intelligent auswählen heißt jetzt die Devise. Das konservative Publikum wird ausgetauscht durch das Bildungsbürgertum der Neuen Mitte. Und die Nähe zum Belgischen Viertel soll nicht mehr Zumutung sein, sondern Standortvorteil.

Finanzieren kann Stickler seine ästhetische Umwälzung durch Kostendämpfung. Der übliche dreitägige Betriebsausflug samt Opernbesuch ist gestrichen, dito der gigantische Eierverbrauch von zuletzt 18 Stück pro Mann und Tag. Abgeschafft eins der Autos, die nie jemand benutzt, das sorglose Telefonieren, die Frühstücksbedienung, die Überversorgung mit Köchen. Doch ohne Sponsoren wird selbst die abgespeckte Klosterversion nicht zu halten sein. Die Pacht, die der Car-Wash-Service auf dem Klostergelände abwirft, reicht nicht aus. »Aber keine Sorge«, sagt Stickler, »Messgewänder mit Mercedesstern vorn drauf wirds trotzdem nicht geben.«

Dass das katholische Milieu verdampft ist, hält Stickler für eine Binsenwahrheit. Ob die Dominikaner in hundert Jahren noch da sein werden, weiß er nicht. Trotzdem strotzt er vor Selbstbewusstsein. »Angst«, sagt er, »ist etwas für Ungläubige.« Ihn trägt ein »abgrundtiefes« Gottvertrauen: »Glaube daran, dass es gut ist, dass es dich gibt. Lass dich in deinem Wert nicht infrage stellen.« In dieser Haltung streift er fröhlich pfeifend durchs totenstille Haus. »Ich glaube«, sagt er, »unser Marktwert steigt.«

Und die prominente Nachbarschaft soll ihm helfen dabei. So plant er zusammen mit dem Kölner Fotografen Peter Fürst (»Die entkleidete Frau«) eine Mieder-Ausstellung im Kloster. Die Comedy-Stars Hella von Sinnen und Dirk Bach will er für sein »Bibel live«-Programm gewinnen, und mit dem grünen Bundestagsabgeordneten Volker Beck diskutiert er über schwule Partnerschaften. »Man muss offensiv in die Zeit gehen«, sagt Stickler, weshalb er nun Reklamekästen an der »Knastwand« anbringen lässt. Das Kloster als geistiges Zentrum, das die religiöse Frage wachhält, das ist seine Idee. Kein Baumarkt-Glaube, wo sich jeder aus Versatzstücken etwas zusammenbasteln kann, sondern dominikanische Tradition: »Guck dir die Welt an, und du verstehst Gott.«

LIEBE

Oft ist die Welt aber nur schwer einzusehen. Das Haus Rosalie zum Beispiel, im kleinbürgerlichen Nippes, liegt verborgen hinter hohen Platanen, gleich gegenüber von »Wollis, Matzes und Horsts Motorradhimmel Blazing Bikes«. Im Erdgeschoss das Café Auszeit, die »Jobvermittlung Casablanca«. Namen, die nach Fluchtpunkten klingen. Im Treppenhaus wischt eine dicke Frau mürrisch den Boden. Ihr Gesichtsausdruck sagt: Ich mach' es, weil ich dazu verurteilt bin.

Die Frauen, die im Haus Rosalie Unterschlupf finden, haben einen langen Abstieg hinter sich: vors Haus gekippt von teils entsetzten, teils abgebrühten Beamten, die nicht wissen, wie sie mit ihrer menschlichen Fracht umgehen sollen. An Wochenenden ist es am schlimmsten. Da kommen randalierende, schwerst betrunkene Frauen, grün und blau geschlagen vom Ehemann, hysterisch vor Angst oder dumpf brütend. Weitergereicht aus Obdachlosenasylen, Polizeistationen, Kliniken, Gefängnissen. Fast alle diese Frauen sind verwahrlost, viele alkoholkrank, lebens- und therapiemüde.

Ganz oben im Dachgeschoss wohnt Monika B. Sie leidet unter »Hallus«. Hört Stimmen, die ihr befehlen, Schwangere zu bedrohen. Präzise wie eine Fachärztin kennt sie die Dosis der einzunehmenden Medikamente, weiss, dass sie brav sein muss, auch wenn sie platzen möchte. Ihre Dachkammer hat sie mit Tierkinder-Postern aus der Apothekerzeitung tapeziert,

die Worte »nötig« und »dreckig« dürfen in ihrer Gegenwart nicht benutzt werden.
Für Schwester Ute kein Problem. »Wir akzeptieren grundsätzlich jedes Verhalten.« Gott, sagt sie, nimmt dich so, wie du bist. »Akzeptierende Gelassenheit« nennen sie es im Heimjargon: die Vergangenheit der Frauen wird nicht aufgerollt, niemand schnüffelt in ihrem Vorleben herum.
Die Verängstigten sollen nach vorne blicken, ihre Krise als Chance betrachten. Im Haus Rosalie lernen sie, einen Haushalt zu führen. Sie lernen, ihren Tag einzuteilen und das Essen nicht hinunterzuschlingen. Im Kurs »Preiswert kochen macht Spaß« wird ihnen beigebracht, wie man mit 1,30 Euro pro Mahlzeit auskommen kann und dennoch abwechslungsreich isst. Vor allem aber sollen die Frauen die Angst verlernen, ständig alles falsch zu machen. Das ist unendlich mühsam, weil hinter der kleinsten Frustration sofort die selbstvernichtende Frage lauert »Wozu?«
Ist Ihnen aufgefallen, wie Frau R. am Mittagstisch sitzt? Kerzengerade, schlank, die Lippen geschminkt. Sie erwartet ihren Freund. Seit 13 Monaten wartet sie auf ihn, hält sich und ihr Zimmer tipptopp in Ordnung, putzt und scheuert, was das Zeug hält. Kauft Kleider und verpackt sie mit Klebeband zu wasserdichten Paketen. Der halbe Speicher ist schon voll. Frau R. sagt, sie sei leider noch nicht fertig mit Packen. Erst wenn alles komplett sei, werde ihr Freund kommen und sie holen. So lange müsse sie bleiben.
Schwester Ute versteht, dass viele Frauen hier dauerparken wollen. Der Umgang ist familiär, sie selbst lebt mit im Haus. Sie setzt auch keine Corniche mehr auf, diese auffällige zweihörnige Haube, die die katholischen Vinzentinerinnen im vorrevolutionären Frankreich getragen haben. Schwester Utes Garderobe ist schlicht und praktisch, sozialstaatskompatibel, billiger und näher an den Betroffenen. Denn »die barmherzigen Schwestern der Liebe«, wie sich die Ordensfrauen nennen, fordern Anpassung nicht von anderen, sondern von sich selbst: »Wir wollen wie ein Brunnen sein«, sagen sie, »der an einer Straßenecke steht und an dem alle, die vorbeiziehen, ausruhen und ihre Last, die sie zu tragen haben, abladen können.«
Doch manchmal wird die Last zu groß. Dann zerfetzt ein umklammertes Brotmesser in der Gemeinschaftsküche die Harmonie. Dann entdeckt Schwester Ute, dass die angeblich trockene Alkoholikerin mit Hilfe des Heizkörpers in ihrem Zimmer aus Äpfeln und Zuckerwasser Branntwein destilliert. Dann springt eine Frau, die eben noch Stärke demonstrierte, aus dem Fenster und alles war umsonst.
Nicht immer hilft dann die akzeptierende Gelassenheit als Selbstberuhigungsmittel. Was soll man tun, wenn die Umsorgten den Job wieder verlieren, wenn sie rückfällig werden, klauen, lügen, sich die Pulsadern öffnen? Wie soll man mit der inneren Leere nach einem schief gegangenen Totaleinsatz fertig werden? Schwester Ute geht dann »zur Enttäuschungsverarbeitung«, zum Supervisor. Der tröstet sie, dass es die Ärmsten doch eine Weile schön bei ihr hatten.
Und manchmal steigt dann dieses Kübler-Ross-Gefühl in ihr auf, diese wunderbare katholische Hinnahmebereitschaft: Näher zu dir, mein Gott. Am Ende, sagt Schwester Ute, wenn gar nichts geholfen hat, denke sie manchmal: Wenn diese Frau jetzt sterben würde, ich wär' nicht mehr traurig.

HOFFNUNG

Erinnern Sie sich noch an Tante Karola? Da waren auch alle zufrieden, als sie endlich unter der Erde lag. Keine Tränen, kein Trennungsschmerz. Für Pfarrer Meurer sind solche Beerdigungen »immer Erholung«. Da senkt sich tiefe Ruhe über ihn, und alles wird relativ.
Aber dann muss er doch zurück in sein Problemviertel Höhenberg-Vingst. Ins »HöVi-Land«, wie er das zwischen Güterbahnhof und Autobahn eingeklemmte Stück Köln zärtlich nennt. 25 000 Seelen: 10 000 Katholiken, 10 000 Muslime. 40 Prozent der Haushalte leben von Sozial- oder Arbeitslosenhilfe. Fast 18 Prozent der Einwohner sind über 75. Ein altes Arbeiterviertel auf der »schäl Sick«, kein Slum, aber nicht weit entfernt davon. 69 Drogendelikte in neun Monaten.

Franz Meurer will diesen Abwärtstrend stoppen. Mit aller Kraft stemmt er sich dagegen. Will das Viertel »umdrehen« und ihm seine »Würde« zurückgeben. Ist es nicht herrlich, wie er das macht? Wie er den Kölner Klüngel in einer Mischung aus Schlitzohrigkeit und Gottvertrauen nötigt, mehr Gottgefälliges zu tun, als dem lieb ist? »Ich druck dir deine Plakate«, lockt Meurer, »und du besorgst mir dafür ohne viel Papierkram einen Industrie-Container für meine Kinder im HöVi-Land.« Ein Handel, der aufgeht. »Is zwar verrostet«, singt er danach in schönstem Kölsch, »aber noch jut«.

Dieser praktizierende Kommunist mit CDU-Parteibuch fasziniert den Kölner SPD-Vorsitzenden ebenso wie den Kardinal. »Gemeinde«, sagt Meurer, »musst du wörtlich nehmen. Gemeinde heißt: füreinander einstehen.« Also hat er den Vingster Muslimen, die wegen eines auslaufenden Mietvertrags aus ihrer Moschee heraus müssen, Asyl im Keller seiner Kirche angeboten. Also verteilt er die Pille an junge Frauen und sagt, »wenn der Papst hier im HöVi-Land wär, würd' der glatt das Dreifache verteilen.« Kein Wunder, dass die Kölner ihren Meurer zum Don Camillo ernannten. »Klingt doch besser als Schweinepriester!«, sagt er, um sich das Lob vom Leib zu halten.

In seiner Wohnung im Pfarrhaus, selbst in der angrenzenden Kirche St. Elisabeth stapeln sich die guten Taten: Sitzbänke, Sonnenschirme, Tischtennisplatten. Von überall her organisiert Meurer Restposten und Auslaufmodelle. Für die Lebensmittelausgabe, die jeden Dienstag im Keller des Pfarrhauses stattfindet, liefert die nahe gelegene Brotfabrik Kronenberg kostenlos 600 ofenfrische Brote, vom Großmarkt kommen palettenweise Weintrauben, von der Kölner Tafel und vom Kölner Dreigestirn Wurst und Käse. Unter der Kirchenorgel lagern 1000 Pakete Barilla-Nudeln. Und notfalls gehen die Frauen der Gemeinde rüber zu Aldi und kaufen für 2000 Mark Tütensuppen, Tee und Nutella.

Bis zu 700 Leute pro Woche bekommen durch diese Armenspeisung ein wenig Luft in der Haushaltskasse. Meist sind es Aussiedler aus Russland, Kriegsflüchtlinge aus Ex-Jugoslawien, Obdachlose, Kleinstrentnerinnen. Wer sich schämt, erhält ein neutral verpacktes Paket per Post. Auf Berechtigung wird nicht geachtet. Die »Prinzessinnen«, wie die Rentnerinnen der Essensausgabe genannt werden, drücken meist beide Augen zu. Und Kinder kriegen schon mal einen Roller extra.

Oft weiß Pfarrer Meurer gar nicht, wohin mit all den Angeboten. 2000 Joghurts mussten sie neulich durchs Klo spülen, weil man sie nicht mehr rechtzeitig verteilt kriegte. »Die Welt ist voll«, sagt er, »es ist alles nur eine Frage der Logistik.«

Und so gleicht seine Pfarrei eher einer Geben & Nehmen-GmbH als einem spirituellen Ort. Und der Pfarrer sieht einem Vorarbeiter ähnlicher als einem guten Hirten.

Was soll er machen? Das Personal der Gemeinde ist in den letzten zehn Jahren halbiert worden. Also spannt er jeden ein, der vorbeischaut. »Wer's macht, hat die Macht«, ist Meurers Leitspruch. »Jede Menge Omas« hat er »im Einsatz«, auch Rentner, die ihr Berufswissen in der gemeindeeigenen Schreinerei ausleben, denn immer ist irgendwo ein »Event« zu planen, ein Spielebus auszustatten, eine Silberhochzeit zu feiern. Mal bepflanzt er mit Helfern die trostlosesten Ecken des Viertels, mal schmückt er die Straßen mit Weihnachtsbeleuchtung, mal bringt er den Obdachlosen ausgemusterte Bundeswehrschlafsäcke vorbei.

Stolz ist Meurer darauf, jeden Sommer für 500 Kinder des Viertels einen dreiwöchigen Freizeitspaß zu organisieren. Wo es »Fritten gibt bis zum Abwinken und Limo bis zum Kotzen«. 70 ehrenamtlich arbeitende Jugendliche und 100 Erwachsene hat er für diesen »Dienst am Nächsten« breitschlagen können. Sich selbst sieht er nur in der Rolle des »Ermöglichers«. Und wenn ihm einer für seine HöVi-Land-Stiftung ein ganzes Haus vermacht, dann gibt er dem edlen Spender zu verstehen, dass ihm der Kuchen, den die Oma gebacken hat, genauso viel wert ist. Geringschätzung lässt er nicht zu. Jeder nach seinen Fähigkeiten.

Kirche, sagt Meurer, sei in der Phase des Niedergangs eben keine bürgerliche Veranstaltung mehr, in der es darauf ankomme, im Vorstand schöne Reden zu halten. Kirche sei heute ein Netzwerk derjenigen, die fähig sind zur Solidarität. Und das seien, wie überall, die kleinen Leute.

In der Kleiderkammer arbeiten 28 Frauen der Gemeinde, natürlich ehrenamtlich. Für 2,50 Euro gehen Mäntel und Hosen über die Theke, auch der Pfarrer deckt sich hier ein, so, wie er seinen Speisenplan am Aufkommen der Lebensmittelspenden ausrichtet. Was er an Essen und Kleidern spart, kann er anderswo investieren. Zum Beispiel in die neue Kirche, unter der Meurer ein weitverzweigtes Höhlensystem aus Lagerhallen und Werkstätten anlegen lässt – inklusive einer eigenen Anfahrtsrampe für schwere LKW. Denn eine Kirche im 21. Jahrhundert, die keine Begegnungsstätte ist, in der nichts produziert und nichts verteilt wird, in der man nur beten kann und sonst nichts, »dat wär doch jeck.«

Die klare Sprache aus Kölsch und Amerikanismen zeigt, wohin er sich orientiert. Er will den Leuten »empowerment« geben, redet von »benefit« und »fundraising«, dem geschickten Eintreiben von Spenden. Meurer ist dabei nicht nur ein Provinzgenie, das die Kirche im Dorf lässt, weil ihn außer HöVi-Land nichts interessiert; er nimmt sehr genau wahr, wie sich die Universalkirche bewegt. »Willow Creek« zum Beispiel, die von Chicagos Vorstädten ausgehende Erneuerungsbewegung, imponiert ihm. Die ist pragmatisch, arbeitet in Kleingruppen, scheut nie den Weg in die Vorhöllen von Armut und Materialismus. »Bekehre nicht – lebe!« heißt deren Motto, und im Grunde ist es auch das Motto des Don Camillo aus Vingst. In Amerikas Kirche findet er, was der hiesigen abgeht: dass im Gottesdienst der Alltag verhandelt wird. Wer den Zaun der Oma repariert, wer die Kranken besucht.

Seit Jahren gibt Meurer deshalb eine kleine Zeitschrift heraus, die sich *Wider die Resignation* nennt und tief verwurzelt ist in der christlichen Soziallehre. »Was ist denn religiös«, fragt er, »was nicht sozial ist? Wenn wir nicht deutlich machen, wofür wir da sind, dann sind wir so überflüssig wie ein Kropf.«

Im Dezember 2001 haben ihm die Kölner Lokalgrößen Jürgen Becker, Carmen Thomas und Heinrich Pachl die erste »Alternative Ehrenbürgerschaft« Kölns angetragen. Als Protest gegen die soziale Zweiteilung der Stadt. Und vermutlich wird Pfarrer Meurer die Ehrung schamlos ausnützen. In der Hoffnung, den Sog zu verstärken für die, die im Schatten stehen.

Glaube – Liebe – Hoffnung.

Was haben wir in dieser wunderbaren Welt der katholischen Kirche begriffen? Die Philosophie des positiven Denkens? Die Abkehr von der rein intellektuellen Bekehrung?

Wir haben in drei Winkel der Stadt gesehen, in denen etwas vorgelebt wird, ohne Anspruch auf höhere Weihen. Es sind Suchbewegungen, die nicht jedem einleuchten mögen. Aber von hier oben betrachtet – das müssen Sie zugeben – ist das Ganze doch überhaupt nicht zu beanstanden.

Guido Mingels

Guido Mingels, geboren als Guido Egli am 12. Juni 1970 in Dagmersellen, Luzern, Schweiz. 1992–1998: Studium der Germanistik, Philosophie und Linguistik in Bern, Frankfurt/Main und Berlin. Von 1999 bis 2000 Reporter bei der BERNER ZEITUNG, im Frühjahr 2001 Gastredakteur beim Berliner TAGESSPIEGEL. Danach freier Journalist; schrieb Texte für DAS MAGAZIN, TAGESSPIEGEL, GEO Special und verschiedene Schweizer Medien. Nominiert für den Axel Springer-Preis für junge Journalisten 2001. Seit 2002 Redakteur beim MAGAZIN des Zürcher TAGESANZEIGER. Im gleichen Jahr Namenswechsel nach Heirat.

Josef, der Panzerknacker

Josef Wessely hat zwei Talente: Einbrechen und Ausbrechen. Tausend Tresore öffnete er, büxte aus allen Gefängnissen aus, fünfzig Jahre lang. Er sagt: »Ich habe immer nur die Legalität gesucht.«

von Guido Mingels
Das Magazin
6. Juli 2002
Foto: Privatarchiv

Faruk, der Polizeihund, war eigentlich schon im Ruhestand. Und Josef Wessely bezog längst seine Rente. Hund und Mensch trafen sich am Abend des 6. Juli 2001, in einer Scheune ob Aeschi bei Spiez, einem Nest über dem Thunersee, Berner Oberland. Faruk bellte. Josef blieb ruhig. Er kannte das schon. Stunden später, zurück in der Wachtstube, schrieb Treichler Hansrudi, Dorfpolizist und Besitzer von Faruk, ordnungsgemäß seinen Bericht zuhanden des Bezirkschefs: »Ein Ehepaar aus Aeschi konnte am 06. 07. 2001, ca. 17.00 Uhr, von seinem Haus aus einen Mann beobachten, welcher sich vom Kleinkaliberschießstand her in Richtung einer Scheune begab.«

Wessely geht um.

»Sie konnten beobachten, wie er sich an der Scheunenwand zu schaffen machte, dort einige Bretter entfernte und in die Scheune einsteigen konnte. Das Scheunentor wäre offen gewesen, und deshalb wurden die Beobachter erst recht aufmerksam.«

72 Jahre alt und nahezu blind.

»Die Melder konnten mit dem Fernglas weiter beobachten, wie der Einschleichende die Bretter wieder fein säuberlich in die Nut der Pfosten und Streben einsetzte.«

Ein Wessely hinterlässt keine Spuren.

»Mein Diensthund Faruk – eigentlich im Ruhestand – wurde bei der Anhaltung auch eingesetzt und zuerst in die Scheune gelassen. Faruk brauchte nicht lange zu revieren und konnte dort einen auf seinem Schlafsack liegenden Mann orten und verbellen. Auf erste Vorhalte bezüglich seiner Identität hin teilte der ältere, gesetzte Mann mit, dass er Hr. Weber sei.«

Weber, der Mädchenname seiner Mutter, einer seiner vielen Decknamen. Alias Josef Weber, alias Heinrich Felten, alias Heinz Lössel.

»Mein Kollege Kammermann Erwin konnte jedoch den Mann sofort erkennen als Josef Wessely! Sein Toupet lag in unmittelbarer Nähe seines Nachtlagers. Eine Pistole in Holster und selbst gebasteltem Tragriemen lag griffbereit unter seinem Rucksack. Er war nur mit einer Trainerhose bekleidet.«

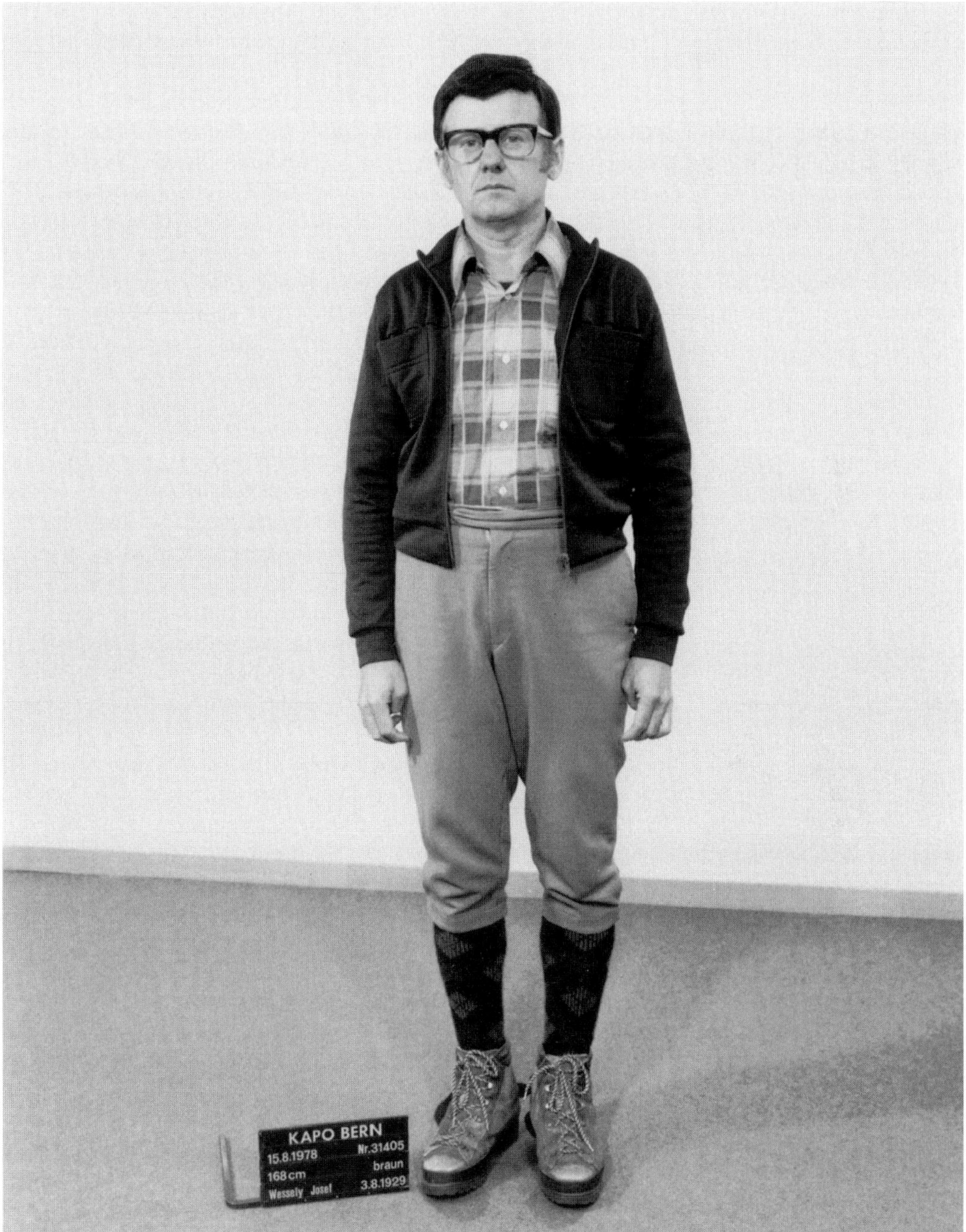
KAPO BERN
15.8.1978
Nr.31405
braun
168 cm
Wessely Josef
3.8.1929

Josef Wessely ist wieder da. Wessely, den die Schweizer Fahnder, beinahe liebevoll, »'s Wieseli« nennen: das Wiesel. Zurück aus Brasilien, wo seine Familie lebt, die er durch seiner Hände Arbeit nährt. Meister-Panzerknacker: So nennt ihn die Presse. Brach wieder in Berghotels ein, des Nachts, um Kassenschränke zu öffnen. Keiner kann das so gut wie er. Gentleman-Verbrecher, heißt es in den Akten. Der nie Gewalt anwendet, der den Tatort in schönerer Ordnung hinterlässt, als er ihn vorfindet. Mitternachtsschlosser, so stellt er sich selbst vor. Keiner hat mehr Einbrüche verübt in der Schweiz als er: mehr als tausend in einem halben Jahrhundert. Der Einbrecherkönig. Ungekrönt seit 50 Jahren, von denen er rund die Hälfte in Gefängnissen verbrachte, kaum eine Zelle in diesem Land, die er nicht bewohnte. Derer nicht den Rücken kehrte: Keiner brach öfter aus als er, auch nicht Walter Stürm, der berühmteste Kriminelle der Schweiz. Ausbrecherkönig: So nennt man den, bis heute.
Vergesst Walter Stürm.

3. August 1929, Neu-Karansebesch, Rumänien, wo die Sebesch in die Temesch fließt: Unerwünscht kam das Kind in die Welt. Die Eltern, unverheiratet, hießen Maria und Josef, befleckte Empfängnis. Die Mutter, eine Deutsche, nannte ihren Sohn nach dem Vater, ein Deutscher auch er, wie alle im Dorf. Donauschwaben, eingewandert im 17. Jahrhundert. Josef, der Sohn, hatte Flausen im Kopf und wollte auf die Kunstakademie. Die Mutter schickte ihn zum Schreiner in die Lehre und zur örtlichen Hitlerjugend. Der Vater, eingesetzt gegen die Tito-Partisanen, fiel 1945 in Ljubljana beim Einmarsch der Roten Armee, die Mutter wurde im selben Jahr nach Russland deportiert. Der Krieg war vorbei, und Josef war Waise. Im Dorf ging die Rede, der Lehrling vom Schreiner, 16-jährig, sei unschlagbar im Schachspiel. Die Kommunisten eröffneten Kolchosen in Neu-Karansebesch, und Josef lebte beim Lehrmeister, bis der seinen Betrieb schließen musste, laut Produktionsplan war er nicht länger vonnöten. Als Josef zur vormilitärischen Erziehung eingezogen werden sollte, hatte er genug. Er war 19 Jahre alt. Er wollte gehen.
»Ostern 1948: Hab ich mich auf den Weg gemacht.«
Ein kleiner, runder, alter Mann mit Halbglatze und Hosenträgern sitzt schwer atmend auf einem Stuhl in der Kaffeestube eines Berner Altersheims. Das Signalement aus dem Fahndungsbrief von 1978 trifft immer noch zu, nur die Haare sind noch weniger und weiß geworden: »168 cm, Halbglatze, Haare hellbraun, zeitweise Perücke, Augen graublau, unter rechtem Auge zwei Warzen, über Nasenwurzel Narbe, Gesicht rundlich und bleich, spricht Hochdeutsch, Rumänisch, Französisch, Portugiesisch, wiederholt rückfälliger Einbrecher, Kassenschrankknacker. Belohnung bis 3000 Franken für Hinweise, die zur Ergreifung des Täters führen.« Er sucht mit der Leselupe nach seiner riesigen Brille, die auf dem Tisch vor ihm liegt. Das ist kein Wiesel. Eher ein Maulwurf.
»Von den Karpaten über die Alpen bis zu den Anden bin ich gereist.«
Josef Wessely wurde im Februar dieses Jahres aus dem Regionalgefängnis Bern, wo er seit Juli 2001 in Untersuchungshaft saß, in ein Alters- und Pflegeheim verlegt, seiner Gebrechlichkeit wegen. Die Fluchtgefahr sei auf Grund der zunehmenden Erblindung des Angeklagten als minimal einzuschätzen, befand der Gerichtsmediziner. Langwierig gestaltete sich die Untersuchung zu seinen jüngsten Vergehen, immer mehr Fälle kamen ans Licht, die seine Handschrift trugen, aus allen Ecken der Schweiz meldeten Hotelbesitzer kleine Verluste an. Erst am 26. März 2002 kam es vor dem Kreisgericht XIII Obersimmental-Saanen zum Prozess gegen einen Mann, den die Berner Kantonspolizei längst zur Historie zählte und in ihrem Kriminalmuseum mit einem eigenen Schaukasten ehrt. Die Anklage in Saanen: Diebstahl, Sachbeschädigung und Hausfriedensbruch in insgesamt 74 Fällen, begangen in den Jahren 1995 bis 2001 in den Kantonen Bern, Wallis, Graubünden, Schwyz und Luzern. Wessely verbrachte jeweils die Sommermonate in der Schweiz, um zu arbeiten, den Rest des Jahres in Brasilien bei seiner Frau, Iréne Wessely Lazaro dos Santos,

und den zwei Söhnen, Isac und Paulo. Das Urteil: 15 Monate unbedingte Haftstrafe unter Anrechnung der erstandenen Untersuchungshaft von 265 Tagen. Es war Josef Wesselys achter Schuldspruch in der Schweiz, auch seine achte Landesverweisung auf Lebzeiten, seit ihn das Amtsgericht Interlaken vor 50 Jahren, am 17. Dezember 1952, zu 18 Monaten Zuchthaus und 20 Franken Buße verurteilte. Nach der Verhandlung in Saanen brachte man den greisen Gauner zurück ins Pflegeheim.
»Der Zimmernachbar spricht kein Wort mit mir«, sagt Wessely. Seine Stimme: Nasalgesang. Östlicher Akzent. »No, wär ja nicht weiter schlimm, aber der spielt nicht einmal Schach!« Jetzt lacht er. Beiger PVC bedeckt die langen Korridore im Heim, zur Zierde hängen bunte Papierschmetterlinge von der Decke, draußen im Garten ist ein Ententeich. Das Menü heute: Rindssaftschnitzel mit Kartoffelstock und Kefen.

Sans-papiers und Fremdenlegionär

1948. Wohin jetzt, Josef? Nach Deutschland wollte der 19-Jährige, »heim ins Reich«, wie er heute sagt, weg von den Kommunisten. Ungarn lag am Weg, hier wurde er das erste Mal festgenommen: illegaler Grenzübertritt und Diebstahl von Äpfeln. Das erste Gefängnis von innen, alles noch ungewohnt. Er floh. An der österreichischen Zonengrenze griffen ihn die Russen auf, er türmte. All seine Dokumente blieben zurück, Josef Wessely war von nun an staatenlos, ein Sans-papiers. Er ging nach Deutschland, fand dort keine Heimat. In Köln versuchte er sich als Porträtzeichner, als Schreiner, vergeblich. In Belgien, hörte er, soll es Arbeit geben, in den Minen von Charleroi. Er landete, illegal eingereist, im Petit-Chateau, dem Gefängnis von Brüssel. Büxte aus, ging nach Frankreich, die Polizei erwischte ihn, schon wieder Gefängnis, wegen Landstreicherei. Dann pflegte er Pferde in Fontainebleau, doch als sein Herr, um Lohn angefragt, nur sagte: Josef, Sie essen und schlafen doch hier, da ging er davon. Bald schleppte er Gemüse in den Markthallen von Paris, bald versuchte er es bei der Fremdenlegion. Was ihm missfiel. So ergriff er die Flucht aus dem Fort Saint Nicolas in der Bucht von Marseille. Nun wollte er in die Schweiz, da war er noch nicht. Da sei es gut, hatte man ihm gesagt.
Saanen, Bern, im März dieses Jahres: Ein Satz in der Urteilsbegründung des Richters tut Josef Wessely in der Seele weh: »Strafmildernd fällt ins Gewicht, dass der Angeklagte, wohl wegen seines Alters und medizinischen Zustands, zum Teil dilettantisch vorging.« Dilettantisch! Er! Doch der Richter hatte Beweise: Wohl öffnete Wessely die Tresore, denn das kann er blind, doch sah er hie und da die Notenbündel nicht, die darin lagen. Nein, das wäre ihm früher nicht passiert.
Herr Wessely, wie stellen Sie es an?
Die Arme über dem Bauch verschränkt, wippt der alte Mann vor und zurück auf seinem Stuhl. »No, zuerst muss ich ja reinkommen, ins Hotel. Da tu ich den Fensterrahmen, dort wo der Griff ist, anbohren, von Hand, mit einem 4-Millimeter-Bohrer, so schräg diagonal zum Griff hin. Die Bohrwinde dazu hab ich selbst gemacht. Drück ich den Hebel hoch mit einem Stahldraht. No, und dann geh ich rein, aber nur kurz, schau, wo der Kassenschrank ist, und sofort wieder raus. Draußen wart ich halbe Stund, zum Schauen, ob die was bemerkt haben, ob ein Alarm losgeht. Ist eine Vorsichtsmaßnahme, die hat mich schon oft gerettet. Geh ich wieder rein und mach den Tresor auf.«
Aber wie?
»Dieses Fingerspitzengefühl!« Museumstermin, Kapo Bern, der Beamte vom kriminaltechnischen Dienst steht vor dem Schaukasten zu Josef Wessely und gerät ins Schwärmen. »Man muss es einfach sagen: Der Mann ist ein Genie auf seinem Gebiet.« In der Vitrine liegen kleine, gebogene Drähte, winzige Häkchen, feine Sägeblättchen, Pinzetten, Nagelfeilen, Mini-Schraubenzieher, sogar selbst gebastelte Passepartouts. Der Polizist deutet, zum Vergleich, auf einen andern Schaukasten. Dort: Brecheisen. Trennscheiben. Vorschlaghämmer. Eine Stange Dynamit. »Die Jugo-Methode«, sagt er dazu, wendet sich ab. Dann erzählt er, wie man Wessely einmal gebeten

habe, seine Methode einigen Vertretern von Tresorherstellern vorzuführen. »Die haben danach die Produktion der Schlösser verändert.« Man hatte ihm einen Safe gebracht in die Zelle und sein Werkzeug. Drei Minuten hat er gebraucht.

Aber wie?

»Ich weiß nicht«, sagt Josef Wessely, »ob Sie die Zuhaltungen kennen, die hängen so gebündelt im Schloss.« Er macht eine Zeichnung. »Da sind hier so vier bis acht Scheiben, no, und jede hat einen Schlitz, jede ein bisschen woanders, genau wie der Bart vom Schlüssel.« Die Skizze, zittrig und unsicher, ergibt keinen Sinn. »Da geh ich von hinten mit dem Drahthaken rein, tu so schütteln und kratzen, no, bis alle Schlitze aufeinander liegen. Und dann kann der Nocken rein, und die Tür geht auf.« Sieht aus wie ein Seepferd, was er da malt.

Josefs Wut nimmt zu

In der Uniform des Fremdenlegionärs kam der 23-Jährige 1952 in die Schweiz, er klaute neue Kleider, warf die Uniform des Legionärs in den Bielersee, ein Fremder würde er bleiben. In Wilderswil, Berner Oberland, vermittelte ihn der Pfarrer an die Wirtsfamilie vom Hotel »Hirschen«, so wurde er Bursche für alles, Schwarzarbeiter. Nachts schickte ihn der Wirt in den Wald, um heimlich junge Tannen abzusägen, aus denen Josef tagsüber einen Gartenzaun baute um das Hotel herum. In der Freizeit malte er Landschaftsbilder, und jeden Samstag bekam er zwei Franken, für Zigaretten. Ein Illegaler bist du, hast nichts zu verlangen! Josef murrte und ging. Er nahm des Meisters Fahrrad mit und einen gewaltigen Groll. »No, und so hat alles seinen Lauf genommen.«

Zahltag. Josef stieg zum ersten Mal in ein Hotel ein, in Grindelwald. Noch wusste er nicht, wie man Tresore knackt. Er nimmt, was er findet. Man findet ihn. Flucht, Haft, Flucht, Haft: der Rhythmus seines Lebens. Fünf Mal ergriff man ihn allein in den nächsten sechs Jahren, jedes Mal entkam er wieder. Im bernischen Witzwil spazierte er davon, im Flüchtlingslager bei Rom kam er nicht vom Ausgang heim, in der Strafanstalt Thorberg übertölpelte er einen Aufseher und in Bellelay, Bern? Da weiß er nicht mehr wie.

Was war bloß mit dem jungen Mann? Warum nur diese schiefe Bahn? Auf Wunsch eines Psychiaters schrieb Josef am 28. Juni 1958 im Gefängnis von Bellelay mit der für seinen Schreibstil typischen vornehmen Eleganz den bisherigen Lauf seines Lebens auf drei A-4-Seiten nieder. Im ersten Satz des letzten Abschnitts unterläuft ihm ein programmatischer Lapsus: »Und heute stehle ich wieder am Tage null. Wird man meine Lage verstehen oder nicht für notwendig finden, eine Änderung in meinem Lebenswandel zu schaffen? Ich habe die Erfahrung gemacht, dass mein Wille nicht genügt, um auf die Beine zu gelangen. Ich bitte wiederholt sehr darum, sich meines Falles annehmen zu wollen und mir endlich den Weg zur Gesellschaft zu ebnen.« Blumig, aber herzlos formulierte der Psychiater seine Diagnose: »Haftkrise bei vollständig entwurzeltem infantilem Nachkriegsstrandgut.« Noch neun Tage bis zur nächsten Flucht.

6. Juli 1958, Entweichung aus Bellelay, drei Tage später Verhaftung in Sepey, Waadt, einen Monat später erneute Entweichung aus Bellelay, im September Verhaftung in Lissabon, zwei Wochen später Entweichung in Lissabon, im November Verhaftung in San Sebastian, Spanien, drei Monate später Entweichung in Vitoria, Spanien, im Februar 1959 Verhaftung in Rolle, Waadt, drei Jahre später Entweichung, wieder aus dem Thorberg, Bern. Josef Wesselys Haftregister liest sich wie die Etappenfolge einer unendlichen Radrundfahrt.

Er sagt: »Hat ja keine Rolle nicht gespielt, ob ich geh oder bleib. Drinnen bin ich ein Dieb, draußen ein Illegaler. Ich sagte mir: Josef, nutz deine Zeit.«

Zur See, zur See. In Flensburg heuerte Wessely 1963 auf dem deutschen Schiff »Jupiter« an, fuhr als Schiffszimmermann nach Rotterdam, Antwerpen, Southampton, dann, auf anderen Schiffen, nach Russland, Westindien, Südamerika, er bediente die Ankerwinde und entdeckte, eines Morgens, Brasilien. »Ich dachte, ein Tropenland, das wär gut für mich, immer warm, und Brasilien ist ein großes Land, sind alle Rassen da, und die gucken nicht so genau, wer einer ist.« Ein Architekt wollte er werden, wollte schicke Häuser bauen für reiche Brasilianer, ein guter Plan. Zurück in Europa machte er einen Fernkurs im Hochbauzeichnen und begann, Geld zu besorgen für die Auswanderung.

Er machte Fortschritte. Einmal wars, am Zugersee, da nahm er beim nächtlichen Hotelbesuch einen Kassenschrank mit, »zu Studienzwecken«, wie er sich ausdrückt, und hantierte, versteckt im Wald, am Schloss herum. Und Josef, der Porträtmaler, der Schachspieler, der Hochbauzeichner, der Möbelschreiner, entdeckte diese Gabe in seinen Fingern. »Lächerlich, wie leicht das ging!«

Die Einbrecherei fing an zu rentieren. Hier fünf-, da zehn-, dort zwanzigtausend Franken. Er besuchte nur Hotels abseits der Wege, Diskretion war ihm wichtig. Bevor er irgendwo einstieg, reinigte er die Sohlen seiner Schuhe. Strenge Kleidervorschriften erteilte er sich selbst: Sieh immer so aus, wie alle andern Fremden in den Bergen. Also: Wanderhose bis über die Knie, Wandersocken mit Rautenmuster, solide Wanderschuhe, kariertes Wanderhemd, grüne Wanderjacke. Niemals verließ der Mitternachtsschlosser einen Arbeitsort, ohne vorher Tresor und Fenster wieder zu schließen, manchmal stopfte er gar das Bohrloch im Fensterrahmen mit Weißbrot zu. Wenn er Jahre später wiederkam, war das Loch zuweilen noch da, was seine Arbeit erleichterte. Vormittags schlief er, in Scheunen, Heuschobern, Hütten, auch die Scheune in Aeschi, wo er zuletzt festgenommen wurde, war ihm schon öfters Pension. In der Freizeit las er gern, Fachzeitschriften über Architektur und Bücher über Brasilien. Sein Leben ein Spiel, er war der Räuber, die Welt der Gendarm. Ede Zimmermann von »Aktenzeichen XY ungelöst« suchte nach ihm.

»Wollen Sie eine lustige Geschichte hören?«, fragt er und grinst. »In Saanenmöser ist ein Hotel, da war ich schon zwei Mal drin und hab jeweils Zehntausend mitgenommen. Jetzt war ich vor ein paar Jahren wieder da. Sofort seh ich, da ist ein neuer Tresor, einer mit Zahlenschloss, da kann ich nix machen. Und wie ich schon gehen wollt, merk ich plötzlich, da ist ein Hund unter dem Schreibtisch! Ein großer, schwarzer! Aber der hat nix gemacht, kein Laut, nur gewedelt hat er mit dem Schwanz. Dann fiel mir auf, dass der Telefonhörer abgehängt war und so schräg über den Tresor hing, wahrscheinlich, damit der Hotelbesitzer den Hund bellen hört, wenn etwas ist. Jetzt hab ich mir einen kleinen Scherz erlaubt. Hab ich mir einen Zettel genommen, drauf geschrieben »Wau! Wau!«, den Zettel unter den Telefonhörer geklemmt und weg war ich.«

Was ihn aufregt: die Krimis am Fernsehen. »Ist alles Blödsinn. Immer zeigen sie die Einbrecher mit dem Ohr am Tresor. So kriegt kein Mensch ein Zahlenschloss auf! Oder diese riesigen Taschenlampen, die die dabeihaben, mit den riesigen Lichtkegeln. Das fällt doch auf! Eine Lampe muss so klein sein wie möglich.«

Ihr größter Coup?

»Das Kurhaus Lenk 1971, 110 000 Franken.«

Der schlimmste Misserfolg?

»Hotel ›Giessbach‹, 1966, Bein gebrochen auf der Flucht.«

Der schwierigste Ausbruch?

»Thorberg 1979. Wärter bestochen, der hat mir fünf Türen aufgemacht.«

Der leichteste?

»Thorberg 1971. Man ließ uns unbewacht im Freien arbeiten.«

Je die Waffe benutzt?

»Nie. Nur, um den Lauf zu putzen.«

Ihre schlimmsten Jahre?

»Alle im Gefängnis.«

Die glücklichsten?

»Mitte der Siebziger, in Brasilien.«

Er hat einen Stapel Fotos mitgebracht, breitet sie aus auf dem Tisch. Josef mit Gattin vor den Iguaçu-Wasserfällen, die Hochzeitsreise. Josef vor neu gebautem Eigenheim im Villenviertel von Teresópolis, nahe Rio de Janeiro. Josef Arm in Arm mit Frau unter Palmen. Mit erstem eigenem Auto. Im Hobbykeller. Im Garten, mit Hund spielend. Schön wars.

Ausgewandert war er 1973, die Früchte seiner Arbeit in der Tasche, eine halbe Million. Dass sein Pass gefälscht war, fiel niemandem auf. Josef, 44, baute ein Haus, das er selbst entworfen hatte, und nahm sich eine Frau, die 20 Jahre jünger war. Eine Mestizin, die Tochter des Mannes, der im Villenviertel die Gärten pflegte, sie kam manchmal bei ihm vorbei zum Fernsehschauen. Man wollte heiraten, ein Geschäft eröffnen, das Grundstück war schon gekauft. Josef im Glück.

Das währte vier Jahre. Dann schmiss ihn der allerhöchste Brasilianer, Staatspräsident Ernesto Geisel, per Dekret aus seiner Republik. Sein Justizminister, Armando Falcao, hatte ihm geschrieben, »Excelentíssimo Senhor Presidente da Republica, nachdem nachweislich festgestellt worden ist, dass es sich bei Josef Wessely um ein schädliches und gefährliches Individuum handelt, das somit unerwünscht ist, plädiere ich für seine Ausweisung aus dem Staatsgebiet.« Um indivíduo nocivo, perigoso e, portanto, indesejável. Josef Wessely wurde im Herbst 1977 nach Deutschland ausgewiesen. Am Flughafen von Frankfurt erwartete er seine Verhaftung, sie blieb aus, ein Fehler bei Interpol, keiner wollte ihn, nicht einmal die Justiz. Da stand er nun, zurück in Europa, wieder ohne Papiere, ohne Arbeit, allein. Was sollte er tun? Er blieb bei seinem Leisten.

Sein Freund, der Fahnder

Hannes Steiger, 69, vom Fahndungsdienst der Berner Kantonspolizei, ist ein geduldiger Mann. Er betreute den Fall Wessely von 1968 bis zu seiner Pensionierung im Jahr 1995. Gerne erinnert er sich an seinen besten Kunden. »Der Josef war ein Sensibler. Aber wenn man gewusst hat wie, konnte man gut geschäften mit ihm.« Freundlich sei er gewesen, kooperativ. Und wenn er wieder hungerstreikte, so habe er, Steiger, ihm ein Kilo Honig mitgebracht auf den Thorberg und gesagt: Josef, iss das, sei vernünftig. Steiger und Wessely befuhren zusammen die ganze Schweiz, Tatort-Besichtigung nannte sich das, Josef, zukunftsgerichtet, nannte es Tatort-Auskundschaftung. Mittags, beim Essen auf Spesen, kriegte das Wiesel jeweils sein Gläschen Dôle dazu, das trank es am liebsten. Abends, vor der Heimfahrt zum Gefängnis, ging man auch mal kegeln. Weil es strafmildernd wirkte, führte Wessely die Polizisten machmal zu einem Versteck, wo er Geld vergraben hatte – wobei seine Hilfe nicht immer vonnöten war, hatte er doch die Angewohnheit, seine Verstecke zentimetergenau zu kartografieren, im Auf-, Seiten- und Querriss, gelernt ist gelernt. Im liechtensteinischen Schaan fand die Polizei so 200 000 Franken, einen halben Meter unter dem Gras, in Einmachgläser eingeschlossen, diese in einem Plastiksack verpackt, darin Silica-Körner eingestreut, die die Feuchtigkeit aufsaugen, und alles umwickelt mit Stacheldraht, gegen die Mäuse. Von einer dieser Schatzsuchen besitzt Steiger ein Erinnerungsfoto, das aussieht wie ein Schnappschuss vom Männerchor-Reisli: ein Sommernachmittag im August 1978, fünf Männer, Wessely in der Mitte, stehen auf einer Wiese in Aeschlen ob Gunten am Thunersee. Jeder, außer Wessely, hält ein Stück Beute im Arm. Ein fröhliches Bild, nur der Mann in der Mitte blickt etwas gequält.

Je Reue gefühlt?

»Gegenüber wem?«

Den Hoteliers.

»Die kriegen ja alles von der Versicherung wieder.«

Warum immer die Schweiz? Es gibt auch anderswo Hotels.

»No, wegen damals, wo ich mich ungerecht behandelt gefühlt hab.«

50 Jahre lang? Das glaubt kein Gericht.

»Mir egal, was das Gericht glaubt. Die stecken ja selber mit drin. Sind alles Gauner. Wenn in Brasilien ein Korruptionsfall aufgedeckt wird, heißt es immer, das Geld ist in Miami oder in der Schweiz. Nein, in der Schweiz tu ich bestimmt niemandem weh.«

Sind Sie Robin Hood?

»Robin Hood nimmts von den Reichen und gibts den Armen. Ich bin selber arm, also geb ich es mir.«

Josef, der Künstler. In der Strafanstalt Thorberg war er beliebt. Gerne brachten ihm die Wärter Fotos ihrer

Kinder in die Zelle, die malte er in Öl und traf den Geschmack: realistisch und idyllisch zugleich. In der Gefängnisschreinerei fertigte er ganze Bauernschränke, verzierte Kommoden mit Intarsien. Dieses Fingerspitzengefühl. Ein Wachtmann, 1979, fasste Zutrauen und hatte Hintergedanken, erzählte Josef seine Sorgen, er hatte Schulden, eine Geliebte, ein uneheliches Kind. Man wusste: Der Wessely hat Geld versteckt, draußen. Der Aufseher öffnete Wessely fünf Türen und besorgte ihm eine Zange für den Zaun, geschehen in der Nacht vom 11. zum 12. April 1979. 35 000 Franken waren ihm dafür versprochen, und Wessely, in Freiheit, hielt Wort, schickte seinem Helfer einen Plan von einer Waldlichtung im Wallis, wo das Geld vergraben war. Der Wachtmann, überführt, gestand später alles. »Kaltblütig«, so zitierte die »Berner Zeitung« später den Staatsanwalt, »hat der Angeklagte die finanziellen Nöte des Aufsehers für seine Dienste ausgenützt.«

Warum haben Sie die 35 000 nicht behalten?

»So einer bin ich nicht, dass ich andere betrügen tu.«

Haft, Flucht, Haft, Flucht. Zu Ostern 1979 schickte er seinem Freund und Fahnder Hannes Steiger eine Ansichtskarte aus Montreux mit den Worten: »Ein recht frohes Osterfest wünsche ich Ihnen, Herr Steiger, und allen meinen lieben Freunden, die sich zurzeit so sehr um mich besorgen.« Man stellte ihn zwei Monate später in einer Migros-Filiale in Chur. Das Personal im Thorberg, laut Akten des Gerichts, »erhielt nun die Weisung, sich nicht auf Gespräche mit Wessely Josef, gar freundschaftlicher Art, einzulassen«. Er trat in Hungerstreik, ein alter Trick, wurde verlegt in die Psychiatrische Klinik Münsingen, »wo man versuchte, ihm einen ernsthaften Schachgegner zu suchen«, erfolglos. Er verschwand am 14. Dezember 1979 durch den Notausgang. Wieder sandte er Steiger Kartengrüße, rechtzeitig vor Weihnachten: »Für die kommenden Feste wünsche ich Ihnen freundlich alles Gute.« Gezeichnet: J. Wessely. Im März 1980 hat ihn die Kriminalkammer des Kantons Bern zu sechs Jahren Zuchthaus verurteilt. In Abwesenheit des Angeklagten.

Der nutzte seine Zeit. Ging nach Mailand, beschaffte sich falsche Papiere, reiste auf die Kanarischen Inseln, dann nach Senegal und von dort mit einem Erdnusstransporter über den Atlantik nach Brasilien. Er traf seine Freundin, Iréne Lazaro, heiratete sie, zeugte ein Kind und pflegte seine Orangenplantage.

Was sagt Ihre Frau zu Ihrer Geschichte?

»Sie weiß von nichts. Sie fragt nicht.«

Und die Abwesenheiten, oft über Jahre?

»Ich sage ihr, es sei geschäftlich.«

Das glaubt sie?

»Sie fragt nicht nach. Das ist die Mentalität der Indios.«

Und Ihre zwei Söhne?

»Wissen nichts.«

Lieben Sie Ihre Frau?

»Sie hat immer zu mir gehalten. Ich schicke ihr Geld.«

Ein letztes Mal. Josef war 51, bald würde er Vater werden. Ein letztes Mal wollte er über den großen Teich, um Geld zu beschaffen, Startkapital für eine neue Existenz. Dass es gefährlich sein würde, in Dörfern umherzuschleichen, wo sein Steckbrief an jeder Postautohaltestelle klebt, wusste er. Doch das Stehlen war ihm längst zur Routine und die Angst untreu geworden. In Ilanz, Graubünden, erkannten ihn zwei Schaffner der Rhätischen Bahn, man rief die Polizei, September 1980, er hatte 50 000 in bar bei sich, der Lohn der letzten Nacht. Als Isac Wessely, sein Sohn, am 4. November 1980 geboren wurde, saß der Vater im Hochsicherheitstrakt. Diese Geschäftsreise sollte seine bislang längste werden. Fünf Jahre verbrachte er im Gefängnis, die meiste Zeit davon in der interkantonalen Strafanstalt Bostadel in Menzingen. Bis der König der Ausbrecher am 23. August 1985 eine Premiere erlebte: Das erste Mal verließ er eine Schweizer Strafanstalt durch die Tür.

Der König geht in Rente

Schon 1970 wars, da hatte man dem Wiesel einen Amtsvormund bestellt. »Mir gab man immer die schwierigen Mannen«, erinnert sich Peter Plüss, 69, gelbes Hemd, rotes Wollgilet, pensionierter Sozialarbeiter aus Meiringen, Bern. Seine Aufgabe: Vorbereitungshilfe für das Leben nach der Haft. Eine Sisyphusarbeit, galt doch bei diesem Mündel stets: nach der Haft ist vor der Haft. Trotzdem, zwei »amtsvormundschaftliche Meisterwerke« habe er vollbracht, meint Plüss: die Begnadigung und die Rentenauszahlung. Am 22.Juli 1985 erreichte Plüss, nach jahrelangem Briefkrieg, ein Schreiben des brasilianischen Staatspräsidenten, der inzwischen nicht mehr Ernesto Geisel, sondern José Sarney hieß, in dem dieser, kraft seines Amtes, die lebenslange Landesverweisung Josef Wesselys widerrief und ihn begnadigte. Plüss schrieb an Wesselys Frau, Ihr Mann wird bald wieder bei Ihnen sein und legte dem Brief eine Packung Basler Leckerli bei.

Sein Sohn Isac war fünf Jahre alt, als Josef, 56, ihn kennen lernte, nach seiner Rückkehr 1985, ähnlich sah er ihm nicht. Josefs Haus, das extravagante, selbst entworfene, es war ihm längst enteignet worden, er baute ein neues, einfacheres. Und versuchte, Tritt zu fassen, als Schreiner, Elektriker, Alleskönner – allein, es fehlte die Arbeitserlaubnis. Iréne gebar einen zweiten Sohn, Paulo, am 9. September 1986 und frisierte zu Hause Privatkunden das Haar. Ein Minimum an Existenz. Es ging. Es wäre gegangen. Doch Josef hing alten Träumen nach und fühlte Wut. In Briefen an seinen Amtsvormund drohte er, die ganze Schweiz zu verklagen. 12. Dezember 1986: »Auch mache ich eine Art Anzeige gegen die Schweizer Behörden wegen all den Verbrechen wie Diskriminierungen in vieler Form – »XY«-Sendung – Ausschreibung als Staatenloser im internationalen Fahndungsbrief – Misshandlungen während der früheren Haftzeit – Nichtstreichung also Nichtverjährung von Strafen, die ja schon über 30 Jahre zurückliegen. Ich werde dies nicht hinnehmen, dass man mir, einem Menschen, der es schwer hatte im Leben, immer und immer wieder Prügel zwischen die Beine geworfen hat. Schon gar nicht von einem Regime, das sich an dunklen Geldern gesundstößt und wie immer, so auch in neuster Zeit, in die schmutzigsten interkontinentalen Waffengeschäfte verwickelt ist. Fragen wir uns doch, wer der Gesellschaft mehr schadet. Doch nicht die Mäuse, die man von den Ratten fernhalten möchte.«

»Gentleman-Gauner räumte Art Furrer den Tresor aus«, titelte »Blick« am 21. Oktober 1988. Die Maus war zurückgekommen zu den Ratten.

Einbrechen als Sucht?

»Bin kein Verrückter nicht.«

Sie können nicht aufhören.

»Es waren immer Notfälle. Immer.«

Der Zweck heiligt die Mittel?

»Ich war immer auf der Suche nach Legalität. Immer fehlte irgendein Papier, eine Bewilligung, eine Kreditgarantie. Hab ich halt die Illegalität in Anspruch genommen dafür.«

Während Wessely erneut in den Alpen umging, bemühte sich Peter Plüss um eine Altersrente für sein Mündel, sein zweites Meisterwerk. Weil der Meisterdieb via seinen Amtsvormund seit 1975 gesetzlich im bernischen Meiringen gemeldet war, hatte er Anrecht auf den Minimalbeitrag der Eidgenössischen Alters- und Hinterlassenenversicherung AHV. Wessely erhielt eine AHV-Nummer und 419 Franken im Monat, zuzüglich Kinderzulagen. Dieses Geld wird ihm bis heute ausbezahlt, auf ein Sparkonto in Brasilien.

20. Juli 1989, Josef, 60 Jahre alt, wurde in Boll bei Bern verhaftet. Ein Polizeibeamter, der zufällig vorbei kam, hatte ihn erkannt, als er auf der Terrasse eines Landgasthauses zu Mittag aß, Berner Platte, die Spezialität des Hauses, dazu ein Gläschen Dôle. »Seid Ihr nicht der Wessely?«, hat der Polizist gefragt.

Ach, Josef.

Als er 1995 wieder entlassen wurde, war Wessely Rentner. Und Peter Plüss notierte auf dem letzten Blatt seines Vormundschaftsprotokolls, das 26 Jahre umspannt: »Die Akten können archiviert werden/ Auftrag erfüllt.«

Josef verlor jetzt an Spannkraft. Wohl flog er noch jeden Sommer in die Schweiz, aber die Beute wurde immer geringer. Die Nächte unter freiem Himmel oder im Stroh waren billig, aber unangemessen für einen

Herrn von fast 70 Jahren. Die langen Märsche durch Wälder und über Pässe setzten ihm zu, litt er doch schon länger an Asthma. Die Enttäuschungen, wenn in denselben Hotels, wo er früher erfolgreich war, die alten Tresore gegen neue, auch für ihn unüberwindbare, ausgetauscht worden waren, sie wurden mehr.
Und dann dieses Augenleiden: trockene Makula-Degeneration. Sein rechtes Auge sieht nur noch Grau. Das linke ist noch etwas besser, doch nicht mehr lang, sagen die Ärzte. Er kann nicht mehr malen, kaum noch lesen, und seine Schreibschrift, die einst kalligrafisch war, irrt in Schlangenlinien übers Papier. Deswegen, sagt Wessely, sei er noch einmal zurückgekommen: Um Geld zu beschaffen für die Laserbehandlung. Jetzt ist es auch dafür zu spät. Im April 2001, kurz vor seiner letzten Reise in die Schweiz, schickte er Peter Plüss eine Ansichtskarte aus Rio de Janeiro und schrieb auf die Rückseite: »Die Sonnenstadt, einst Stadt meiner Träume. Hier sollen langsam meine Lichter ausgehen!?«
Es ist Abend im Heim. Josef Wessely sitzt auf dem Bett in seinem Zimmer. Auf dem Nachttisch steht eines der kleinen Spielzeugpferde, wie er sie in der Heimwerkstatt im Dutzend anfertigt, für den Basarverkauf.
Und jetzt: wie weiter?
Schulterzucken. Sein Blick geht zum Fenster hinaus, zum Himmel, den er nicht mehr sieht. Dann: »Mein Sohn Paulo will Elektriker werden. Vielleicht kann ich ihm zeigen, wie man das macht.«
Ein Schlusswort?
»Sagen Sie den Leuten, es gibt Schlimmere wie mich.«
Am 20. Juni 2002 ist Josef Wessely auf Grund guter Führung frühzeitig entlassen und anschließend des Landes verwiesen worden. Ein Beamter begleitete ihn an die Grenze nach Basel. Das Flugzeug nach Rio verließ Frankfurt am Main am 30. Juni 2002.
Er wird wiederkommen.

Namen teilweise geändert

Kurt Oesterle

Kurt Oesterle, geboren 1955 in Oberrot / Württemberg. Studium der Germanistik, Philosophie und Osteuropageschichte in Tübingen, 1989 Promotion zum Dr. phil. mit einer Arbeit über Peter Weiss' »Ästhetik des Widerstands«. Seit 1988 freiberuflicher Autor und Journalist, u.a. für das SCHWÄBISCHE TAGBLATT in Tübingen, den Südwestfunk und die SÜDDEUTSCHE ZEITUNG. 1997 Theodor-Wolff-Preis. Veröffentlichungen u.a.: »Nordwand und Todeskurve. Zwei Geschichten aus dem deutschen Nachkriegssport« (Reportagen, 1995); »Der Fernsehgast oder Wie ich lernte die Welt zu sehen« (Roman, 2002)

»Nur für Stammheim spreche ich«

Morgen vor 25 Jahren wurden die Urteile über die erste RAF-Generation verkündet. Bis heute hält sich die Legende von der »Isolationshaft« der Gefangenen im Hochsicherheitsgefängnis Stuttgart-Stammheim – zu Unrecht, wie der ehemalige Justizvollzugsbeamte Horst Bubeck berichtet, der damals für den Terroristentrakt mit zuständig war

von Kurt Oesterle
taz
27. April 2002

Wie leben eigentlich die Häftlinge in Stammheim? Fragt in Heinrich Breloers Film »Todesspiel« der Darsteller von Helmut Schmidt den Darsteller von Horst Herold. Der Chef des Bundeskriminalamts antwortet dem Bundeskanzler, er wisse es nicht.

Der Dialog ist verbürgt. Und es erstaunt noch heute, wie wenig selbst in den obersten Politiketagen der Bundesrepublik über die Lebensumstände der gefangenen RAF-Terroristen im siebten Stock der Justizvollzugsanstalt Stuttgart-Stammheim bekannt war.

Der Alltag von Baader & Co. in Untersuchungshaft hätte das Thema des dritten Teils von Breloers Dokudrama zum zwanzigsten Jahrestag des Deutschen Herbstes von 1977 sein sollen. Im Kölner Filmstudio war der Schauplatz für fünfhunderttausend Mark bereits originalgetreu nachgebaut. Der Regisseur hatte sich für diesen Teil seines TV-Projekts der Kenntnisse eines Mannes bedienen können, der mit dem berüchtigten Gefängnis vertraut war wie niemand sonst: Horst Bubeck, heute Pensionär, doch vierzehn Jahre lang, von 1972 bis 1986, stellvertretender Vollzugsdienstleiter in Stammheim und zuständig für die Abteilung, in der zwischen 1974 und 1977 die führenden Aktivisten der ersten RAF-Generation einsaßen.

Bubeck lebt zusammen mit seiner Frau nach wie vor im Stuttgarter Norden – in einer Eigentumswohnung, die im siebten Stock liegt: eine Ironie des Zufalls, die seine Kollegen während der Einweihungsparty immer wieder entzückte. Teil drei des »Todesspiels« wurde nie gedreht. Horst Bubeck, der über drei Jahre lang täglich oft mehrmals mit den Gefangenen im siebten Stock zu tun gehabt hatte, blieb auf seinem Wissen sitzen. Eine wertvolles Zeitzeugnis – verschenkt.

Freilich, die Passagen über das wahre Innenleben des so genannten Hochsicherheitstrakts wären neben den actionreichen Teilen über die Entführung und Ermordung eines Arbeitgeberpräsidenten sowie die Erstürmung eines gekidnappten Passagierflugzeugs

in Afrika eher zu einem Kammerspiel geworden. Unüberhörbar hätte Bubeck die Mär von der Isolationshaft, gar der Isolationsfolter zum Verpuffen bringen, das System von Vergünstigungen belegen können, die den RAF-Gefangenen von der Justiz gewährt wurden und, so Bubeck, »in der ganzen deutschen Knastgeschichte einmalig sind«.
Auf der Suche nach Vergleichen hat er diese Geschichte genau durchforscht. Kein Häftling aus den folgenden Generationen der RAF traf je wieder auf so wenig unangenehme Haftbedingungen wie seine Vorgänger im Stammheimer Gefängnis vor dem 5. September 1977, dem Beginn der »Kontaktsperre« nach der Entführung Hanns-Martin Schleyers. Von den zuständigen Gerichten wurde für jeden der Nachfolger strenge Einzelhaft angeordnet. »Wenn diese Häftlinge sagen: ›Ich werde isoliert‹, dann kann ich das nachfühlen, aber Baader, Ensslin, Meinhof, Raspe – lächerlich!«
Die Gründergeneration der RAF hatte im Untergrund nicht annähernd so erfolgreich agiert, wie sie es später vom Gefängnis aus tat – vor allem dank der lockeren Haftbedingungen. Dennoch verbreitete sie die Lüge von der Isolation. Mit ihr gelang es, in Dutzenden von »Antifolterkomitees« bundesweit ein Milieu für gutgläubige, mitfühlende und hilfsbereite Sympathisanten zu schaffen, aus dem sich bald militanter Nachwuchs rekrutieren sollte.
Horst Bubeck, heute 68 Jahre alt, will sein Wissen endlich anbringen. Seine Stammheimer Erfahrungen sollen Stück für Stück in das bundesdeutsche Kolossalpuzzle »Baader/Meinhof und die Folgen« eingesetzt werden. Breloers Fernsehfilm hätte ihm beinahe die Chance geboten, es vor großem Publikum zu tun – mit schriftlicher Genehmigung seines einstigen Dienstherrn übrigens, der ihm nur untersagte, über »sicherheitsrelevante Dinge« zu reden, also über die Schließanlage und das Alarmsystem.

So blieb Bubeck nur die Möglichkeit, an der Evangelischen Akademie in Bad Boll, in einem Freiburger Uniseminar – über »Folter im Mittelalter«, man hielt ihn da offenbar für einen Spezialisten – oder in kurzen Interviews sein Wissen wenigstens teilweise auszubreiten. Als »Berufszeitzeuge«, wie er jüngst in der *taz* geschmäht wurde, weil er sich in einem Fernsehfilm zu Stammheim befragen ließ, versteht sich Bubeck nicht.
In Gesprächen mit jungen Leuten wundert es ihn oft, wie wenig sie über die Ära des Terrors in den Siebzigerjahren wissen. Jahre, die manchmal in quälender Zeitlupe zu verstreichen schienen und Narben hinterlassen haben. Umso merkwürdiger, dass schon heute, kaum 25 Jahre danach, bei den Nachgeborenen das Bild der damaligen Verhältnisse derart blass geworden ist – trotz aller Bücher und Filme, die seither dazu verfasst und gedreht worden sind, aber offenbar immer nur einen kleinen Kreis von Neugierigen erreicht haben.
Wer Bubeck erzählen lassen will, sollte etwa fünfzehn Stunden Zeit mitbringen. So lange hat, auf drei Tage verteilt, unser Gespräch bei ihm daheim gedauert. Dabei sagt der ehemalige Justizvollzugsbeamte kaum ein Wort zu viel. Das Blumige liegt ihm nicht. Er spricht langsam und genau. Bei ihm lernt man, dass Genauigkeit eine Art der Gerechtigkeit sein kann: Menschen, Dingen, Zeiten gegenüber. So gut wie nie redet er in psychologisierenden Unterstellungen über die Gefangenen der RAF, sondern berichtet nur, was sie sagten, was sie taten, was sie ließen.
Auch kommt kein gehässiges Wort gegen sie aus seinem Mund, obwohl er und seine Kollegen ihnen lange genug als Blitzableiter dienen mussten. Zu seinem Gesprächspartner sagt Bubeck am Ende: »Danke, dass Sie mich nie gefragt haben, wie oft Frau Meinhof mich ein Arschloch genannt hat.«
Er sitzt am Tisch mit vor der Brust verschränkten Armen. Hin und wieder fährt er sich streng, fast grob durchs eigene Haar, ein Zeichen seiner Anspannung. Er wirkt beherrscht, aber nicht verkrampft. Wenn er über das hinausgreift, was er belegen kann, dann kündigt er es lieber einmal zu viel als zu wenig an. Keineswegs ist er der unbedarfte »Amtsinspektor Bubeck«, den Stefan Aust in seinem Buch »Der Baader-

Meinhof-Komplex« zeichnet und der manche Fragen oder Einschätzungen, mit denen er nach den Stammheimer Selbstmorden vor dem Untersuchungsausschuss des baden-württembergischen Landtags konfrontiert wird, »kaum zu begreifen« scheint.
Man könnte auch so sagen: Aust muss Bubeck für ein staatstreudoofes Rädchen im großen Justizgetriebe gehalten haben – nicht zeugnisfähig. Dabei hat er nie mit ihm gesprochen. Stattdessen zitiert er nur immer wieder, wenn auch ohne Quellenangabe, die Aussagen, die Bubeck vor dem Untersuchungsausschuss als Zeuge zur Todesnacht, zu den Haftbedingungen, zu den Beziehungen zwischen Häftlingen und Vollzugspersonal gemacht hat.
Auch ich kannte den Namen Horst Bubeck zunächst nur aus dem Abschlussbericht dieses Ausschusses. Ihn näher zu befragen war nicht schwierig. Mühelos war er im Stuttgarter Telefonbuch zu finden. Als ich Bubeck mitteile, dass seine Geschichte für die *taz* aufgeschrieben wird, seufzt er: »Vielleicht ist das, was ich zu erzählen habe, dort ja besonders gut aufgehoben.« Er meint: In jenem Blatt, dessen Leser früher einem wie ihm nicht geglaubt hätten – und gerne Mutmaßungen über die Ermordung der Stammheimer RAF-Gefangenen nachhingen.
Wer ihm begegnet, merkt schnell, dass der ehemalige Vollzugsbeamte es nicht mehr nötig hat, sich freizureden. Das Stadium des befreienden Sprechens liegt hinter ihm. Seine Erfahrung ist geordnet, seine Geschichte wirkt klar gebaut. Gleichgültig ob er auf eine Frage spontan und emotional oder zögerlich und nüchtern reagiert: Man spürt in allem die vielen Jahre des Erinnerns, Nachdenkens, Wiederholens. Bubeck hat die Zeit, nicht erst seit seiner Pensionierung im Jahr 1991, genutzt. Was für ihn vielleicht lebenswichtig war: aufarbeiten statt verdrängen oder auch nur auf sich beruhen lassen.
Doch legt man sich seine Erinnerungen nicht immer auch zurecht? »In diesem Fall nicht«, sagt er, »denn alles, was ich in Stammheim erlebt habe, war zu groß, zu schwer und hat sich viel zu tief eingegraben. Außerdem hatte ich ja nichts zu verbergen.«
Bubeck kann seine Gedächtnisarbeit durch Dokumente stützen. Diese bewahrt er in einer mächtigen Holztruhe in seinem Wohnzimmer auf. Schon 1974 hat er begonnen, Tagebuch zu führen. »Es mag komisch klingen«, sagt Bubeck, »aber ich habe sofort verstanden, dass das, was hier geschah, nicht normal war, eine Ausnahme, nie dagewesen – also Geschichte.« Auch machte er von allem, was von Amts wegen durch seine Hände ging, Kopien und legte eine Sammlung davon an: Botschaften, die er zwischen den Gefangenen hin- und hertrug; ebenso Briefe von ihrer Hand, die an ihn selbst gerichtet waren; außerdem Anordnungen der Anstaltsleitung und des für die Haftbedingungen zuständigen Gerichts, die er und seine im dreifachen Schichtwechsel Dienst habenden fünfzehn Kollegen im Terroristentrakt umsetzen mussten, alles Sammelstücke, die ihm auch vor dem Untersuchungsausschuss gute Dienste leisteten.
»Diese Art der doppelten Buchführung war durchaus rechtens, wenn auch vielleicht ungewöhnlich«, sagt Bubeck. Dazu kamen noch Fotos, die er von den vier Hauptgefangenen aufgenommen hatte. Ebenso die vom Vollzugsdienst bei Zellenkontrollen konfiszierten illegalen Basteleien des RAF-Häftlings Jan-Carl Raspe, eines hochbegabten Kleinbaumeisters, der aus einer Plätzchendose einen Pizzaofen en miniature herstellen konnte sowie aus Nescafé-Gläsern und Zwangsernährungsschläuchen eine Schnapsdestille, die aber unvollendet blieb.
Raspes Arbeiten, denen die handwerkliche Anerkennung schwer zu versagen ist, nahm Bubeck oft in die Strafvollzugsschule, in der er unterrichtete, mit, um seinen Schülern daran die Einbildungskraft und den Erfindungsreichtum von Menschen im Knast zu demonstrieren. Sämtliche dieser Werke offenbaren einen skurrilen Willen zur Privatheit und zum kleinen Widerstand in der Knastordnung. Als er in Pension ging, überließ Bubeck sie dem Strafvollzugsmuseum in Ludwigsburg. Alles Übrige aber bildete den Grundstock seines »Privatarchivs«, das in über zwei Jahrzehnten um zahlreiche Bücher und Zeitungsartikel

erweitert worden ist und in loser Ordnung in seiner Seemannskiste aufbewahrt wird.
Später möchte er seine Beweisstücke einem Historiker übergeben, der durch sie die Stammheimer Vergangenheit auch für eine fernere Zukunft noch einmal zum Sprechen bringen kann. Doch vorläufig gehört der Schatz noch ihm. Spätestens alle halbe Stunde erhebt er sich im Gespräch, tritt vor die Holztruhe, öffnet sie und sucht etwas hervor. Er betont dann stets: »Ich sage nur, was ich auch belegen kann.«
So viel steht auch unabhängig von Bubecks Zeugenschaft fest: Die Baader-Meinhof-Gruppe, die sich später »Rote Armee Fraktion« nannte, entstand 1970 und war die erste bewaffnete Gruppe, die sich in der Bundesrepublik nach Art der Stadtguerilla in der Dritten Welt organisierte. Je länger, desto mehr sahen sich ihre Mitglieder als Teil einer Weltbürgerkriegsarmee, die an verschiedenen Brennpunkten den, wie sie es nannten, westlichen Imperialismus angriff. Der große Hauptfeind waren die USA, die gegen das kleine asiatische Land Vietnam Krieg führten, der kleine war Israel (im RAF-Jargon »die neuen Nazis«), das den Palästinensern einen eigenen Staat, ja Lebensraum vorenthielt.
Der amerikanische und der israelische »Völkermord« dienten zur Rechtfertigung der eigenen Aktionen. Das Kampfgebiet der RAF war vorwiegend die Bundesrepublik. In Heidelberg verübte sie gegen das Hauptquartier der US-Armee am 24. Mai 1972 ihren schwersten Anschlag, bei dem drei amerikanische Soldaten durch Zeitbomben getötet wurden. Vier Jahre später bekannte sich Gudrun Ensslin vor Gericht ausdrücklich auch zu dieser Tat. Im Bekennerschreiben hatte damals gestanden: »Die Menschen in der Bundesrepublik unterstützen die Sicherungskräfte bei der Fahndung nach den Bombenattentätern nicht, weil sie Auschwitz, Dresden und Hamburg nicht vergessen haben.«
Seltsame Fügung: Neben den Großzielen alliierter Luftgeschwader in den letzten beiden Jahren des Kriegs gegen Nazideutschland steht Auschwitz, der Hauptort der deutschen Judenvernichtung, so als wären die Amerikaner auch dafür verantwortlich. Normalerweise sahen die RAF-Kämpfer es umgekehrt: nämlich dass die »Menschen in der Bundesrepublik« Auschwitz nur allzu gern vergessen oder verleugnet hätten und deshalb nach wie vor »die alten Nazis« in diesem zur Läuterung unfähigen Land herrschen könnten. Der demokratische Rechtsstaat schien ihnen ein durch das Grundgesetz mühsam verdecktes faschistisches Gebilde zu sein, das man nur provozieren müsse, damit er sein wahres Gesicht zeige. Den Faschismus »hervorkitzeln« war darum lange eine ihrer liebsten Vorstellungen.
Nachdem am 2. Juni 1967 in Westberlin ein Polizist bei einer Demonstration gegen den Schah von Persien den Studenten Benno Ohnesorg erschossen hatte, fiel späteren RAF-Chronisten erstmals eine hagere junge Frau namens Gudrun Ensslin auf, die im SDS-Büro schluchzend ausrief: »Die werden uns alle umbringen – ihr wisst, was für Schweine wir hier gegen uns haben. Das ist die Generation von Auschwitz, die wir hier gegen uns haben. Man kann mit den Leuten, die Auschwitz gemacht haben, nicht argumentieren. Die haben Waffen und wir nicht. Wir müssen uns bewaffnen!«
Das absolute, jedes Gegenargument ausschließende Wort »Auschwitz« sollte, wie zu sehen sein wird, noch öfter zum Einsatz kommen. Auch der kleine Staatsbeamte Bubeck machte sich zur RAF seine Gedanken. So wie die Linken im Land störte auch ihn die Vietnampolitik der Amerikaner. So wie ihnen missfiel ihm das oftmals kaum behinderte Fortkommen alter Nazis innerhalb des demokratischen Rechtsstaats, den er im Unterschied zu den Linksradikalen freilich nicht für unveränderbar hielt. Mit der Bonner Reformregierung aus SPD und FDP in den Siebzigerjahren war Bubeck »im Großen und Ganzen zufrieden«. Selbst wollte er sich nie einer Partei anschließen, auch dann nicht, wenn Parteilosigkeit den beruflichen Aufstieg behinderte.
Was ihm wichtiger war, nennt er »das freie Urteil in einem unabhängigen Kopf«. Er sagt: »Zu den Mitteln

des Terrors zu greifen war falsch und dumm.« Auch die sadistisch getönte Amoral der RAF stieß ihn ab: Als im Frühjahr 1977 Generalbundesanwalt Siegfried Buback erschossen wurde, zeigte RAF-Vordenker Andreas Baader den Vollzugsbeamten demonstrativ seine Freude über diesen Mord. Bubeck getraute sich, ihn zu fragen, ob er sich denn auch über die Ermordung der beiden Begleiter, eines Chauffeurs und eines Gerichtswachtmeisters, freue. Lachend antwortete Baader: »Die hätten doch auch bei der Straßenbahn arbeiten können, Bubeck – genau wie Sie!«

Nur wenig mehr als zwei Jahre ging die »Gruppe« (oder »Bande«: das war damals eine heikle Frage) ihrem tödlichen Handwerk nach und versetzte eine ihrer selbst so unsichere Gesellschaft wie die bundesdeutsche in Angst, Wahn und Hysterie. Im Frühsommer 1972 wurden die Hauptakteure der RAF verhaftet. Es handelte sich um die vormals einflussreiche Journalistin Ulrike Meinhof, 38 Jahre, die Pfarrerstochter und Germanistin Gudrun Ensslin, 32 Jahre, den Diplomsoziologen Jan-Carl Raspe, 28 Jahre, den politischen Jungfilmemacher Holger Meins, 31 Jahre, sowie den Auto- und Waffenliebhaber Andreas Baader, 29 Jahre. Der war den anderen an Bildung zwar deutlich unterlegen, seinen Führungsanspruch aber konnte er trotzdem bis zum Schluss aufrechterhalten, vermutlich, wie die RAF-Analytikerin Jillian Becker meint, durch seine Männlichkeit, das einzige Talent, das Baader besessen habe.

Diese fünf sowie eine Reihe anderer Bandenmitglieder hatten in den zwei Jahren, in denen sie durch Schießereien und Banküberfälle, Kaufhausbrandstiftungen und Gefangenenbefreiung Schlagzeilen machten, zwar nie den von ihnen begehrten Rückhalt im Volk gewonnen, dafür aber ein Umfeld von Bewunderern erobert – unter anderem die so genannte SchiLi (»schicke Linke«), die ihnen mit Bargeld, geschenkten Mittelklassewagen oder auch kostenlosen Unterkünften weiterhalf.

Diese ersten Sympathisanten der RAF saßen in einer Klemme: Sie hielten die Terroristen für Befreiungskämpfer, wollten selbst aber keine werden, sondern fern allen Risikos Freiheit und Wohlstand genießen, weshalb sie von ihrem schlechten Gewissen geplagt wurden. Dadurch erpressbar geworden, begünstigten sie den »Cäsarismus der RAF« (so der Philosoph Wilhelm Schmid), also den despotischen Entschluss für den bewaffneten Kampf, ohne dass Rückfragen seitens der Gefolgschaft erlaubt gewesen wären. Tatsächlich war die RAF zu keiner Zeit bereit, mit der Linken eine offene Debatte über Gewalt zu führen. Wer ihre Gewalt (»Natürlich kann geschossen werden«) nicht guthieß, wurde verhöhnt, denunziert, eingeschüchtert.

Zumindest die erste Generation fühlte sich zwar der antiautoritären Achtundsechzigerbewegung verpflichtet, sie wurzelte selbst jedoch in den Traditionen des deutschen Autoritarismus: Widerspruch ist unstatthaft, Fragen behindern den Lauf der Geschichte und Kritik grenzt an Verrat. Und die Sympathisanten ließen es mit sich geschehen.

Am 28. April 1977, genau 192 Verhandlungstage nach Prozessbeginn, wurde in einem Gerichtsgebäude nahe der Stammheimer Haftanstalt in Abwesenheit der Angeklagten das Urteil über Andreas Baader, Gudrun Ensslin und Jan-Carl Raspe verhängt (Ulrike Meinhof hatte sich während des Prozesses in ihrer Stammheimer Zelle umgebracht, Holger Meins war noch vor Verhandlungsbeginn an den Folgen eines Hungerstreiks gestorben): Alle drei wurden sie des Mordes in vier Fällen, außerdem des Mordversuchs in 34 Fällen sowie anderer Verbrechen (Bombenanschläge, Bildung einer kriminellen Vereinigung) schuldig gesprochen und jeweils zu lebenslanger Haft und außerdem fünfzehn Jahren Gefängnis verurteilt. Nicht verhandelt worden war der Fememord, den Baader nicht lange vor seiner Verhaftung an der ausstiegswilligen Ingeborg Barz in einer Kiesgrube am Altrhein bei Speyer begangen haben soll. Es fanden sich dafür jedoch keine schlüssigen Beweise, vor allem konnte die Leiche an dem Ort, den ein anderer Abtrünniger der RAF als Zeuge angegeben hatte, nicht gefunden werden. Die inhaftierte Aktivistin

Brigitte Mohnhaupt behauptete später, so notierte es Stefan Aust, für »Verrat« habe es in der Untergrundtruppe nicht die Todesstrafe gegeben, sondern nur »einen Eimer Teer über die Fresse und ein Schild um den Hals«.

Im Frühjahr und im Herbst 1974 wurden die Gefangenen in die Justizvollzugsanstalt Stuttgart-Stammheim verlegt. Die Zusammenlegung betrieben vor allem die Anwälte der Häftlinge. Und der Staat gab nach, weil er hoffte, eine solche Zusammenlegung sei »friedensdienlich«, wie Horst Bubeck sagt. Zunächst zogen die Frauen ein: Ulrike Meinhof und Gudrun Ensslin, die bisher in Köln-Ossendorf und in Essen eingesessen hatten; kurz darauf die Männer, Andreas Baader und Jan-Carl Raspe, die aus den Gefängnissen in Schwalmstadt und Köln kamen.

Das war die höchste Prominenz der RAF, das – in sich freilich wieder hierarchisch untergliederte – Führungsquartett: oben unumschränkt Baader, im Gruppenjargon »Generaldirektor« genannt; darunter die beiden Frauen, von Baader als »Zofen« bezeichnet (wobei bei ihm Z und f leicht die Plätze tauschen konnten), die schon bald in einen heftigen Kleinkrieg miteinander traten, den Ulrike Meinhof verlieren sollte.

Im dritten Glied der stille Raspe, den manche der Stuttgarter Vollzugsbediensteten als »Baaders Hausburschen« wahrnahmen, mit dem sich aber in zivilem Ton reden ließ, »wenn von den anderen keiner dabei war«, so Bubeck. Der Fünfte wäre Holger Meins gewesen, der aber im Gefängnis von Wittlich bleiben musste, weil sein durch Hungerstreik entkräfteter Körper den Transport nicht erlaubte.

Gegen diese Kerntruppe der RAF erhob der Generalbundesanwalt am 2. Oktober 1974 Anklage. Die Verhandlung sollte im Jahr darauf in Stuttgart beginnen. Es gibt in der Literatur zwei Meinungen, weshalb die Wahl auf Stuttgart fiel: Einmal, weil die RAF in dem Bundesland, dessen Hauptstadt es ist, ihre schwersten Verbrechen begangen habe; dann, weil dort – vom Sitz der Bundesanwaltschaft in Karlsruhe aus – das sicherste Gefängnis der näheren und weiteren Umgebung stand: in Stammheim. »Kein Bundesland, auch nicht Baden-Württemberg, war erpicht auf diesen Prozess. Doch die Bundesanwaltschaft, die Herrin des Verfahrens, kann anklagen, wo sie will«, sagt Bubeck.

Sie tat es beim Oberlandesgericht in Stuttgart, dessen Zweiter Strafsenat mit der Verhandlungsführung betraut wurde. Die Kosten sollten von allen elf Bundesländern gemeinsam getragen werden; jedes Bundesland hatte obendrein Vollzugsbeamte nach Stammheim abzustellen. Der teuerste Posten, das waren jedoch die sechs Millionen Mark für den Bau, in dem das Tribunal über die Terroristen stattfinden sollte. Das Mehrzweckgebäude – bis heute geeignet für Prozesse gegen organisierte Kriminalität – war noch in Planung.

Weiteres Geld sollte für die Sicherheit des einstöckigen Baus ausgegeben werden: Gitterzäune, Flutlichter, aus denen er nachts angestrahlt werden konnte, und auf seinem Flachdach ein Stahlnetz zum Schutz gegen Bomben. Hinzu kamen ein Hubschrauberlandeplatz, Pferdeställe, Hundeboxen. Die Botschaft, die die RAF-Gefangenen durch so viel staatliche Aufmerksamkeit empfangen mussten, lautete: Seht, wie wichtig, wie gefährlich ihr seid!

Das Gerichtsgebäude sollte unmittelbar auf der anderen Seite der Gefängnismauer errichtet werden, was Bubeck allerdings mit Skepsis aufnahm. Denn formal war die Forderung des Gerichtsverfassungsgesetzes zwar erfüllt, dass kein Verfahren innerhalb einer Haftanstalt abgehalten werden darf, die räumliche Trennung zwischen Knast und Gericht jedoch schien ihm zu gering und darum »eher symbolisch«. Eine solche Nähe konnte im Verlauf des Prozesses zu Komplikationen führen. Und Bubeck behielt Recht. Doch nie hätte er auch nur geahnt, dass die Nähe von Haftanstalt und Gerichtsgebäude jenes Verbrechen begünstigen könnte, das zum Ende der ersten RAF-Generation durch gemeinsam verabredeten Selbstmord führte: das Einschmuggeln von Waffen.

Die Gefangenen wussten spätestens seit ihrem Einzug in Stammheim, dass alle Welt auf sie schaute. Ihre

Behandlung im Gerichtssaal oder in der Haftanstalt musste zur Bewährungsprobe für den bundesdeutschen Rechtsstaat werden, der zugleich der Nachfolgestaat des untergegangenen Hitlerreichs war. Wie würde er mit Gefangenen umspringen, die keine gewöhnlichen Kriminellen sein wollten, sondern sich als »politische Gefangene« verstanden, die Anspruch auf Behandlung nach der Genfer Konvention erhoben und nicht dem deutschen Strafgesetzbuch unterworfen sein wollten? Plötzlich sah sich die RAF von Superlativen umstellt, die ihr keineswegs missfielen: Stammheim, im Stuttgarter Volksmund bis dato harmlos »das Männerwohnheim« genannt, wurde nach ihrem Einzug »zum sichersten Gefängnis der Welt«.

Auch der Terminus »Hochsicherheitstrakt« kam in jenen Tagen auf. Er war, wie Bubeck sich erinnert, eine Medienschöpfung. »Das Wort war plötzlich da«, sagt er, »und wurde von den RAF-Gefangenen begierig aufgegriffen.« Es sollte zur Deutungsfolie für alles Kommende werden. Auch die nahende Hauptverhandlung erhielt ihren Superlativ. Schon weit vor Beginn wurde sie zum »bedeutendsten Prozess in der Geschichte der Bundesrepublik« erklärt. Darin schwang unüberhörbar auch die – ängstliche oder hoffnungsvolle – Vermutung mit, dass in diesem Prozess die westdeutsche Demokratie selbst vor die Schranken des Gerichts geraten könnte.

1974 wurde für die ersten vier Gefangenen der RAF in Stammheim ein Stockwerk vollständig geräumt. Es war die siebte Abteilung im »kurzen Flügel« der Justizvollzugsanstalt, sozusagen gleich unter dem Dach. Sie besteht aus dreißig Zellen. Nach und nach, so der Gedanke, sollten hier noch weitere inhaftierte Terroristen untergebracht werden. Die für den siebten Stock verantwortlichen Vollzugsbeamten stießen nun erstmals an die Grenzen ihrer Berufserfahrung. »Wir waren durch unsere Ausbildung auf solche Gefangenen nicht vorbereitet. Uns schwante, dass Baader, Meinhof und die anderen einen neuen Typ von Häftling verkörperten«, sagt Bubeck.

»Ohne Getöse« hätten sie deren Untersuchungshaft organisieren sollen, kein martialisches Auftreten, keine Festungsstimmung. Doch ihn und seine Kollegen plagte ein schlechtes Vorgefühl. Sie hatten sich in den Strafanstalten umgehört, in denen die RAF-Terroristen bisher eingesessen hatten, und zum Beispiel danach gefragt, »wie sie sich dem Gefängnispersonal gegenüber verhalten«. Nach den Auskünften, die sie eingeholt hatten, nämlich dass die Gefangenen sich mit Ausnahme Raspes oft genug beleidigend verhielten, ahnte Bubeck: »Das wird nicht schön.« Als Ulrike Meinhof in Stammheim ankam, wusste er es genauer: Sie stieg aus dem Transporter – und trat ihm in den Unterleib.

Der Ruf, den Stammheim sich damals zuzog, sollte lange nachhallen. Ein harmloser Ortsname wurde in wenigen Monaten zur Metapher für das »Furchtsyndrom der Zeit« (so der Tübinger Kriminologe Hans-Jürgen Kerner). Die Macht dieser Metapher war so groß, dass sie selbst auf den ersten Terroristenfahnder der Republik übergriff, auf den Chef des Bundeskriminalamts, Horst Herold, der von »meinem Stammheim« sprach, nachdem er Dienstsitz und Privatquartier in seiner Wiesbadener Behörde zusammengelegt hatte.

Ein spätes Echo dieses Rufs kann man beim Besuch des Strafvollzugsmuseums in Ludwigsburg hören. »Ganze Schulklassen«, sagt Museumsdirektor Erich Viehhöfer von seinem Publikum, »glauben, es gebe hier in der Gegend ein Gefängnis, das den Namen *das Stammheim* trägt – ein Gattungsname. Sie fallen aus allen Wolken, wenn ich ihnen verrate, dass Stammheim nur der Name eines Stuttgarter Stadtteils ist.«

Ein Ort, der damals besonders Jüngeren als Terrain erschien, an dem die wahre Staatsverfassung offen zutage lag: In Stammheim half keine Tarnung. Hier schlugen einfache Staatszweifel in gefährliche Gewissheit um. Stammheim, das war der auch architektonisch (kalter, abweisender Beton) erkennbare Faschismusbeweis. Eine frühere RAF-Sympathisantin, damals Anfang zwanzig und nach eigener Auskunft selbst gefährdet, in den Untergrund abzugleiten, bezeichnet Stammheim als eine »feste Größe meiner Sozialisation«. Sie stammt aus einer Musikerfamilie und ist selbst Musikerin geworden, ihr musikalischer Gott heißt Johann Sebastian Bach. In Stammheim, so glaubte sie wie viele ihrer Generation sehr lange Zeit, habe sie die Schule westdeutschen Außenseitertums durchlaufen.

Von innen kannte sie allerdings nur das Gerichtsgebäude. Doch wer sich so wie sie mit der Beweiskraft des bloßen Augenscheins zufrieden gab, konnte in Stammheim leicht fündig werden. War der Kriegszustand hier nicht auf den ersten Blick zu erkennen: Schützenpanzer, berittene Polizei, schärfste Kontrollen bei den Prozessbesuchern? Sie erinnert sich heute noch genau: »Stammheim war feindliches Gebiet, auch der Stadtteil selbst, der doch eher einem Dorf am Ackerrand glich, obwohl er einen Straßenbahnanschluss hatte: Misstrauen und stummer Hass in der Eisdiele, das war deutlich zu spüren. Alle Bewohner dort schienen wie dressiert. Junge Leute, die den Prozess besuchten und in den Pausen in einem Lokal eine Kleinigkeit essen wollten, wurden angepöbelt und flogen gleich wieder raus, grundlos.«

Und was sie als junge Frau in Stammheim nicht sehen oder spüren konnte, das glaubte sie felsenfest zu wissen. Nämlich dass im Innern des »Hochsicherheitstrakts« die »weiße Folter« der Isolation gegen die RAF-Gefangenen angewandt wurde: kahle Wände, Schalldämmung, ewiges Licht und permanente Abhörung. Nur die Taten der RAF passten nicht ins Bild. Sehr irdische Dinge gaben ihrem Leben schließlich eine andere Richtung. Sie hat Kinder und einen Beruf, der ihr Freude macht. Fast möchte man sie glücklich nennen. Manchmal erschrickt sie, wenn sie daran denkt, »wie knapp« bei ihr die Entscheidung war – nicht in den Untergrund zu gehen.

Das Erste, was in Stammheim beim Einzug der Terroristen verändert wurde, waren die Zellenschlösser. »An jeder Tür brachten wir zur doppelten Sicherung noch eine zweite Schließanlage an. So sehr waren alle, auch wir, vom Geist der Zeit angesteckt«, sagt Bubeck. Auch das Gitter am Eingang zur siebten Abteilung wurde verdoppelt. Sonst gab es keine Änderungen, die die Steigerung von »Sicherheit« zu »Hochsicherheit« gerechtfertigt hätten.

Alle begannen ihre Stammheimer Zeit in einer Einzelzelle. Doch während Andreas Baader und Jan-Carl Raspe anfänglich auch noch in Einzelhaft saßen, durften Ulrike Meinhof und Gudrun Ensslin von Beginn an in einer Zelle zusammenleben. Aber schon nach kurzer Zeit wurde für Baader vom Gericht »aus medizinischen Gründen« eine Doppelzelle angeordnet. Das bedeutete, dass sich unverzüglich der Gefängnisbautrupp in Bewegung setzen und die Wand zwischen zwei Einzelzellen durchbrechen musste, damit Baader gleich neben seiner Wohnzelle eigens eine Schlafzelle beziehen konnte.

Ebenfalls noch in den ersten Wochen beantragten die Gefangenen bei dem für ihre Haftbedingungen zuständigen Gericht einen »Umschluss«. Bubeck, der das Wort nicht kannte, fragte Baader, was es bedeute, und Baader antwortete ihm: sich für eine bestimmte Zeit mit den anderen drei in einer Zelle einschließen lassen, Männer und Frauen gemeinsam und unbeaufsichtigt. Die Zusammenkunft wurde genehmigt – für anderthalb Stunden täglich, eine halbe Stunde mehr als gefordert.

Allerdings durfte das RAF-Quartett nicht in einer Zelle zusammenkommen, sondern nur draußen im rund fünf Meter breiten Gang, an einem Tisch mit Stühlen und unter Aufsicht. Der Zweck dieser Vergünstigung war nicht Freizeitgestaltung, sondern Prozessvorbereitung – so hatten auch die Gefangenen ihren Antrag auf Umschluss begründet. Das Gericht wollte sich auf keinen Fall den Vorwurf einhandeln, es erlaube den Gefangenen keine optimale Aktenkenntnis. Dazu hebelte es zunächst die wichtigste Regel der U-Haft aus, die besagt, dass Angeklagte in derselben Sache keinen Kontakt miteinander haben dürfen. Dazu wiederum musste das strengste Tabu jeden Strafvollzugs außer Kraft gesetzt werden: die Trennung von Männern und Frauen.

Um sie aufzuheben, durfte Bubecks Team aus Spanplatten eine verlängerte spanische Wand anfertigen, hinter der hervor die beiden Frauen den Männern am Tisch »zugeführt« wurden. Das von Baader erfundene Wort »Umschluss« aber ging in den Knastjargon ebenso wie ins amtliche Vokabular des Strafvollzugs ein. Die Haftbedingungen in den vorherigen Gefängnissen der RAF waren völlig andere gewesen. Etwa in Köln-Ossendorf, wo Ulrike Meinhof für acht Monate in der »stillen Abteilung« gesessen und dafür den Begriff »toter Trakt« geprägt hatte. Nicht ganz zu Unrecht, denn sie hatte dort ihre Zeit in Einzelhaft verbringen müssen, in einer schalldichten, rund um die Uhr mit hellem Licht ausgestrahlten Zelle. Kontakte zu anderen Häftlingen waren nicht gestattet. »Klares Bewusstsein, dass man keine Überlebenschance hat«, notierte sie in dieser Lage.

Dergleichen gab es in Stammheim nicht – »und nur für Stammheim spreche ich«, so Bubeck. In der schwäbischen Untersuchungshaftanstalt fanden die RAF-Gefangenen etliche Bedingungen aus dem Normalvollzug vor. Etwa den Hofgang mit anderen Häftlingen oder die Teilnahme an gemeinsamen Veranstaltungen, wenn auch unter der Bedingung, sich vorher und hinterher jedes Mal umzukleiden. Beides verschmähten sie jedoch, und zwar ausdrücklich, weil sie Angst vor Spitzeln hatten, in Wahrheit aber vermutlich, weil sie fürchteten, einen Trumpf ihrer Öffentlichkeitsarbeit (»Isolationshaft«) aus der Hand zu geben, bevor er ausgereizt war. »Denn von ›Isolation in Stammheim‹ war in der Öffentlichkeit schon die Rede, da waren sie noch nicht einmal richtig da.«

Wenn die Gefangenen im Zellengang saßen und sich auf ihren Prozess vorbereiteten, wurden sie von einem Vollzugsbeamten beaufsichtigt. Das Gericht hatte verfügt, dass die Aufsichtsperson in 7,5 Meter Entfernung auf einem Stuhl zu sitzen habe, sodass sie »sehen, aber nicht hören« könne. Da sie aber dennoch hörte – und zwar, dass die vier sich über alles unterhielten, nur nicht über ihren Prozess – machte sie dem Gericht Meldung. Mit dem Erfolg, dass der Abstand auf 15 Meter verdoppelt wurde, was den Gefangenen nicht entging.

Wenig später kommentierten sie den Vorfall auf ihre Art: Sie bauten aus Zeitungspapier, aus einem Pullover und einer Feinstrumpfhose sowie einem Anstaltshandtuch einen lebensgroßen Popanz, platzierten ihn auf dem Stuhl des Aufsichtsbeamten, als dieser sich einmal kurz erhoben hatte, und hängten an die Wand darüber das Bild eines Schweinekopfs. Das entsprach jener Strategie der Verachtung, die die RAF gegen die Vollzugsbediensteten anwendete – diesmal in spielerischer Variante. Die Gefangenen lachten über ihr Werk. »So sehr«, sagt Bubeck ironisch, »wurden wir von ihnen gefürchtet!«

Bubeck weiß das, obwohl er als stellvertretender Vollzugsdienstleiter sein Büro nicht innerhalb der siebten Abteilung hatte, sondern sieben Stockwerke darunter, im Verwaltungsbereich der Anstalt. Freilich versuchte er täglich, sowohl beim morgendlichen Zellenaufschluss wie auch beim abendlichen Einschluss, im Terroristentrakt anwesend zu sein – auch zu den Essenszeiten. »Es werden im Durchschnitt drei, vier Besuche am Tag gewesen sein«, sagt Bubeck. In »außergewöhnlichen Zeiten«, etwa während der Hungerstreiks, möge die Zahl seiner Besuche noch gestiegen sein. Auch wenn Baader etwas begehrte, musste er hinauf. Denn den Kontakt mit ihm, der schnell aus der Haut fahren konnte, überließen seine Kollegen gern ihrem Vorgesetzten.

Das erste Gesetz für den Umgang des Vollzugsdiensts mit den Häftlingen lautet: Es heißt immer »Herr« (oder »Frau«) und »Sie«. Die Mitglieder des späteren Untersuchungsausschusses im Landesparlament lachten, als sie von so viel Höflichkeit im Knast erfuhren. »Auch die RAF-Gefangenen haben wir so behandelt: Herr und Frau, guten Morgen oder 'n Abend, Mahlzeit oder gute Nacht – freilich ohne je eine Antwort zu erhalten. Wenn sie ›Herr‹ vor unsere Namen setzten und auch noch ›Sie‹ sagten, wussten wir: Ah, jetzt wird etwas gewünscht.« Wie etwa in einem Schreiben von Ulrike Meinhof: »Herr Bubeck, ich möchte wissen, was dieser Kopfhörer kostet

(Yamaha). Wenn er unter DM 200 kostet, bestellen Sie ihn gleich.« Trotz bürgerlicher Anrede: eine Ungeduld, die nur schwer den Kommandoton verbergen konnte.

Höflichkeit dem Gefängnispersonal gegenüber galt der RAF wenig. Aber auch den Anwälten erging es in dieser Hinsicht nicht besser. Während der Hauptverhandlung schrie Baader mehrmals durch den Saal: »He, du, Schily!« Bis der Verteidiger sich ihm zuwandte und »Herr Schily, bitte!« sagte. Gudrun Ensslin, die von manchen als begabte Pädagogin geschildert wird, neigte dazu, Lektionen zu erteilen. So verlangte sie einmal, dass im Zellengang des siebten Stocks eine Leuchtstoffröhre herausgenommen werde, weil sie sich von ihr geblendet fühle. Bubeck ließ sie wissen, dass sie sich in dem geräumigen Gang nur ein wenig anders hinzusetzen brauche, um dem Neonlicht auszuweichen. Daraufhin lief sie in ihre Zelle, kam mit einem Besen zurück und zertrümmerte mit dessen Stiel die Lampe. »Bubeck, so machen wir das Licht aus!«

Schon 1973 hatte die Gruppe sich einen Verhaltenskodex für das Leben im Knast gegeben, worin zuallererst »vernichtendes Schweigen« gegenüber den Justizvollzugsbeamten gefordert wurde. Weiter solle man »unversöhnlich« und »unerbittlich« sein, allerdings ohne sich je »zu irgendwas hinreißen zu lassen«. Die RAF nannte das: »Methode Mensch«. Für Baader jedoch kann dieser Kodex unmöglich gegolten haben, er verlor sehr oft die Beherrschung. Dann spie er – nicht allein gegen die Beamten – Beleidigungen aus. Noch lieber drohte er: dass man bloß aufpassen solle, auf seine Frau, seine Kinder, sein Auto. Denn sein, Baaders, Arm reiche weit.

Von Fall zu Fall war Baader über die Lebensumstände des Haftpersonals verblüffend gut unterrichtet. Nur bei Bubeck irrte er sich und erhielt zur Antwort: »Die Drohung mit den Kindern können Sie sich sparen. Ich habe keine.« Ob Bubeck sich nicht dennoch fürchtete? »Nein. Die RAF hätte uns nie so hoch eingestuft, dass wir es wert gewesen wären, von ihr erschossen zu werden. Sie war auf Leute fixiert, die mehr Macht hatten als wir.«

Der RAF-Kodex für den Knast hätte, nach allem, was der stellvertretende Vollzugsdienstleiter erlebte, anders lauten müssen. Denn in Wirklichkeit übten die Gefangenen nicht den dort geforderten »passiven Widerstand«, vielmehr versuchten sie mit ihren Mitteln, »die Hierarchie umzudrehen«. Und das war gar nicht so aussichtslos, wie man es von einer Haftanstalt annehmen sollte. Denn die Gefangenen besaßen neben dem Trumpf »Isolation« noch den der »Öffentlichkeit«. Bubeck sagt: »Der kleinste Fehler von unserer Seite hätte morgen in der *Frankfurter Rundschau* gestanden und wäre dem ›System‹ angelastet worden. Deshalb wurde für den Dienst im siebten Stock ein Höchstmaß an Diplomatie benötigt. Ständig war man hier härtesten Provokationen ausgesetzt, vor allem durch Schmähungen und Kränkungen. Das Ziel war: Man sollte sich vergessen, um sie im Affekt zu schlagen oder niederzubrüllen.«

Doch die RAF-Gefangenen verrechneten sich. Bubeck und seine Kollegen hatten sich im Griff: Von ihren 32 Händen ist in mehr als drei Jahren nicht eine einzige ausgerutscht.

Bubeck hat die Untersuchungsgefangenen noch aus einer anderen Perspektive kennen lernen können: als Mann ohne akademischen Habitus. Der Arbeitersohn musste gelegentlich um Nachhilfe bitten, ehe er die Anliegen der RAF-Gefangenen und ihre mit soziologischen Begriffen gesättigte Sprache verstand: »Frau Ensslin, bitte auf Deutsch!« Den Kampf, der im siebten Stock auf dem Wissenssektor tobte, bringt er auf die Formel »Universität gegen Volksschule«. Im Unterschied zu den Bildungswunderkindern mit der langen Studiendauer war er im Alter von fünfzehn Jahren in eine Lehre als Herrenfriseur geschickt worden. Ein Beruf, den er nicht liebte, weshalb er als Arbeiter zum Fernmeldeamt ging, um nach einer weiteren Ausbildung in den einfachen Beamtendienst zu gelangen. In den Strafvollzug wechselte Bubeck 1963. »Da wurden zu der Zeit Leute gesucht, und man erhielt die Chance, in den mittleren Dienst

aufzusteigen. Für mich war das der entscheidende Grund, Vollzugsbeamter zu werden.«
In Stammheim verbesserten sich die Haftbedingungen andauernd. Antrag auf Antrag wurde von den Anwälten der RAF beim zuständigen Oberlandesgericht eingereicht – und so gut wie jeder genehmigt. Liest man den Katalog der Haftbedingungen, unter denen die RAF-Häftlinge der ersten Generation bis zum September 1977 in Stammheim ihre Zeit verbrachten, kann man nicht umhin, sie als äußerst fürsorglich behandelte und hoch begünstigte Sondergefangene zu bezeichnen. Bubeck hatte mit seiner Mannschaft alle Hände voll zu tun, die Privilegien der RAF-Gefangenen vor den übrigen 750 Insassen der Haftanstalt zu verschleiern. Denn zum einen wollten sie keine Revolte unter den übrigen Gefangenen heraufbeschwören. Und zum anderen schämten sie sich, weil sie ein System von Privilegien stützen mussten, das gegen sämtliche ihrer Vorstellungen von Gerechtigkeit im Knast verstieß.

Bubeck wurde einmal von gewöhnlichen Gefangenen gefragt, ob »die da oben« Partys feiern dürften – das war, als Baader seine Musikanlage wieder einmal so aufdrehte, dass man die Bässe noch in den Zellen zwei Stock tiefer wummern hörte. Er ging zu Baader und sagte ihm: »Wenn Sie unbedingt wollen, dass die anderen Häftlinge erfahren, wie Sie hier wirklich leben, brauchen Sie nur noch lauter zu stellen.« Von da an, immerhin, benutzte Baader öfter einen Kopfhörer. Dafür war die Umschlusszeit in wenigen Schritten vervielfacht worden. Bei offenen Zellentüren und mittlerweile ohne Trennwand durften die RAF-Gefangenen acht Stunden gemeinsam im Gang zubringen. Eingeschlossen waren sie nur noch von abends sechs bis morgens acht, wobei sie wahlweise zusammen übernachten konnten, allerdings nicht Männer und Frauen. Einzig in Sachen Sex galt für die Häftlinge im siebten Stock: Knast ist Knast für alle gleichermaßen. »Was uns gerade noch gefehlt hätte, wäre die Schlagzeile gewesen: ›Gudrun Ensslin schwanger!‹«
Tagsüber saßen die RAF-Gefangenen im Gang auf Kissen und Decken. Frühaufsteher Raspe sichtete die vier Tageszeitungen, die jeder von ihnen nach eigener Wahl beziehen konnte, und fertigte für den Spätaufsteher Baader mit Schere und Klebstoff einen Pressespiegel an. Das Gericht wollte, dass jede nur erdenkliche Information von außen die prozessvorbereitenden Gefangenen erreichte. Und der Vollzug hatte diese Vorgabe zu gewährleisten.
Rundfunkgeräte besaßen sowieso alle RAF-Häftlinge von Anfang an. Wenig später bekam jeder noch einen Fernsehapparat auf die Zelle. Die anderen Gefangenen durften pro Woche zwei Stunden vor dem kollektiven Knastkasten verbringen. Der Vollzugsdienst hatte der RAF die Prospekte beschaffen müssen. Danach konnte Bubeck sich auf den Weg machen, um die ausgesuchten Geräte zu besorgen.
Für ihn war das eine dieser Situationen, in denen er seiner Ironie freien Lauf lassen musste: Als Bubeck das Elektrogeschäft wieder verließ, dachte er, über dessen Eingang könne man doch im Stil alter Hofbuchhandlungen oder Hofkonditoreien die Schrift anbringen: »Hier kauft die RAF!« Wobei anzumerken ist, dass alles, was deren Mitglieder käuflich erwerben ließen, nicht vom Staat, sondern von Freunden und Angehörigen bezahlt wurde.

Die Rechnung für Ulrike Meinhofs Kopfhörer etwa hätte Rechtsanwalt Schily begleichen sollen. So wünschte es zumindest die Gefangene. Bubeck leitete den Wunsch weiter, doch Schily teilte mit: »Sagen Sie ihr, dass ich der Anwalt bin und nicht der Weihnachtsmann.« Davon erfuhr auch Gudrun Ensslin. Sie tippte sogleich einen Kurzbrief an Baader und bat Bubeck, da der Umschluss schon vorüber war, ihn zu überbringen – der Vollzugsbeamte als Botengänger. Unter anderem heißt es in dem Ensslin-Schreiben: »Schily hat geantwortet, dass er nicht bezahlen wird« – so viel Renitenz und auch noch von einem Verteidiger: Das stieß der RAF sauer auf.
Jeder der Inhaftierten durfte im siebten Stock eine Dreierzelle beziehen. Baader belegte – allein – zum

Teil eine Fünferzelle, für Knastverhältnisse ein Appartement de luxe. Raspe bestand weiterhin auf einer Einmannzelle, er war der Asket unter den RAF-Spitzenleuten. Jeder Gefangene durfte außerdem hunderte von Büchern in der eigenen sowie in einer gesonderten »Bücherzelle« aufbewahren, darunter auch Literatur zur Weiterbildung für die Stadtguerilla oder Militaria aus der DDR. Ebenso: jede Menge Schallplatten. Auch Musikinstrumente; Gudrun Ensslin besaß eine Geige.

Der Privilegien kein Ende: Doppelt so viel Hofgang wie der große Rest hatten die RAF-Untersuchungshäftlinge, in der Gruppe oder einzeln. Überdies weit mehr Besuch, oft täglich; jeder normale Untersuchungshäftling empfing höchstens zweimal im Monat Besuch. Auch wurde der RAF täglich eine halbe Stunde Duschzeit gewährt – die »Normalen« duschten eine Viertelstunde pro Woche. Und dann das rarste Privileg: rund um die Uhr nach Wunsch elektrisches Licht, das für alle anderen in Stammheim abends um zehn unwiderruflich ausging. Jetzt bedurfte es nicht länger der Thermoskanne mit doppeltem Boden, in der Baader seine trickreich eroberten Glühbirnen versteckte.

Wer sich lange mit dem Knast der Knäste beschäftigt, fühlt sich mehr und mehr zu ihm hingezogen. Also ein Ortstermin. Eine Fahrt in die Industriezone des Stuttgarter Nordens. Um vielleicht das Geheimnis dieses gräulich-weißlichen Monsters aus Stahl und Beton zu spüren. Aber nichts rührt sich. Nur das Rauschen der nahen Autobahn ist zu hören. Der Gefängnisbau – lang und hoch – passt nicht schlecht in seine Umgebung: Kräne, Gaskessel, Überlandleitungen, Fabrikschlote, Hochhäuser. Anrührend und wohltuend nur die kleine, nicht zur Anstalt gehörende Gartenkolonie an ihrer Westseite. Schafgarbe, Habichtskraut.

Nicht weit davon ein Streifen Ackerland, auf dem ein Bauer seine Arbeit tut. Hier gehen Stadt und Land ineinander über. Und genau auf der Grenze: Stammheim. Viel hat sich seit damals offenbar nicht geändert: grobmaschiger Zaun, obendrauf Natodraht, dahinter der Grünstreifen mit Scheinwerfern und Videokameras, dann die Gefängnismauer. »Hochsicherheit« würde dazu heute keiner mehr sagen. Welche Strafanstalt ist weniger gesichert?

Dort der Parkplatz, auf dem während der »Kontaktsperren«-Zeit das Medienheerlager war. Gleich links, hoch darüber der siebte Stock. Kurzer Flügel, gemischte Gefühle. Am auffälligsten ist das Sägezahnmuster der Fassade. Um 1960 war es der letzte Schrei in der Kunst des Gefängnisbaus. Eine Architektur, die verhindern soll, dass die Gefangenen durch das Fenster Kontakt miteinander aufnehmen. Denn beim Hinausschauen kann jeder nur auf die Rückseite seiner Nachbarzelle sehen.

Plötzlich eine Stimme von drinnen. Überdeutlich. Doch der Rufer ist im Gewirr der Linien mit dem Auge nicht auszumachen. »Was schreibst du auf?«, fragt er. »Bist du Journalist? Ich hätt' was für dich ...« Eine zweite Stimme, lauter: »Sag nix, sag nix – dem Hurensohn!«

Der nächste Ortstermin: utopisch. Er müsste drinnen stattfinden, im Gefängnis von Stammheim. Unmöglich. Stammheim ist nicht Neuschwanstein. Mit weniger als gar keinen Erwartungen rufe ich den Anstaltsleiter Maximilian Schumacher an: »Doch, doch, Sie dürfen hier rein. Es gibt Journalistenführungen. Melden Sie sich beim baden-württembergischen Justizministerium.« Er ergänzt auf Nachfrage: »Nein, nicht weil man Sie dort kontrollieren will, sondern weil wir als Anstalt die vielen Anträge nicht bearbeiten können. Was meinen Sie, wer uns alles besuchen möchte? Fernsehteams zum Beispiel, um für einen Krimi mit der Kamera kurz durch einen der Zellengänge zu fahren. Die Knastszene spielt dann zwar nicht in Stamm-, sondern in Stadelheim – aber im Abspann soll ›Stammheim‹ stehen.« Stammheim, das Gruselwort.

Keine Fragebögen, kein Führungszeugnis. Erst bei meiner Ankunft zur Einzelführung muss ich an der Pforte meinen Ausweis hinterlegen. Danach ein Check mit dem Metalldetektor. »Warum ist es so

leicht, nach Stammheim zu kommen?«, frage ich den stellvertretenden Vollzugsdienstleiter Hans-Jürgen Joachim. »Weil wir nichts zu verbergen haben und den alten Legenden die Luft rauslassen möchten.«
Schon damals hätte man es so halten sollen, meint er: unabhängige Journalisten reinlassen, die sich ihr eigenes Bild machen. Etwa auf dem Dachhof, von dem behauptet wurde, er sei als Drahtkäfig errichtet worden, um darin Baader & Co. wie wilde Tiere zu halten.
Der Hof sieht tatsächlich wie eine Voliere aus: viel Draht an eisernen Pfosten. Doch der war lange vor den RAF-Gefangenen da. Dieser Dachhof ist aber einfach der Ort, an dem die Gefangenen der Stockwerke vier bis sieben täglich Hofgang haben. Joachim zum heutigen Selbstverständnis seines Gefängnisses: »Wir sind fast ein Reformknast.« Außer der Krankenabteilung, der Kirche und der Sporthalle zeigt er mir auch die Ausbildungswerkstätten, die Drogenberatung und die Sprachschule. »Wir versuchen, manches nachzuholen, was die Gesellschaft versäumt hat.«
Vollzug habe die Wiedereingliederung zum Ziel. Er sei ein Organ der dritten Gewalt, der Gerechtigkeit und nicht in erster Linie strafender Arm und richtendes Auge des Staates. Wie um ein Symbol dafür zu geben, deutet Joachim auf den Spion in einer Zellentür. Er ist übermalt und damit unbrauchbar. »Keiner von uns möchte durch so ein Guckloch auf die Häftlinge blicken.« Vollzugsbeamte seien eben keine Wärter – »der schlimmste Titel, den Sie uns verleihen können«. Sein eigenes Verhältnis zu den Gefangenen nennt er, der einmal drei Stunden lang das Messer eines meuternden Häftlings am Hals hatte, »sportlich«. Was vor allem bedeutet: nicht moralisch. Oder mit anderen Worten: Häftling, lass uns die Zeit, die wir hier drin erzwungenermaßen miteinander verbringen, in gegenseitiger Achtung und Fairness verbringen. »Aber wollten Sie nicht auch in den siebten Stock?«

In Stammheim, so Joachim beim Aufstieg durchs Treppenhaus, säßen heute keine »TE-Gefangenen«, keine Terroristen, mehr ein. Wir steuern Zelle 719 an, eine helle Eckzelle mit drei doppelstöckigen Betten. In ihr haben sich sowohl Ulrike Meinhof als auch Andreas Baader das Leben genommen. Es ist gerade Umschluss, ein Häftling steht rauchend in der offenen Tür. Ob wir eintreten dürfen? Warum nicht. Der Häftling grinst: »Sie kommen wegen der Terroristen?« – Ja. – »Morgen kommt das Fernsehen unsere Zelle filmen.« Drinnen läuft der Fernsehapparat, der heute in jeder Zelle steht. 32 Kanäle. Über einem der Betten in Baader/Meinhofs Zelle der Spruch: »Only Jesus can save«. Nach zweieinhalb Stunden bin ich wieder draußen. Ein seltsamer, kindlich-stolzer Blick zurück: Jetzt warst du in Stammheim!
Die RAF-Kämpfer der ersten Generation sahen sich als Revolutionäre, denen in ihrem Krieg alles erlaubt war, auch die Lüge. Das galt umso mehr in Gefangenschaft, wobei zumindest ein Teil ihrer Energien aus dem verzweifelten Antrieb aller Gefangenen gespeist wurde: herauszukommen, nichts als heraus.
Baader, Meinhof, Ensslin und Raspe hatten lange Haftstrafen vor sich und nicht nur vorläufig keine Aussicht auf die Milde, vorzeitig entlassen zu werden, die manche ihrer Nachfolger in den Achtziger- und Neunzigerjahren erfuhren. Nachdem der bewaffnete Kampf aus dem Untergrund für sie verloren war, wurde das Gefängnis zum Kriegsschauplatz. Dieser Ort bot den Vorteil, dass er schwer einsehbar war – eine gute Ausgangslage zur Bildung von Legenden. Gut gewählt musste auch der Gegenstand des Kriegsstreits sein, sozusagen der Zankapfel. Die Gefangenen entschieden sich bei dessen Wahl zielsicher für die Haftbedingungen.
Zumindest die erste Generation der RAF hatte somit im Knast schon bald nur noch ein einziges Thema: sich selbst und ihr Leben hinter Gittern. Jetzt musste ein Bild der eigenen Bedrohung geschaffen werden. Die Bedrohung hieß »Isolationsfolter« und, in der Steigerung, »Mord«. Wie lautete doch der Grund, den Ulrike Meinhof angab, als sie den Philosophen Jean-Paul Sartre brieflich bat, Baader zu besuchen und ihm durch ein »Interview« öffentlich Gehör zu

verschaffen? Er lautete: »weil die Bullen beabsichtigen, Andreas zu ermorden«.
Diese Strategie, ein Bedrohtsein öffentlich zu inszenieren, wurde auch beibehalten, als die Gefangenen, so wie in Stammheim, unter weit besseren Haftbedingungen lebten als zuvor. Nur eine ideologische Korrektur war nicht zu vermeiden, wenn man »toter Trakt« und »Isolation« miteinander verglich: »Auschwitz« musste zu »Buchenwald« abgeschwächt werden. Was wahrscheinlich bedeuten sollte, dass man sich nicht mehr in einem Vernichtungslager fühlte, sondern in einem politischen Gefangenenlager, in dem die Aussicht aufs Überleben wenigstens minimal wuchs.

Denn: »Buchenwald haben mehr überlebt als Auschwitz ... Wie wir uns drin ja nur darüber wundern können, dass wir nicht abgespritzt werden.« Das stand zwar in einem der »Infos«, die nur unter RAF-Gefangenen in verschiedenen Anstalten kursierten und von sympathisierenden Anwälten in Umlauf gebracht wurden, entsprach aber genau dem Bild, das sie von sich entwerfen und mit dem sie draußen geschichtlich aufgeladenen Erpressungsdruck entfalten wollten. Man sollte sie als verspätete Naziopfer sehen. Alsdann wurde für den Krieg aus dem Knast heraus eine breite gemeinsame Front benötigt. Die einzelnen Kampfposten hielten durch Meldegänger Kontakt miteinander, eine Rolle, die der willfährige Teil der Anwälte besetzte, besonders wenn es galt, einen Hungerstreik zu koordinieren.
Damit ist bereits die Hauptwaffe in diesem Krieg angesprochen: der eigene Körper. Unverzichtbar waren Bündnispartner außerhalb des Gefängnisses. Das durften nicht nur neue Gesinnungsgenossen und bewaffnete Nacheiferer sein. Vielmehr musste unter allen Umständen die liberale Öffentlichkeit gewonnen werden, wenn möglich mit ihren wichtigsten Vertretern, denen die Medien jederzeit offen standen. Empörung und Zorn waren zu wecken. Aber auch Mitleid und Solidarität. So wie durch die Kampagne »Zahnersatz für Gudrun Ensslin«, bei der, wie Horst Bubeck sagt, »der Staat so dargestellt wurde, als lasse er es an der medizinischen Grundversorgung der RAF-Gefangenen fehlen«.
Eine kluge Strategie, allerdings nur, weil in den Aufrufen unterschlagen wurde, dass der Staat die Zahnarztkosten der Untersuchungsgefangenen der RAF selbstverständlich übernahm, so wie die Krankenkasse es bei allen Kassenpatienten tut. Nur Kosten, die den Kassenanteil überstiegen, mussten die Gefangenen selbst bezahlen.
Kommandozentrale im Krieg der Gefangenen war gleichfalls der siebte Stock von Stammheim. »Was die vier alles unternommen haben, um mit dem Komplex ›Haftbedingungen‹ erfolgreich zu agitieren«, sagt Bubeck, »das kann man auch unter den Gesichtspunkten des modernen Marketings nur genial nennen.«
Kampfmethode Nummer eins gegen die staatlichen »Vernichtungsmaßnahmen« war der Hungerstreik. Die Lebensgefahr, der sich die Streikenden dabei aussetzten, sollte den Ernst ihrer Lage bezeugen. In jenen Jahren griff die RAF fünfmal zu dieser Methode, stets begleitet von einem mächtigen Presseecho. Einmal hungerten rund vierzig Gefangene aus mehreren Haftanstalten, darunter auch diejenigen der »Bewegung 2. Juni«, gemeinsam, wochenlang. Wer abspringen wollte, wurde von Anwälten unter Druck gesetzt. Erstes Ziel der Hungerstreiks: Verhandlungsunfähigkeit. Die Entschlossenheit duldete keinen Zweifel. In einem Zirkular hatte Baader angekündigt: »Es werden Typen dabei kaputtgehen.«
Der Erste, der starb, war Holger Meins. Im November 1974. Falls er im Hungerstreik zu Tode komme, so hatte er vorausgesagt, »wars Mord«. Das erste Opfer im Knast verhalf der RAF zu einer öffentlichen Präsenz wie noch nie. An Meins Grab erhob auch Exstudentenführer Rudi Dutschke die Faust und rief: »Holger, der Kampf geht weiter!« Niemand hätte damals an ein tödliches Kalkül seitens der RAF geglaubt.
Das änderte sich erst über ein Jahrzehnt später, als Terroraussteiger Peter-Jürgen Boock Einblick in

Strategie und Taktik der gefangenen Kämpfer gab. RAF-Chronist Stefan Aust schrieb: »Es wurde eine Reihenfolge festgelegt, wessen Leben als erstes, als zweites und als drittes aufs Spiel gesetzt werden sollte. Das war ohne weiteres steuerbar, denn jene, die noch nicht sofort dran waren mit dem Sterben, konnten heimlich essen. Damit war auch klar, dass die ›Leader‹ überleben mussten. Lediglich Jan-Carl Raspe hielt sich konsequent an den Hungerstreik ... Andreas Baader, Gudrun Ensslin und auch Ulrike Meinhof aßen heimlich – in vorher abgemachter Reihenfolge.«

Nach dem Tod von Meins wurden Häftlinge im Hungerstreik zwangsweise ernährt. Man schnallte sie auf eine Liege und leitete ihnen durch einen Schlauch flüssige Nahrung in den Magen. Das Einführen des Kunststoffschlauchs war schmerzhaft. Als in Stammheim wieder einmal ein Hungerstreik geplant war, erbat sich Baader ein paar solcher Schläuche vom Anstaltsarzt, um die Selbsteinführung trainieren zu können, die, so meinte er, nicht so unangenehm sei wie die durch fremde Hand. Er bekam die Schläuche. Später tauchten sie als Bestandteile von Raspes Schnapsdestille wieder auf.

Doch nicht alle ließen sich damals durch die RAF den Kopf benebeln. So erhielten Baader & Co. eines Tages Kassiberpost von der Roten Hilfe, einer Organisation, deren Vorläufer bereits in den Zwanzigerjahren zur Unterstützung von Kommunisten in Haft gegründet worden war und offenbar nach wie vor von einem proletarischen Ehrgefühl geleitet wurde. Sie kannte die wahren Haftbedingungen der RAF, sei es von Besuchen oder von Gesprächen mit Familienangehörigen und Verteidigern; jetzt schrieb sie: »Der Hungerstreik lügt, wenn er Gleichbehandlung der politischen Gefangenen fordert. In Wirklichkeit ist er ein Hungerstreik zur Durchsetzung von Privilegien. Der Hungerstreik lügt, wenn er von Folter spricht.«

Tatsächlich brachten die Hungerstreiks den RAF-Gefangenen in Stammheim wieder mehrere knastuntypische Vergünstigungen ein. So forderten die Mediziner Sonderverpflegung für die vom Hungern geschädigten Körper. Bubeck kann belegen, dass es lediglich um bessere Haftbedingungen ging, und breitet auf seinem Tisch »Einzelaufstellungen« aus, die der Vollzugsdienst auf ärztliche Anordnung damals für jeden der vier Häftlinge anlegen musste. Demnach erhielt Baader zusätzlich zur normalen Kost täglich vierhundert Gramm rohes Fleisch, das er in der »Fresszelle« (RAF-Jargon) auf einer Kochplatte selbst zubereiten konnte, außerdem einen halben Liter Milch und einen Liter Mineralwasser sowie wöchentlich ein Viertelpfund Butter.

Bei allen vieren sieht die Liste ähnlich aus – hier noch ein wenig Jogurt, da noch ein bisschen Weißbrot –, keiner aber erhielt mehr Fleisch als Baader, was die Gruppe ohne Murren hinnahm. Diese Portionierung entsprach genau den Machtverhältnissen, die in der Gruppe galten. Baader war unter den Privilegierten der Bestgestellte. Das tägliche Mittagessen, noch ein Beispiel hierfür, wurde von Bubecks Kollegen auf einem Rollwagen in den Korridor gefahren und abgestellt. »Doch keiner der Gefangenen nahm sich seinen Teil, bevor Baader zugegriffen hatte. Der Leitwolf war zuerst dran und holte sich immer das größte Stück.«

Nicht anders war es bei der Verteilung der Lasten. Bubeck zeigt von ihm aufgenommene Fotos, die die Häftlinge auf dem Weg zum Gericht zeigen: Drei von ihnen sind mit Akten dick bepackt und nur einer, mit Sonnenbrille, hat nicht mehr als einen dünnen Schnellhefter zu tragen. Auch das Recht der Gefangenen, zusätzlich Obst zu bestellen, wurde vom Arzt mit ihrem Gesundheitszustand begründet. Bubeck hatte ihre Wünsche telefonisch an eine Stuttgarter Feinkosthandlung weiterzugeben, die täglich per Kleinbus lieferte.

Die Vollzugsbeamten reichten die Kostbarkeiten – »Erdbeeren zur Weihnachtszeit« – immer nur verhüllt in den siebten Stock weiter, weil sie sich vor den anderen Insassen schämten. Dort kamen sie in die »Fresszelle«, die neben der Bücherzelle, der Aktenzelle sowie dem Kraftraum mit dem Hometrainer und dem Gymnastikband lag.

Baader empfing außerdem einen Masseur, der ihn für eine bestimmte Zeit zweimal wöchentlich wegen Rückenschmerzen durchwalkte. Auch ein Rudergerät wurde angeschafft. Es sollte im Dachhof aufgestellt werden. Die Gefangenen erwarteten, dass der Vollzug es für sie hinauftrage. Doch die Beamten weigerten sich stur – worauf das Gericht ihnen Recht gab. »Unser einziger Sieg in all den Jahren«, sagt Bubeck.

Den größten Triumph aber verbuchte die RAF nach dem Besuch von Jean-Paul Sartre bei Andreas Baader in Stammheim. Das war am 4. Dezember 1974, dem 94. Tag eines Hungerstreiks. Anschließend gab der französische Philosoph eine Pressekonferenz. Er sagte, der Häftling habe ausgesehen wie ein Gefolterter. Er lebe allein in einer kahlen weißen Zelle, in der nichts zu hören sei außer den Schritten des Aufsehers, der ihm das Essen bringe. Baader habe gesagt, in den Zellen der anderen RAF-Gefangenen brenne das Licht 24 Stunden am Tag, allein bei ihm werde es um elf Uhr abends gelöscht.

Sartre schloss, solche Haftbedingungen hätten die psychische Vernichtung des Gefangenen zum Ziel. Bubeck staunte, als er in den Nachrichten davon hörte; üblicherweise nahm er alles, was zum Stammheimkomplex im Fernsehen kam, im *Spiegel* und in den *Stuttgarter Nachrichten* stand, aufmerksam wahr. Er war bei Sartres Besuch als Vertreter der Anstalt zugegen gewesen und hatte einen hochnervösen Baader fast die ganze Zeit nur über Politik und Strategie der RAF reden hören und »keine zwei Sätze über die Haftbedingungen, mit denen nun die Pressekonferenz fast ausschließlich bestritten wurde«.

Niemand hatte Sartre gesagt, dass er Baader nicht in seiner Zelle, sondern im schmucklosen Besucherteil des siebten Stocks getroffen hatte. »Baaders Zelle sah anders aus. In ihr hingen ein Che-Guevara-Plakat und vielfarbige Landkarten an den Wänden.« Und die Schallisolierung, die Dauerbeleuchtung? »Lauter Lügen, weiter nichts.«

Selbst über den Nachzug bestimmten sie frei, wenn auch nur mit Hilfe von Drohungen. Als Ulrike Meinhof sich im Mai 1976 erhängt hatte, fuhr Bubeck mehrmals in den siebten Stock hinauf, um dort Vorschläge zu unterbreiten, welche RAF-Frau das Trio ergänzen könnte. Nicht bloß eine wurde von Gudrun Ensslin abgelehnt: »Wenn die kommt, heißt das Hungerstreik!« Erst Irmgard Möller war ihr genehm.

Die so genannte vierte Gewalt, die Presse, überhaupt die Medien, ist das einzige Thema, über das Bubeck nur mit kaum verhohlenem Ärger spricht: Natürlich versuchten die Journalisten ständig, an Stammheimer Interna heranzukommen. Doch was sie interessierte, war nicht die Wahrheit, sondern der Skandal. Links, im *stern* oder in der *Frankfurter Rundschau*, wollte man hören, wie schlecht es den Gefangenen gehe; rechts, in *Welt* oder *Bild*, mit welchen Annehmlichkeiten sie lebten.

So hatte die RAF allenthalben ihr Ziel erreicht: Ihre Haftbedingungen waren im Nebel geblieben und dennoch zum Politikum geworden. Dabei waren im Kampf um Neuigkeiten manche Journalisten keinesfalls zimperlich. Während Bubeck in Stammheim Dienst tat, klingelten sie daheim bei seiner Frau und stellten den Fuß in die Tür – immer auf der Suche nach privaten Details, mit denen sich nachher vielleicht geheime Informationen aus dem Terroristentrakt erpressen ließen. Auch Drohung und Bestechung – alles wurde versucht.

Immer wieder mussten Bubeck und seine Kollegen im Vollzug telefonische Dauerbelagerungen durchstehen. »Ein Journalist rief fünf–, sechsmal hintereinander beim Anstaltsleiter an und fragte immer wieder: ›Stimmt es, dass Baader und Ensslin Sekt und Kaviar bekommen?‹« Wahrheitsgemäß erhielt er jedes Mal zur Antwort: Nein. »Anderntags stand trotzdem im Blatt: ›Sekt und Kaviar für Baader und Ensslin!‹«

Auch »die Politik«, meint Bubeck, habe sich nicht viel besser angestellt. Die baden-württembergische Landesregierung – trat sie den Isolationsvorwürfen energisch entgegen? »Nein.« Und warum? »Weil sie keinen geringen Vorteil davon hatte, wenn die Mehrheit des Wahlvolks in dem Glauben blieb: Die Terroristen

von Stammheim werden hart, aber gerecht behandelt. Denen geht es schlecht, aber denen kann es auch gar nicht schlecht genug gehen.« In Kauf genommen habe man dafür, dass eine wenn auch winzige Minderheit das Wort von der »Isolationsfolter« für Wahrheit hielt, sich deswegen unaufhaltsam radikalisierte und schon bald Baaders trauriges Erbe antrat.
Was Bubeck nicht ausspricht, aber möglicherweise denkt: Lieber eine Minderheit verdummen als eine Mehrheit enttäuschen! So kam es – von beiden Seiten vermutlich ungewollt – zu einem höchst seltsamen Doppelpassspiel zwischen Staat und RAF. Stattdessen sagt der ehemalige Vollzugsbeamte: »Ich wäre manchmal gern zu den ›Antifolterdemos‹ gelaufen, um den jungen Leuten dort die Wahrheit zu erzählen.«
Das hätte er auch tun können, denn ein staatliches Schweigegebot gab es für Bubeck nicht. Mehr als eine Verstimmung zwischen ihm und seinem Dienstherrn hätte er nicht riskiert. Aber am Ende traute er sich doch nicht. Wer hätte ihm schon geglaubt?
Andererseits wäre es vor allem die Aufgabe des Staats gewesen, die wahren Haftbedingungen wieder und wieder offen zu legen. Da der Staat diese Aufgabe aber nicht erfüllte, kann Bubeck heute nur den Schluss ziehen: »Die Politik hat uns, den Vollzug, damals im Stich gelassen.« Der Staat, der den Stammheimer RAF-Häftlingen der ersten Generation über Jahre größte Vergünstigungen eingeräumt hatte, nahm am 5. September 1977 sämtliche dieser Privilegien wieder zurück. Das war der Tag, an dem Arbeitgeberpräsident Hanns-Martin Schleyer von Terroristen der nächsten RAF-Generation – nicht wenige kamen aus den Antifolterkomitees – entführt wurde, weil mit seinem Leben als Unterpfand erreicht werden sollte, was in der Sprache des Andreas Baader die »Big Raushole« genannt wurde: die Gefangenenbefreiung. Durch einen gerichtlichen Federstrich verlor die RAF ihre Außenbeziehung durch zahlreiche Medien sowie ihre Innenbeziehung durch den großzügigen, achtstündigen Umschluss auf einen Schlag. Keiner der Gefangenen durfte fortan Besuch empfangen oder seinen Anwalt sprechen. Seinen Hof- oder Duschgang musste jeder allein antreten. Strenge Einzelhaft wurde angeordnet. Bubeck bringt all diese staatlichen Aktionen auf den Nenner »Aktionismus«. Er sagt: »Jeder, der ein Gefängnis kannte, wusste: So eine ›Kontaktsperre‹ lässt sich nur nach außen, nicht nach innen durchsetzen.«

Er behielt Recht. Schon bald fingen die Gefangenen nachts damit an, Rufkontakt durch die Luftschlitze in den Zellentüren aufzunehmen. Stundenlang unterhielten sie sich miteinander über den Gang hinweg, was nicht ganz mühelos war. Der Dienst habende Beamte musste sie ermahnen, ihre Gespräche einzustellen. Falls sie trotzdem weiterredeten, so hatte Bubeck ihn angewiesen, solle er ein schriftliches Protokoll der Gespräche anfertigen. Mehr wollte der stellvertretende Vollzugsdienstleiter nicht unternehmen. Auch nicht, wenn die Gefangenen in den Zellen unter dem Terroristentrakt ihr Transistorradio auf das Fenstersims stellten und so laut drehten, dass die im Stock darüber Einsitzenden mithören konnten. »Wir wollten und konnten sie doch nicht einmauern«, sagt Bubeck. »Ein Fenster oder die Luftschlitze in den Türen müssen jederzeit zu öffnen sein, schon wegen der Sauerstoffzufuhr.« Doch das Landesjustizministerium verlangte von der Anstalt, dass sie die »Kontaktsperre« voll und ganz durchsetzte. Also klebten Bubeck und sein Team Schaumstoff auf Holzplatten, die nachts an die Zellentüren gelehnt wurden, um die Stimmen zu dämpfen. Aber auch das half nur wenig, und manchmal stürzten die Platten um »und weckten den halben Bau«.
Bubeck kam zu dem Schluss, dass die »Kontaktsperre« nur ein Zeichen von Hektik und Unvernunft sei. Was nützte es, den Gefangenen ihre Zeitungen vorzuenthalten oder ihnen den Kontakt untereinander zu erschweren? Denn letztlich fanden sie immer noch die Möglichkeit, sich auf den – freilich längst geplanten – Schritt zu verständigen, der zu unternehmen war, wenn die Freipressung vereitelt würde: einen Gruppenselbstmord, der wie Staatsmord aussehen sollte. Zu diesem selbstzerstörerischen Mittel

griffen die RAF-Gefangenen in der Nacht vom 17. auf den 18. Oktober 1977, nachdem »Big Raushole« so blutig wie kläglich gescheitert war.
In der Selbstmordnacht lag Bubeck daheim im Bett. Und am anderen Morgen saß er um sieben am Schreibtisch in seinem Büro. Um acht Uhr wollte er, wie immer an diesem Wochentag, in der Strafvollzugsschule nebenan, wo er als Lehrer tätig war, seinen Unterricht beginnen. Kurz bevor er sich auf den Weg dorthin machte, klingelte das Telefon. Am Apparat war der Kollege, der im siebten Stock den gerade zu Ende gehenden Nachtdienst tat. Er meldete, was er beim Aufschluss der ersten Zelle entdeckt hatte: den schwer verwundeten Raspe, der sich, die Waffe noch in der Hand, ein riesiges Loch in den Kopf geschossen hatte (Raspe starb wenig später im Krankenhaus).

Bubeck entsinnt sich genau, dass er in den Hörer rief: »Was? Erschossen??« Heute sagt er: »Es drang einfach nicht gleich in mein Bewusstsein vor, dass Waffen in den siebten Stock gelangt sein sollten.« Er rief den Gerichtsvorsitzenden an. Kaum lag der Hörer wieder auf der Gabel, kam aus dem Terroristentrakt der Anruf: Baader auch! Ebenfalls erschossen!! Wieder wählte er die Nummer des OLG-Präsidenten. Dazwischen versuchte er, ein Protokoll der sich überstürzenden Ereignisse anzufertigen. Über Zeitangaben und Stichworte kam er kaum hinaus. Da erreichte ihn der Bericht von Gudrun Ensslins Tod. Sie hatte sich erhängt. Schließlich die Nachricht aus der vierten Zelle. Irmgard Möller, als Einzige, hatte überlebt, mit Stichverletzungen in der Brust, die sie sich mit einem Küchenmesser aus der »Fresszelle« zugefügt hatte. Später wurde Bubeck oft gefragt, ob er sich über das Ende der RAF-Gefangenen denn nicht gefreut habe. »Natürlich nicht«, sagte er darauf. Und er wiederholt es auch heute: »Ich weiß nicht mehr, was ich an diesem Morgen alles gedacht und gefühlt habe. Freude war gewiss keine dabei!«
Die Toten brauchten ein Grab. Doch niemand wollte ihnen eines geben. In Stuttgarter Kneipen, bei anonymen Zeitungsanrufen oder Straßengesprächen wurde gefordert, sie irgendwo im Wald zu vergraben oder auf die Müllhalde zu werfen: Das ist die Stunde Antigones, die ihren landesverräterischen Bruder gegen den Willen des Souveräns trotzdem bestattet. Als schwäbische Antigone fand sich damals Stuttgarts Oberbürgermeister Manfred Rommel, Mitglied der CDU. Ihm wurde am 20. Oktober 1977, so erzählt er in seinem Erinnerungsbuch »Trotz allem heiter«, von seiner Verwaltung »vorgetragen, dass die Familie Ensslin die Bestattung der drei Toten in nebeneinander liegenden Gräbern auf dem Dornhaldenfriedhof wünsche«.
Rommel beschloss, diesem Wunsch zu entsprechen. Denn »erstens wollte ich der zahlreichen Anfeindungen ausgesetzten Familie nicht unnötigen Schmerz zufügen, zweitens wollte ich durch eine gewisse Großzügigkeit sichtbar machen, dass mit dem Tod die Feindschaft endet, vor allem aber wollte ich einen kleinlichen Zank über die Frage verhindern, wer in Stuttgart überhaupt Recht auf ein Grab hat und, wenn ja, auf welchem Friedhof.« Als die Entscheidung bekannt wurde, brandete der Streit noch stärker auf. Stuttgarter Bürger drohten, ihre Toten vom Dornhaldenfriedhof umbetten zu lassen. Auch wurde Rommel mit der Frage bedrängt, ob er selbst dereinst mit toten Terroristen auf ein und demselben Friedhof liegen wolle.
Lächelnd und in der ihm eigenen Seelenruhe erwiderte er, dass es ihm egal sei, mit wem er einmal auf dem demselben Friedhof liegen werde. Der Streit um die Gräber der RAF glitt schließlich ins Paradoxe, ja Makabre hinüber, für das der Ironiker Rommel durchaus ein Organ besitzt. Wie könnte er sonst schreiben: »Eine Dame beschimpfte mich, weil ihre Tante im Unterschied zu den drei Terroristen kein Grabrecht auf dem Dornhaldenfriedhof bekommen hatte: Ich fragte sie, ob ihre Tante Terroristin gewesen sei, was sie verneinte. Ich sagte: ›Sind Sie froh‹, und sie meinte daraufhin, das sei auch wieder wahr.«
Am 27. Oktober fand die Beerdigung statt. Die Londoner Journalistin Jillian Becker, die mit »Hitlers

Kinder« das beste Buch über die RAF geschrieben hat, war dabei: Sie sah Transparente mit der Aufschrift »Gudrun, Andreas + Jan – gefoltert + ermordet in Stammheim«. Mehrere Hundertschaften Polizei waren aufmarschiert. Vermummte Trauergäste wurden von Polizisten einer Passkontrolle unterzogen. Vereinzelt kam es zu Handgreiflichkeiten zwischen Trauernden und Polizeibeamten. Jillian Beckers Schluss liest sich so: »Einige posierten mit erhobenem rechtem Arm und riefen: ›Sieg Heil! Sieg Heil!‹ Sie versuchten, die Polizisten damit zu beleidigen, eben weil diese keine Nazis waren und auch nicht im Dienst eines faschistischen Staates standen.«

Nachsatz: Horst Bubeck reist gerne. Oft war er mit der Reiseorganisation seiner Gewerkschaft unterwegs. Dabei wurde er vom Reiseleiter bisweilen als Justizvollzugsbeamter aus Stammheim vorgestellt. Bis er sich das verbat. Stammheim? So hatten die Berufskollegen in Südamerika und einmal leider auch in einem westlich-demokratischen Land gefragt. Stammheim? Um dann wie unreife Jungs mit ein paar Gesten Erschießungen anzudeuten und Bubeck grinsend auf die Schulter zu klopfen: »Gut gemacht, Kollege!« Der ehemalige Vollzugsbeamte, der genau weiß, dass in der Nacht von Stammheim keine Morde geschahen, sagt: »Das war mir im tiefsten Innern zuwider!«

Gabriele Riedle

Gabriele Riedle, geboren 1958 in Stuttgart, studierte Literaturwissenschaften, Linguistik und Italianistik in Berlin. Danach war sie u.a. Kulturredakteurin bei der taz, Autorin bei der WOCHENPOST und Kulturredakteurin bei der WOCHE. Von 1996 bis 2001 arbeitete sie als freie Journalistin und Schriftstellerin, verfasste Reportagen, Essays und Prosa. 1998 erschien ihr Roman »Fluss«. Seit Herbst 2001 ist sie Redakteurin bei GEO. Sie lebt in Berlin.

Erwachen nach bleiernem Schlaf

Viele Bewohner der afghanischen Hauptstadt dachten, die Taliban würden ewig bleiben. So übermächtig waren der Druck und der Terror, den die Gotteskrieger noch auf die harmlosesten Alltagsbedürfnisse ausübten. Selbst Drachen steigen zu lassen war verboten. Jetzt sind die selbst ernannten Herren verschwunden, und die Menschen beginnen nach über zwanzig Jahren Krieg und Zerstörung zu erkunden, was viele von ihnen nur noch in blasser Erinnerung haben oder aus Erzählungen kennen: das ganz normale Leben

von Gabriele Riedle
GEO
1. April 2002
Foto: Manoocher Deghati

In einem mehrstündigen Schnellkurs lernt eine Gruppe von Jungen überlebenswichtige Verhaltensregeln. Vor allem das Umland von Kabul ist verseucht von Landminen und Blindgängern, landesweit sollen sechs bis zehn Millionen in der Erde liegen

Diese Müdigkeit. Diese Körperschwere. Diese viel zu frühen Frühlingstage, an denen man nicht mehr weiß, wie einem geschieht. Erwachen nach bleiernem Schlaf. Unerwartete Verlockungen von Licht und Wärme. Jähe Einbrüche von Leben in gerade noch vom Winter gelähmte Körper. Und jetzt auch noch Freiheit. Plötzlich. Unvermittelt. Unverhofft.

Ist das alles wahr, ist das alles Wirklichkeit? Diese flachen Januar-Sonnenstrahlen, die abrupt in die noch immer erschöpften Augen stechen und eine schnelle, trügerische Wärme auf die Wangen werfen, um im nächsten Moment wieder hinter den schneebedeckten Bergen des Hindukusch zu verschwinden und eine noch trübere Kälte zurück zu lassen. Diese kurzen Tage voller großartiger Versprechen, voller greller Farben und schnell wandernder Schlagschatten, welche die hoch ragenden Stümpfe der städtischen Ruinen dramatisch zu bewegen scheinen und sie noch mächtiger und bizarrer wirken lassen als je zuvor.

Diese Anflüge von Wagemut in den Straßen, die zarten Andeutungen von Nacktheit, bloße Frauenfüße in weißen Plateau-Sandalen, unsichere Balance auf tollkühnen Blockabsätzen und die noch immer blau verhangenen und gesichtslosen Frauen, die über den aufgerissenen Untergrund schwanken: Noch wagt sich kaum eine ohne Burka aus dem Haus, denn wer weiß schon, was alles noch passieren kann, aber die Füße, die müssen jetzt endlich gezeigt werden, auch wenn es noch so kalt sein mag, und zwar in den verbotensten aller möglichen Schuhe – weiß, offen, hochhackig.

Diese dunklen Männergestalten auf den Dächern, finstere Blicke, Räubergesichter, aber die Körper tänzeln und lassen sich von langen Schnüren in ihren Händen fast hinauf in die Lüfte ziehen, wo bunte Drachen über den Himmel gleiten. Eine halbe Ewigkeit ist es her, dass in Kabul gespielt wurde, und sei es auch nur mit Drachen. Ja, so mögen sie wohl aussehen, der Frühling und die Freiheit.

Es sind die ersten Januartage des Jahres 2002, sieben Wochen, nachdem die Taliban am 13. November 2001 plötzlich aus Kabul verschwunden waren und die Stadt der Nordallianz kampflos überlassen hatten. Und es ist viel zu warm, neun, zehn Grad um die Mittagszeit – normalerweise sollte Kabul im Januar unter Schnee liegen.

Und jetzt? Ach, ich weiß nicht, sagt Ghulam Sakhi Mozaffari, ich brauche Zeit, ich bin entkräftet und mit den Nerven am Ende. Diese fünf Jahre unter den Taliban waren wie dreißig. Ich habe meine Jugend und meine Kreativität verloren, jetzt muss ich mich erst einmal erholen. Aber vielleicht wird ja doch noch alles gut. Wenigstens für meine Söhne und für meine Töchter.

Abwarten. Langsame Bewegungen. Gleichmütige Augen, leicht glasig. Wie eine Statue sitzt Ghulam Sakhi Mozaffari auf dem Schreibtischstuhl vor dem kleinen Ladentisch in seinem Fotostudio im Zentrum von Kabul. Die Sonne scheint durch die Schaufenster, die Tür zur Straße ist geöffnet, kühle, staubige Großstadtluft, Dieselabgase, Holzfeuerrauch.

Und wenn jemand hereinkommt, erhebt sich Agha Ghulam – also der Herr Ghulam, wie man der Sitte nach respektvoll sagen sollte, gerade weil in all den Jahren, als die Herren Taliban das Sagen hatten, im öffentlichen Leben sich niemand um Respekt und gute Sitten scherte – und legt zur Begrüßung würdevoll die rechte Hand aufs Herz.

Agha Ghulam ist Porträtfotograf. Ein Glück. Ein Unglück. Als unter den Taliban schon so viele ihre Arbeit verloren hatten, und Lehrer, Professoren, Staatsbeamte, Ingenieure entweder das Land verlassen oder im Basar Zwiebeln verkaufen und nachts auf dem blanken Boden schliefen, weil sie ihren ganzen Besitz zu Geld machen mussten, hatte Agha Ghulam noch sein Auskommen. Aber womit!

Nicht mehr mit jenen gemäldegleichen, handkolorierten Tableaus, die das menschliche Antlitz in reine Schönheit verwandeln, auf die er sich so gut versteht. Banale, kunstlose Passfotos – das war das Einzige, was er noch machen durfte. Kurz auf den Auslöser drücken, wenn irgendein Mann frontal vor ihm stand oder wenn Frauen für eine Sekunde den

Gesichtsschleier hoben, während ihre Väter, Brüder, Ehemänner die Szene überwachten.
Passfotos für Ausweise brauchten auch die Taliban. Ansonsten hatten sie den Menschen die Gesichter längst geraubt. Die Frauen hatten sie unter die Burka, die Männer unter Turbane und hinter lange Bärte gezwungen. Und das, sagt Agha Ghulam, obwohl Gott, der Herr, die Menschen unterschiedlich gemacht hat und einem jeden ein eigenes Gesicht gab, eine eigene Identität. Wer einen zu kurzen Bart hatte, landete im Gefängnis, und Frauen, die sich ohne Burka erwischen ließen, wurden geschlagen. Und mit scheinheiligen Sprüchen verhöhnt: *Meine Schwester, Frauen unter dem Schleier sind wie Perlen in der Muschel.* So steht es noch heute an vielen Hauswänden.
Und schließlich hatten die Taliban die Menschen zerstört. Ihre Seelen. Und wenn nicht ihre Körper, dann wenigstens ihre Bildnisse. Zerrissen, übermalt. Bilderverbot. Durchsuchungen im Fotoatelier einmal wöchentlich, Stromsperren für die Studiolampen mehrmals am Tag. Nur so, sagt Agha Ghulam, grundlos, aus Hass und um Macht zu zeigen, denn was soll das alles mit dem Koran, dem Heiligen, und dem Islam, dem Gütigen, zu tun haben?

Natürlich galt das Bilderverbot für das ganze Land – bloß nicht für die Taliban selber. Ab und zu standen sie plötzlich da. Fünf, sechs schmutzige, stinkende Kerle mitten in Agha Ghulams Laden. Spuckten auf den Boden, spuckten an die Wände. Und zerrten Agha Ghulam in sein kleines Studio hinter dem Laden. Stellten sich vor den Vorhang oder vor eines der beiden Wandgemälde, die die Afghanen so lieben als Fotohintergründe – vor die Seenlandschaft mit Sonnenuntergang oder vor den Gebirgsbach mit Bergkulisse und Schweizer Häusern.
Dann zückten sie künstliche Blumen, oder ihre Waffen, zupften sich die langen Locken aus dem Turban, die zu tragen sie anderen bei Strafe verboten hatten, und manchmal entrissen sie Agha Ghulam seine goldene Uhr, streiften sie sich selbst übers Handgelenk, das sie stolz ins Bild hielten.
Sie wollten gut aussehen. Und Agha Ghulam musste sie fotografieren. Nach allen Regeln seiner Kunst. Musste sie ausleuchten, bis alle Härte aus ihren Zügen gewichen war, und dann die fertigen Fotos von Hand kolorieren – die Hintergründe farbig lackieren, die Lippen rosig malen und die Gesichter fast weiß und makellos gestalten. Bis aus den Schreckgestalten Heilige geworden waren. Die Agha Ghulam ins Gesicht schlugen zum Dank und im Namen Gottes. Dann zogen sie ab mit ihren Votivbildern. Agha Ghulam zitterte und zitterte. Und wenn er davon erzählt, rollt noch immer ein fernes Gewitter durch seinen Körper. Aber es ist ja vorbei, sagt er. Wahrscheinlich. Hoffentlich.
Inzwischen sollen einige Fotostudios seiner Kollegen schon wieder durchsucht worden sein. Dieses Mal von Geheimdienstlern der Interimsregierung. Die suchen nach Fotos, die von den Taliban nicht abgeholt worden sind. Aus den Heiligenbildern sollen Fahndungsfotos werden.
Einem der Taliban ist Agha Ghulam noch einmal begegnet, zusammen mit einem Freund. In der Nacht, als sich alle schon davongemacht hatten. Der Talib zitterte, war ohne Turban, völlig verwirrt. Wo geht es hier nach Kandahar, wollte er wissen. Und sie antworteten, er solle sich beruhigen. Wir tun dir nichts, du bist Muslim, wir sind Muslime, setz dich ins Auto. Dort geht's lang.

Früher hatte sich Agha Ghulam vorgestellt, wie sie die Taliban verprügeln würden, wenn sie ihre Macht endlich verloren hätten. Aber als Muslime müssen wir vergeben, sagt er. Und jetzt wünscht er sich nur noch eines: dass Mullah Omar und die anderen Talibanführer eines Tages in einem Käfig ausgestellt werden, damit die Leute endlich sehen, wer sie regiert hat. Sie waren ja unsichtbar. Gespenster. Phantome. Und das ist das Schlimmste. Wenn die Macht kein Gesicht hat.
Jetzt, in diesem verfrühten Frühling, hat Agha Ghulam seinen Laden neu dekoriert. Mit Bildern, die er versteckt hatte seit Jahren. Kleine Zeitreise zu

Gesichtern aus seinen vorigen Leben: alte Selbstporträts mit flottem Schnauzbart, großformatig, handkoloriert und im opulenten, goldverzierten Rahmen. Und ein paar Schnappschüsse: Agha Ghulam nonchalant an ein Moped gelehnt, offenes Hemd, nackte Arme, verwegene Erscheinung – der sorglose Sohn eines gebildeten und beliebten Parlamentsabgeordneten. Jeunesse dorée von Kabul.

Das war in der Zeit der sowjetischen Besatzung, vor etwas mehr als zehn Jahren. Als Kabul sich noch als westliche Stadt verstand und stolz war auf seine internationalen Handelsbeziehungen, sein Theater, seine Nachtclubs und seine Ingenieurinnen in Mini-Röcken. Als Agha Ghulam jung war. Jetzt, sagt er, sei er alt. Er ist 44 – und hat die durchschnittliche Lebenserwartung eines Afghanen ungefähr erreicht.

Schließlich ein Passfoto. Agha Ghulam hat es nicht ausgestellt, sondern in einer Schublade vergraben: den fremden Mann mit Turban und langem Bart, der er selber vor sieben Wochen noch war, das Alter durch Stillstand, die Abwesenheit von Zukunft im uniformierten Gesicht. Der Druck war ungeheuer, sagt er. Die Männer in den Straßen, die mit Kabeln auf Passanten einschlugen, sodass sich seine Frau in all den Jahren nur fünf- oder sechsmal aus dem Haus getraut hat, seine beiden Töchter, die morgens nicht mehr aufstehen mochten, weil der Tag im Haus ihnen nichts bringen konnte, die ewigen Durchsuchungen selbst in den Wohnungen, ständig neue, absurdere Vorschriften und Verordnungen. Wir dachten, sagt Agha Ghulam, die Taliban würden ewig bleiben.

Es war schon schlimm genug gewesen während des Bürgerkrieges nach dem Abzug der Sowjets 1989. Der Bruder von einer Rakete getötet, die Mutter bei einem Raketenangriff verwundet, der Vater getroffen von elf Geschossen, immer wieder Tote auf der Straße vor Agha Ghulams Laden. Aber kaum gab es eine Feuerpause, lief das Leben normal weiter. Denn der Krieg meinte ja nicht uns, sagt Agha Ghulam. Aber die Taliban, die meinten uns, jeden Einzelnen ganz persönlich.

Nun, nachdem sie so unerwartet verschwunden sind, ist Agha Ghulam erneut ein anderer geworden. Ein wenig jedenfalls. Ein paar Jahre hat er schon wieder abgestreift. Zumindest äußerlich. So ist hier das Leben, sagt er, man wird älter oder jünger, je nachdem, wer einen gerade regiert.

Während sich die Frauen nun probeweise daheim aus ihren Verhüllungen schälen und die Spuren der bleiernen Jahre unter dem Gitterwerk des Schleiers freilegen, die blasse Haut, ihre verblühte Fahlheit, während sie überlegen, ob sie morgen, oder übermorgen, oder vielleicht doch erst viel, viel später ohne Burka hinaus in ein neues Leben gehen sollen, hat sich die andere, die männliche Hälfte Kabuls schon am Morgen des 13. November öffentlich gehäutet, hat die Turbane abgeworfen und die alten Anzüge aus den Verstecken geholt.

Auch Agha Ghulam trägt jetzt ein etwas aus der Mode gekommenes westliches Jackett über dem traditionellen wadenlangen Hemd, auf dem Kopf nur noch eine gehäkelte Kappe, und die Bartzotteln hat er wie ein überflüssig gewordenes Fell auf ein paar Millimeter gestutzt. Um den Bart ganz abzurasieren, sei die Haut auf den Wangen noch zu weiß, sagt er. Langsam! Langsam! Noch ist der Frühling nicht wirklich da. Noch weiß Agha Ghulam nicht, ob er sein altes, sein junges Gesicht wieder haben wird. Ob es eine Zukunft gibt. Für ihn.

Und für seine Stadt. Deren Herz voller Trotz in einem verstümmelten, verbrannten, zerrissenen Körper schlägt. Die da liegt unter einer riesigen Glocke aus Staub. Leichenblass in der Frühlingssonne. Hilflos. Eingeschlossen. Umzingelt von schwer bewaffneten Räubern und versprengten Kämpfern, die die Zugangsstraßen unsicher machen – vielleicht auch von Taliban, die ja irgendwo geblieben sein müssen. Umgeben von einem Land im Chaos, das noch immer bombardiert wird. Von den Landminen und Panzerwracks der gerade erst zu Ende gegangenen Kämpfe. Von ausgebrannten Dörfern, in die noch lange niemand wird zurückkehren können. Und schließlich ist Kabul eingekreist auch von den Erinnerungen.

Denn dort oben auf den Bergen und Hügeln über der Stadt stehen noch immer die Geschütze aus dem Bürgerkrieg. Von jeder Seite hatte damals ein anderer Mudschahidin-Führer auf Kabul geschossen. Seither ist über die Hälfte der Stadt zerstört oder schwer beschädigt – dem Verfall preisgegeben bis heute. Ein andauernder Schmerz ohne jede Linderung für die fast zwei Millionen Einwohner, die schon vor Jahren vergessen haben, was Normalität ist und die dennoch stoisch weiterleben, als sei nichts geschehen. Weil die Stadt in dem Moment, in dem ihren Bewohnern bewusst würde, wie tödlich verletzt sie ist, endgültig ins Koma fiele.

Deshalb haben sie sich eingerichtet in ihrem Elend und in ihren Trümmern am Rande des Überlebens. Nisten in jedem baufälligen Loch, das auch nur halbwegs vor Wind und Wetter geschützt ist. Breiten ihre Handelswaren in Straßen aus, die nur noch aus längst verlassenen Gebäuderesten, baufälligen Fassaden und Schutthaufen bestehen – Gespensterbasare mit Steinschlaggefahr. Und trinken Tee im Schneidersitz auf der größten Verkehrsinsel der Stadt, die aussieht wie ein Großkunstwerk von Jean Tinguely: ein zerschossenes Betonmonument mit blauen Kachelresten, heraushängenden stählernen Adern und einer auf die Spitze gepflanzten Antenne, umgeben vom Wrack eines sowjetischen Rotkreuz-Fahrzeugs, von Fahrrädern, Samowaren, Gasflaschen, umgeknickten Laternenmasten und Autoreifen – eine Art surreale Weltmaschine des Krieges und der Zerstörung, die nach unerklärlichen und nicht mehr veränderbaren Regeln funktioniert, während Autos, Eselskarren, Fahrradfahrer und Fußgänger mit Kalaschnikows sie unaufhörlich umkreisen. Wenn nicht bis zum Weltgericht am Jüngsten Tag, dann mindestens bis Sonnenuntergang.

Halbwegs gut leben lässt es sich nur in den Vierteln, in denen, als es ihn noch gab, der Mittelstand zu Hause war und die im Bürgerkrieg einigermaßen verschont geblieben sind. In Wazirabad oben im Norden etwa, wo Agha Ghulam wohnt, hinter einer hohen Gartenmauer in einem einstöckigen Häuschen. Dort hat die Familie in einer Mischung aus Verzweiflung und Hohn auf die Welt dort draußen, die jeden Tag wieder neu unterging, ein bürgerliches Idyll behauptet. Mit Spitzenvorhängen, künstlichen Blumen, Topfpflanzen und Wandgemälden von lieblichen Landschaften.

Die meisten Menschen der Stadt sind jedoch unter den grauen Lehm der höhlenartigen Häuser an den Hängen zusammengekrochen. Ohne Wasser, ohne Strom. Nachts berühren sich die Füße, die Gerüche der Körper vermischen sich, und die Atemluft wird knapp – in jedem Raum zehn, zwölf Leute, ein, zwei Familien, oder das, was in den letzten Jahren aus ihnen geworden ist: Notgemeinschaften mehr oder weniger verwandter Menschen.

Viele haben den Vater verloren, ein Viertel aller erwachsenen Afghaninnen sind Witwen und müssen ihre Kinder allein durchbringen – und wer würde nicht noch die entfernteste Cousine und ihre sechs Kinder aufnehmen, wenn deren Dorf niedergebrannt worden ist und sie mit letzter Kraft Kabul erreicht haben?

Tausende von Familien sind auseinander gerissen worden in diesem Land, in dem seit 1979, seit der Krieg gegen die sowjetischen Besatzer begann, nichts und niemand mehr einen festen Platz hat. Hunderttausende irren hin und her, nach Kabul hinein, aus Kabul hinaus. Geschwister, Eltern, Kinder: Viele wurden getötet, mussten auf der Flucht zurückgelassen werden in den Heimatdörfern, gingen unterwegs verloren, verschwanden ins Ausland.

Aber plötzlich tauchen in diesen Januartagen hier und dort einige wieder auf. Junge Männer mit weiten Bundfaltenhosen, selbstbewusstem Blick und recht unorthodoxem Englisch. Wichtige Leute, Heimkehrer aus den Zufluchtsorten in Pakistan. Vorboten. Kundschafter. Sie sollen nach dem Rechten sehen. Herausfinden, wie es den Verwandten geht. Ob es nach einer Rückkehr genügend Öl, Reis, Mehl zum Leben gäbe. Erkunden, wie es um eine Unterkunft bestellt wäre und um die Sicherheit für Leib und Leben. Ob kleine Geschäfte zu machen wären, ob es gar Arbeit gäbe. Am liebsten als Übersetzer oder als Wächter und Fahrer für ausländische Hilfsorganisationen – denn: Wer sonst sollte sie beschäftigen? Dann könnten vielleicht auch die anderen Familienmitglieder zurückkehren. Wenn sie sich trauen, wenn sie es wagen. Vielleicht schon in diesem Frühling. Vielleicht erst im nächsten. Dann wird es in der zerstörten Stadt noch enger werden. Oder sie wird nicht mehr existieren. Denn es gibt ernst zu nehmende Leute, die meinen, Kabul sei nicht mehr zu retten und die vorschlagen, es an anderer Stelle wieder aufzubauen.

Aber vorerst schwärmen, kaum dass die ersten Sonnenstrahlen über den Hindukusch gekrochen sind, die Menschen aus. Die Hoffnungsvollen und die Hilfswilligen, die Gelegenheitsarbeiter und die Goldsucher, die Kaufleute und die Kämpfer. Und jene, die einfach nur wieder das Leben fühlen wollen.

Morgens um acht schieben die Kioskbesitzer ihre Stelltafeln mit den Fotos indischer Schauspielerinnen auf die Straße. Handwerker beginnen aus allen nur erdenklichen Blechsorten Satellitenschüsseln zusammenzunieten. Und die Geldwechsler fahren Schubkarren voller Banknoten zum ausgedehnten Shazadah-Basar-Komplex am Flussufer. Die größeren Geschäfte werden in den engen Räumen innerhalb des Gebäudes abgewickelt – Kredite und internationale Transaktionen über Verbindungsleute aus Pakistan. Weil es in Afghanistan schon lange kein Bankensystem mehr gibt, fahren von dort getarnte Bargeldtransporter nach Kabul. Schließlich ist die Stadt voller Abenteurer, die das große Geld wittern – es lässt sich mit Satellitentelefonen verdienen, im Bauwesen, bei allen erdenklichen Infrastrukturmaßnahmen.

Andere Geldwechsler schlagen kleine Tischchen im Freien auf und stapeln darauf Scheine, die seit Jahren fast nichts mehr wert sind. Aber vielleicht ist heute ein Tag mit guten Nachrichten. Dann werden die dicken Bündel Afghani, die sie gegen Dollars eintauschen, sofort ein wenig dünner. Vor sechs Monaten mussten die Geldwechsler für zehn Dollar noch 80 der größten 10 000-Afghani-Scheine über die Tische schieben. Jetzt sind es nur noch 25 bis 30. Immerhin. Es tut sich etwas.

Sobald die Luft ein wenig aufgewärmt ist, versammeln sich in den Wohnvierteln Kinder im Freien um farbige Unterrichtstafeln. Minenkunde. Welcher Körperteil wird verletzt, wenn eine solche Schmetterlingsmine explodiert?, fragt der Lehrer und zeigt mit einem Stock auf die Tafel. Der Fuß, rufen die Kinder im Chor. Was müsst ihr tun, wenn ihr eine seht? Wegrennen!, piepsen die Stimmen mit aller Kraft. Überlebenstraining.

Ewas später steigen halbwüchsige Mädchen auf die ersten Schaukeln, die Hilfsorganisationen zwischen den heruntergekommenen Häusern aufgebaut haben. Meist stellen sie sich zu zweit auf die Holzbretter, nehmen Schwung, setzen an zum Flug, die Kopfschleier fliegen im Wind – schon sind die Mädchen ganz oben und jauchzen über die Stadt.

Unterdessen rühren an diesem frühen Morgen Frauen in eben noch illegalen Schönheitssalons in Schminktöpfen und verwandeln Pinselstrich um Pinselstrich schüchterne Jungfern in Kunstwerke. In operndivenhafte Bräute mit maskenhaften, alabasterweißen Gesichtern. Jetzt werden die Hochzeiten in Kabul wieder so bunt und ausgelassen gefeiert wie einst, und dazu gehört auch, dass die jungen Frauen für diesen Tag zarte Ornamente aus Lidstrich um die Augen getuscht bekommen, dass ihnen Flitter auf die Lippen und auf die verschlungenen Hochfrisuren getupft wird – und dass ihre Schwestern daneben sitzen und aufgeregt durcheinander gackern.

Nach zwei, drei Stunden werfen die Frauen bestickte Decken über das nun vollkommen verwandelte Gesicht der Versprochenen, steigen gemeinsam in girlandengeschmückte Autos und rasen, von geliehenen Videokameras in Begleitfahrzeugen verfolgt, durch die Stadt. Zur Trauung. Schnell. Wer weiß, was morgen ist.

Gegen zehn bilden sich lange Schlangen vor den Lastwagen zwischen der Ruine des Theaters und dem Sportstadion, wo kürzlich noch Frauen wegen

Ehebruchs hingerichtet wurden. Vor dem Bürgerkrieg war dies die schickste Gegend von Kabul. Um das Theater herum lagen Restaurants, Nachtclubs, noble Geschäfte. Jetzt ist hier nur noch eine riesige, staubige Brache. Rechts das Wrack des Privatflugzeugs von König Zahir Schah, links Männer mit Schubkarren in einer endlosen Reihe. Hilfsgüterverteilung. Weizen, Reis, Bohnen, Tee, Öl und Plastikmatten für 660 Flüchtlingsfamilien aus dem Nordosten. Notversorgung für die Zeit bis zur Heimkehr.

Für das Theater gegenüber ist dies ein bedeutender Tag: die erste öffentliche Vorstellung, seit es vor neun Jahren völlig zerstört wurde. Eintritt in ein Reich aus zerschundenem Beton, umgeknickten Stahlträgern und herabgestürzten Trümmermassen. Auf den nackten Rängen und den extra herbeigeschafften Holzbänken im Zuschauerraum hat das Publikum Platz genommen.

Über den Köpfen samtblauer Himmel – das Dach ist lange schon eingestürzt. Andächtige Blicke auf das Loch, wo einmal die Bühne war, und auf das rostige Eisengerippe darin – und auf den Graben, wo früher das Orchester spielte. Und dann tasten sie sich vorsichtig voran auf dem schmalen Betonstreifen zwischen Abgrund und Abgrund: Najibullah Ghamzadah, der Theaterdirektor, der jahrelang im Gefängnis saß. Marzieh Adil, die junge, frisch ernannte Nachrichtensprecherin im Fernsehen. Dann die Musiker und der berühmte Sänger, die, grau geworden, gerade aus dem Exil in Pakistan zurückgekommen sind. Und schließlich die Tochter des Theaterdirektors: kostümiert als zerzauster Friedensengel in knittrigem Hochzeitskleid.

Sie deklamieren, sie singen, sie spielen Musik. In die Kälte hinein, die zwischen den Betonwänden lauert. Für die Frauen, die ihre Burka zurückgeschlagen haben, für die Männer, die auf den baufälligen Rängen kauern. Für die Jungen, die dergleichen noch nie erlebt haben, für die Älteren, die schon lange nicht mehr damit gerechnet hatten, dieses Theater noch einmal betreten zu können. Und für sich selbst, die sie stumm sein mussten seit Jahren. Große Gesten, klangvolle Stimmen, Augen in weite Fernen gerichtet. Kurze Texte, patriotische Gedichte, heimatverbundene Lieder. Frauen, kommt heraus aus Eurem Gefängnis! Frieden! Unabhängigkeit! Afghanistan! Raunen, Murmeln, Klatschen im Publikum, Bewegung in hundert Gesichtern, und irgendwann singen alle mit. Und für einen Moment ist es, als würden sich alle Risse in den Herzen schließen, selbst der rohe Beton wirkt fast ein wenig feierlich.

Um eins fährt der Theaterdirektor winkend und lächelnd auf einem Eselskarren davon. Und Marzieh Adil, die junge Fernsehfrau, macht sich auf den Weg ins Studio von Kabul-TV, das gerade erst vom fünfjährigen Staub befreit und wieder in Betrieb genommen worden ist. Am Tag nach dem Abzug der Taliban hat sich Marzieh Adil als Sprecherin gemeldet. Zum Leidwesen ihres jüngeren Bruders. Er schämt sich, wenn sie auf dem Bildschirm auftaucht. Egal. Auf solche Taliban-Krankheiten im Kopf kann sie wirklich keine Rücksicht nehmen. Und jetzt muss sie los, um sich auf die Abendnachrichten vorzubereiten. Es gibt noch viel zu tun.

Bis die Sonne wieder untergeht, die Stadt wegen Strommangels in der Dunkelheit verschwindet, die Ausgangssperre die Menschen in ihre Unterkünfte zwingt, schwer bewaffnete Patrouillen und die Angst vor unsichtbaren Feinden die Herrschaft über die Straßen übernehmen und vereinzelt Schüsse zu hören sein werden.

Am frühen Nachmittag erscheinen in Agha Ghulams Laden drei Männer. Um Passfotos abzuholen. Mächtige Gestalten – ein Mudschahidin-Führer und seine beiden Begleiter. Camouflage-Jacken über den wadenlangen Hemden, wollene Kämpfermützen auf den Köpfen. Freundliches Benehmen. Angemessene Zurückhaltung. Während Agha Ghulam stumm da- sitzt, beginnt der Mudschahidin-Führer zu erzählen. Eine merkwürdige Erscheinung, deren Körper eine Mischung aus Macht, Mutwillen und Müdigkeit ausstrahlt. Er sei Kommandant gewesen über 1000 Mann, oben in seiner Heimat im nördlichen

Hindukusch an der chinesischen Grenze. Ein Leben voller Kampf seit 22 Jahren.
Der Kommandant lächelt. Ein ungelenkes Kämpferlächeln. Das Agha Ghulam nicht erwidert. Entschuldigen Sie, sagt der Mudschahidin, dass ich mich nicht mehr so elegant ausdrücken kann wie früher. Auch sein Englisch habe er vergessen. Er sei im Gymnasium gewesen, aber dann habe er sich den Widerständlern angeschlossen. Erst im Kampf gegen die Sowjets, dann gegen die Taliban. Nun ja. So ist das gekommen. Aber jetzt, endlich, der Sieg. Der Marsch auf Kabul, welch ein Glück, welch ein Triumph.
Agha Ghulam rutscht unruhig auf seinem Stuhl hin und her. Ob der Herr Kommandant jetzt vielleicht seine Fotos haben wolle? Ach ja, die Fotos. Tatsächlich habe er noch viel zu erledigen. Was denn? Oh, sehr viel!
Kaum haben die drei den Laden verlassen, beginnt Agha Ghulam, dieser besonnenste aller Menschen, zu schimpfen. Ausgerechnet die wollen jetzt das Land regieren! Der da! Kommt aus den Bergen, hat keinerlei Bildung, kommandiert 1000 Mann, wie sollen da erst die anderen sein?! Die wollen uns jetzt regieren. Was können sie? Kämpfen, sonst nichts! Und all diese Waffen in der Stadt. Wir müssen miteinander sprechen, wenn wir ein demokratisches Land werden wollen, sagt Agha Ghulam, doch wer eine Waffe hat, mit dem kann man nicht diskutieren.
Welcher Held aber will schon diskutieren? Diese schönen, stolzen Jünglinge mit den geschminkten Augen, die beim Essen die Kalaschnikow neben den Kebap-Teller legen, diese wilden Burschen überall in den Straßen – was wären sie ohne Waffen? Manche haben sie sogar dekoriert, haben sie mit schimmernd roten Fahrradlenkerbändern umwickelt. Denn Sturmgewehre gehören zu ihnen. So haben sie es gelernt. Immer schon. Solange sie leben, hat es nie Frieden gegeben.
Und ihre Anführer erst! Im Kampf vorzeitig gealterte Männer, die jetzt die Macht haben in der Stadt. Fast alle um die 40 Jahre alt, fast alle mit 17 oder 18 Jahren von der Schule weggelaufen. Taj Mohammed zum Beispiel, der Bezirksgouverneur von Kabul. Der sitzt nun mit seiner Kämpfermütze in einem riesigen, eiskalten Büro hinter einem großen Schreibtisch. Vor sich kein Blatt Papier, aber eine kleine Kanone aus Messing.
Damals, als die Sowjets nach Kabul kamen, war er 17 und hat »Arabisch« studiert, wie er es nennt. Aber mehr als ein bisschen im Koran dürfte er nicht gelesen haben, ehe er sich den Mudschahidin anschloss. Bei den Truppen der Nordallianz hat er es dann bis zum Kommandanten gebracht, war zuletzt verantwortlich für die siegreiche Schlacht um Kundus. Und nun ist er Bezirksgouverneur. Warum gerade er? Keine Ahnung, sagt er; sie haben gesagt, ich muss das machen. Aber vielleicht bleibe ich nicht lange. Ich bin seit 22 Jahren Kämpfer. Jetzt bin ich müde. Ich will nur noch zurück in mein Dorf.

Es wird noch viel Zeit vergehen, bis halbwegs fähige Leute an den richtigen Stellen sitzen. Bis alle Machtfragen geklärt sind und die Kämpfer ihre Waffen wegwerfen. Bis also ein Wunder geschieht und auch Agha Ghulam sich zufrieden auf seinem Stuhl im Fotostudio zurücklehnen kann.
An diesem Morgen ist er hinausgegangen und hat seine Töchter in der Schule angemeldet. Amina, die 22-Jährige, für die zehnte Klasse. Adela, die 15-Jährige, für die vierte. Wie alle anderen Mädchen waren die beiden vor fünf Jahren aus dem Unterricht gerissen und ins Haus verbannt worden. Viele haben dennoch heimlich weitergelernt, in Privatwohnungen. Anfangs gingen auch Amina und Adela in die geheimen Schulen. Aber dann bekamen sie Angst. Gefahr von Durchsuchungen, jeden Tag ein anderer Schulweg, wo es doch schon gefährlich war, überhaupt aus dem Haus zu gehen.
Jetzt wollen sie es noch einmal versuchen. In einem dieser zerstörten, ungeheizten Schulgebäude, deren Einschusslöcher notdürftig abgedeckt sind. Dort werden sie auf dem nackten Boden sitzen, weil es noch keine Bänke gibt. Aber sie werden Neuigkeiten über Neuigkeiten hören. Aus einer Welt, die ihnen abhan-

den gekommen war. Und Agha Ghulam wird stolz auf sie sein.
So wie auf seine drei Söhne. Neulich hat er Reza, den ältesten, fotografiert. Mit der alten indischen Plattenkamera und genauso feierlich und kunstvoll wie einst. Auch dieses Porträt hat er gerahmt und aufgestellt. Zwischen sein eigenes aus jungen Jahren und das des legendären Generals Ahmed Schah Massud, des ermordeten Helden der Nordallianz, das jetzt überall zu sehen und zu kaufen ist.
Noch hilft Reza, der 19-Jährige, im Laden. Da steht er, holt ab und zu einen Film, einen Bilderrahmen, eine einfache Kamera aus den Glasschränken. Sie sind gerade erst aus Pakistan, dem Iran, aus Dubai eingetroffen – so wie all die anderen Luxusgüter in der Stadt: die fünf verschiedenen Sorten Kartoffelchips, das Trockenmilchpulver mit Erdbeergeschmack, die Dosen mit Tomatencremesuppe, die jetzt in den wenigen Geschäften als kühne Behauptung unmittelbar bevorstehenden Wohlstands aufgestapelt sind, obwohl sie sich noch lange niemand wird leisten können.
Reza und seine zwei jüngeren Brüder sollen etwas werden, so wünscht es sich Agha Ghulam. Ärzte! Piloten! Ingenieure! Warum nicht?! Sagt der Vater. Die Tagträume des Vorfrühlings. Keine Familie, die sie nicht träumt. Sich bilden! Das Land aufbauen! Unser Afghanistan! Bald werden, so Gott will, alle Söhne des Landes Ärzte, Piloten oder Ingenieure sein und alle Töchter Ärztinnen, Lehrerinnen oder Journalistinnen – es sei denn, sie kommen aus einer dieser letzten vernagelten Familien der paschtunischen Volksgruppe, die ihre Mädchen auch noch in 1000 Jahren nicht zur Schule schicken werden.
Da betritt ein zusammengeschrumpfter alter Mann den Fotoladen. Er sieht aus, als sei er gerade aus einem längst vergilbten Buch auferstanden. Traditionelle Kappe, Umhang, grauer Bart, Gesicht mit tiefen Falten. Ein früherer Regierungsbeamter, der unter den Taliban seine Arbeit verloren hatte. Jetzt schreitet er, freundlich murmelnd, Hand auf dem Herzen, durch den Raum, geradewegs in das Fotostudio mit dem Schweizer Panorama an der Wand. Lässt sich nieder auf dem Boden – ein greises Monument vor Gebirgslandschaft. Schon sitzen auch Reza, dessen jüngerer Bruder und ein Nachbarsjunge neben ihm. Schulstunde in verschworener Gemeinschaft.
So haben sie es immer gemacht. All die Jahre. Kaum hatten die Taliban zum Gebet gerufen, kaum stand das öffentliche Leben still und die Geschäfte waren geschlossen, da huschte der Lehrer in Agha Ghulams Hinterzimmer, wo die Söhne schon warteten. Dann verrammelte der Vater den Eingang und hielt Wache. Bis zum Ende des Gebets blieben 20 Minuten für all das, was die Taliban auch den Knaben nicht zu lernen erlaubten: Geographie, Englisch, Mathematik, Geschichte. Wie gut, dass fünfmal am Tag gebetet wurde.

Und so sitzen Agha Ghulams Söhne im Schneidersitz vor den Wandgemälden im Fotostudio und lauschen ihrem Lehrer. Aber die Tür, neuerdings von einem Plakat mit einer indischen Schauspielerin geschmückt, steht nun offen. Ab und zu beugen sie sich über ihre zerfledderten Bücher und lesen vor. Der 19-Jährige und der 18-Jährige und der kleine Nachbarsjunge. Es wird wahrscheinlich noch eine Weile dauern, bis sie Piloten, Ärzte oder Ingenieure werden.
Draußen holpert ein weißes Chevrolet-Camaro-Cabriolet mit himmelblauen Ledersitzen und offenem Verdeck über die löchrige Straße vor Agha Ghulams Laden. Das einzige in ganz Afghanistan. Etwas ramponiert, aber fahrtüchtig. In den siebziger Jahren soll es dem Sohn des Königs gehört haben. Jetzt hat es der Besitzer des Hotels nebenan aus dem Versteck geholt.
Ob es wohl noch einmal kalt werden wird?

Evelyn Roll

Evelyn Roll, geboren 1952, ist Reporterin, Autorin und Leitende Redakteurin der SÜDDEUTSCHEN ZEITUNG. Sie wurde mit dem Theodor-Wolff-Preis ausgezeichnet und hat mehrere Bücher verfasst, als letztes eine Angela-Merkel-Biografie: »Das Mädchen und die Macht«. Sie lebt in Berlin.

LOBET DEN HERRN!

Überall auf seiner Wahlkampftour jubeln die Menschen Joschka Fischer zu. Völlig zu Recht, glaubt er.

von Evelyn Roll
Süddeutsche Zeitung Magazin
20. September 2002

Der Außenminister ist heiser. Und er hat schlechte Laune. Sehr schlechte Laune. »Wo sind meine Salbeipastillen?«, krächzt er: »Es müssen doch hier noch jede Menge Salbeipastillen ... die sind doch in dem Körbchen.«
Die Tüte mit Halswehbonbons, die ihm von freundlichen Helfern gereicht wird, schaut er gar nicht erst an: »Aber ich möchte doch nicht die Emser, sondern die Salbei, die in dem Körbchen waren. Schaut doch mal in dem Körbchen, diesem Obstkörbchen...«
Der Außenminister mault und greint wie ein großes Kind. Das Wort »Körbchen« spricht er aus Verzweiflung schon ganz weich und hessisch aus. Und sein nächster Satz wird sich später auf dem Tonbandgerät so weinerlich und matt anhören, als spräche das Leiden Christi selbst, oder wenigstens Eugen Drewermann: »Es wird Zeit, dass Maria wiederkommt. Die hat alles im Griff ...«
Es ist also wunderbarerweise alles so, wie es mit diesem Joschka Fischer immer war. Alles geben die Götter, die unendlichen, ihren Lieblingen ganz. Wenn Joschka Fischer kämpft, dann kämpft er. Wenn er dick wird, wird er gewaltig dick. Wenn er anfängt zu laufen, läuft er wenig später den Hamburg-Marathon. Wenn er schon Außenminister sein darf, dann bitte der beste und populärste. Und wenn er leidet, dann leidet er auch richtig.
Naturgemäß registriert und ironisiert er seinen Salbei-Weltschmerz sofort selbst: »Ach, Frau Roll das Problem bei dieser Tour ist, dass ich überm Limit fahre, sodass der kleinste Druck das Fass zum Überlaufen bringt. Und Maria, die Organisatorin, die wirklich alles im Griff hat, hat drei Tage Urlaub genommen. Seitdem funktioniert es nicht mehr.«
Und so, wie man auf dieser Bustour durch den Wahlkampf mit Joschka Fischer nur ein paar Minuten brauchte, um zu merken, dass alles wie immer ist, so weiß man bald, dass der Slogan »Außen Minister, innen grün« deswegen ehrlicherweise heißen müsste: »Außen Minister, innen Joschka.« So, wie man auch schnell herausfindet, was die sympathischen jungen Männer in seiner Entourage meinen, wenn sie mit

zum Himmel gedrehten Augen immerzu vom GV wispern: Der GV hat dieses befohlen. Der GV hat jenes angeordnet. Der GV will nun einmal seine Salbeipastillen. Ihn meinen sie natürlich, den Gott-Vater, Joschka. Dieses GV klingt deswegen nicht nur ironisch-katholisch, sondern vor allem sizilianisch.

Die Umfragen für die rot-grüne Regierung waren stabil im Keller, als der Pate aller Grünen vor 45 Tagen in Berlin aufgebrochen ist, die Schwarzen das Fürchten zu lehren. Am Abreisetag waren auch noch Cem Özdemir und Rezzo Schlauch mit ihren Bonusmeilen aufgeflogen. »Sie dürfen mir für meine Miles and More alles Gute wünschen«, hatte Fischer also mit grimmigem Gesicht in die Kameras geknurrt beim Einstieg in seinen Wahlkampfbus. Und weil er weiß, was Berliner Journalisten gern sehen und senden, hatte er sich dann noch einmal divenhaft umgedreht und mit seinem maliziösen Unterschätzt-mal-nur-eure-alte-Tante-Fischer-nicht-Lächeln gesagt: »Hier gibt es keine Bonusmeilen.«

Wenn er heute, zwei Tage vor der Wahl, in Berlin aus dem Bus wieder aussteigt, wird er 17 000 Kilometer durch Deutschland gefahren sein; in 90 Städten hat er dann insgesamt 130 Auftritte absolviert; 320 Kilometer ist er mit und vor Publikum gejoggt durch Wälder und Auen, durch Städte und Dörfer. Überall haben doppelt so viele Menschen den populärsten Politiker des Landes sehen und hören wollen wie auf der Wahlkampftour vor vier Jahren. Weswegen in den ersten Wochen überall die Säle zu klein gewesen sind.

Dann kam die Flut. Und plötzlich war sogar Umweltpolitik wieder ein Thema: Revival im Westen. Uraufführung von Joschka Fischers Öko-Rhetorik im Osten. Und deutschlandweit sehr nachdenklich nickende Gesichter, wenn er diesen 130-mal ausprobierten Satz sagte, der schon bei Sabine Christiansen funktionierte: »Die Natur hat lange Bremswege.«

Seit Amerikas Irak-Ansage und Schröders Nein kam dann noch die Außenpolitik in den Wahlkampf. Und die Menschen machten sich ganz offensichtlich klar, dass dieser Fischer in den vier rot-grünen Jahren einen harten und guten Job gemacht hat: Er ist der erste deutsche Außenminister gewesen, der sich aktiv in die Nahost-Friedensverhandlungen wagte. Und der durch intelligente Pendeldiplomatie sogar die nach dem Scheitern des zweiten Camp-David-Gipfels frustrierten Amerikaner zurück in den Friedensprozess lockte.

Wenn man eines Tages mit dem Weitwinkelobjektiv der Geschichte auf diese vier Jahre schauen wird, dann wird seltsamerweise wahrscheinlich der Atomausstieg und ganz sicher der grüne Außenminister das Besondere und Einzigartige des »Reformprojekts« gewesen sein. Man muss sich bloß einmal vorstellen, was unter einer unionsgeführten Regierung los gewesen wäre, die auch nur versucht hätte, das Militärische so radikal zu enttabuisieren wie es Schröder und Fischer gelungen ist. Welcher FDP-Außenminister hätte es geschafft, die Mehrheit der Deutschen mitzunehmen in den Kosovo-Krieg und zum Präventiveinsatz deutscher Soldaten in Mazedonien?

Joschka Fischer weiß das alles. Und, was es ein bisschen schwer erträglich macht, er erläutert es immer wieder gern selbst, wenn es gerade mal kein anderer freiwillig vorträgt. Er sagt dann zum Beispiel, dass das Außenministerium mit seinen edlen Diplomaten und wohlklingend adeligen Elitebeamten recht eigentlich immer schon ein Topladen gewesen ist, der Ferrari unter den Ministerien sozusagen. Nur dass diesem Außenministerium eben bis vor vier Jahren der Michael Schumacher gefehlt hat, er also, der große GV Joschka.

Und er hat auf seiner Tour über die Marktplätze des Landes dem staunenden Publikum noch einmal vorgeführt, wie es geht. Hat regelrecht gelauert darauf, dass einer der Demonstranten, die ihre »Bombenstimmung bei den Grünen«-Transparente in die Kameras hielten, endlich den Mund aufmacht und stört. Fischer braucht Zwischenrufe und Störungen, um zu Hochform aufzulaufen, um aus der Rederoutine in die Adrenalinphase zu kommen. Er weiß das auch.

»Ich verstehe dich ja«, sagt er also väterlich dankbar einem schwarz gekleideten Jungen im hessischen Homberg. »Ich verstehe dich wirklich gut. In deinem

Alter ... ach, das weißt du ja selber, wie ich da war. Und ich selber habe ja auch lange genauso gedacht wie du. Zu lange.«

Immer an dieser Stelle erzählt Joschka Fischer dann vom Jahr 1995 und dem Massaker von Srebrenica. »Da war es für mich vorbei mit der Pazifistenrhetorik. Da konnte ich das nicht länger mit ansehen.« Der Junge ruft dann meistens etwas Wütendes von zivilen Opfern, etwas, was keiner genau versteht. Fischer aber versteht natürlich und antwortet: »Du musst dich entscheiden, was dir wirklich wichtig ist. Willst du deine Prinzipien? Oder willst du Zivilisten schätzen? Dann kannst du doch nicht dabei zusehen, wie vor der Haustür 250 000 Menschen verrecken, oder?« Wenn ein anderer ihn provokant und etwas umständlich fragt, ob er etwa behaupten wolle, dass er, wenn er heute 18 wäre, Politik nicht zum Kotzen langweilig fände, und ob er glaube, dass er heute noch einmal bei den Grünen anfangen würde, sagt Joschka Fischer ganz ruhig: »Nein, das glaube ich nicht, so wie ich war. Einer wie ich wäre heute eher NGO als in einer Partei.« Ausgerechnet in einer nichtregierenden Organisation also. Es sieht dann jedes Mal so aus, als habe er schon wieder einen Erstwähler überzeugt.

Er macht das genial. Die Menschen klatschen und raunen sich zu, was für ein toller Hecht dieser Joschka Fischer doch ist. Nach drei Auftritten kennt man seine Textbausteine auswendig, wie bei jedem anderen Wahlkämpfer auch. Aber er spult nie eine Rede runter. Er reagiert immer auf die Situation und auf die Menge. Er spielt mit ihnen. Er wartet nur darauf, dass ihm endlich einer widerspricht, ihm ein Wort zuwirft: »Neutralität« zum Beispiel.

Dann erzählt er, dass er erst kürzlich gesehen habe, dass unter jedem Schweizer Gesetzentwurf tatsächlich der Zusatz steht: »Gesetzentwurf ist EU-kompatibel.« Wenn man die Eidgenossen frage, warum sie denn nicht in die EU kämen, um die Gesetze, nach denen sie sich offenbar richten, wenigstens mitzubestimmen, sprächen solche Eidgenossen stets vom »autonomen Nachvollzug«.

Und dann ruft Joschka Fischer: »Das sage ich Ihnen als Ihr Außenminister. Ich möchte nicht, dass wir autonom nachvollziehen müssen, was anderswo – ob in Washington, Moskau oder Peking – entschieden wird. Ich, als Ihr Außenminister, möchte ein starkes Europa, in dem wir mitreden können. Ich möchte starke Vereinte Nationen und auch einen Internationalen Strafgerichtshof, in dem wir die Miloševićs und Pinochets der Zukunft vor ihren Richter stellen werden.«

Viele Pressekonferenzen der Grünen, im Osten wie im Westen, wirken im Kontrast zur Weltläufigkeit und Visionskraft des Außenministers provinziell i mprovisiert, wie vor zwanzig Jahren: quakende Kinder, ein abgegessenes Frühstücksbuffet, ein Präsentkorb mit lokalen Wurstspezialitäten und Schnäpsen für den bekennenden Vegetarier, Antialkoholiker und ehemaligen Fleischklops Joschka Fischer. Und eine lokale Vorsitzende zum Beispiel im Kreis Vogelsberg, die zum Abschied reimt: »Am Montag kommt Joschka nach Gießen. Da könnt ihr ihn weiter genießen.«

Joschka Fischer verzieht bei so was keine Miene. Er hat das durchtrainierte Pokerface eines Außenministers. Nur, als er beim Einsteigen in den Bus sagt: »Ich kenne meine Grünen. Und ich kenne auch die vom Vogelsberg«, da könnte man auf die Idee kommen, dass er doch an seine neun Jahre als hessischer Landespolitiker denkt, an die Schlachten mit den Fundis. Vielleicht denkt er auch daran, wie hier in Hessen alles anfing ...

Es war also die Mitte seiner Wahlkampftour, die ihn für drei Tage durch Hessen führte, möglicherweise kein schlechter Moment und außerdem die passende Umgebung, ihn zu fragen, was er eigentlich tut, wenn es aus ist am 22. September? Zumal der Kollege von der italienischen Zeitschrift *Panorama* ganz sicher ist, dass Fischer in diesem Wahlkampf gar nicht mehr diese Siegerausstrahlung hat, die ihn vor vier Jahren so faszinierend gemacht habe.

Was also ist, wenn das rot-grüne Projekt schon wieder tot ist nach vier Jahren? Ist Joschka Fischer nicht fast immer nach vier Jahren aus den gewichtigen Ämtern wieder rausgeflogen? »Da denke ich überhaupt nicht drüber nach«, sagt er. Schon allein daran, dass ein Allesvorplaner wie er darüber noch nicht nachgedacht habe, könne man erkennen, wie sicher er ist.

Und wenn es doch nicht reicht für Rot-Grün? – »Dann sehen Sie mich in der Opposition wieder.« – Wird es ihn nicht eher nach Europa ziehen, die Amtszeit von Romano Prodi geht doch passenderweise 2004 zu Ende? – »Nein.« So, wie er dieses Nein sagt, so klar und treuherzig überzeugt und überzeugend, sollte man ihm das nun wirklich einfach mal glauben. Wenn es nur nicht genauso klar, treuherzig überzeugt und überzeugend gewesen wäre, wie er noch im Juli 1997 auf die Frage geantwortet hat, ob er vielleicht Außenminister werden möchte: »Ich versichere Ihnen: Ich will es nicht. Und ich werde es nicht.«

An jenem Nachmittag in Hessen ist er dann in Eltville vor etwa 600 Mitläufern am Rhein entlang und hinauf zum Steinberg gejoggt, »eine der besten Weinlagen Deutschlands«, wie er immer noch weiß, obwohl er nur mehr Wasser und Cola in seinen Körper lässt. Anschließend sitzen die Bodyguards und einige lokale Grüne, die mitgelaufen sind, verschwitzt und schwer atmend im schattigen Innenhof eines Eltviller Weinlokals.

Der Außenminister in seinem knappen Laufhöschen ist bester Dinge. Er schnallt sich das Pulsmessband von der Brust, streckt die durchtrainierten Beine wohlig weit ab und schaut angriffslustig in die Runde. Es sei gut gewesen, sagt er, dass die Feuerwehr nach fünf Kilometern ein Wasserdepot eingerichtet habe. »Sonst wären einige auf der Strecke geblieben bei der Hitze.« Dann lässt er sich die neuesten Agenturmeldungen vorlesen, die Bundesliga-Ergebnisse vor allem. Der politische Geschäftsführer der hessischen Grünen steht verdächtig rotköpfig in seinem schwarzen Stehkragen- Anzug vor ihm und schwitzt. »Tja, das nennt man das Abwärmeproblem. Hast eben zu früh geduscht. Jetzt musst du nachschwitzen in deinem Mao-Anzug«, sagt Fischer.

Den Jungen davonlaufen, das scheint eines der wenigen Vergnügen zu sein, die Fischer sich noch leistet. Wenn man ihm dann von dem gut aussehenden, sehr schlanken Mann aus dem Läuferfeld erzählt, der vor einem halben Jahr noch eine Tonne von 113 Kilo war und es nur schaffte, weil er Fischers Bestseller *Mein langer Lauf zu mir selbst* gelesen und befolgt hat, sagt der Außenminister: »Wissen Sie, ich habe mit meinem Laufen und dem Buch über das Laufen mehr für die deutsche Volksgesundheit getan als die letzten drei Gesundheitsreformen zusammen.« Er sagt das ohne jeden Anflug von Ironie.

So, wie er nach seinen Wahlkampfreden zurückkommt in den Bus mit diesem »Wie war ich?«-Blick, der die Antwort schon kennt. »Habt ihr gemerkt?«, sagt Fischer. »Den meisten Beifall gibt es immer, wenn ich sage: Ich möchte Außenminister bleiben.« Natürlich haben alle das gemerkt. Alle haben sich das längst notiert. Aber es ist vielleicht doch besser, man sagt es ihnen noch einmal.

Meistens sagt er: »Ich will nicht Kanzler werden wie Stoiber oder wie …«, und bevor ihm der Name Westerwelle einfallen kann, lachen alle schon. Und lachen noch mal, wenn er ihn dann ausspricht, weil Fischer den Vornamen Guido so schön verächtlich in seine Einzelbuchstaben zerlegt und »Gu-Ido« sagt.

»Ich möchte vier weitere Jahre im Amt des Außenministers bleiben.« Und dann gibt es den meisten Applaus. Habt ihr's gemerkt?

Da ist er wieder, der alte Joschka Fischer. In den Jahren der ersten rot-grünen Koalition in Hessen hat er das gelernt, in den »schlimmsten Jahren meines Lebens«, in denen man zuschauen konnte, wie er von Woche zu Woche dicker und sein Haar immer grauer wurde. Da ist er immer den langen Flur zur Landtagskantine auf- und abgetigert. Wenn einer der Journalisten, die links und rechts ihre Schreibstuben hatten, bei offener Tür saß, ist er reingekommen und hat erklärt, wie man die Dinge zu sehen, also auch zu schreiben habe. Schließlich haben alle Journalisten ihre Türen immer weit aufgehalten. Langweilig war es mit Fischer nie.

So, wie er heute durch die Busreihen tigert und sagt: »Das waren jetzt vier Auftritte an einem Tag und zehn Kilometer Joggen. Und eben habe ich noch schnell nebenbei den Gipfel für morgen in Berlin organisiert.« Bis einer bewundernd fragt: »Wann haben Sie denn das auch noch gemacht, Herr Minister?« – »Na, während ihr hier vorne dummes Zeug gequatscht und genüsslich mein Brot und meine Wurscht vertilgt habt.« Es ist ein altes Spiel.
Nur manchmal, wenn man ihn scheinbar ganz harmlose Sachen fragt, ist neuerdings Schluss mit lustig. Ob er mal erklären kann, warum die Amerikaner nun eigentlich in Wirklichkeit unbedingt in den Irak wollen. Das ist so eine Frage. Die beantwortet er bloß, wenn man vorher das Tonbandgerät ausschaltet.
Oder wenn man ihn nach den Details seiner großen Zuneigung zu Madeleine Albright fragt. Dann weicht er mit einem protokollarisch korrekten Satz aus: »Ich verstehe mich mit ihrem Nachfolger sehr gut und das ist auch eine beeindruckende Persönlichkeit.«
Muss ein Außenminister tatsächlich so vorsichtig sein, Herr Fischer?
»Ein Außenminister agiert eben als Vertreter seines Staates. Das hört sich oft an wie Umgangssprache, was wir da machen. Dennoch ist es ein anderer Sprachcode«, erklärt er. »Wir sind Vertreter von Regierungen, die das Mandat ihrer Völker haben. Die Völker sprechen also durch ihre Repräsentanten hindurch miteinander. Und das macht das aus, was normalerweise das diplomatisch Nichtssagende heißt. Aber wehe, man weicht davon ab.«
Dann verlässt Joschka Fischer das diplomatisch Nichtssagende auch schon wieder und er sagt wie auf einer Shakespeare-Bühne noch einmal: »Wehe.« Und nach einer schönen Kunstpause ein drittes Mal: »Wehe.« Das klingt so tragisch und abgehoben, so nach »die Verantwortung der ganzen Welt lastet allein auf meinen Schultern«, dass man schließlich gar nicht anders kann, als zu fragen: »Sind Sie eigentlich sehr einsam, Herr Außenminister?«
Dann schaut er einen aus diesem vom Leben, vom Kämpfen und vom Hungern auf so interessante Weise zusammengefalteten Gesicht mit müden Augen an und sagt: »Ich bin, wie Sie wissen, schon immer ein Einzelgänger gewesen. Im Alter kommt das noch stärker raus.« Und in die möglicherweise nun etwas ungehörig lange Stille, sagt er noch: »Aber Sie müssen sich keine Sorgen machen. Ich bin nicht einsam.«
Wenn man ihn schließlich auch nach seiner Ehe fragen will und ob seine Frau ihm nicht über das traurige Einzelgänger dasein hinweghilft, antwortet er sehr erstaunlich und sagt: »Hallo? Ja! Nein! Doch!« Weil er plötzlich ein Mobiltelefon am Ohr hat. Offenbar hat da ausgerechnet mitten in diese interessante Frage jemand angerufen, ohne dass es überhaupt geklingelt hat. Bestimmt ist es ein Repräsentant eines anderes Volkes. Also lässt man den Außenminister mit seinem Telefon und den wichtigen Staatsgeschäften allein.

Christian Schüle

Christian Schüle, geboren 1970 in Friedrichshafen, studierte Philosophie in München und Wien. Anschließend Arbeit als freier Autor für Zeitungen, Hörfunk und Magazine, seit 2001 Redakteur im Ressort Dossier der ZEIT. Nominierungen zum Axel-Springer-Preis für junge Journalisten 1999 und 2000.

Er erhielt den Förderpreis des Internationalen Presseclubs München 1999 und den Publizistikpreis der Glaxo-Smith-Kline-Stiftung 2002.
Buchpublikation 1998: »Die Parlamentarismuskritik bei Carl Schmitt und Jürgen Habermas«.

Die Vortänzerin von Shanghai

In ihrem ersten Leben war Jin Xing ein Mann, Oberst in der chinesischen Armee. Dann wurde er zur Frau, als Tänzerin umjubelt. Die Geschichte einer Verwandlung in einem sich wandelnden Reich

von Christian Schüle
DIE ZEIT
17. Januar 2002
Foto: Zeng Nian/Gamma/Studio X

Jin Xings Tanz ist voll von erotischer Sinnlichkeit, von Freiheitslust und verzaubert sogar den Zensor

Nichts ist eindeutig in dieser Nacht, es ist seit einer Stunde Donnerstag, und sie ist noch immer nicht da. Die Stille schluckt jeden Laut, nur der Portier steppt gegen die verrinnende Zeit an. Man stellt sich die Diva vor, den Verführer, die Femme fatale, den glamourösen Zauberer, die Elfe, das zerbrechliche Wesen, und plötzlich, um kurz nach eins, aus dem Bauch des Molochs Shanghai, im verwehten Regen der Nacht, kommt ein lemongelber VW Beetle vor der goldfarbenen Drehtür des 24-stöckigen Lenshang-Hotels zum Stehen. Die Fahrertür öffnet sich, jemand steigt aus, schwingt sich herein in die spiegelblanke Marmorbodenlobby und trippelt direkt auf den einzigen Gast zu, der sich um diese Zeit noch hier aufhält, seit Stunden in einem Polstersessel versunken. Diese kleinen, schnellen Schritte und ihr Klacken auf den Fliesen, da, endlich, kommt der Goldene Stern, und er ist von einer unerhörten Laszivität. Um halb zwei, Donnerstagmorgen, beschließt die wahrscheinlich beste Tänzerin der Welt, gegen alle Zumutungen des kalten Lebens eine heiße Schokolade zu trinken. Die Art, wie sie sich aus der Hotellobbycouch erhebt, hat etwas unerhört Bourgeoises. Der künstliche Seufzer ist kaum zu vernehmen; nur so hat er Stil.

Am nächsten Morgen kommt sie ungeschminkt. Am Oberlippenrand die drei kurzen, horizontal gesetzten Narben; unter der Nase eine Narbenparallele, einen Zentimeter lang. Ober- wie Unterlippe besitzen die gleiche Form, der Mund wirkt rund und voll. Das Nasenbein setzt erst kurz vor der leicht abfallenden Spitze ein, die Jochbeine beginnen bald unter den Schläfen. Wo sich früher sein Adamsapfel wölbte, ist ein kleiner Schnitt. Ihre Hände sind aufmerksam gepflegt, geschmeidig. Es sind keine femininen Hände, dafür sind sie zu groß, und die Fingerglieder sind lang und ausgeprägt. Auf einem der Finger steckt ein breiter Bernstein, auf einem anderen ein lila Juwel. Ihre Haut ist bleich, man sieht manche Unebenheit und bei genauem Blick letzte Bartstoppel am Hals. Die Unterarme sind haar-, selbst flaumlos. Ihr Körper wirkt müde, an der linken Wade, unter der dünnen

schwarzen Strumpfhose, fällt eine Mulde auf. »Augen«, sagt sie, »Augen sind die Fenster zur Seele, dort sieht man ihre Tiefe und Kindlichkeit, ihre Reinheit und Wachheit.« Jin Xings Iris ist schwarz, die Äpfel liegen flach in den engen Fassungen einer Mandel, und aus der Tiefe ihrer Blicke spricht die Poesie einer unerhörten Verlorenheit. Sie redet nicht. Sie lacht nicht. Sie isst das Gemüse lustlos. »Mein Leben ist Abschied«, sagt sie plötzlich, »ein Abschied nach dem anderen. Ich bin mein Leben lang einsam und allein ... So ist das.« Dann lacht sie laut und frei und ohne Notwendigkeit, eine Tonlage höher als ihr Reden, und man wird den Schatten dieses Lachens nicht mehr vergessen.

Jin Xing ist für viele das kulturelle Aushängeschild Shanghais, und Shanghai, heißt es, ist das Versuchslabor Chinas. Wenn sich etwas verändert in China, dann zuerst in Shanghai. Die Rolle der Frau etwa: Es gibt viele »neue Frauen« in China, aber Jin Xing ist eine Allegorie auf die Verwandlung; ihre Biografie ist die Biografie einer Unerschütterlichkeit, eine sichtbare Parabel auf Chinas Metamorphose. Früher war das Reich ein geschlossenes System, beherrscht von Politik und Ideologie; heute erscheint China als ein System, das sich, zulasten seiner Traditionsverhaftung, selbst geöffnet hat.

Man weiß nie, wie Shanghai aussehen, nie, welche Maske es aufziehen wird. Nachts, wo das Zwielicht herrscht, blinken die Lichter seiner Türme wie rasende Funken, und am Morgen schon kann das alte, hölzerne, einstöckige Gassenhaus fehlen und mit ihm die Frau, die noch den gefüllten Nachttopf zur Sammelstelle trägt, und der schielende Greis an der Dreherbank mit dem blauen Kittel. Und übermorgen kann ein ganzes Wohnviertel fehlen, und in einem halben Jahr steht an jenem Platz, wo einst der Dreher saß, ein spiegelverglaster Turm mit 40 Stockwerken, darin eine weitere Shopping-Mall, eine Bank, ein Hotel aus der globalen Kette.

Shanghai, sagen seine Planer, sei die Stadt des 21. Jahrhunderts, die Weltstadt der Zukunft. Shanghai ist total urban, Stadt schlechthin. Gärten gibt es kaum, Parks wenige und Bäume nur, wenn, wie kürzlich, Gipfeltreffen stattfinden und Präsidenten kommen und das klinische Arrangement die Bewohner verstört, die sich alltäglich weiße Masken vor die Münder spannen, wenn sie mit den Rädern den Smog durchpflügen. Shanghai, spricht sein Mythos, ist die Geburtsstätte des modernen China. Anfang der neunziger Jahre gab es 20 Hochhäuser in Shanghai, heute sind es 3000 Wolkenkratzer. 30 Millionen Quadratmeter alte Wohnfläche wurden abgerissen, 100 Million neue geschaffen; 1000 Straßen wurden gebaut, ein Flughafen in Form einer abhebenden Möwe geschaffen und ein doppeletagiges Verkehrssystem aus hingewuchteten Tangenten, Hochbahnen, Brücken und Schleifen gegen unendlich.

Am 13. August 1967, im Sternbild des Drachen, wurde in der Mandschurei ein Kind in einen falschen Körper geboren, und man gab ihm den Namen Jin Xing, Goldener Stern. Die Mutter war südkoreanischer, der Vater nordkoreanischer Herkunft. Die Familie Xing gehörte zur koreanischen Minderheit in Shenyang, einer armen, lärmenden Industriestadt von zweifelhafter Attraktivität im Nordosten Chinas. Die Mutter war Hausfrau, der Vater Nachrichtenoffizier in der chinesischen Armee. Darauf war die kleine Familie stolz, ein Armeerang bedeutete gesellschaftliche Achtung, Koreaner in China waren Fremde und ungeliebt. Und jetzt war der Sohn da; einen Sohn zu bekommen war zu jener Zeit mehr wert als zwei Mädchen, und die Xings hatten schon eine dreijährige Tochter.

Der Bub mit dem runden Mund und den mandelförmigen Augen hatte schnell die höchste Freude an den kleinen und zarten Dingen des Lebens, an der Anmut geschickter Bewegungen, an schönem Duft, an schönem Gesang. Er liebte Märchen und spielte mit den Puppen der burschikosen Schwester. Viel hielt er auf Ordnung und Sauberkeit, und eines Nachmittags besuchte seine Schwester mit ihm das Kino, ein Tanzfilm lief, und die Schwester schlief ein. Wieder zu Hause, räumte Jin sein Zimmer aus und imitierte die gesehenen Bewegungen. Der Goldene

Stern war vier, als er spürte, dass die Bühne sein Leben sein würde, die Drehung, die Nacktheit, der Ausdruck. Und es begann ein Leben voller Träume, Passionen und Obsessionen, voller Brüche und Verwandlungen. Er wollte eine Königin werden. Man sagt, sie sei es geworden.

Charmant, vielleicht gespielt, vielleicht narzisstisch, vielleicht mit kühlem Kalkül, höchst amüsant in jedem Fall, wie die sonnenbebrillte Diva hereintrippelt, mit kleinen, festen Schritten, wenn die Absätze der schwarzen Schuhe auf den blank polierten Fliesen irgendeines Geschäftsturms schlagen und ihr bourgeoises Lächeln auf den Gesichtern der Parkwächter und Portiere Wirkung hinterlässt. Bei den rauen, gern richtungweisenden Männern ist Verstörung zu erkennen, man ahnt, dass niemand von ihnen dieser Frau einen Wunsch abschlagen könnte. Hier, im Trade-Center an der New Century Plaza, besorgt sie Visa für ihre Tänzer, treibt auf dem Gang telefonierend und mit einem einzigen Satz ein Auftrittshonorar in die Höhe, sagt Anfragen ab, freut sich über die Zusage eines Sponsors, und während der Fahrt zur Hongkong Plaza singt sie eine Arie ihres geliebten Puccini. Vor allem aber fragt sie so viel, wie sie antwortet, die Grundmelodie ihres Fragens ist die Verzweiflung; am meisten interessiert sie, wann man von einem geglückten Leben sprechen würde.

Sie gebar sich selbst, als er 28 war. An einem kalten Pekinger Vorfrühlingstag ließ sich der Goldene Stern die Barthaarwurzeln durch eine Reihe kleiner Schnitte entfernen und die Reste mit einem Laser veröden. Er ließ sich bei örtlicher Betäubung und vollem Bewusstsein den Kehlkopfknorpel abschleifen und sprach dabei ohne Unterlass, damit eine Verletzung der Stimmbänder sofort bemerkt worden wäre. Sechs Wochen später wurden dem Goldenen Stern zwei Brüste aus kostengünstigem chinesischem Silikon implantiert. Bei der dritten und letzten Operation wurde aus der Haut des Penis das Schamlippenpaar geformt und die Eichel zur Klitoris verkleinert. Nach drei Monaten war der Irrtum der Natur korrigiert, die äußere Umwandlung erfolgreich vollzogen; eine innere musste es nicht geben. »Endlich«, hatte der Vater gesagt, »wir haben es immer geahnt.« Der Goldene Stern maß ein Meter achtundsechzig, und immer wieder hatte er sich dasselbe gefragt: Willst du mit 50 ein kleiner Mann sein oder eine große Frau?

Jin Xings Geburt kostete 3700 Dollar. Es war die erste öffentlich bekannte und offiziell geduldete Geschlechtsumwandlung in China. Es war das erste Mal, dass ein Mann zu einer Frau wurde, die im Männerreich der Mitte mit der Kühnheit ihrer Hingabe für ihr neues Leben einstand, die nicht in der Anonymität verschwand oder sich umbrachte. Es war der Beginn einer neuen Industrie in China, der privatwirtschaftlich organisierten Geschlechtsoperationen, die chinesische Chirurgen im Internet anboten. Hunderte beriefen sich auf Jin Xing, bewunderten sie für den Mut, die Kraft, die Obsession, Hunderte bekamen das Geld nicht zusammen und verzweifelten. Es interessiert Jin Xing nicht, was andere sagen. Sie glaubt an nichts außer sich. Sie glaubt an keinen Gott. Sie schätzt den buddhistischen Gedanken des Zirkulären, alles kehre wieder in verwandelter Gestalt; aber woran sie wirklich glaubt, ist der Körper, die Musik.

Es war Anfang der siebziger Jahre, und die einzige Möglichkeit eines Jungen mit schöner Seele, der Tristesse Shenyangs zu entkommen, war das Soldatentum. Soldat zu sein bringt Ehre und Achtung mit sich, Härte, Drill, Disziplin, die Quellen jeder guten Ausbildung. Wer Soldat war, galt etwas. Das Soldatsein war dem Jungen egal. Er wollte Tänzer werden, ein großer und berühmter und umschwärmter: mit dem Körper die Seele ausdrücken. Mit neun ging Jin Xing in die Armee, weil sein Körper einen Ausdruck suchte und weil sie bei der Armee die besten Ballettrainer hatten. »Niemals, du bist viel zu jung«, sagte die Mutter, und der Vater nickte. Der Goldene Stern trat in den Hungerstreik. Nach drei Tagen gaben die Eltern nach, und Jin Xing wurde in die Tanzkompanie des Militärs in Shenyang, Provinz Liaonung, Nordost, aufgenommen, was nur eine Hand voll schafft jedes Jahr. Nach drei Jahren stand der Goldene Stern weinend vor der Tür seiner Eltern, erzählte von den Lehrern und den Schlägen mit den Bambusstöcken bei jedem Fehler. Jin war Bettnässer geworden. Die Mutter sagte: »Du hast dich entschieden, und du wirst durchhalten. Es ist dein Leben.« Und der Vater nickte. Wie liebt sie ihre Eltern noch heute dafür. Wie lieben ihre Eltern sie trotz allem, was sie ihnen angetan hat.

Frau Yang war 56, respektiertes Mitglied der Kommunistischen Partei Chinas, Pionierin plastischer Chirurgie und die erste Medizinprofessorin des Landes. Sie hatte mit Hermaphroditen zu tun und mit beinahe todbringenden Geschlechtsverstümmelungen. Sie hatte manches Leben gerettet, nicht aber die dazugehörige Seele. Frau Yang hatte sich in den Achtzigern längere Zeit in den USA aufgehalten, um die Technik der Brustimplantation und der Schönheitschirurgie zu studieren. In China war sie eine Spezialistin, eine Koryphäe, Ende 1994 traf sie sich mit Jin Xing: Es war so weit, der Goldene Stern wollte endlich geboren werden, er wollte die endgültige Verwandlung, das Ganze. Und weil das Ganze in China weitaus preiswerter und er ein abergläubischer Mensch war, hatte er nach Stipendien, Engagements und vier erfüllten Jahren Europa den Rücken gekehrt, um in Peking Frau Yang aufzusuchen. »Ich wollte in China wiedergeboren werden, ich bin eine Chinesin.«

Nein, beschied Frau Yang ruhig, noch nie habe sie ein Geschlecht umgewandelt, in ganz China habe es das noch nicht gegeben, es sei auch nicht wirklich erlaubt, sie könne nicht helfen, es tue ihr leid, es gehe nicht.

Die Behörden waren überfordert

Jin Xing hatte nach seinem Aufenthalt in Rom eine Weile in Brüssel gelebt und sich dort von den besten belgischen Chirurgen ein Dossier über seine eigene Transformation zusammenstellen lassen; jeden Schritt hatte er bedacht, jedes Detail aufgeführt. Eine Woche lang saßen Frau Yang und Jin Xing schließlich zusammen und studierten die Pläne der europäischen Chirurgen. Jin erklärte, was er wollte und wie, und dann baten der beste Tänzer Chinas und die renommierte Medizinprofessorin die Behörden um Erlaubnis, die ihnen zunächst verweigert wurde.

Als Colonel Jin Xing, hoher Rang der chinesischen Armee, höher noch als der seines Vaters, die Kader aufsuchte, war es das Letzte, was er als Soldat tat, denn eine Frau kann kein Colonel mehr sein. Er redete und argumentierte und überzeugte sie, dass es klüger wäre, klüger im Sinne des Landes, im Sinne Chinas, ließe man ihn gewähren, man wisse doch um seinen internationalen Ruf. »Ich sagte ihnen: Ich habe kein Gesetz gebrochen. Was wollen Sie tun? Wollen Sie mich umbringen?« Die Beamten der zuständigen Polizeibehörde waren überfordert. Ein ausdrückliches Verbot gab es nicht, die Norm der Keuschheit erodierte seit Jahren ohnehin. Besser, das Problem vom Hals zu haben, also änderten sie in den amtlichen Papieren Jins Geschlecht, sodass der Goldene Stern in seinem Reisepass zur Frau wurde, als er körperlich noch ein Mann war.

Als Mutter Xing ihren Sohn zum letzten Mal sah, als sie bei seiner Abfahrt weinend den Kopf an die Hauswand schlug, verzweifelt klagend »Warum wir?«, richtete sich ein befreundeter Dokumentarfilmer auf einen halbjährigen Krankenhausaufenthalt in Peking ein: Er sollte die erste Geschlechtsumwandlung Chinas auf Video festhalten, veröffentlichen und den vielen Frauen in ihren männlichen Körpern Hoffnung geben. Ausgestrahlt wurde der Film nie. Im Februar 1995 setzte das Skalpell von Professorin Yang den ersten Schnitt über Jin Xings Oberlippe.

Der Moloch wird wach im Dunst. Wenn die Sonne aufgeht und die Strenge des Tages wiederkehrt, gibt es zum Schutz nur die Musik und den Körper. An diesem Morgen trägt Jin Xing ein schwarzes Kostüm: Hose, Jackett, elegant, schick, Businesswoman. »China braucht eine neue Kulturelite«, sagt sie mit schneidendem Dünkel, der so kalt ist wie Shanghais Arroganz, blickt seltsam ungerührt in den Rückspiegel und justiert mit gebührender Eitelkeit ihren Pony.

»Und es muss eine starke, seriöse Frau geben, die dieses neue China repräsentiert, eine eigene Klasse.« Aus den Lautsprechern des Autos ertönt ein weiteres Mal Kim Juns *Shadow of your smile*, die Ballade des koreanischen Sinatra. Wer könnte diese Frau sein, der sie alle nacheifern? Wer könnte in einem Land mit 1,2 Milliarden Einwohnern diese Passion zur Größe haben? Die Frage beantwortet sich zum Teil am Eingang des erlesenen Restaurants Xinjishi, als die blasierten Besitzer sich aufgeregt verneigen, das mondäne Publikum zu tuscheln beginnt und Jin Xing erst einmal stilsicher die Serviette ablegt, ehe sie Krebsfleisch, Garnelen und Schwein à la shanghaiienne bestellt und einen schweren Rotwein aus Frankreich. Sie liebt den Luxus und den Reichtum und den klassischen Stil, und sie träumt von einem legendären Club mit Namen China white, er soll der Salon des zweiten Goldenen Zeitalters sein.

Im ersten Goldenen Zeitalter in den dreißiger Jahren beherbergte Shanghai die Dekadenz, die Mondänen und Gauner, die Bohemiens, die Lebenslustigen, die Swingenden, Luder und Frivolen. Die koloniale Perle, das »Paris des Orients«, hatte die elegantesten Boulevards, die luxuriösesten Hotels, verraucht-verruchte Bars und sündenvolle Clubs, die Metropole kokettierte mit Art-déco-Ästhetik und frönte dem Freigeist des L'art pour l'art; sie imponierte dem Landesrest mit Kuppeln, Säulen, Türmen an Banken, Handelshäusern und Villen, sie gönnte sich die Gesten generöser Verschwendung, genoss das pompöse, überschäumende Leben. Die Gangstercity lebte vom Opiumhandel, wurde beherrscht von der Viererbande und finanzierte sich durch die hohe Kunst der Korruption. Shanghai war Freihafen der Engländer, Franzosen, Deutschen, Japaner und Russen, die sich Konzessionen schufen.

Für seinen imperialistischen Hochmut musste Shanghai büßen. Kommunisten und Kulturrevolutionäre pressten die Stadt von 1949 an erst programmatisch, dann finanziell aus, kassierten Steuern und ließen »die Hure des Kapitalismus« rechts liegen. 1992, nach Jahren ohne Zukunft, bedauerte der damalige Staatspräsident Deng Xiaoping die ideologische Ignoranz, räumte den historischen Fehler ein und erklärte das marode Shanghai mit seinen heute 14 Millionen Einwohnern und drei Millionen Pendlern zur Sonderwirtschaftszone, zum Aushängeschild der chinesischen Reformpolitik, zum Versuchslabor eines neuen China. Shanghai sollte blühen, Shanghai sollte wachsen. Und Shanghai brach aus sich heraus und über sich herein. Die Stadt wurde Gebärmutter ihrer eigenen Transformation, und heute ist Shanghai Ying und Yang, Mann und Frau, Licht und Schatten. Shanghai ist der Goldene Stern.

Um fünf Uhr morgens standen sie auf, müde und frierend, 30 Jungen und Mädchen, um 5.10 Uhr war das Bett gemacht, um 5.20 Uhr kam der Appell. Der älteste war 17, das »Baby« neun. Das »Baby« war Jin Xing, ein jüngeres Militärmitglied hatte es noch nie gegeben, und die Älteren gaben auf ihr »Baby« Acht. Es folgte der Morgenlauf, zehn Kilometer im Kreis des Kasernenkomplexes im Militärquartier Shenyang, um 6.30 Uhr ging es ins Studio. Jedes Kind stand an einer Säule, jedes Bein wurde jeweils zehn Minuten hochgebunden – zur Seite, nach vorne, nach hinten. Nach fünf Minuten begannen die Qualen, es gab Geschrei, Geheule, Erste gaben auf. Dann kam der Bambusstock. Nach zehn Minuten musste jedes Bein 100-mal nach oben geschlagen werden. Um 7.30 Uhr gab es Frühstück, Brot und Gemüse. Von acht bis halb zehn folgte russisches Balletttraining, um drei viertel zehn Unterricht in klassischem chinesischem Volkstanz. Nach dem Mittagessen um zwölf war Schlafpflicht bis zwei, danach Akrobatik und Kulturerziehung, von 18.30 Uhr an eine Stunde Privates, ab halb acht abends zwei Stunden Ausmerzen der kleinen Fehler. Um halb zehn Körperpflege, schließlich Schlaf. Der Sonntag war trainings- und übungsfrei, aber es war verboten, nach Hause zu gehen. Manche spielten Fußball oder gingen zum Teich. Regelmäßig hatten sie Schießtraining, stehend, kniend, liegend, dem kleinen Jin fiel das Gewehr aus der Hand, so schwer war es. Das MG war zehn Zentimeter größer als er, und er musste es innerhalb einer Minute in der

Dunkelheit auseinander nehmen und in der nächsten wieder zusammensetzen. Sie übten, Haftminen unter Brücken und an Gebäuden anzubringen, sie mussten TNT-Bomben zünden, und einmal vergaß »Baby« Jin vor Angst, davonzulaufen, bis ihn ein Freund gerade noch rettete.

Sie mussten auf Gepäckmärsche und wurden jedes Jahr acht Wochen zu einem simulierten Notfalleinsatz in eine andere Kompanie des Landes geschickt. Die kleinste Militärhose reichte dem Goldenen Stern bis zum Brustbein, aber er liebte die Macht, die die Uniform ausübte, und seine Mutter schneiderte ihm die Hose zurecht. Als er 14 war, ging seine Trainerin nach Peking und setzte alles daran, dass ihr Liebling ihr folgen konnte, was der nach einigem bürokratischen Aufwand schließlich durfte. Mit 17, nach acht Jahren Drill, wurde Jin Xing zum besten Tänzer Chinas gekürt. Er habe, hieß es, die bestmögliche Technik gehabt, strenge, formvollendet-filigrane, russische Ballettkunst, die Raffinesse des Schritts, die Zartheit und Perfektion der Drehungen, die absolute Beherrschung des Körpers.

Wer Jin Xing heute für eine Einzelvorstellung buchen will, zahlt über 5000 Dollar. Ihre Honorarsätze zählen zu den höchsten der Welt, wenn sie choreografiert, verlangt sie 1200 Dollar die Minute. Ach, wie sie das Aushandeln hasst! »Ich bin an zwei Dingen gar nicht interessiert: an Politik und Geschäft.« Es sei, sagt sie, ein Wunder, dass sie überlebe; Koketterie gehört zu ihrem Wesen wie ihre Art von fast rhetorischem Lachen. Lacht sie über sich, wenn sie lacht, oder ist es im Gegenteil nett verpackter Größenwahn? Ist ihr Augenzwinkern eine Form spielerischen Charmes oder bereits spitze Waffe im Kampf ums Überleben? Sie erhalte, schwört sie, keinen Yuan staatliche Subvention, stell dir vor! »So ist das Leben.« Sie ist immer voller Pläne, aber was sie als Nächstes macht? Sie weiß es nicht, sie hängt von den Stimmungen ab, die sie erfährt, reflektiert und choreografisch ausdeutet. In *Halfdream* begann es 1993, als er 26 war, und sie führte es fort im *Shanghai Tango* und in der *Carmina Burana*, und sicher wird sie das zerbrechliche Leben immer wieder festtanzen, mit jedem Stück, das kommt und die 1800 Zuschauer im Grand Theatre zu Ovationen veranlasst und zu Tränen. Der Goldene Stern sollte leuchten für ein neues Shanghai. Jin Xing aber tanzt nicht für China, nicht für den Staat, nicht für die Partei. Sie tanzt für sich und ihre unbehauste Seele.

Im zukunftsgierigen Shanghai scheint das Laisser-faire der dreißiger Jahre wieder zu erwachen, die Renaissance des Freigeistes jener Zeit. Man sieht es an Details: die Lampen in den Cafés, die Vasen der Hotels, das einem Lesbenpaar gehörende Restaurant 1931 mit Ming-Möbeln und knisternden Billie-Holiday-Aufnahmen, *What I want is love*, Postkarten und Poster chinesischer Mesdames und Messieurs in freizügigen Kleidern und weißen Anzügen. Nur noch selten ist zu sehen, dass nasse blaue Kleidung an quer gelegten Bambusstangen vor den einstöckigen Holzhäusern hängt. »China und vor allem Shanghai haben sich in den vergangenen Jahren dramatisch verändert,« sagt Frau Hung aus Peking, die als Verlegerin zwei Frauenmagazine herausgibt, eine der meinungsmächtigen »neuen« Frauen Chinas. »Der Lebensstandard und die Konsummöglichkeiten haben sich enorm verbessert, und was immer in China als Ganzem geschieht, in Shanghai wurde es lange vorher erprobt und ausgelebt.« Seit Mitte der neunziger Jahre erfahre das Reich eine Wandlung seiner Parameter: Privateigentum und der stetig wachsende Zwang zur selbstverantwortlichen Entscheidung gewährten den Bürgern neue Freizügigkeit, erschütterten zugleich aber das Grundgefühl der Sicherheit, der Gemeinschaft, des Schutzes durch den Staat. Man lebt den globalen Lifestyle, der erkennbar westlich ist, Kosmetik, Karriere, Konsum.

Der kommunistische Zensor im mächtigen Shanghaier Kulturbüro war zugleich stellvertretender Geschäftsführer einer staatlichen Großreederei. Sein Name ist Cheng Banko und sein Verhängnis die Liebe zum Tanz. Als Jin Xing noch in Peking lebte und begonnen hatte, mit der Darstellung des hingebungszarten Körpers auf der Bühne die moralische

Prüderie aufzubrechen, bat Banko, in der Hoffnung, die kulturelle Metamorphose seiner Stadt durch die Metamorphose der Kunst zu betreiben, den Goldenen Stern nach Shanghai. Jin Xing sollte die Avantgarde des Aufbruchs werden. Banko sponserte ihre Programme, applaudierte selbst den laszivsten Teilen im *Shanghai Tango* und den derbsten in der *Carmina Burana*, deren okzidentale Mönchsfreuden Jin Xing orientalisch interpretierte: Sie konfrontierte die chinesische Puristik und die Tradition der Gemeinschaftlichkeit mit dem westlichen Individualismus und verschmolz beides mit ihrer Passion. Anzüglichkeit ist traditionell chinesisches Tabu und der Tanz des Goldenen Sterns voll erotischer Sinnlichkeit, voller Freiheitslust. Wie würde das kommunistische Kulturbüro darauf reagieren? Man sagt, der Shanghaier Bürgermeister und der Sekretär der KP seien die gesamten Premierenvorstellungen über im Theater geblieben und hätten sich am Ende begeistert erhoben, wären in den 20-minütigen Applaus des gerührten Publikums eingestimmt, und sie hätten sich mit dem Satz vernehmen lassen: Shanghai braucht diese Frau!

Verliebt in einen Cowboy

Nach dem Triumph der Kunst über die Moral hat Jin Xing keinen Versuch einer Zensur erlebt, obwohl Banko vor acht Monaten ins Gefängnis wanderte, niemand kennt den Grund für die Verhaftung; China bleibt unberechenbar. Jin Xing wird nach neuen Sponsoren suchen müssen. Als sie künstlerische Leiterin der von ihr gegründeten halb staatlichen Beijing Modern Dance Company war, stellte die Regierung noch das Studio und gewährte die Auftrittserlaubnis, mit entsprechenden Wünschen. In Shanghai zahlt sie 100 Dollar täglich für ihr eigenes Studio im Grand Theatre und lässt sich ihre Aufführungserlaubnis von einer privaten Agentur beschaffen. Ihr Unternehmen, sagt Jin Xing, sei die erste rein private Dance-Company Chinas. Sie ist nach Shanghai gekommen, weil sie begriff, dass hier das Kapital ist, ohne das die Kultur des Neuen Zeitalter nicht mehr existieren kann. Gerade haben, eine Woche lang, acht der 15 Tänzer ihrer Jin Xing Dance Theatre Company auf dem Shanghaier Autosalon für Audi viermal täglich 50 Minuten nach der Choreografie der Meisterin zu HipHop und Klassik getanzt und so der Company 40 000 Dollar eingebracht. »Sie ist das Symbol vom Ende des Kommunismus, sie ist das Ende von allem Alten, mit ihr beginnt etwas Neues in China«, sagt die weltgewandte Frau des französischen Botschafters am Rande einer Charity-Vernissage über Jin Xing. »Die Regierungstechnokraten lassen sie alles machen, sie haben keine Kraft, etwas gegen sie zu tun. Durch Jin Xing haben die Kader dem Volk den kleinen Finger gereicht, und mit ihr hat das Volk die Hand genommen.«

Vielleicht begann dieses Ende von allem Alten bereits im Jahr 1988, als im Rahmen eines amerikanisch-chinesischen Kulturaustauschprogramms auf das Angebot der Modern Dance Company New York für einen einzigen Stipendiumsplatz die Wahl auf Jin Xing fiel. Er sei, soll der amerikanische Sichter gesagt haben, der beste Tänzer, den er je gesehen habe. Bei seiner Abreise wusste Jin Xing nicht, was Modern Dance bedeutete, aber er wollte raus aus China. In New York verlief er sich anfangs, irrte durch die Schluchten, er fühlte sich fremd und verloren, er sprach ja nicht ein Wort Englisch. In New York war der beste Tänzer Chinas ein Niemand unter vielen. In New York galten russische Technik und Pekingoperstil nichts. Technik macht keinen Tänzer. Ein Tänzer ist keine Maschine. Er ist Seele. Passion. Obsession.

Was Trainer Murry Louise, ein Schüler Martha Grahams, von Jin wollte, war Ganzheit: körperlicher Ausdruck der gesamten Persönlichkeit, das Drama des Lebens auf dem Gesicht, das Lachen, das Weinen, die gesammelten Abgründe. »Er sagte mir, ich sollte Gefühl in Bewegung umsetzen.« Und Jin Xing legte die Rührung eines Verzweifelten in seinen Tanz, die Empörung des Betrogenen, das Leid, die Trauer, das Verhängnis der vertauschten Geschlechtlichkeit.

Nach zwei Wochen Training mit den 19 besten schwarzen Modern-Dance-Tänzern der USA unterbrach Murry das Training, zitierte Jin zu sich und gestand: Nein, er könne das nicht glauben, dass ein Asiate nach nur zwei Wochen die Kunst der getanzten Emotion besser beherrsche als die besten Schwarzen eines Landes. Im gleichen Jahr wurde Jin Xing auf einem amerikanischen Tanzfestival zum besten Tänzer und Choreografen gewählt, und auf einer der folgenden Galaveranstaltungen verliebte er sich unsterblich in den texanischen Cowboy Clay, einen hünenhaften Mann mit Brille, Jeans und Stiefeln, »verrückt, nicht wahr?«.

Noch heute mag Jin Xing große Männer mit schönen Händen und tiefen Augen. Sie sucht die Sicherheit, die groß gewachsene Männer versprechen. Im Angesicht einer Zukunft mit der großen Liebe gab er das Tanzen auf, zog in die texanische Prärie und brachte Clay das Frühstück an den Fluss. Nach einem Jahr aber schickte der Cowboy den Künstler nach New York zurück, und Clays furchtbarer Realismus brach dem Goldenen Stern das Herz.

Am 4. Juni 1989 geschah das Massaker auf dem Platz des Himmlischen Friedens in Peking, und Präsident Bush senior stellte den chinesischen Elitestudenten eine unbefristete Aufenthaltsgenehmigung und die Arbeitserlaubnis aus und eröffnete manchen eine noch größere Aussicht: vier Jahre Tanz für die Vereinigten Staaten, und Jin Xing sollte die von allen ersehnte Green Card bekommen. Er entschied sich für die europäische Kultur, nahm 1991 ein Angebot als Lehrer in einem Zentrum für Ausdruckstanz in Rom an und arbeitete dort auch für das Fernsehen. In der »schönsten aller Städte« lernte er italienisches Pathos kennen und lieben, die mediterrane Kulinarik und einen groß gewachsenen Psychiater, der bereits seine Familie zu verlassen im Begriff war, als Jin ihm eines Tages erklärte: »Du bist schwul, und ich bin eine Frau. Wir müssen uns trennen.«

Sie liegt auf dem Opiumbett im Salon des edlen Restaurants Face, das früher das Haus von Song Meiling war, der Frau des Diktatorgenerals Chiang Kai-sheks, und nach dem Weltkrieg das Büro der südostchinesischen KP. Ihr Körper ist auf viele kleine Kissen gebettet, die seidenbezogen sind, orange, rot, gelb. Das erste Dämmerlicht der nahenden Nacht fällt durch die Fenster, ein scheuer Westwind geht, draußen lassen sich vier Hochzeitspaare auf den Boden legen und lächeln dabei erfroren in den Kamerakasten. Sie trägt das Qi Pao, das chinesische Traditionskleid, eng anliegend, Silberseide, blumenbestickt, die Zehen sind abgewinkelt, die Füße stecken in einer beigefarbenen Strumpfhose. Sie trinkt Mangotee und isst einen Käsekuchen. Im Opiumbett des Face hat Jin Xing Vorrecht, es ist eine Art Zuhause, in dem sie Träume verhandelt und Projekte mit Kunden. So luzide ihr Äußeres ist, so verdunkelt wirkt jetzt ihr Wesen; mit enigmatischem Eifer choreografiert sie die neue Inszenierung, und wer das kleine Spiel um Audienzdünkel und Hofstaatsromantik erkennt, wird hören, welchen Traum die Königin Shanghais als Nächstes verwirklicht, als spräche man später davon einmal als einer großartigen Anekdote des neuen, Goldenen Zeitalters in Shanghai …

Drei Monate saß sie im Rollstuhl

Als er sechs war, hatte Jin Xing einen folgenschweren Traum. Strahlen aus dem Kosmos schlugen auf ihn nieder und bohrten sich in die Haut seiner Unterarme, sie zerstörten die Zellen und die Haare und die Y-Chromosomen, und seine Haut wurde glatt und rein. Als Jin Xing aufwachte, wusste er, dass er weiblich ist. Seine Mutter ging zu einer blinden Wahrsagerin in Shenyang. Mit 23, orakelte die Greisin, werde das Kind verheiratet sein; und es stimmte: Jin Xing heiratete die Freundin eines Freundes pro forma und verschaffte dem Paar die Green Card in New York. Mit 24 werde das Kind ein Hoch erfahren; Jin Xing wurde 1991 als bester Choreograf in den USA ausgezeichnet. Mit 28 werde das Kind einen großen Unfall oder etwas Einschneidendes erleben; mit 28 wurde Jin Xing eine Frau. Mit 38 werde das Kind wieder heiraten, mit 45 auf dem Höhepunkt seines Ruhms sein, mit 96 sterben, und mit 33 werde das Kind ein eigenes Kind bekommen. Und das kam so: Kurz vor ihrem 33. Geburtstag besuchte Jin Xings Mutter eine Freundin im Krankenhaus in Peking und wurde zufällige Zeugin einer mittleren Tragödie im Nebenzimmer: Eine junge Soldatin hatte einen Sohn geboren, aber statt zu lachen, weinte sie. Frau Xing ging hinüber. Sie sei, klagte die Soldatin, von einem General geschwängert worden, sie könne das Kind unmöglich behalten. Meine Tochter, erwiderte Frau Xing, kann keine Kinder kriegen, aber sie würde gern eines haben. Zwei Tage nach ihrem 34. Geburtstag wurde Jin Xing Mutter. Sie nannte das Kind Leo und ruft ihn Dudu. Sie sieht in ihm ihren Engel. Sie engagierte eine Nanny vom Land, die 24 Stunden kocht, wickelt und den Haushalt im Appartement führt und mit der kleinen Familie in Kürze in die neu gekaufte Villa im alten Zentrum Shanghais ziehen wird. Noch in diesem Jahr soll Dudu ein Schwesterchen bekommen, und mit 13, im Jahre 2013, wird Leo Xing im englischen Eliteinternat Eton antreten, wo ihn der Goldene Stern vor kurzem angemeldet hat.

Bei der dritten und letzten Operation am bewusst gewählten Qing-Ming-Tag, 5. April 1995, Tag der Reinheit, Tag der Klarheit, wurde Jin Xing auf den gynäkologischen Stuhl gelegt. Es dauerte 16 Stunden, bis der Mann aus dem Männerkörper verschwunden und die Frau nach seinem Bilde geformt war. 16 Stunden lang lag Jin Xings linke Wade schief in der Halterung des Stuhls. Niemand hatte es bemerkt. Als der Goldene Stern wieder aufwachte, war er eine lädierte Frau. 16 Stunden wurde die Wade nicht durchblutet, Nerven und Muskeln waren abgestorben. Frau Yang, die Chirurgin, brach in Tränen aus. Innerhalb von fünf Tagen verlor sie fünf Kilo und bekam graue Haare. Frau Yang sprach von Amputation, das linke Bein sei verloren. Ein aufmerksamer Besucher hielt den Goldenen Stern vom Sprung aus dem Fenster ab. Mutter Xing hasste Professorin Yang. Freunde prüften juristische Schritte. Drei Monate saß Jin Xing im Rollstuhl. Nach verzweifelten Wochen aber merkte der Goldene Stern plötzlich, dass sich der mittlere Zeh des linken Fußes bewegte. Nach einem halben Jahr fiel nur noch Freunden auf, dass Jin Xing nicht mehr so hoch sprang wie früher. Es folgten Auslandsauftritte, Vorführungen, Ehrungen. Nach drei Jahren kehrte das Gefühl in die Wade zurück, und sie wurde ein Star.

Wo immer Jin Xing im Shanghai dieser Tage auftaucht, lehnen sie sich von ihren Fahrrädern auf die Motorhaube des lemonfarbenen VW Beetle, sie stecken die Köpfe zusammen, sie können nicht fassen, den Star aus den Zeitungen, Magazinen und Talkshows leibhaftig zu sehen; Jin Xings Alltag ist ein unaufhörliches Ereignis. Aus Bussen und den VW Santanas wandern Augenpaare auf sie zu, aller Köpfe drehen sich, als sei diese Frau ein Magnet, und sie genießt die Verblüffung, die erotische Verzauberung des anderen Geschlechts, die Blicke, die ihrer Weiblichkeit gelten, nie aber blickt sie zurück, die schwarzglasige Sonnenbrille muss auch bei Regen vor der Eindringlichkeit ungebetener Blicke schützen.

Im Licht der untergehenden Sonne fährt der lemongelbe VW Beetle auf die große Hängebrücke über den Huan, unten schleicht ein Tanker ozeanwärts auf dem langen Fluss ohne Wiederkehr. Die wahrscheinlich beste Tänzerin der Welt tanzt ihr eigenes Schicksal. Sie tanzt um ihr zerbrechliches Leben. Sie choreografiert die Magie der Momente. Dann ist der Abschied geschehen. Im Himmel Shanghais verweht ihr Lachen.

Christof Siemes

Christof Siemes, geboren 1964 in Mönchengladbach. Studium der Germanistik, Philosophie und Kunstgeschichte. Absolvent der Henri-Nannen-Schule, seit 1993 Redakteur der ZEIT, 1996 bis 1999 Chefredakteur des ZEITmagazins, seit 1999 Kulturreporter.

Das Hannover-Prinzip

Wo Gerhard Schröder draufsteht, ist die niedersächsische Landeshauptstadt drin. Eine Ortsbesichtigung auf der Suche nach dem Stil des Kanzlers

von Christof Siemes
DIE ZEIT
29. August 2002

Vision und Wirklichkeit. »Ich freue mich.« Es ist der 1. Juni 2000, und es spricht der Bundeskanzler der Bundesrepublik Deutschland, Herr Gerhard Schröder. »Ich freue mich für Niedersachsen, ich freue mich für die Stadt Hannover – und ich freue mich auch ganz persönlich.« Erinnert sich noch jemand? »Schließlich habe ich mich seit geraumer Zeit, seit fast genau zehn Jahren, für die Verwirklichung dieses Projekts eingesetzt.« 1. Juni 2000? Richtig: die Weltausstellung! In Hannover! »Vorstellungen und Visionen für das künftige Zusammenleben der Menschen« sollen hier gezeigt werden. Sagt der Kanzler. »So kann die Expo 2000 das Versprechen einlösen, das sie in ihrem Titel ›Mensch – Natur – Technik. Eine neue Welt entsteht‹ trägt.«

Inzwischen ist die neue Welt bei dem Makler Engel & Völkers im Angebot, und ihr wichtigstes Zubehör ist das Absperrgitter. »Gewerbeimmobilie zu verkaufen« steht auf der Plastikplane an der haushohen schwarzen Holzkiste, vor deren verrammeltem Eingang dieser Sommer einen hübschen See angelegt hat. War das nicht der schwedische Pavillon? Auch der spanische ist noch zu haben, »Fassade aus Kork von Estremadura« verspricht das kaum verwitterte Messingschild, Telefon 0172-759 62 85. Wo zwischen kühn sich aufschwingenden Holzwänden Ungarn war, ist nun »Raum für Ihre Ideen«, für nur neun Euro den Quadratmeter. Das Land, in dessen voll gerümpeltem Innern die Zitronen verblühn, ist die Türkei. An die große Glasfront Tschechiens hat jemand eine Metallbox aus dem Baumarkt gepappt; in dem toten Briefkasten wohnen die Digital Hair Color AG und eine Stiftung Horizonte. Beim einstigen Publikumsliebling aus den Niederlanden schießt das Unkraut am höchsten, in der mittleren der drei Landschaftsetagen verdorren die Bäume. Und das Einzige, was in der dänischen Dependance noch funktioniert, ist die Glühbirne im Leuchtschild Notausgang.

So viel Symbolik war nie. Nachhaltigkeit galt als Zauberwort der Expo, aus allem sollte auch nach der Finissage was werden können. Zu Teilen hat das sogar geklappt, die Iren nahmen ihre Hütte mit nach Hause, der Christus-Pavillon ist jetzt Klosterkirche im Thüringischen, und der riesige japanische Pappkarton ist vorschriftsmäßig verrottet. Wo Polen war, ist nun der 9 Drachen Park, ein asiatischer Fress- und Kulturtempel, in dem außerdem die Pavillons von Bhutan und Laos Obdach gefunden haben. Ab und an tritt hier ein vietnamesisches Wasserballett auf, und gegenüber, beim Belgier, der jetzt Peppermint Pavillon heißt, gibt gelegentlich ein E-Bass Laut: Der Hannoveraner Hitproduzent Mousse T. hat hier sein Studio. Der Rest ist Tristesse. Hinter Deutschlands schwungvoll gebogener Glasfassade gähnt das Nichts.

Ist es fair, Gerhard Schröder, den Medienkanzler, an der größten Show seiner Amtszeit zu messen? Immerhin saß er im Aufsichtsrat der Expo GmbH, und für seine Heimatstadt ging's mit einem knappen Plus aus. Fünf Milliarden Euro Investitionen flossen in die Region, die Stadt hat jetzt eine todschicke Straßenbahn, ein »Beschäftigungseffekt« von 100 000 Personenjahren soll eingetreten sein. Auf der anderen Seite steht die gigantische Visionsbrache am Stadtrand mit der trostlosesten Piazza der westlichen Hemisphäre. Unterm Strich blieb ein Minus von 1,1 Milliarden Euro. Das freilich geht nicht zulasten der Stadt, sondern von Land und Bund. Also zu unser aller Lasten.

Die Hannoveraner sind die Bewohner einer Stadt, einer Großstadt. Hundekrankheiten bekommt der Hannoveraner nie.
Kurt Schwitters, »Hannover«, 1920

Frogs, Friends of Gerd. Wo Schröder draufsteht, ist eine Menge Hannover drin. Seine engsten Berliner Mitarbeiter waren ihm schon an der Leine treu ergeben. Der Hausmeister im Kanzleramt, Frank Steinmeier. Seine Bürochefin Sigrid Krampitz. Der Regierungssprecher Uwe Heye. Der Redenschreiber Reinhard Hesse. Zwei Dutzend Niedersachsen, die »Maschsee-Mafia«, umgeben den Kanzler, ähnlich wie jener heimische Grüngürtel, die Eilenriede, sein Heimatviertel am Zoo fürsorglich umfängt. Nach wie vor liest er die *HAZ*, die *Hannoversche Allgemeine*, und hat seinen philosophischen Berater, Professor Oskar Negt, an der Universität Hannover. Der hat ihm mal Machiavellis *Der Fürst* geschenkt, und auch bei Negts Abschiedsvorlesung vor einigen Wochen saß Schröder im Hörsaal und lauschte den Mahnungen des Weisen aus dem Welfenschloss (in dem die Uni ihren Sitz hat): »Die Größe eines Menschen hängt nicht von seiner Bewegungsgeschwindigkeit ab, von seiner Flexibilität.«

Ein allergeheimstes Gipfeltreffen mit Leo Kirch, eigentlich ein Freund Helmut Kohls, konnte nicht in Berlin stattfinden – zu verquasselt – und auch nicht in München – wer spielt schon freiwillig auswärts? Blieb nur das Gasthaus Fritz Wichmann, Hildesheimer Straße, Hannover-Döhren. Selbst der Soundtrack zu so viel Bodenhaftung ist hausgemacht: die Scorpions, Hannover, Germany, die Bordkapelle der Neuen Mitte auf großer Fahrt. Ihr Leadsänger Klaus Meine spielt mit dem Kanzler Tennis und drückte ihm bei der Wahl ins Amt auf der Ehrentribüne des Bundestags ebenso die Daumen wie jetzt beim TV-Duell mit Edmund Stoiber. Eine Version des Niedersachsenliedes – *Wir sind die Niedersachsen, sturmfest und erdverwachsen* – haben die Scorpions zwar noch nicht eingespielt, aber ihr ähnlich filigran gebauter Ohrwurm *Wind of Change* geleitet Gladiator Gerd gelegentlich in die Arena von Gewerkschaftstagen.

Eine Musik wie der Mann: hemdsärmlig, effektsicher, von keinem Zweifel angekränkelt, ein bisschen großmäulig, immer volle Pulle. Eine Potemkin-Musik – viel Schein, zum Sein kommen wir ein andermal. Das Konzert, das die Hannoveraner Band zusammen mit den Berliner Philharmonikern auf der Expo gab, darf als die höchste Ausformung der Tonkunst nach dem Hannover-Prinzip gelten. *Moment of Glory* heißt die U und E versöhnende Hymne, die Meine und die Seinen auf Schröders Vermittlung für die Weltausstellung schaffen durften. Die bombastischen Rocker und die besten Streicher der Welt Sait an Sait auf der Weltausstellung – in diesem

Crossover ist das Schrödersche Konsensstreben Klang geworden.

Schröders Bindung an die Leine hat schon fast etwas Schamanistisches. Seit 1994, der Landtagswahl in Niedersachsen, basteln ein paar einheimische Künstler ihrem Häuptling für jeden Gang auf die Wa(h)lstatt kleine Objekte, zunächst ein Leporello, dann, 1998, einen Kunstkoffer, für den Kampf um Berlin schließlich einen ganzen Tisch. Und weil ihm die Fetische bislang Glück brachten, haben 24 von der Muse geküsste Frogs, Friends of Gerd, noch einmal geleimt, gesägt, gedruckt, gebastelt, ein Gemeinschaftswerk als Wahlkampfhilfe. *Da capo Box (für Gerhard Schröder)* heißt der 100 mal 70 Zentimeter große Kunstsetzkasten, Auflage 75 Exemplare, der Verkaufserlös wird wie schon dreimal zuvor als Kunstpreis »aus gegebenem Anlass« weitergereicht, diesmal an Hans Haacke. Ein Projekt typisch für Hannover, übersichtlich, aber uneindeutig, tendenziös, aber abwartend. Vor sein kleines Woll-Labyrinth im Kästchen oben links hat das Künstlerpaar Hans-Jürgen und Almut Breuste ein winziges Transparent gespannt mit einem Satz Bakunins: »Wenn es mir schlecht geht, so erinnert mich meines Lieblingsspruches: Vor der Ewigkeit ist alles nichtig ...«

Auch für diese Aktion gilt der Schlüsselbegriff, der die Strategie des Wahlkämpfers Schröder von Anfang an bezeichnet: Authentizität. Auch diese Kampfvokabel ist natürlich made in Hannover, »gefunden« hat sie Michael Kronacher, der Chef der Werbeagentur Odeon Zwo, der mit dem Authentischen seit 1986 Schröders Kämpfe um die Macht plant. Was authentisch bei einem solchen Verwandlungskünstler überhaupt bedeutet, hat der Werbefachmann dem Schröder-Porträtisten Jürgen Hogrefe erklärt: Alles, was Schröder den Medien vorführe, müsse »stimmig« sein, »nach Form, Inhalt und Gefühlslage müssten Aktionen und Entscheidungen zum Typ Schröder und seinen Auffassungen passen«. Authentisch ist es zum Beispiel, wenn Schröder den Kollegen Putin privat zum Essen einlädt. Wohin? Nach Hause. Nach Hannover.

Gerds neue Hütte: Schröder achte 24 Stunden am Tag auf sein Image, hat einer seiner Mitarbeiter mal gesagt, immer überlege er, wie er wirkt, wenn er etwas tut. Wer routiniert genug ist, beim kleinsten Fernsehauftritt ein wachsames Auge auf einen passablen Hintergrund zu haben, der kauft erst recht kein Haus ohne Bedacht. Anfang des Jahres erwarb der Kanzler im Hannoveraner Zooviertel ein Reihenendhaus aus den dreißiger Jahren mit kleinem Garten. Geschätzter Marktwert: 600 000 Euro. »Das ist doch alles Wahlkampf!«, empörte sich eine um ihre Ruhe fürchtende Anwohnerin.

Genau. Die Wahl ist von geradezu irrwitziger Authentizität im Sinne des Strategen Kronacher. Ein frei stehendes Haus in dieser Lage wäre gleich als Villa verunglimpft worden und hätte das schädliche Image vom Brioni-Kanzler wiederbelebt. Das Reihenhaus aber ist »eine wichtige Säule des selbst genutzten Wohneigentums«, sagen die Bausparkassen – der Kanzler ist ein Bausparer wie du und ich, und was anderes hätte er sich bei dem Gehalt wohl tatsächlich nicht leisten können. Ein Mittelreihenhaus für den Mann der Neuen Mitte wäre freilich zu viel der aufdringlichen Symbolik und wohl auch zu piefig gewesen, von den Sicherheitsproblemen ganz zu schweigen. Das Reihen*end*haus mit Wintergarten hat die domestizierte Exzentrik eines Bankangestellten mit Brilli im Ohr. Mehr ist zurzeit nicht drin, sagt es uns und dem Land, ist aber andererseits auch nicht so schlecht, oder?

Dass es sich um einen Altbau handelt, signalisiert Traditionsbewusstsein (frühe Dreißiger, Weimarer Republik, politisch o.k.) und ermöglicht es, Geschmack beim Renovieren zu beweisen. Das Neue überlässt Schröder anderen, der Nord LB zum Beispiel, deren neue gläserne Rappelkiste neben dem Rathaus er nach Kräften unterstützte und zur Eröffnung mit seiner Anwesenheit adelte. Die Wahl des Stadtviertels für den Privatmann Schröder entspricht seinem unerschrockenen Zugriff auf die deutsche Geschichte. Das Zooviertel heißt auch Hindenburgviertel, weil dort der Reichsmarschall wohnte, der Hitler zur

Macht verhalf. Dass der Bundeskanzler dahin zieht, bedeutet Bekenntnis zur deutschen Geschichte und zugleich ihre Überwindung, es ist sozusagen die Parallelstraße zur neuen Normalität. Auch die unmittelbare Nachbarschaft einer Dependance der Hochschule für Musik und Theater und eines Edeka-Markts könnte bezeichnender nicht sein; die Künste und die Wirtschaft liegen ihm, dem Erfinder des Staatsministers für Kultur und »Genossen der Bosse«, nahe. Und wer dann noch eine derart aufmerksame Frau hat, die selbst in strömendem Sommerregen das Altpapier vorschriftsmäßig zur Abholung an die Straße stellt, kann sich getrost beim Heckeschneiden von der *Bild*-Zeitung fotografieren lassen.

Schröder ist der König Midas des Polit-Pop: Was er anfasst, wird ein Hit. Der erdige Charme des Aufsteigers, jenes durch Hannoveraner Reserviertheit und Herrenausstatter gezähmte Westfalenbollertum, ist für die Unterhaltungsindustrie, die sich an ihren Kunstprodukten zu Tode langweilt, so wichtig wie der Fallschirm für Möllemann. Aus einem saloppen Auftritt Schröders in Neufünfland konnte der TV-Komiker Stefan Raab einen *chartbreaker* machen, der über eine Viertelmillion Mal verkauft wurde: *Hol' mir ma' ne Flasche Bier.* Dass der Kanzler für seinen Spruch Tantiemen bekam und einem guten Zweck spendete, machte die Polit-Tour zur Doku-Soap. Schröder schafft, was Kohl nie gekonnt, nie gewollt hätte: dass das Durchschnittliche, Selbstverständliche plötzlich cool wirkt.

Sein Hannoveraner Allerweltshaus war nur die Probe aufs Exempel; es hat sie bestanden wie sein Besitzer. Tausende pilgerten unter den Spitzeichen die Plathnerstraße entlang, um einen Blick auf des Kanzlers geschlossene Jalousien und den Efeu zu erhaschen. Journalisten durchkämmten auf der Suche nach Stoff das Viertel so hartnäckig wie Personenschützer. Frau Kasper und ihr Edeka-Markt avancierten zu Lieblingen der *Harald-Schmidt-Show*, des unbestechlichen Trendmessers nationaler Empfindsamkeit. Der Streit des Kanzlers mit der resoluten Kauffrau um die Parkplätze vor dem Haus sowie dessen Beilegung füllten als schillerndes Beispiel pragmatischer Politik tagelang die Klatschseiten. Die Kundenautos parken künftig nicht mehr längs, sondern quer zur Straße. Spätestens damit wurde dem Volk des eskalierenden Nachbarschaftsstreits klar, dass man so einen Kanzler bedenkenlos Truppen nach Afghanistan schicken lassen kann. Aber auch in den neuen Medien ist Schröders strategische Normalität Avantgarde: Schon hat sein Haus einen Platz im Virtuellen gefunden, in einer Art Immobilien-Fanzine, realisiert vom Büro für visuelle Lebensfreude, das wo seinen Sitz hat? In Hannover natürlich: www.gerdsneuehuette.de

Liest man aber Hannover von hinten, so ergibt sich die Zusammenstellung dreier Worte: »re von nah«. Das Wort »re« kann man verschieden übersetzen. Ich schlage die Übersetzung »rückwärts« vor. Dann ergibt sich also die Übersetzung des Wortes Hannover von hinten: »Rückwärts von nah.« Und das stimmt insofern, als dann die Übersetzung des Wortes Hannover von vorn lauten würde: »Vorwärts nach weit.« Das heißt also: Hannover strebt vorwärts, und zwar ins Unermessliche.

Kurt Schwitters, »Hannover«, 1920

Superlative. Hannover hat die größte Fußgängerzone Deutschlands, die größte Gartenfontäne Europas und die meisten ICE-Stopps. Hier fand die erste Bundesgartenschau nach dem Krieg statt, hier wurde der Erfinder der Schallplatte geboren. Einer von weltweit zwei Schrägfahrstühlen fährt in Hannover (der andere im Eiffelturm). Das Opernhaus gehört zu den 20 besten der Welt. Hannover ist die autogerechteste Stadt Deutschlands und seine zweitgrößte Bankenmetropole, dazu Schauplatz des größten Open-Air-Jazz-Festivals der Welt. Darüber hinaus ist Hannover Weltmeister im Konstruieren von Weltrekorden, für die sich niemand auf der Welt interessiert, wahrscheinlich nicht mal die Hannoveraner selbst. Aber sie hämmern die Höchstleistungen ihren Kindern schon in der Grundschule und den Besuchern bei der großen Stadtrundfahrt ein.

Verständlich ist die Superlativitis einer Stadt, die während des Krieges zu 90 Prozent zerstört wurde. Aber echter Lokalpatriotismus sieht anders aus. Nirgendwo hört man so schnell wie in Hannover: »Ich bin aber nur zugezogen!« Und wollten sie, die Vernunftapostel und Emotionsverstecker, nicht nach 1945 die zerstörte Stadt an einer anderen, besseren, nützlicheren Stelle wiederaufbauen? Und ließen von dem Plan nur ab, weil die Kanalisation unter dem Schutthaufen noch funktionierte?

Wie auch immer: Von Hannover lernen heißt siegen lernen, und Gerhard Schröder war immer ein wissbegieriger Schüler. Man kann sich fragen, was wundersamer ist: der Aufstieg der Stadt aus Ruinen bis auf Platz 12 einer Lebensqualitätsrangliste von 117 europäischen Kommunen. Oder der Aufstieg des Holzhüttenbewohners, einfachen Volksschülers, Porzellanverkäufers und Terroristenverteidigers Gerhard S. zum Regierungschef einer der führenden Industrienationen. Auf dem größten Schützenfest der Welt lernte er jedenfalls, lüttje Lage, Pils und Korn, bis zur absoluten Mehrheit zu trinken. An der Firma Intercontinental – ihre Zentrale befand sich im ersten wiedererrichteten Hochhaus nach dem Krieg – übte er, wie man deutsche Unternehmen vor ausländischem Zugriff bewahrt. Und im dienstältesten Oberbürgermeister Deutschlands, seinem Parteigenossen Schmalstieg, hat er ein Vorbild in Sachen Ausdauer. Hannovers Klima, dies dem Herausforderer Stoiber zur Warnung, begünstigt die Petrifizierung seiner Führungspersönlichkeiten im Amtssessel.

In ihrer Lebensgestaltung halten es Stadt und Mann mit Pippi Langstrumpf: Ich mach mir die Welt, widdewidde wie sie mir gefällt. Haste keinen Teich zum Bötchenfahren, machste dir einen. So entstand nach nur zwei Jahren Bauzeit 1936 der Maschsee. Der gleiche Pragmatismus der Naturnachahmung erstreckt sich auch auf entlegenere Gegenden. Durch Hannovers Zoo, für den die Familie Schröder eine Jahreskarte besitzt, schlängelt sich eine Miniaturausgabe des Sambesi. Auf authentisch (!) voll gerümpelten Booten wird man durch die Gehege von Nashorn, Flusspferd, Löwe und Flamingo gezogen, und dass die Kähne Holz nur imitieren, in Wahrheit aber aus Plastik sind, stört im größten Hannover der Welt keinen großen Geist. Und wer italienisches Flair vermisst, macht es sich selbst. Wie Schröders alte Stammkneipe Zum Kamin. Mit einem weißen Plastiklattenzaun kneift der Wirt einen guten Meter von der Arnswaldstraße ab, stellt ein paar Tische schräg über den Rinnstein, und fertig ist die *italianità* in einer Stadt, die Gottfried Benn einst so beschrieb: »Schlechtes Klima, keine Landschaft, flach alles, riesig öde.« Dafür gibt es im Kamin angeblich die besten Bratkartoffeln Hannovers. Oder nicht doch der ganzen Welt?

Alexander Smoltczyk

Alexander Smoltczyk wurde 1958 in Berlin geboren. Er studierte Volkswirtschaft in Berlin und Montpellier. 1987 wurde er Redakteur und später Frankreich-Korrespondent der TAGESZEITUNG. Er verfasste Reportagen für GEO, VOGUE und ZEITmagazin. 1992 wurde Alexander Smoltczyk Reporter bei der WOCHENPOST in Berlin. Seit 1997 arbeitet er für den SPIEGEL.

Die Wasser von Weesenstein

Erst kam die Flut. Dann kamen Romano Prodi, Joschka Fischer und jede Menge Katastrophen-Experten ins sächsische Dorf Weesenstein. Doch die unerwartete Hilfswelle droht das soziale Gefüge des Ortes zu unterspülen.

von Alexander Smoltczyk
DER SPIEGEL
26. August 2002
Foto: Lutz Hennig

Weesensteiner Familie Jäpel auf dem Rest ihres Hauses: »Das halten die nicht lange aus«

Am Morgen danach, als es wieder hell war, hätten die Menschen nur auf die Fluten gestarrt. »Sie saßen wie gebannt vor den Wassern«, sagt der Pfarrer. Benommen, als hätten sie in einen Abgrund geblickt. Gestern waren sie noch Nachbarn gewesen. Jetzt ist dem einen alles genommen, und der andere wird bald wieder die Geranien vor seinem Fenster gießen. Weil der Fluss es so wollte.

»Sie waren betäubt von der eigenen Ohnmacht, mit der sie zusehen mussten, wie ihre Nachbarn in Todesgefahr waren. Die Schreie, das Ausbleiben von Hilfe. Die Flut hat ein Urvertrauen zerstört. Das wird noch lange in den Menschen arbeiten«, sagt der Pfarrer von Weesenstein.

Pfarrer Christian Lehnert ist ein blasser, stoppelhaariger junger Mann, der die vorislamischen Mystiker studiert hat. Er betreut die Pfarrei nur halbtags. Eigentlich ist er Lyriker bei Suhrkamp und bekam für seine dunklen, klein geschriebenen Verse einen »Leonce und Lena«-Förderpreis.

Jetzt muss Lehnert eine Welt von 223 Seelen wieder aufbauen. Eine kleine Welt, die einmal aus 40 Häusern bestand, von denen jedes Vierte in den Fluten verschwunden ist. Und anders als Noah bleiben ihm dafür nicht 350 Jahre Lebenszeit.

Das Tosen füllte die Nacht aus. Es war überall, man konnte es nicht orten. Der Fluss war in der Luft. Sie atmeten ihn ein, sie hatten ihn in den Haaren, in den Decken, in der Kleidung. Sie hörten das Knattern von losgerissenen Planen im Sturm. Der Maurer Heiko Jäpel klammerte sich an das Dach des Vorbaus. Das Wasser war zu schnell gekommen. Er hatte noch den Wagen weggefahren, als die Müglitz immer weiter anstieg, und sich gewundert, dass da keine Sirene war, kein Blaulicht, keine Warnung.

Der Fluss war nachmittags angeschwollen, jede halbe Stunde einen Meter höher, an diesem späten Montagnachmittag vorvergangener Woche. Man hatte zusehen können. Und es kamen noch einmal 50 000 Kubikmeter, als gegen 18 Uhr das Prießnitz-Stauwehr oben bei Glashütte brach. Er wuchtete mit seinem Sohn noch das Sofa in den ersten Stock. Er ist in dem Haus geboren und wusste, dass die Mauern gut waren. In mehr als hundert Jahren hatten sie den Hochwassern standgehalten. Aber das hier war unheimlich.

Er hätte es noch schaffen können, über die Brücke ans sichere Ufer. Aber nicht mit der Oma und der Kleinen. Jetzt saßen sie auf dem Flachdach, drei Generationen, Oma Sieglinde, Ronnie, der 19-Jährige, und Silvana, die 13 ist und nur noch weinte. Einzig die grüne Kassette mit den Sparbüchern hatte er retten können.

Das Tal war stockfinster, und es goss wie aus Kannen. »Die Luft kochte, alles war voll Wasserdampf«, sagt Lutz Hennig, der Museologe vom Schloss Weesenstein. Er war mit einer Taschenlampe durch den Wald zum Schloss gekommen: »Da waren Geräusche, die ich noch nie gehört hatte. Ein Knarren und Knacken, von den Häusern. Ein Donnern.« Im Kegel der Lampe sah er ganze Gartenlauben und Bäume vorüberhuschen. Brüllend, zischend, wetternd hatte die Müglitz die Linden des Schlossparks entwurzelt und rammte sie jetzt in die Häuserwände. 102 starke, ausgewachsene Stämme.

Im 18. Jahrhundert hatten die Schlossherren den Erzgebirgsbach umgeleitet und als Zierschleife quer durch den Barockgarten gelegt. Als gezähmtes Flüsslein unter Bogenbrücken und neben Belvedere und Blumenrabatten. In der Mitte des Parks trug die Statue der Flora zart eine Rose in der Hand.

Jetzt sah der Museologe Hennig vom Burgzimmer aus, dass Park und Naturidyll verschwunden waren. Die Müglitz hatte sich in ihr altes Bett geworfen, raste ohne jede Schleife das Tal hinunter auf die ersten Häuser von Weesenstein zu. Die Flora war vom Sockel gestoßen.

Der Fluss fraß sich durch die Häuser. Zehn Stunden lang blieb er auf dem Höchststand. Er hatte insgesamt 24 Stunden Zeit, Weesenstein in den Naturzustand zurückzuschlagen. Die Müglitz unterspülte die Bundesstraße, riss Sandsteinquader und Leitplanken mit sich und wusch das Gleisbett der alten Bahnlinie fort. Bretter, Picknicktische, Bäume und Metallfetzen hatten sich ineinander verkeilt und krachten wie Rammböcke in Fachwerkmauern.

Kurz vor Mitternacht fiel das ehemalige Gemeindehaus, ein dreistöckiges Gebäude, das größte des Ortes. Trotz des Regens brach es in einer talhohen Staubwolke zusammen, dann versank es in den Fluten, und man sah nur noch Wasser.

Die Müglitz jagte die Schulstraße hinunter, über den Kinderspielplatz hinweg. Hinter der Biege streifte sie das Holzhaus von Margit und Gerhard Graf, rüttelte am Fundament, bis der Fußboden aufklappte und das Haus ausgekippt wurde wie eine Spielzeugkiste. Gerhard Graf sah noch, wie seine Garteneisenbahn versank, das Felsenschloss aus Zement, das er gebastelt hatte, die elektrische Holzmühle, die kleine Stadt, vor der immer die Kinder stehen geblieben waren. Mit einer Leiter musste der 59-Jährige aus seinem Haus geholt werden. Aber eigentlich wollte er nicht mehr.

Die Bahnbrücke am Ortsausgang teilte den Strom. Die Schreinerei stand im Strömungsschatten und wurde verschont. Gegenüber stand die verlassene Schuhfabrik und die Villa der Annemarie Weber. Am nächsten Morgen wird das Haus verschwunden sein, als hätte es es nie gegeben. Augenzeugen gibt es nicht. Annemarie Weber gilt bis heute als vermisst, den Leichnam ihres Lebensgefährten fand man stromabwärts, geklammert an einen Gartenbaum.

Es riss auch das Haus der Fritzsches, die nie Glück gehabt hatten in ihrem Leben, die sich seit der Wende von ABM zu ABM gehangelt haben. Es fiel das gerade ökologisch sanierte Fachwerkhaus in der Schulstraße Nummer 11. Es fiel die Nummer 12.

Auf der Nummer 13 saßen die Jäpels, Vater, Oma und zwei Kinder. Es war schon weit nach Mitternacht. Drei Fensterbreiten lang war die Mauer, die ihnen geblieben war, ein Giebel, ein Schuppen und ein halbes Dach.

Seine 69-jährige Mutter hatte sich aufgegeben, die Decke übers Gesicht gezogen. Vom Ufer aus schrien die Nachbarn, dass da ein Riss wäre, quer übers Küchenfenster.

Heiko Jäpel sah nichts mehr. Vielleicht war es besser, nicht mit anzusehen, wie einen das eigene Haus verlässt. Das Haus, in dem man geboren wurde.

Sie sind immer zurechtgekommen, auch nach der Wende. Das Geld reicht so eben. Wenn etwas fehlt, gibt es die Familie und die Nachbarn, wenn etwas übrig ist, wird es ins Haus gesteckt. Alle machen es so in Weesenstein. Die Familien kennen sich seit Jahrzehnten.

Ein fürchterliches Quietschen. Der neue Schuppen riss weg und flog die Schulstraße hinunter. Damit war die Giebelwand dem Wasser schutzlos ausgeliefert.

Andrea Jäpel, seine Ehefrau, stand oben am Ufer und musste das Ganze mit ansehen. Sie arbeitet bei der Bahn. Mit dem mittleren Sohn Marcel war sie aus Dresden gekommen und über die Hänge ins Dorf. Da standen die Fluten schon hoch. Ein Nachbar hatte sie reingeholt, jemand sagte: »Der Heiko ist noch drinnen.« Sie telefonierte fünf Handys leer. Wurde weiterverbunden, bis irgendjemand fragte, wo Weesenstein überhaupt liege.

Der Empfang ist schlecht im Tal. Es war schon dunkel, als die ersten SMS von ihrer Tochter Silvana kamen: »Das Haus stürzt ein. Wir kommen hier nicht raus. Holt Hubschrauber.« Aber die Behörden sagten, dass Helikopter nicht bei Dunkelheit aufsteigen dürften.

Alle Weesensteiner drückten die Tasten ihrer Handys und versuchten, mit Taschenlampen für etwas Licht zu sorgen. Gegen zwei Uhr kam es Andrea Jäpel so vor, als wäre ihr Haus verschwunden. Sie konnte es nicht glauben. Nur der Vorbau war noch zu sehen, mit dem sich hinunterwölbenden Dach. »Die halten das nicht lange aus«, sagte sie.

Im Nachbarhaus, der Nummer 14, war die Krankenschwester Anke Meyer-Wilk eingeschlossen. Mit ihren Eltern, ihrem Mann, der zweijährigen Tochter Emilie, dem Schäferhund und einem Welpen. Auch sie hatte niemand gewarnt. Als sie nachmittags von der Schicht nach Hause gekommen war, paddelte der Welpe Jagow schon im Zwinger.

Gerade hatten sie die letzte Wohnung ausgebaut. Die

Miete sollte reichen, um nicht mehr in drei Schichten arbeiten zu müssen und etwas mehr Zeit fürs Kind zu haben.

Sie rief die Feuerwehr an. Unter »112« meldete sich niemand. Bei »110« sagte jemand: »Wir sehen selbst, dass es regnet.« Sie hörte, wie die Stämme gegen die Wände rammten. Es krachte. »Das ist die Schrankwand«, sagte ihr Vater.

Als sie ins Bad gehen wollte, war da kein Bad mehr. Sie versuchten, durchs Dachfenster und über den Schuppen auf das Dach des Nachbarhauses zu fliehen. Emilie brüllte, der Schäferhund musste getragen werden und klammerte sich dabei an Ankes Hals. Das Dach war glatt. Von dem Haus der Jäpels drüben hörte sie Schreie, dann nichts mehr.

Die Meyers schafften es. Dann war auch wieder Handy-Empfang. Ihr Mann brüllte ins Telefon: »Bewegt eure Ärsche! Hier verrecken die Leute! In welchem Haus? Im letzten, das noch steht.«

Gegen drei Uhr fand der Museologe Hennig einen Strahler und richtete ihn in Richtung der Schulstraße: »Die Jäpels saßen da zu viert inmitten der tosenden Wüste. Der First war weg, das Dach vom Vorbau schon durchgebogen. Die regten sich kaum mehr.«

»Irgendwann«, sagt Marion Donke, die Nachbarin von gegenüber, »habe ich die Fenster zumachen müssen, weil wir die Schreie von Silvana nicht mehr ertragen konnten.« Auch als alles vorüber ist, wird Frau Donke die Hilfeschreie noch hören, nachts in ihren Träumen.

»Wenn die Mauer kracht, halten wir uns an dem Dach fest und können rüberschwimmen ans Land«, sagte Heiko Jäpel zu seiner Tochter. Weil man den Kindern jetzt nicht sagen konnte, dass es jetzt überhaupt keine andere Hoffnung mehr gab, als die Minuten zu zählen und nach oben zu schauen, ob es nicht endlich heller würde. Dass hoffentlich die Nacht zu Ende ging, bevor das restliche Dach einstürzte.

Jäpel betete nicht. Er dachte nur: Das kann es noch nicht gewesen sein. Gerade raus aus dem Gröbsten, einmal Urlaub in Tirol und jetzt Schluss?

Er wird sich später nicht erinnern können, wie sie dann auf die Mauer gekommen sind, als das Dach zusammenbrach. Instinkt, wird er sagen. Als es hell wurde, saßen sie nebeneinander auf einer 36 Zentimeter breiten Mauer. Vater, Tochter, Sohn, Großmutter.

Später wird sich herausstellen, dass Hubschrauber bereitstanden, natürlich auch nachtflugbereit. Aber der Einsatzbefehl blieb hängen im Dickicht der Zuständigkeiten.

Es war hell. Man konnte wieder sehen. Aber es gab nicht mehr viel zu sehen. Die Häuser flussaufwärts, die Brücke zum Schloss, die Schuppen waren verschwunden.

Es dauerte bis sieben Uhr, bis der erste Hubschrauber in dem Unwetter auftauchte. Er schlingerte im Wind, machte einige vergebliche Anläufe, eine Schlaufe hinunterzulassen, und drehte wieder ab. Zehn Minuten später erschien ein zweiter, größerer Helikopter des Bundesgrenzschutz.

Zuerst wurde die kleine Emilie in die Schlaufe gehoben. »Hoffentlich streckt sie die Arme nicht aus, hoffentlich rutscht sie nicht durch«, dachte Anke Meyer-Wilk. Aber das war eigentlich schon kein Denken mehr. Mehr ein Bannspruch.

Alle wurden geborgen. Auch die Jäpels. Sie kamen als Zweite dran. Unter dem Druck des Hubschrauber-Rotors zitterte die Mauer, aber sie hielt. Ganz zuletzt wurde Heiko Jäpel geborgen. Als sie ihn hochzogen, fiel die Kassette mit den Sparbüchern ins Wasser. Um acht Uhr stand die Mauer immer noch. Leer in den Fluten. Es war der 13. August. Es war vorbei.

Es geht erst los. In der vergangenen Stunde hat das Telefon von Pfarrer Christian Lehnert 43-mal geklingelt. »Alles Spendenanrufe«, sagt er. Die Turnhalle im Nachbarort ist voll mit Kinderkleidung. Aber es gibt kaum Kinder in Weesenstein. Das Dorf ist überaltert.

Und er muss jetzt dafür sorgen, zusammen mit der Gemeinde und einer Frau von der Versicherung, dass Weesenstein nicht auseinander bricht. Muss austarieren zwischen all den Jäpels, Fritzsches, Meyers, Grafs, zwischen den Verzweifelten und den Davongekommenen, zwischen denen, die immer schon Verlierer waren und jenen, die zu allen Zeiten zurechtkamen. Es ist nicht vorbei. Es zerrt von allen Seiten.

Die Schulstraße sieht jetzt aus wie im Urzustand. Nacktes Geröll, Kiesel, Schlamm. Ein Abschleppwagen, der in der Nacht noch ein Auto aus der Flut retten wollte, liegt zerschlagen am Ufer. Der Motorblock herausgerissen, fingerdickes Metall gefaltet und zerfetzt.

Das Dorf wird umgewühlt und ausgeschaufelt. Während am Schlossufer die Donkes schon ihre Bierkästen sauber spülen dürfen, manövriert drüben ein Bergepanzer der Armee. Radlader, Bagger, Schwerlaster graben sich quer durch die Trümmerhaufen am Kinderspielplatz.

Im Barockgarten stehen die Stammrosen wie übrig gebliebene Flamingos in einer kotfarbenen, kniehohen Paste aus Flussschlamm und Geröll. Die Statue der »Flora« ist geborgen, nur die Hand mit der Blüte fehlt. Der Laubengang ist verschwunden. Es riecht faulig, doch von früh bis zur Dunkelheit schaufeln Freiwillige und Soldaten den Dreck weg, putzen die Buchsbäumchen.

Es muss schnell gehen, bevor die Pflanzen ersticken. An keiner Stelle wird mit mehr Einsatz geschuftet als hier. Auch der Schauspieler Rolf Hoppe, der gern Lesungen abhält im Schloss, schaufelt mit. »Wir schützen hier auch eine Philosophie. Hier haben sich Menschen ihr Paradies geschaffen, mit so viel Träumen und Gestaltungsmühe«, sagt die Gärtnerin Luise Kallweit, die an keiner Pflanze vorbeigehen kann, ohne sie zu berühren. »Wie lange haben wir noch debattiert, ob die Linden beschnitten werden dürfen, und jetzt ...«

Die Müglitz ist in ihr Bett zurückgeschoben worden. Es gibt Klohäuschen. Schotterpisten sind gelegt, Notstrom und Wasser bereitgestellt worden, und der weiß getünchte Mauerrest, auf dem Familie Jäpel saß, ist auch weggerissen worden.

Innerhalb weniger Tage ist Deutschlands Katastrophenmaschine auf Touren gekommen. Es gibt einen Einsatzstab oben auf der Burg, Dienstwege und Zugführer. Halb nackte Soldaten mit Schaufeln marschieren in die Keller, THWler hantieren mit Trockenlüftern und Baggern. Romano Prodi und Joschka Fischer sind gekommen.

Teams mit »Krisenintervention« auf dem Rücken. Berittene Polizei. Und Katastrophenhelfer aus Piemont. Sie tragen blütenweiße Anzüge gegen den Schmutz, zum Gespött der Soldaten. Aber sie sind die Ersten gewesen, die sich in die stinkenden Keller wagten und anfingen, die Eimer zu füllen.

Es läuft. So gut, dass ein »Alpin-Technik«-Team aus Leipzig seine Winden wieder zusammenpackt: »Wir haben eine 30-Tonnen-Winde«, sagt der Chef, »10 000 Meter Seil und können völlig autark arbeiten. Die Brücken freiräumen, damit das Wasser sich nicht mehr staut. Alles selbst finanziert mit Hilfe von Sponsoren. Aber THW und Bundeswehr wollen keine Zivilisten. Die glauben, sie könnten das alles selbst und sprengen lieber Baum für Baum.«

Und während in den Staubwolken ringsum Radlader die Fußböden zermalmen, Badewannen zusammenpressen und ganze Hausstände in ihre Schaufeln nehmen, während sich der Müll, der einmal ein Zuhause war, zu faulig riechenden Bergen häuft – hängen überall gelbe Säcke der »RWE Umwelt« an den Laternenstümpfen und Ruinen. Für Plastik. In Deutschland wird auch in der Katastrophe noch der Müll getrennt, »sauber und ohne Inhaltsreste«.

Als das Wasser zurückging, war der Boden voller aufgedunsener, sich windender Regenwürmer, die das Grundwasser aus der Erde gedrückt hatte. Es roch nach Heizöl, alles war aufgerissen. Der feste Boden war weg. Und wird vielleicht auch nicht mehr zurückkehren.

Das Schweigen der Sirene werden die Weesensteiner lange nicht vergessen. »Die ersten zwei Tage waren wir komplett auf uns selbst angewiesen. Wie die Ratten haben sie uns absaufen lassen«, sagt Marion Donke, und das sagen alle. Es wäre genügend Zeit gewesen, nachdem flussauf in Glashütte das Wasser schon hoch stand. Und wenige gibt es, die nicht hinzufügen, dass zu DDR-Zeiten zumindest die Warnungen besser funktioniert hätten.

Trotz aller Katastrophenhilfe bleibt das Gefühl, allein gelassen worden zu sein. Da ist die DDR-Hypothek, die starke Abneigung gegen Behörden und alles, was von oben kommt.

Heiko Jäpel ist den ganzen Tag unterwegs, läuft zu den Stellen und Ämtern, um seine Papiere zu beantragen. 1500 Euro Soforthilfe haben sie bekommen. Er darf nicht zur Ruhe kommen und vor allen Dingen, darf er nicht allein dahin gehen, wo einmal sein Haus stand. Jetzt sind sie erst einmal zusammen untergebracht, in der Wohnung vom Schloßmüller, im Nachbarort. Die Oma Sieglinde will nicht mehr zurück. »Wir ziehen auf den Berg«, sagt Heiko Jäpel. Seine Kassette mit dem Sparbuch hat man flussabwärts aus der Müglitz gefischt.

Anke Meyer-Wilk umkreist immer wieder das aufgebrochene Haus, wo ihr Innerstes nach außen gekehrt ist. Ihr Bad, ihre Küche, alles den Blicken freigegeben. Jeden Schritt von Emilie haben sie auf Video aufgenommen: weg. Die Familienalben, die Briefe, die Sommerschuhe: weg. Sie umkreisen die Trümmer, würden am liebsten hinein und irgendetwas von ihrem früheren Leben retten, aber es ist zu gefährlich. Die Vergangenheit ist endgültig vergangen. Was bleibt, ist der Dreck.

Ihre Eltern weigern sich, wieder in die Nähe von Wasser zu ziehen. Die Tochter weint bei jedem Hubschrauber, der übers Tal fliegt.

Der Fluss hat das Dorf in Fetzen gerissen. Mancher ist versichert, mancher nicht. Mancher ist ins Fernsehen gekommen, mancher blieb namenlos. Wer sein Haus am richtigen Ufer hat, könnte schon wieder in der Sonne sitzen – wenn nicht die Sorge um die anderen wäre, die fünf Meter entfernt lebten und jetzt in den Trümmern stochern, um zumindest die Kinderbilder noch zu finden.

»Wir brauchen einen Spendenschlüssel«, sagt Christian Lehnert, der Pfarrer und Poet, und weiß, dass man ebenso gut nach dem Stein der Weisen suchen könnte. Irgendwer muss die Geldflut kanalisieren, umleiten und zur Not mit Gießkannen an die richtige Stelle tragen. Sonst bricht es.

Es knirscht und knackt schon jetzt. Die Flut hat an den Tag gespült, dass es in Weesenstein keine Reichtümer gegeben hat. Und wenn eines Tags wirklich die neuen Kühlschränke, Autos, Häuser kommen, wird mancher neidisch sein. Neidisch auf die Opfer.

Kirchen und Gemeinde haben Konten eingerichtet, für die allererste Not. Jetzt sind die Konten so voll wie das Prießnitzer Rückhaltebecken vergangenen Montag, und das meiste kommt erst noch. Eine Firma will ein ganzes Haus spenden. »Alle wollen helfen, und viele wollen speziell der Familie helfen, die eine Nacht auf einem Mauerrest verbracht hatte«, sagt Lehnert. »Die Jäpels könnten reich werden. Aber sie wollen nicht. Sie wollen nicht mehr als alle anderen.«

Deswegen hofft Lehnert, dass die Weesensteiner es schaffen. Die Familien kennen sich seit Generationen, haben Nazi-Jahre durchgestanden, auch DDR und Wendezeit – und sich weiterhin gegrüßt. Noch halten die Dämme. Aber nicht alle haben die Kraft, neu anzufangen. Weesenstein lichtet sich. »Weg. Augen zu und weg. Komplett weg«, sagt Peter Fritzsche. Er hockt auf dem Wrack seines Honda Civic, hager, struppig und vernarbt, und hat gerade noch die zwölf Bände »Brehms Tierleben« aus der Ruine gerettet. Natürlich hatten sie keine Hochwasserversicherung: »Das waren 100 Mark im Jahr, das war viel Geld.« Über ihm ragt »der Omi ihr Bett« ins Freie. »Weg hier, komplett weg.«

Gerhard Graf will nicht mehr. Am ersten Tag sah man ihn noch, wie er die Reste seiner Gartenbahn freilegte. Dann ließ er's sein. Die Loks und die Wagen waren sowieso fort. »Er hat's satt«, sagt Margit, seine Frau. »Am liebsten wäre er sofort gegangen, nur mit dem, was er auf dem Leibe trug.« Vor zwei Jahren den Herzinfarkt und jetzt das. Der Zaun ist gerade fertig geworden. »Als Arbeitsloser hat man schon nicht viel Geld. Und mit einem Schlag ist das Bisschen zerstört.«

Ein voll bepackter Lieferwagen hält kurz vor dem Haus: »Sehen wir uns noch mal in Weesenstein,

Margit?«, ruft jemand heraus. Nee, nicht in Weesenstein, wo sie geboren sind. Die Grafs gehen zum Sohn nach Bayern. Jetzt räumen sie noch ein wenig zusammen. »Man kann es ja nicht so liegen lassen«, sagt Margit Graf. »Bissel was zur Erinnerung braucht man.«

Am ersten Tag starrten die Menschen von Weesenstein aufs Wasser. Am zweiten Tag kamen die ersten Helfer. Vier Tage dauerte es, bis der erste »Zahlungsbefehl mit persönlicher Zustellung« in Weesenstein wieder eintraf. Das ist gewiss nicht der Ölzweig im Schnabel von Noahs Taube. Aber ein Zeichen schon, dass die alte Welt nicht völlig untergegangen ist.

Karin Steinberger

Karin Steinberger, geboren 1967 in Lochham, studierte Germanistik und Sinologie und besuchte die Deutsche Journalistenschule in München. Seit 1996 ist sie Redakteurin der SÜDDEUTSCHEN ZEITUNG, zunächst bei der Feuilletonbeilage, später für die »Seite Drei«. Sie ist Marshall Fund Fellow und hat 2000 den Medienpreis Entwicklungspolitik gewonnen.

Srebrenica und seine Toten: »Wie kann eine Mutter mit der Vorstellung leben, dass ihr Sohn in einer Plastiktüte vergammelt?«

Das Puzzle der Namenlosen

Knochen, Schädel, Socken – was Spezialisten in den Massengräbern finden und zusammensetzen, beendet für die Angehörigen das unerträgliche Warten

von Karin Steinberger
Süddeutsche Zeitung
15. November 2002

Nie wird Fadila Ademovic den Tag vergessen, an dem ihr ältester Sohn nach Hause kam. Es war der 5. April 2000. Ein Mittwoch. Bego Ademovic kehrte in einem nummerierten Plastiksack zur Mutter zurück. Ein Häufchen Knochen. Nur seinen Kopf, sagte man ihr, habe man nicht gefunden.

»Es ist besser so. Man wird friedlicher«, sagt Fadila Ademovic. Die anderen Frauen in dem verrauchten Zimmer nicken. Sie alle kommen regelmäßig hierher, in die Räume der Organisation »Prijateljice«, um nicht allein zu sein. Für sie ist Fadila eine glückliche Frau. Weil ihr Sohn jetzt ein Grab hat. Das mit dem Kopf, ja, das sei eine furchtbare Sache gewesen, sagen sie. Aber Fadila müsse sich nun keine Hoffnung mehr machen. Dafür beneiden sie die anderen Frauen von Srebrenica, denn ihr eigenes Leben besteht noch immer aus Warten. Warten auf Erlösung aus einem gigantischen Kühlschrank.

Wie sie ihn hassen, diesen Kühlraum, in dem mittlerweile 7500 Plastiksäcke liegen, alle nummeriert, alle namenlos, alle voll gepackt mit Knochen der Vermissten von Srebrenica, Platz sparend aufgerollt, katalogisiert von A bis H. *Full bodies, body parts, upper and lower parts, just legs* steht auf den Säcken. Eine Halle voller Mencheneinzelteile.

Trotzdem gehen die Frauen immer wieder hin, zum Kojschino Brdo, einem Hügel am Rande der aufgemotzten Innenstadt von Tuzla, und blättern im Vorraum zur Leichenhalle in zwei dicken Büchern, in denen seitenweise abgebildet wird, was übrig geblieben ist außer den Knochen: von Körperflüssigkeiten durchtränkte Unterhosen, zerfetzte Schuhe, löchrige Strümpfe, Schlüsselanhänger, Taschenmesser, Gürtel, Feuerzeuge. Der Tod, hier trägt er Adidas-Unterhosen und San-Francisco-49ers-T-Shirts. Wenn die Internationale Kommission für Vermisste (ICMP) ein neues Buch herausbringt, kommen die Frauen hierher, in der Hoffnung, diesmal Vertrautes zu finden. Socken, die man selber geflickt hat, erkennt man wieder.

Umgelagerte Leichenberge

Sieben Jahre ist es her, dass General Ratko Mladic mit seinen Truppen das Bergbaustädtchen Srebrenica eingenommen hat. Am 12. Juli 1995 hatten die bosnischen Serben die UN-Schutzzone unter ihrer Kontrolle. Die nach Tuzla geflüchteten muslimischen Frauen hörten von Massakern und Exekutionen, von Massengräbern und Männern, die versuchten, durch den Wald zu fliehen und gejagt wurden wie Hasen. Sieben Jahre ist es her, aber die meisten Überlebenden suchen noch immer nach ihren Söhnen und Männern: mehr als 7000 Vermisste soll es allein aus Srebrenica geben. In ganz Bosnien-Herzegovina 30 000, im Kosovo weitere 10 000. Manchmal, an muslimischen Feiertagen, beten die Überlebenden in der kühlen, nach Ammoniak und Tod stinkenden Leichenhalle. Sie nennen den Ort »Krankenhaus« – als könnte man dort noch etwas heilen.

»Ich weiß nicht, wie sie nach meinem Mann und meinem Sohn suchen. Sie öffnen ein Massengrab nach dem anderen. Aber ich habe noch keine Antwort bekommen«, sagt Almasa Alic, eine der Frauen von Srebrenica. Letzten August ist sie hingegangen zu den Männern von der ICMP und hat ihren Sohn und ihren Mann als vermisst gemeldet. Doch gehört hat sie bis heute noch nichts. »Es bleibt uns ja nichts anderes übrig, als zu warten«, sagt sie.

Es ist ein kleiner Auto-Konvoi, der am nächsten Morgen vor dem Hotel Tuzla losfährt, um sich auf den Weg zu machen. Richtung Srebrenica. Richtung Massengrab. Eine Richterin, ein Staatsanwalt, ein Kriminologe, ein Gerichtsmediziner, eine Anthropologin, zwei Archäologen, ein Mitarbeiter der ICMP, fünf Arbeiter und ein paar Polizisten. Als sie endlich ankommen, ist das Grab voller Wasser. Sie ziehen die Plane herunter, verscheuchen einen hungrigen Hund und machen sich wie jeden Tag an die Arbeit. Als das Wasser abgeschöpft ist, sehen sie im Dreck Knochen, Schädel, Finger, verrottete Kleider. Es riecht süßlich, nach nasser Erde und Tod. Am Rand der Grube breiten die Arbeiter Leichensäcke aus: *general clothing, general bones, body parts*. Eigene Nummern bekommen nur große Knochen und Totenschädel.

Am 12. August haben sie hier auf dieser kleinen Wiese in der Nähe von Kamenica angefangen zu graben. Sie haben Hundekadaver, Kochtöpfe, Patronenhülsen, aber vor allem Menschen gefunden. Mit Bulldozern umgelagerte Leichenberge, die die Täter von einem Grab ins nächste geschaufelt haben, um zu vertuschen, was der amerikanische Journalist und Pulitzer-Preisträger David Rohde einmal »das verheerendste Massaker in Europa seit dem Zweiten Weltkrieg« nannte. 290 Leichen haben sie allein an diesem Ort schon ausgegraben, es werden an die 400 werden, sagt die Richterin.

Unten, im Grab, in dieser Brühe aus Dreck und Verwesung, versuchen sie, Menschen zusammenzusetzen: »Brauchst du einen Ellbogen? Es geht hier nicht weiter«, sagt die Anthropologin Ana Bosa. »Von dem haben wir alles, nur nicht die Arme. Und ich bin mir nicht sicher mit der Schulter«, sagt Nermin Sarajcic, der Arzt. Er hält ein Gebiss in den Händen, von dem er den Dreck abkratzt: »Der war sehr jung, 14 ungefähr.« Zur Mittagspause setzen sie sich ein wenig abseits, essen Brote und nicken den zwei Polizisten zu, die hier nachts Wache stehen: bosnische Serben. Man gräbt im ehemaligen Feindesland.

Es ist wie ein Puzzlespiel mit verstörend vielen fehlenden Teilen: Nummer CR-05-398-B trägt eine Jeans und hat zu dem Unterkörper bis jetzt nur den Kopf bekommen. Um ihn herum: Einzelteile. Bei Nummer CR-05-427-B finden sie ein kleines Plastiksäckchen in der Anoraktasche. Die Leiche ist fast komplett, nur ein Teil des Kopfes fehlt. Ein Eimer steht dort, wo der Kopf eigentlich sein müsste. Die Hände sind aneinander gefesselt. Der Kriminologe breitet die von Leichensäften zusammengeklebten Papiere aus. Plötzlich steht da ein Name: Mustafa M., geboren 1936. Das erste Mal ist es ganz ruhig an diesem Ort.

»Im Fernsehen habe ich gesehen, dass die Leichen in Plastiktüten herumliegen«, sagt Almasa Alic. »Wie kann eine Mutter mit der Vorstellung leben, dass ihr Sohn in einer Plastiktüte vergammelt?« Manchmal, wenn die Frauen von Srebrenica beisammen sitzen und das ewige Warten sie ungerecht werden lässt, fragen sie sich, was sie zu halten haben von Menschen, die ihre Kinder und Männer zusammensetzen, ihre Knochen in kleine Häufchen ordnen und in nummerierte Säcke stecken, die verrotteten Kleider waschen und fotografieren, Knochen zermahlen und Zähne untersuchen. Und vor allem fragen sie sich, warum es so lange dauert. Eine Mutter, sagen sie, erkennt ihr Kind immer. Manchmal, wenn das Warten in der Magengegend weh tut, gehen sie zum Kojschino Brdo und wollen in die Säcke hineinschauen. Dann sagen die Männer ihnen, dass es da nicht viel zu sehen gibt und schicken sie wieder heim.

Massaker im Schnellhefter

Adnan Rizvic kennt die Ungeduld der Überlebenden, aber er kennt auch die Größe der Aufgabe, die vor ihm und seinen 25 Labormitarbeitern von der ICMP liegt. »Es dauert einfach. Denn wir dürfen uns hier keine Fehler leisten. Immerhin geht es um die Identifizierung von 40 000 Vermissten. Noch nie auf der Welt wurden in einer derartigen Größenordnung DNA-Tests gemacht«, sagt der Leiter des ICMP-Labors in Tuzla. Auf seinem Schreibtisch wird das Massaker in Schnellhefter eingeordnet, Biografien werden zu Zahlenkombinationen, Knochen zu genetischen Fingerabdrücken. Adnan Rizvic sagt: »Jeder Mensch ist eine Kombination aus Mutter und Vater, rein genetisch gesehen.« Wenn die Eltern nicht mehr leben, hilft auch die DNA der Kinder oder Geschwister weiter. Adnan Rizvics Büro ist ein gigantisches Lager von 32 000 Blutkonserven. Tausende von Millilitern, den Überlebenden abgenommen, um den menschlichen Kleinteilen in der nahe gelegenen Leichenhalle endlich Namen geben zu können. Adnan Rizvic ist zuständig für das Blut.

In der Datenbank, die im Computer hinter ihm fortwährend Zahlen miteinander vergleicht und leise surrend Treffer ausgedruckt, rauschen die DNA-Analysen des Blutes an denen der Knochen vorbei. Es ist das Blut ehemaliger Kriegsgegner, es sind Knochen von Christen und Moslems. Vermisste gibt es auf beiden Seiten. »Wir sind absolut unpolitisch«, sagt Adnan Rizvic. Hier gibt es nur Kennziffern, keine Namen, keine Religionen, wegen der Objektivität, aber auch, weil es schwer zu ertragen ist, mit Namen zu arbeiten. »Diese Arbeit ist emotional nicht einfach. Natürlich ist es befriedigend, wenn wir erfolgreich sind. Aber andererseits muss jemand an eine Tür klopfen und sagen, dass ein Sohn tot ist.«

Am 16. November 2001 haben sie in den Labors der ICMP den Ersten identifiziert. Es war ein 15-jähriger Junge aus Srebrenica. Seitdem wurden in den Labors der Organisation, die aus internationalen Spenden finanziert wird, mehr als 400 allein aus dem Bergbaustädtchen identifiziert. Und die Anzahl der »Treffer«, wie sie das hier nennen, steigt täglich. »Wir geben den Menschen kein Essen, kein Geld, wir sagen ihnen nur, dass ihr Sohn tot ist. Das ist unsere Arbeit«, sagt Adnan Rizvic. Nur eines sagen sie nicht: Wenn die DNA des Sohnes zwar mit dem der Mutter und der Geschwister übereinstimmt, wenn die Identität des Opfers also eindeutig ist, aber der Vater ein anderer war. Es ist das kleinste Problem, das sie hier haben. Und es ist eines, das sie nichts angeht. Manchmal, sagt Adnan Rizvic, sei er schon froh, wenn eine Mutter nur einen Sohn vermisst und nicht drei oder vier. Dann entschuldigt er sich. »Uns geht die Zeit aus«, sagt er zum Abschied.

22 Jahre alt war Bego Ademovic, als er sich im März 1993 von der Mutter verabschiedet hatte. Damals, in Srebrenica. Fadila Ademovic hatte ihm und seinem Bruder Halil noch ein Abendessen gemacht, dann hatten die Jungen sie geküsst und waren hinausgegangen in die Nacht, um zu kämpfen. Am nächsten Tag verließ Fadila Ademovic Srebrenica, weil ihr Mann und ihre Söhne es so wollten, weil Krieg war und keiner auf den anderen aufpassen konnte, weil es Gerüchte gab, dass die Söhne gezwungen würden, ihre Mütter zu vergewaltigen. Es war das letzte Mal, dass sie ihre Kinder sah. Von da an war ihr Leben be-

stimmt vom Warten. »Und das Warten«, sagt Fadila Ademovic, »ist das Schlimmste. Denn solange man wartet, hat man noch Hoffnung.«
Vielleicht ist es gut, dass die Frauen nicht wissen, wie man ihre Söhne zusammensetzt, wie man ihre Überreste von den Knochenhaufen anderer Söhne trennt, wie man ihre Gebeine ausscharrt und weiterverarbeitet auf der Suche nach ihrer Identität. Während die Frauen warten, werden möglicherweise die Knochen ihrer Kinder in einem Labor in Sarajewo in Mixern zerkleinert. Hart sind sie, die Knochen, oft härter als die Mixer. Sie sehen aus wie vertrocknete Äste. Wenn viel Kupfer in der Erde ist, werden sie blau. Einmal hatten sie hier einen Knochen, der war strahlend grün – warum weiß keiner. Und Knochen sind im Gegensatz zu Zähnen schlechte DNA-Träger. Vor allem, wenn sie all die Jahre an der Oberfläche lagen, irgendwo im Wald, durch den die Männer von Srebrenica geflohen sind. Denn irgendwann verflüchtigt sich die DNA. Es ist, als würden die Knochen ihre Geschichte verlieren.

Vergangenheit korrigieren

Im DNA-Labor in Sarajewo ist man einigermaßen stolz darauf, dass man trotzdem so erfolgreich ist beim Herauswaschen der »Abfallprodukte«, wie ein Gentechniker es nennt. Abfallprodukte, das sind für ihn Proteine, Minerale, Kalzium und Magnesium, Dinge, die er nicht gebrauchen kann bei der Suche nach Namen. Am Schluss kommt dann etwas heraus, was dem Strichcode auf einer Milchpackung sehr ähnlich sieht: das DNA–Profil, die Erbsubstanz. So arbeiten sie sich durch die Leichenberge, auf der Suche nach Übereinstimmungen zwischen langen, fadenförmigen Molekülen. Und wenn man Ed Huffin, dem Direktor des Programms für forensische Wissenschaften im ICMP, glauben darf, dann arbeitet man hier und in den anderen drei Laboren der ICMP in Tuzla, Banja Luka und Belgrad an nichts Geringerem als daran, über alle ethnischen und religiösen Grenzen hinweg, »die Vergangenheit zu korrigieren«.

Denn irgendwann wird da eine Zahl stehen. Und diese Zahl wird eine andere sein als jene, die von den bosnischen Serben angegeben wurde. Von 2000 Toten in Srebrenica sprechen die Täter. Im Kühlraum in Tuzla liegen bereits jetzt 7500 Leichensäcke. »Diese Zahl muss man nicht mehr kommentieren«, sagt Ed Huffin. »Es mag ja sein, dass wir nur ein Bein finden, aber dieses Bein finden wir. Wir können den Überlebenden die Knochen zurückgeben, aber was genau passiert ist, das können wir ihnen natürlich nicht sagen. Wir sagen nur Zahlen.« Bei der ICMP haben sie keine Angst davor, dass ihnen die Arbeit ausgehen könnte. Nach den Anschlägen auf das World Trade Center am 11. September wurden Fachleute aus Tuzla nach New York eingeladen. Und es gibt noch genug Länder mit unverarbeiteten Leichenbergen: Guatemala, Argentinien, Ruanda. »Durch unsere Arbeit«, sagt Ed Huffin, »wird die Wahrheit herauskommen.«
Ein Jahr, nachdem Bego Ademovic begraben worden war, kam sein Kopf. Der Vater trug ihn in einem weißen Plastiksack nach Hause. »Mein Mann hielt ihn in den Armen wie ein Baby«, sagt Fadila Ademovic, die Mutter. »Genau so trugen wir den Jungen als Neugeborenen herum. Aber diesmal war es nur sein Kopf. Das war der schlimmste Tag in meinem Leben. Ich weiß heute noch nicht, wie ich ihn überlebt habe.« Noch einmal öffneten sie das Grab, legten den Kopf dazu. Das Warten hatte ein Ende.

Jürgen Steinhoff

Jürgen Steinhoff, 1942 in Dortmund geboren, Abitur 1962 in Siegen. Während des VWL-Studiums als Sport-, Polizei- und Lokalreporter beim Wuppertaler SPORT-TELEGRAMM, beim Kölner EXPRESS, beim Düsseldorfer EXPRESS, bei den DÜSSELDORFER NACHRICHTEN und beim WDR-Hörfunk. 1976 ging er als Textchef des Wirtschaftsmagazins DM zum Handelsblatt-Verlag und wechselte 1981 zum stern nach Hamburg. Dort arbeitet er bis heute als Reporter mit dem Schwerpunkt Wirtschaft. Jürgen Steinhoff ist Träger des 3. Wächterpreises der Tagespresse 1975 (Aufdeckung eines Gewerkschaftskandals) und des Medienpreises der Koalition gegen das Rauchen 2001 (Report über die Zigarettenindustrie und deren Kundschaft).

ALDI – DIE MAGIE DES BILLIGEN

»Je schlechter es den Leuten geht, desto besser geht es uns«: Die Mutter der Gebrüder Albrecht hatte recht. Der DISCOUNTER war noch nie so überlaufen wie heute. Sogar die Besserverdiener gehören inzwischen zu den Stammkäufern. Ein *stern*-Report über Kunden, Krämer und Kampfpreise

von Jürgen Steinhoff
stern
28. November 2002

HINTER DEN KULISSEN DES DISCOUNTERS

Einmal im Jahr veröffentlicht das US-Magazin »Forbes« eine Liste der reichsten Männer der Welt. Die neueste ist vom März. Auf Platz drei (hinter Microsoft-Gründer Bill Gates und dem Investment-Guru Warren Buffett) liegen zwei Brüder aus Essen: Karl und Theo Albrecht, die Gründer der Billigladenkette Aldi. Sie besaßen laut »Forbes« 26,8 Milliarden Dollar. Heute, Ende November, dürften daraus fast 28 Milliarden Dollar geworden sein. Denn von den 30 Milliarden Euro, die sie in ihren exakt 3741 deutschen und rund 2600 Auslandsfilialen jährlich einnehmen, bleiben den beiden Brüdern fünf Prozent Umsatzrendite. Das sind, vor Steuern, 1,5 Milliarden Euro im Jahr!

Das aber ist den beiden Aldis längst nicht genug. Woche für Woche eröffnen sie mindestens einen neuen Laden, allein in den vergangenen sechs Monaten 77. Und während überall Umsätze und Gewinne einbrechen, machten die Brüder, die ihr Discount-Imperium seit 1961 in Aldi Nord und Aldi Süd aufgeteilt haben, einen Umsatzsprung von zehn Prozent. Nicht zuletzt dank der teils tatsächlichen, teils eingebildeten Verteuerung durch den »Teuro« rennt mittlerweile fast jeder zum Aldi. 95 Prozent der Arbeiter, 88 Prozent der Angestellten, 84 Prozent der Beamten, selbst 80 Prozent der Selbstständigen kaufen dort. Die Zahl der Aldi-Kunden ist in den letzten zwölf Monaten um 20 Prozent gewachsen – so die Ergebnisse einer Umfrage, die Forsa vergangene Woche für den *stern* erhoben hat. Unter denen, die regelmäßig einmal pro Woche bei Aldi an der Kasse stehen, bilden die Selbstständigen, also die Besserverdienenden, mit 49 Prozent die größte Gruppe.

In der »Forbes«-Liste sind die beiden Aldis in den vergangenen Jahrzehnten von ganz unten immer höher geklettert. Wenn sie nicht schon so alt wären, Karl ist 82 Jahre, Theo 80, dann könnten sie in einigen Jahren die reichsten Männer der Welt sein. Zu diesem Anlass würden die extrem sparsamen Männer aber allenfalls ein Fläschchen »Champagner Veuve Durand« brut zu derzeit 9,99 Euro entkorken, einen der

Renner aus ihrem Stammsortiment, mit dem Besserverdienende sich die Kofferräume ihrer Oberklasse-Autos vollpacken. Bedienungsanleitung auf der Rückseite der Flasche im stets leicht piefigen Aldi-Deutsch: »Genießen Sie diesen Champagner gut gekühlt als Aperitif, zu leichten Vorspeisen und zu allen Anlässen, die eine besondere Würdigung verdienen.«

Flotte Texte oder flotte Sprüche gibt es bei Aldi nicht. Aldi hat keine Pressestelle. Aldi hat keine PR-Abteilung. Aldi hat keine Werbeabteilung. Die Schlagzeile über den einmal wöchentlich erscheinenden Anzeigenseiten in den Zeitungen lautet immer gleich: »Aldi informiert«. Da Aldi-Stammkunden die Preise ihrer Stammartikel auswendig können, enthalten die Anzeigen überwiegend Sonderangebote vom »Angora Fußwärmer für Damen und Herren« für »Stück 4,99« bis zum »Multimedia Home Entertainment Design Center Medion Titanium MD 8000 mit Intel Pentium 4 Prozessor« für 1199 Euro. Die Firma Aldi hat in ihrer mehr als 50-jährigen Geschichte nicht einen Pfennig für Werbeagenturen ausgegeben.

DIE PREISE neben den Sonderangeboten sind stets mit einem Sternchen versehen. Die Fußnote dazu lautet seit Jahrzehnten: »Sollten diese Artikel trotz sorgfältig geplanter Angebotsmengen allzu schnell ausverkauft sein, bitten wir um Ihr Verständnis.« Dieser Satz ist die Ursache dafür, dass Aldi-Kunden an den Sonderangebotstagen – im Norden stets mittwochs, im Süden donnerstags – schon weit vor Geschäftsöffnung Schlange stehen. Die drögen Texte haben bei der Kundschaft den Glauben entstehen lassen, von Aldi nie übervorteilt zu werden, in der gewählten Preisklasse immer die beste Qualität zu bekommen, und zwar immer zum niedrigsten Preis.

Woher sie denn da so sicher sei, fragen wir die Hamburger Hausfrau Margit Schlaffer, die ihren Mann, einen gut verdienenden Diplomingenieur, und ihre beiden studierenden Söhne zu 50 Prozent mit Lebensmitteln von Aldi ernährt (Gemüse, Obst, Fleisch, Wurst und Brot kauft sie in Fachgeschäften). »Weil ich das seit über 20 Jahren mache«, sagt sie, »ich kenne die Preise von allen Supermärkten in meiner Umgebung: Aldi ist immer der billigste, außer vielleicht manchmal Lidl.«

UND DIE QUALITÄT? Ihr Sohn Nils, erzählt sie stolz, sei, obwohl mit Lebensmitteln von Aldi aufgewachsen, »Deutscher Jugendmeister im Jiu-Jitsu geworden – da kann Aldi ja so schlecht nicht sein«. Milch (Liter 0,55 Euro) und Eier (10 Stück 0,79 Euro) seien wegen der enorm hohen Umschlagsgeschwindigkeit nirgends frischer als bei Aldi. Außerdem fliege sofort jedes Produkt aus dem Sortiment, das bei der Stiftung Warentest schlechter als »befriedigend« abschneide.

Davon kann der Hamburger Importkaufmann Rolf Scheuerle ein Lied singen. Er ist Geschäftsführer der Alfred Graf Import GmbH, eines der größten Importeure von Olivenöl. Seine Marke »Lorena« hatte einen Stammplatz im Aldi-Sortiment – bis im Oktober ein Anruf aus der Zentrale in Essen kam. Er könne sich, so wurde ihm in erhöhter Lautstärke sinngemäß zugerufen, sein Öl in die Haare zu schmieren, denn es drohe bei einer gerade laufenden Prüfung der Stiftung Warentest mit der Note »ausreichend« abzuschmieren, man habe es deshalb aus den Läden genommen; er solle sein Zeugs gefälligst zurückholen, sofort und auf eigene Kosten. Scheuerle: »Da war bei uns Polen offen.« Trotz gültigen Liefervertrags setzte der Kaufmann Sattelschlepper in Marsch, die das Öl aus mehr als 30 Zentrallagern von Aldi Nord zurückholten. Seitdem herrscht Mangelwirtschaft: »Lorena« sei momentan nicht lieferbar, erfährt man auf Anfrage. Der von Aldi ansonsten geschätzte Importeur hat nach hektischen Verhandlungen und etlichen Geschmackstests inzwischen eine neue Ölsorte kreiert: »La Villa« soll vom 2. Dezember an den Ölnotstand bei Aldi beenden.

Mit einem neuen Artikel ins Stammsortiment von Aldi zu kommen gleicht einem Aufstieg in die Bundesliga der Lebensmittelbranche. Vor zwei Jahren ist dies zwei Müllern aus dem Süddeutschen geglückt.

Sie bieten bei Aldi so genannte Backmischungen an – mit Hefe versetztes Mehl, das nur noch mit Wasser zu Teig verrührt und, je nach Mehlsorte und Zutaten, im Backofen zu Bauernbrot, Mehrkornbrot, Kürbiskernbrot, Sonnenblumenbrot oder Ciabatta-Brot wird. Ein 250-Gramm-Ciabatta kostet in den Läden der Kamps-Kette in Hamburg 1,95 Euro. Die vierfache Menge Ciabatta-Backmischung bei Aldi kostet weniger als die Hälfte: 0,79 Euro. Zur Verkaufsförderung bot Aldi für 49,55 Euro Brotbackautomaten aus China an. Die Backmischungen sind seitdem ein Renner.

Die beiden Müller haben den *stern* händeringend gebeten, nicht genannt zu werden. Argument des einen: »Beim Aldi zum Rapport bestellt zu werden ist schlimmer, als der eigenen Ehefrau einen Seitensprung beichten zu müssen.« Argument des anderen: »Wenn all die Bäckereien, die ich noch als Kunden habe, erfahren, dass ich Aldi beliefere, springen die mir ab.«

Die auf den Packungen der Aldi-Produkte ausgewiesenen Lieferanten firmieren fast alle unter Fantasienamen und verstecken sich hinter Postfachadressen. So kommen etwa die 100 Gramm »Stapelchips« für 0,65 Euro von einer Firma namens Ibu GmbH mit einem Postfach in Neu-Isenburg. Ibu-Chips sind ein Hit im Stammsortiment. Über derartige Produkte hat sich kürzlich der Vorstandschef des Hannoveraner Knabberartikel-Herstellers Bahlsen bitterlich beklagt. Sie würden den Markenmarkt aushöhlen und hätten Bahlsen ein Umsatzminus von drei Prozent beschert. Was er zu sagen vergaß: Die Ibu-Chips stammen, wie andere Aldi-Knabbereien auch, von der Firma Bahlsen.

DIE EINZIGEN IM ALDI-SORTIMENT, die solche Tricksereien nicht nötig haben, sind 300 g Gummibärchen von Haribo zu 0,79 Cent. Diese Marke ist dermaßen stark, dass die Kunden sie nicht kaufen, wenn sie anders heißt.

Als Aldi Nord die Haribo-Mischung »Colo-Rado« umtaufte in »Casino Mix«, blieben die 0,79 Euro billigen Tüten liegen. Schleunigst kehrte man zum Originalnamen zurück.

In den Kühlregalen, meist an den Stirnseiten der Filialen, liegen stets drei bis vier Kartons mit abgepackter »Nürnberger Rostbratwurst«, 14 Stück im Gesamtgewicht von 300 Gramm. Hersteller ist eine Firma »Howe Wurstwaren KG« aus Nürnberg. Deren Besitzer ließ dem *stern* bei der Bitte um ein Gespräch ausrichten, mit ihm könne man über alles reden, nur nicht über seine Beziehungen zu Aldi. Der Firmenname »Howe« ist die Abkürzung für Hoeneß und Weiß – Uli Hoeneß also.

Der Manager vom FC Bayern München ist führendes Mitglied im »Schutzverband Nürnberger Rostbratwürste«, der jeden Bratwurstmacher außerhalb Nürnbergs vor den Kadi schleppt, wenn er behauptet, seine Waren seien Nürnberger Rostbratwürste. Hoeneß ist ferner »Botschafter der deutschen Wurst«. Aus einem Hoeneß-Interview im »Berliner Tagesspiegel« vom April 2000 wissen wir, dass seine Würstchen damals 2,79 Mark gekostet haben. Heute kosten sie 1,69 Euro: eine Preissteigerung von 20 Prozent in nur zwei Jahren. Auch Aldi langt also ganz schön hin. Aber sie behaupten ja auch nicht, keine Preistreiber zu sein. Sie behaupten in ihren Anzeigen lediglich, stets der Billigste zu sein.

Ihnen diesen Ruf abzujagen versucht zurzeit der Discounter Lidl, vor allem bei Obst und Gemüse. Vorletzte Woche senkten die beiden Discounter die Preise für Salatgurken, Clementinen und Orangen um die Wette. Die spanische Salatgurke der Handelsklasse 1 stürzte bei Aldi und Lidl von 49 Cent über 39 Cent auf unglaubliche 19 Cent (Normalpreis: ein knapper Euro), das Kilo spanische Clementinen von 69 Cent auf 39 Cent. Und zwei Kilo Orangen kosteten statt 1,49 nur noch 0,69 Euro – Preise weit unter dem Einkaufspreis, auf Dauer unhaltbar und deshalb bei beiden schon wieder erhöht.

Eine solche Preispolitik stinkt den Aldi-Brüdern so gewaltig, dass Theo, der Herr der Nordkette, seinem Spitzenberater Hartmuth Wiesemann erstmals in der Firmengeschichte erlaubt hat, eine entsprechende

Anfrage des *stern* schriftlich zu beantworten: »Bei uns gibt es keine preislichen Sonderangebote für nur wenige Tage, die den Kunden veranlassen sollen, jetzt zu kaufen. Der Kunde kann bei uns darauf vertrauen, seinen ganzen Bedarf immer zum günstigsten Preis einzukaufen.« Über das Branchenblatt »Lebensmittelzeitung« drohte er Lidl an, solche Tiefstpreis-Aktionen notfalls monatelang durchzuhalten.

Einen vom *stern* durchgeführten Preisvergleich, bei dem Lidl um vier Prozent billiger abschnitt als Aldi kommentierte Wiesemann so: Die Qualität der verglichenen Produkte sei bei Aldi eindeutig höher, beispielsweise bei der 200-Gramm-Packung Lachs für 2,19 Euro, die bei Lidl nur 1,99 kostet.

Die Hausfrau Margit Schlaffer dagegen freut sich und kauft Obst und Gemüse neuerdings auch bei Aldi. Dass es diese Produkte nur in abgepackten Mindestmengen gibt, stört sie bei dem Appetit von drei ausgewachsenen Männern nicht. Singles dagegen sind bei Lidl besser bedient. Dort wiegt und berechnet eine in die Kassenanlage integrierte Waage die individuell eingekaufte Obst- oder Gemüsemenge. Im schriftlichen Frage-und-Antwortspiel mit dem *stern* antwortete Aldi-Wiesemann auf die Frage, ob – und falls ja: wann – bei Aldi Nord solche Kassen eingeführt würden, dies: »Wir werden im kommenden Jahr Scannerkassen einführen. Gleichzeitig wird durch eine integrierte Waage an der Kasse den Kunden die Möglichkeit gegeben, Obst und Gemüse als lose, nicht abgepackte Ware zu kaufen.« Für den Lebensmittel-Einzelhandel gilt diese simple Aussage als Kampfansage.

Die Kassiererinnen bei Aldi gelten als die härtesten Arbeitstiere des Einzelhandels. Kein Kunde schafft es, seine Waren so schnell vom Band in den Einkaufswagen zurückzulegen, wie die Kassiererin ihm mit einer fordernd geöffneten Hand den Kassenbon präsentiert. Vor Jahren mussten die Aldi-Kassiererinnen sämtliche Preise im Kopf haben, beim Karl im Süden 600, beim Theo im Norden 750. Ein Riesenproblem, vor allem, wenn sich die Preise änderten. Schließlich hatte jemand die Idee, statt der Preise für jeden Artikel einen dreistelligen Nummerncode auswendig zu lernen. Zumindest das Problem der Preisänderungen war damit vom Tisch. Scannerkassen, an denen auch Frauen mit schwachen Gedächtnisleistungen eingesetzt werden konnten, kamen für die Aldis aber nicht infrage. Das ständige Rumdrehen der Artikel auf der Suche nach dem Strichcode hätte den Kassiervorgang dermaßen verlangsamt, dass mehr Personal und mehr Kassen fällig geworden wären und folglich zusätzliche Kosten. Inzwischen haben die Brüder mit ihrer geballten Nachfragemacht darum »gebeten«, Strichcodes nicht nur auf die Vorder-, sondern auch auf die Rückseite der Verpackungen zu drucken, möglichst auch noch auf die Seiten. Die gesamte Lebensmittelindustrie hat diese Bitte erfüllt. Seitdem gibt es bei Karl Scannerkassen – bei Theo kommen sie nun also auch.

Aldi-Angestellte, die in ihren graublauen Kitteln nicht nur kassieren, sondern auch Kartons aufreißen und auspacken müssen, gelten als unterste Kaste des Einzelhandels. In Wahrheit sind sie die Königinnen: Eine Aldi-Vollzeitkraft verdient 2400 Euro im Monat – 4800 Mark! Das ist ein Spitzengehalt im Einzelhandel. Allerdings stellt Aldi wegen der unterschiedlichen Auslastung der Läden zu unterschiedlichen Tageszeiten überwiegend Teilzeitkräfte ein, die entsprechend weniger verdienen. Früher litten diese Frauen wegen schweren Hebens an Unterleibs- und Rückenerkrankungen. Auf Betreiben von Aldi sind deshalb rückenfreundliche Hubwagen konstruiert worden. Mit denen kann man Paletten nicht nur mühelos durch den Laden befördern; man kann sie auch beim Abpacken bis zu 70 Zentimeter hochfahren, also immer aufrecht stehend arbeiten: weniger Kosten durch weniger Krankheit und zügigeres Arbeiten.

EINE FILIALE hat im Schnitt 3,3 Mitarbeiter/innen und einen Filialleiter. Der darf einen weißen Kittel tragen und verdient 3400 Euro. Die Gehälter einer Filialbesatzung setzen sich aus dem Tarifgehalt und einer Zulage zusammen, die in Promille vom Umsatz gezahlt wird. Eine Aldi-Kraft stemmt im Monat Waren im Wert zwischen 100 000 und 120 000 Euro. Wer krank wird, erhält die übertarifliche Leistungszulage ungekürzt weiter – allerdings nur, wenn die Kollegen für ihn mitschuften. Sofern nicht, darf eine Ersatzkraft angefordert werden. Dann jedoch sinkt die Umsatzbeteiligung, weil sie – etwa bei einer Vier-Kräfte-Filiale – auf fünf umgelegt wird. Alle verdienen also weniger. Erkrankte Aldi-Mitarbeiterinnen dürfen sich deshalb der Anteilnahme und Beobachtung ihrer Kolleginnen sicher sein. Dieses System sorgt für Krankenstände von unter 0,5 Prozent (normal: drei Prozent).

Den Filialleitern vorgesetzt sind die Bezirksleiter: strebsame junge Herren – gelegentlich auch Damen – direkt von den Fachhochschulen. Sie kommen gern zu Aldi. Denn nach einer vier- bis sechsmonatigen Einarbeitungszeit als Kassierer und Packer winken ein Mittelklasse-Audi als Dienstwagen und ein Monatsgehalt von stolzen 6000 Euro. Der Bezirksleiter ist der Waldi vom Aldi. Ihm unterstehen sechs bis acht Filialen. Er hat stets die Preise der umliegenden Lidl-, Penny- und sonstigen Märkte im Auge, schnüffelt an den Kühlregalen und Truhen längs, ob die Produkte mit den am ehesten ablaufenden Verfalldaten zugriffsgünstig platziert sind, prüft im Lager, ob der Filialleiter den Nachschub richtig disponiert, zählt mitunter durch, ob eine Klopapierrolle von »Vitess«, 3-lagig, 8 x 200 Blatt zu 1,75 Euro, auch tatsächlich 200 Blatt hat, beurteilt nach einem genau festgelegten Schema Ordnung und Sauberkeit der Filialen und eilt – stets über Handy erreichbar – sofort herbei, wenn ein Filialleiter sich nicht sicher ist, ob er einem Kunden, der eine zu drei Vierteln leer getrunkene Flasche Schampus zurückbringt, weil sie ihm nicht geschmeckt habe, zurückerstatten darf. Aldi hat eine totale Rücknahmegarantie: Was nicht gefällt, wird zurückgenommen – nicht gegen Gutschein, sondern gegen Bares. Filialleiter haben den Umtauschwünschen der Kunden ohne Diskussion Folge zu leisten.

Chef der Bezirksleiter ist der Verkaufsleiter, meist aus der Riege der Bezirksleiter aufgestiegen. Sein Monatsgehalt beträgt 10 000 Euro. Der Verkaufsleiter beaufsichtigt sechs bis acht Bezirksleiter. Er sitzt im Zentrallager.

Zentrallager von Aldi, in Deutschland 65 an der Zahl, liegen stets in der Walachei, aber immer dicht an einer Autobahnauffahrt. Grundstücksgrößen von 30 000 bis 40 000 Quadratmetern, sind normal. Das entspricht fünf bis sechs Fußballplätzen. So viel Platz brauchen die Fernlaster, um frische Milch, Gurkengläser oder Fernseher abzuladen. Kaum ein Artikel, bei dessen Verkauf Aldi nicht zu den Top Ten der Republik gehört. Jedes dritte Glas Gurken kommt von Aldi, jede vierte Dose Kondensmilch, jede fünfte Packung Waschmittel. Beim Bohnenkaffee, den sie in eigenen Röstereien rösten, sind sie die Nummer drei am deutschen Markt.

Alles ist auf Paletten gestapelt. Wer ohne die aufkreuzt, kann gleich wieder abdrehen. Die Hallen haben 60 bis 80 Luken. An einer der Hallenseiten docken die Lieferanten-Laster an. Auf der anderen warten die 30-Tonner von Aldi (blau im Norden, weiß im Süden) auf Nachschub.

Die Kapitäne der Aldi-Sattelschlepper fahren nach genauestens ausgetüftelten Fahrplänen. Früh mit dem Berufsverkehr rücken sie in die Städte vor. In Hamburg, das von drei Zentrallagern umzingelt ist, aus dem Lager Horst 50 Kilometer nördlich, aus dem Lager Bargteheide 40 Kilometer östlich und aus dem Lager Seevetal 30 Kilometer südlich. Schwierig anzufahrende Filialen werden von zwei Sattelschleppern angesteuert. Ist die Filiale erreicht, blockiert der hintere den Verkehr, damit der Vordermann unbedrängt zurücksetzen kann. Das Zurücksetzen besteht nicht aus einem nervtötenden Rückwärts-vorwärts-rückwärts-vorwärts-Gewürge wie bei anderen Lastern. Der Aldi-Fahrer benötigt einen einzigen Versuch. Klappt er dann die Ladeklappe runter, wird dies automatisch vom Fahrtenschreiber registriert (es ist vorgekommen, dass Aldi-Fahrer auf Autobahnparkplätzen ein bisschen gedealt haben). Wo baulich möglich, ist die Anfahrt zur Ladeluke der Filiale so tief gelegt, dass die Paletten mit dem Hubwagen ruck, zuck von der Ladefläche ins Filiallager oder gleich direkt in den Laden gerollt werden können. Dann kehrt der Lkw für die nächste Fuhre zurück ins Zentrallager.

IN DEN RIESIGEN HALLEN dort draußen herrscht Gewusel. Weil die Paletten gleich nach dem Entladen auf 20 bis 30 Aldi-Laster (Mercedes, Scania oder MAN) verteilt werden, brauchen sie nicht gestapelt zu werden. Aldi-Lagerhallen sind deshalb extrem flach. Gabelstapler, die mit Tempo 20 von einer Hallenseite zur anderen surren, müssen die Paletten deshalb nicht hochheben, sondern vor sich herschieben, und zwar pro Fahrt nicht eine einzige, sondern so viele wie möglich. Aldi hat bei den Gabelstaplerfirmen so lange herumgenölt, bis sie »Niederflur-Stapler« mit 3,60 Meter langen Gabeln konstruiert haben. Darauf passen in einem Arbeitsgang drei Paletten mit insgesamt drei Tonnen Gewicht. Damit die Gabeln vom Gewicht nicht in den Hallenboden gedrückt werden, haben sie vorn in den Spitzen Rollen. Der Listenpreis für so ein Gerät, das inzwischen alle Umschlaglager benutzen, beträgt 35 000 Euro. Aldi kriegt 40 Prozent Rabatt.

Die höchste bei Aldi zu erreichende Karrierestufe ist die des Geschäftsführers eines solchen Zentrallagers, auch Regionalgesellschaft genannt: 200 000 Euro Jahresgehalt plus E-Klasse von Mercedes. Der Geschäftsführer trägt die Verantwortung für 500 Mitarbeiter im Lager und in 60 bis 80 Läden. Zusammen mit einem Immobilienfachmann sorgt er für die Anmietung oder den Kauf von Grundstücken für neue Filialen und ist nur einem einzigen Menschen verpflichtet: dem Karl, wenn das Lager im Süden liegt, dem Theo im Norden.

Bereits 1961 haben die Brüder sich Deutschland geteilt. Sie konnten sich nicht über den Verkauf von Zigaretten einigen. Theo wollte, Karl wollte nicht, weil Zigaretten so oft geklaut werden (der Schwund durch Ladendiebstahl beträgt im Einzelhandel ein Prozent, bei Aldi, wo die Kunden durch verspiegelte Scheiben beobachtet werden, liegt er unter 0,5 Prozent). Gern geklaut werden auch die Einkaufswagen. In einigen Filialen im Süden testet Aldi deshalb ein System, bei dem, sobald der Kunde den Wagen über die Grundstücksgrenze schiebt, eine Funkschranke eine Blockierung der Räder auslöst.

Seit der Trennung, also seit über 40 Jahren, gilt: Wo es Zigaretten an der Kasse gibt, ist Aldi Nord, wo nicht, ist Aldi Süd. Der Aldi-Limes beginnt an der holländischen Grenze zwischen Borken (Nord) und Bocholt (Süd), durchschneidet zwischen Gelsenkirchen (Nord) und Bottrop (Süd) das Ruhrgebiet, schlängelt sich über Siegen an Kassel vorbei diagonal durch die alte Bundesrepublik. Die neuen Bundesländer, längst mit 400 Filialen überzogen, gehören komplett zum Norden. Dafür hat Aldi Süd in England freie Bahn. Denn Karl und Theo haben sich nicht nur Deutschland, sondern die ganze Welt geteilt. Sogar in Amerika, dem Land der Kreditkarte, hat Karl Albrecht seine Kundschaft zur Barzahlung erzogen (lediglich Scheckkarten sind erlaubt). Zum Stammsortiment in den USA gehören unter anderem Austern in der Konservendose zu 1,29 Dollar.

Der Name »Aldi« hat sich derart verselbstständigt, dass kaum jemand weiß, was er bedeutet. »Aldi« ist die Abkürzung von »Albrecht Discount«. So hieß die gleich nach Kriegsende in Essen gegründete Kette ursprünglich. Damals beherrschten gewerkschaftseigene Konsum-Läden den Lebensmittelhandel. Die Rechnungen wurden damals noch von Hand geschrieben. Wer diese Rechnungen das ganze Jahr über sammelte und am Jahresende zusammenzählte, bekam auf die Gesamtsumme drei Prozent Rabatt. Diese Arbeit mussten meist die ältesten Kinder der Familien erledigen, weil sie am besten rechnen konnten. Deshalb hassten sie den Konsum. Die Idee der Albrecht-Brüder bestand darin, den Rabatt von vornherein vom Preis abzuziehen (Discount), was die Kinder toll fanden, weil sie nicht mehr rechnen mussten. Und die Eltern auch, weil von vornherein alles billiger war als im Konsum. Der Konsum starb. Aldi erblühte.

Welch ein Riese da heranwuchs, merkten die Deutschen erstmals, als 1971 Theo Albrecht beim Verlassen seiner damaligen Firmenzentrale in Herten entführt und nach 17 Tagen gegen ein Lösegeld von sieben Millionen Mark – Rekord für damalige Verhältnisse – wieder freigelassen wurde. Das Lösegeld überbrachte auf einem finsteren Parkplatz der Ruhrbischof Franz Hengsbach – ein Dienst am Kunden. Theo und Karl, zwei Katholiken, waren seine mit Abstand besten Kirchensteuerzahler.

Nach seiner Freilassung hat Theo sich durch die Dachluke seines gediegenen, aber für einen Multimilliardär winzigen Einfamilienhäuschens im Essener Ortsteil Bredeney kurz gezeigt. In diesem Häuschen wohnt er noch heute und lässt sich mehrmals in der Woche in sein Büro in der fünf Autominuten entfernten Firmenzentrale an der Eckenbergstraße fahren. Dort prangt kein Firmenlogo am Dach. Es gibt kein Firmenschild am Eingang. Nicht einmal das Schildchen an der Klingel ist beschriftet. Nicht nötig, weil: Muss ja kein Kunde hin.

Hier, in der Weltzentrale des Milliardenkonzerns Aldi Nord, arbeiten 25 Menschen. Hier guckt Theo seinen beiden Söhnen Berthold und Theo junior auf die Finger und den sechs Chefeinkäufern, von denen jeder über ein Jahresbudget zwischen einer und zweieinhalb Milliarden Euro verfügt. Diesen Leuten ist es streng verboten, sich von Lieferanten auch nur zum Essen einladen zu lassen. Trotzdem kommt es vor, dass einer von ihnen dieses oder jenes Geschenk annimmt, etwa ein Cabrio für die Frau Gemahlin. Wenn das rauskommt, ist für den Mann von Aldi Edeka – Ende der Karriere.

Weil bei Aldi alles ganz einfach geregelt ist, sind Aktennotizen von mehr als einer Seite Länge verpönt. Alles lässt sich in wenigen Zeilen ausdrücken. Für Unternehmensberater wie McKinsey oder Roland Berger haben die Brüder nur ein mildes Lächeln. Der frühere Aldi-Topmanager Dieter Brandes hat ein Buch über die Aldi-Erfolgsstory geschrieben. Es wurde ein Bestseller. Titel: »Konsequent einfach«, erschienen im Heyne-Verlag.

WIE BRUDER THEO ist auch der 82-jährige Karl noch längst kein Tattergreis. Seine Weltzentrale steht, ebenfalls ohne Aldi-Logo am Dach oder Eingang, wenige Kilometer entfernt in Mülheim. In Donaueschingen besitzt Karl in der Nachbarschaft des dortigen Zentrallagers einen Golfplatz mit 27 Löchern samt dazugehörigem Golfhotel. Golf ist seine Leidenschaft. Mit 70 Jahren hatte er noch das Handicap 7 – für Amateure absolute Spitze. Noch heute, sagt Sportdirektor Paul Gremmelspacher, »machen die Golfer große Augen, wenn der Herr Albrecht hier spielt«. Danach stemmt er in der Hotelbar »Fair Way« noch ein Bierchen, bevor er sich in sein Privathaus hinter dem Hotel zurückzieht – ein einstöckiger Bungalow, der in Wandlitz, dem einstigen Wohnviertel der DDR-Bonzen, eher ärmlich gewirkt hätte.

Vor 20 Jahren hat der *stern* zum ersten Mal groß über die Aldi-Brüder berichtet. Am Ende der Reportage stand ein Zitat ihrer Mutter Anna, mit deren kahlem Laden in Essen-Schonnebeck 1946 alles begann, nachdem ihre Söhne aus dem Krieg zurückgekehrt waren. Mutter Anna sagte ihnen damals: »Je schlechter es den Leuten geht, desto besser geht es uns.«

So wie es Aldi heute geht, muss es den Leuten sehr schlecht gehen.

Tanja Stelzer

Tanja Stelzer, geboren 1970 in Kronberg/Taunus. Während des Politik-Studiums in Frankfurt am Main und Paris freie Mitarbeiterin bei der FAZ. Nach dem Besuch der Deutschen Journalistenschule in München schrieb sie für das Magazin der SÜDDEUTSCHEN ZEITUNG. Seit 1999 Redakteurin der »Seite Drei« des TAGESSPIEGELS in Berlin.

Was ist so schön am Schießen?

Man kann das nicht verstehen, man muss es fühlen, sagen die Schützen. Eine Reise in die Welt der Waffen

von Tanja Stelzer
DER TAGESSPIEGEL
19. Mai 2002

Kapiert man sofort: Ist was für praktische Menschen, die Glock 17. Ingenieurtechnisch genial. 32 Einzelteile, hat man in drei Minuten auseinandergenommen. Mit Polymer-Griffstück, deshalb so leicht. Kann man den ganzen Tag am Gürtel tragen, stört kein bisschen. »Kann ich Ihnen zeigen.« Karsten Mohaupt holt eine Art Tupperdose aus dem Regal, schwarzes Plastik. Er zieht den Deckel ab. Darin liegt die Pistole, daneben das Magazin für 17 Patronen und ein Bürstchen zum Reinigen. »In den USA verkaufen sie irrsinnige Stückzahlen davon. Da haben Sie eine ellenlange Wartezeit, wenn Sie eine bestellen.«

Er zeigt, wie das geht mit den 32 Einzelteilen in drei Minuten. Erzählt, dass er sie gestern mal ausprobiert hat. Wollte er eigentlich immer schon, »Erfurt war der letzte Kick«, mit der Glock 17 hat ja der Steinhäuser geschossen. Mal wissen, wie das ist. Der Schützenkollege am Schießstand neben ihm hatte eine, den hat er gefragt, ob sie kurz tauschen wollen. Also, wie ist die Glock 17? Karsten Mohaupt wiegt den Kopf. Schießt gut, lässt sich gut händeln, aber nix für mich. Der Reiz ist jetzt weg. Die Glock 17 ist schon wieder zusammengesetzt. Er macht den Deckel auf die Tupperdose, legt sie zurück ins Regal, auf den Stapel mit den anderen Tupperdosen. Ist halt doch nur irgendeine Pistole, kommt an seine nicht ran. Ihr fehlt was. Vielleicht ist es ein bisschen so, wie wenn man einer perfekten Frau begegnet und sich doch nicht in sie verliebt.

Moment mal. Was hat jetzt das Wort »verliebt« in dieser Geschichte zu suchen? Ist eine Waffe nicht das Gegenteil von Gefühl? Wenn man in die Welt der Waffen eintaucht, mit Karsten Mohaupt spricht, der Pistolen und Gewehre verkauft, wenn man die Redaktion der Zeitschrift »Visier« besucht, die ihren Lesern die besten Waffen empfiehlt, oder einen Schützenverein in Uelzen, in dem Jugendliche lernen, ins Schwarze zu treffen, stellt man fest, dass das nicht stimmt, zumindest für manche Menschen nicht. Und man merkt, dass man selbst sich einer gewissen Faszination nicht entziehen kann.

»Es gibt Leute, die ihre Waffe mit ins Bett nehmen. Meine Frau hätte was dagegen«, sagt Karsten Mohaupt, Verkäufer in Hamburgs ältestem Waffengeschäft Eduard Hoerning & Co., gleich neben dem Hauptbahnhof, Waffen, Munition und Jagdartikel seit 1809. Er ist ein kleiner Mann, 40 Jahre, mit blonden, raspelkurzen Haaren und stahlblauen Augen, mit denen er einen fest anschaut, wie um zu zeigen: Ich habe nichts zu verbergen. Eher ein trockener Typ, und trotzdem verbindet ihn mit den Waffen so etwas wie Leidenschaft. Als er sich seine erste eigene Pistole kaufen wollte, hat er einen Schützenkollegen gefragt, ob der ihm ein Modell empfehlen könne. Geht nicht, sagte der Schützenkollege. Geh' in einen Laden, und nimm sie in die Hand, du musst es fühlen.

Also, was muss eine Waffe haben, damit sie sich gut anfühlt? Karsten Mohaupt sagt: perfekte technische Funktion, optimale Lauflänge im Verhältnis zum Griff, gute Handlage, exakter Druckpunkt. Mit so einer Waffe schießen, und »nach zwei Stunden ist das Schlechte aus dem Kopf. Und dann erzählt er von seiner Lieblingswaffe, einer Kleinkaliber-Sportpistole, »mit der hatte ich meine größten Erfolge«. Aber jetzt muss er einen Kunden bedienen, vielleicht 20 ist der, blauer Anorak, Sneakers mit neongrüner Sohle, Eastpak-Rucksack, und sucht einen Schlagstock. Mohaupt holt ein Modell in Chromausführung aus dem Schaufenster, der Chef raunt vom anderen Ende der Theke: »Lieblingswaffe, wie sich das anhört.«

Das Messer-Magazin

Seit Erfurt klingt so ein Wort seltsam, selbst für einen, der sein Leben mit Waffen verbringt, der sein Geld damit verdient. Jens-Peter Kern, der Chef, ist 48, er führt den Laden in siebter Generation; der Gründer machte sein Geschäft noch mit Duellpistolen. Die Ladeneinrichtung ist von 1954: ein Kaufmannsladen, wie man ihn Kindern schenkt, nur für Große. Holzregale und -vitrinen rumdum, grünes Linoleum am Boden, aufblasbare Lockenten und grüne Filzhüte stapeln sich unter der Decke. Kern ist kein Revolverheld. Er trägt eine beige Hose, über seinen Bauch spannt sich ein Karo-Wollhemd, und wenn er redet, langsam und bedächtig, stützt er sich mit beiden Händen auf die Theke. Unter dem Glas ruhen die Pistolen und Revoler auf grünem, zerschlissenem Samt, hinter Kerns Rücken ist das Gewehr-Sortiment hinter gläsernen Schiebetüren verstaut, vom Luftgewehr bis zur Pumpgun.

Vermutlich wird er weniger verkaufen, wenn sie das Mindestalter für den Waffenerwerb raufsetzen, Schützen einem psychologischen Test unterziehen. Aber dagegen wettern will er nicht, obwohl auf seiner Theke Flugblätter liegen: »Verhindern Sie den Ausstieg aus dem legalen Waffenbesitz!« Natürlich kennt Kern wie jeder, der schießt, die Zahlen, die belegen sollen, dass das alles ganz harmlos ist. 2,5 Millionen Sportschützen gibt es in Deutschland. Die Verbrechen, die sie begehen – statistisch so gut wie nicht vorhanden. Legale Pistolen oder Gewehre sind gerade mal bei vier Prozent der Straftaten im Spiel, bei denen Schusswaffen eingesetzt werden. Aber wie soll man über Statistiken reden, nach allem, was passiert ist. Kern scheint zu ahnen, dass das Freizeitglück von 2,5 Millionen nicht den Tod von 17 Menschen aufwiegt.

Kern ist bedacht darauf, nicht das Terminator-Image zu befördern. Deshalb formuliert er vorsichtig, man kann fast sehen, wie er die Worte noch einmal überprüft, während er sie ausspricht: »Menschen, die sich für redliche Bürger halten, für staatsloyal, finden sich ungern in solchen Diskussionen wieder.« An der Kasse nimmt jetzt ein graubärtiger Spitzbergen-Reisender sein neues Gewehr in Empfang, im schwarzen Hartschalenkoffer inklusive zwei Päckchen Munition. Das Gewehr braucht er, weil er mit dem Schiff an den Nordpol will, ist Vorschrift, wegen der Eisbären, die an der Bordwand hochklettern. »Und wir reden hier über die Verschärfung des Waffenrechts.« Da schüttelt Kern doch den Kopf, und natürlich hat er Recht, wenn er sagt: »Bei einem anderen Waffengesetz hätte der junge Mann vielleicht einen Benzinkanister genommen und in die Pausenhalle geschleudert. Der Mensch an sich ist nicht gefeit davor durchzudrehen.«

Aber muss der Mensch überhaupt schießen? Was ist so spannend daran? Die Frage macht Kern ein bisschen hilflos. Naja, die Sammler wollen sammeln, die Jäger jagen, die Sportschützen treffen. Und dann gibt es natürlich die Leute, die sich selbst verteidigen wollen oder müssen. Nur über die Jungs wundert sich Kern manchmal, die in den Laden kommen und sich blendend auskennen auf dem amerikanischen Markt, Gewicht, Größe, Schusszahl von vollautomatischen Waffen, Modelle, die es hier gar nicht gibt. Es scheint, als sei dem Besitzer dieses alten Waffengeschäfts die Welt der Waffenfans fremd geblieben. Karsten Mohaupt sagt über seinen Chef, mit einem schrägen Blick und einem spöttischen Zug um den Mund: »Nee, mit Waffen hat der nichts am Hut, der sieht mehr das Geschäftliche.« Mitten im Laden steht ein Regal mit Büchern und Zeitschriften. Die Titel lauten »Der perfekte Flintenanschlag«, »Schalldämpfer«, »Deutsche Sturmgewehre bis 1945« und »K98k als Scharfschützenwaffe«. Im Zeitschriftenständer die neuesten Ausgaben von »Visier«, »Caliber«, »Deutschem Waffenjournal« und »Messer-Magazin«. Kern blättert nur selten darin.

Der Chefredakteur von »Visier« lässt sich tief in seinen Drehsessel sinken, im Rücken die waldigen Hügel von Bad Ems, im Arm eine Pumpgun, das Vorgängermodell der Mossberg 590 Mariner, die Robert Steinhäuser benutzte. Die Pumpgun ist nicht irgendeine Waffe, sie ist ein Hollywood-Star, und obwohl der Amokläufer sie nur über der Schulter hängen hatte und gar nicht mit ihr geschossen hat, ist sie ein Symbol für Erfurt geworden. Warum das so ist, versteht man sofort, wenn man jetzt David Schiller zuschaut. In der Hand hält er eine Patrone mit der Aufschrift »Rottweil Express 12 P 7,5 mm«. Zwölf Kugeln mit einem Durchmesser von 7,5 Millimetern, heißt das. Wenn Schiller die Patrone schüttelt, klingt das, als hielte er ein Überraschungsei in der Hand. Die Mündung des Gewehrs ist groß wie ein Kreis, den man mit Daumen und Zeigefinger bildet. Er setzt die Patrone ein und lädt durch, mit dieser ruckartigen Arnold-Schwarzenegger-Armbewegung. Ritschratsch, das Geräusch kennt man vom Moorhuhn-Spiel, nur dass man sich jetzt augenblicklich fragt, wie schnell wohl aus Spiel Ernst werden kann. Es gibt modernere Gewehre, schon seit über hundert Jahren, die weitaus praktischer sind, da muss man nur den Finger am Abzug bewegen. Aber sie jagen einem nicht dieses Gefühl ein. »Die extreme psychologische Wirkung der Pumpgun«, sagt David Schiller, »hat Millionen von Straftaten verhindert.« Die Pumpgun ist die Waffe der amerikanischen Streifenpolizisten. Die so gefährlich aussieht, dass man gar nicht damit schießen muss. Und wenn man doch damit schießt, ist sie eben so gefährlich wie jede andere Großkaliberwaffe. Also sehr. Vor zwei Jahren, in einer Spezialausgabe zum Thema Flinten, titelte Schiller mal: »Wer pumpt, hat mehr vom Leben«.

David Schiller ist die Waffenlobby. Das sagt er selbst. Als Waffenlobbyist ist man nicht sehr beliebt, deshalb hat er einen himmelblauen Waffenschein und darf eine scharfe Pistole tragen. Wenn er vor die Tür geht, und sei es nur zum Spargelessen im Restaurant auf dem verschlafenen Platz schräg gegenüber der Redaktion, trägt er links am Gürtel das Handy und rechts die Waffe. Die Dekorationsobjekte in seinem Büro: ein Kalaschnikow-Modell und ein paar Handgranaten in Schwarz, Blau und Grün, von der grünen Sorte hat er ein paar Splitter im Körper, von einem Einsatz am Suezkanal 1973. Schiller hat das »Forum Waffenrecht« mit aufgebaut, das mehr Freiheiten für Schützen fordert, er hat seine Leser aufgerufen, Bundestagsabgeordneten zu schreiben, man werde sie nicht wählen, wenn sie für die Vorlage des Waffengesetzes stimmen, die den Schützen zu restriktiv war.

Schiller – randlose Brille, blaues Hemd, beige Jeans, Krawatte mit grünen, orangefarbenen und gelben Käfern – ist promovierter Politologe, er zeichnet seine Artikel mit Dr. David Th. Schiller. Er war mal in einer Eliteeinheit der israelischen Armee, hat Sondereinsatzkommandos geschult und Jean-Jacques Annaud bei seinem Stalingrad-Film beraten. Heute hält er manchmal Vorträge bei der Bundeswehr. »Ich kann Ihnen sagen, warum ich Waffen liebe«, sagt er. »Ich bin Jude.« Überall wo sie einmarschiert sind, hätten die Nazis den Juden alle Waffen abgenommen, bis hin zum Küchenmesser. Eine entwaffnete Gesellschaft, sagt Schiller, sei ein Polizeistaat. Und hätten die Leute in der DDR Waffen gehabt, hätte der Staat es nie so lange gemacht.

Er ist ein geübter Redner, alte Demagogen-Schule, sagt er, bin ja ein 68er. Mitten in seinen Ausführungen klopft es, der Grafiker kommt rein. Baggy-Pants, lila T-Shirt, Seglerschuhe; in der Hand hält er das Titelbild für das neue Spezialheft über Michail Kalaschnikow. Schiller schiebt die Brille auf die Stirn, studiert den Titel mit dem sehr freundlich blickenden grauhaarigen Herrn und dem weniger freundlich aussehenden Maschinengewehr: »Kalaschnikow und seine Waffen Doppelpunkt, Unterzeile: vom AK 47 zum PK. AK 47 ohne Bindestrich.«

Im Prinzip, erklärt Schiller, machen sie »Focus« für Waffenfreunde. Die Optik ist wichtig in seinem Magazin, Kästen, Tabellen, Service. Die Auflage: zwischen 50 000 und 60 000, verschickt in neutralem Umschlag. Die Leser: zu 86,7 Prozent Männer, viele aktive Soldaten, Polizisten, Reservisten, Leute aus dem Sicherheitsgewerbe. Die Themen: Langwaffen, Kurzwaffen, Schießtests, Gebrauchtpistolen, die Mischung muss stimmen. Gern schreiben sie bei »Visier« auch historische Geschichten, wie die über das Sturmgewehr 44 der Nazis, dessen Karriere »das Kriegsende ein Ende setzte, bevor es Serienreife erlangte«. Keine Waffe ist böse, noch nicht mal eine Naziwaffe, findet Schiller, höchstens der Mensch, der mit ihr schießt. Die Waffe dient dem Menschen, »Visier« nennt ein Gewehr deshalb auch schon mal »reinrassige Dienstmagd« oder »Mädchen für alles«. Trotzdem hat Schiller beobachtet, dass Geschichten über Waffen, die man nicht kaufen kann, besonders gut ankommen. Verbotene Früchte. Vielleicht sind sie ja doch ein bisschen böse? Jedenfalls haben sie irgendwie einen besonderen Reiz.

Die Redaktion belegt anderthalb Etagen in einem Neubau, draußen vor der Tür Kurstadtruhe, drinnen in jedem Büro ein Waffenschrank. Redakteur Siegfried Schwarz, Spezialgebiet: Gewehre und historische Themen, mit verblichenem weißem Hai auf der T-Shirt-Brust, hat gerade ein Manuskript von einem freien Mitarbeiter reinbekommen, der im Hauptberuf Physiklehrer ist. Eine begeisterte Rezension des Selbstladegewehrs SIG 550 Kempf: »Abzug: tadellos weich mit gutem Druckpunkt, Visierung: wunderbar klares Zielbild«. Der freie Mitarbeiter hat nachgemessen und in sauberer Handschrift notiert, wie die Erhitzung des Gewehrlaufs nach mehrmaligem Schießen die Flugbahn des Geschosses beeinflusst.

Gegenüber von Siegfried Schwarz sitzt Redakteur Sascha Numßen, am geflochtenen Ledergürtel ein Messer, dessen Klinge nicht blitzt, weil sie schwarz ist. Ein neuer Superstahl. Numßen, Spezialgebiet: Jagd, macht einen viertägigen Trageversuch mit dem Messer. Der Auftrag: Gucken, ob der an der Hüfte baumelnde Superstahl irgendwann stört. Heute ist Tag zwei des Versuchs, und Numßen sieht zufrieden aus. Weil er auch feststellen muss, ob das Messer gut schneidet, will er später noch auf die Jagd, eine Geiß schießen und mit dem Superstahl aufschneiden. Gestern war nur eine trächtige Geiß da und außerdem ein alter Bock an der Grenze des Jagdreviers. Trächtige Geißen und alte Böcke, die sich davonmachen, müssen die Jäger leben lassen.

Am Schießen, sagt Numßen, macht einfach das Knallen Spaß. Große Kaliber. Einen Rückstoß kriegen, dass einem fast die Schulter abfällt. Die Sache mit dem Rückstoß löst jetzt eine kleine Diskussion aus. Siegfried Schwarz ruft: »Nee, nix über drei-null-acht!« Sascha Numßen geht an den Waffenschrank, tippt den fünstelligen Code ein, klappt die Flügeltür auf. 16 Gewehre sind darin, Recherchematerial fürs nächste Sonderheft »Jagdliche Repetierbüchsen«; in der Tür klemmt das Putzzeug. Numßen greift sich eine Flinte. Kostet 10 000 Euro, sagt er, und streicht langsam mit dem rechten Zeigefinger über den Lauf.

»Gucken Sie mal, die Gravur hier, der Büffel. Die hätt' ich schon gern.«
»Ich brauch' deine Gravuren nicht. Ich mag's militärisch, praktisch, gut.«
»Ach, Siggi, Gravur ist doch nicht Gravur. Im Standardmodell sieht 'n Rehkopf aus wie 'n Hundekopf, das ist da so reingeritzt.«
Kollege Siggi hat jetzt die Lust an der Diskussion verloren. Er muss an seinen Computer, im Internet ein Counterstrike-Spiel für die Redaktion ersteigern, sie wollen mal gucken, worüber die Leute jetzt alle reden. In der Redaktion wird ja nur mit echten Waffen geschossen. Von diesen Ballerspielen hatten sie bisher keine Ahnung.
»So ganz ohne ist das ja nicht mit diesen Counterstrike-Sachen«, sagt Numßen.
»Die Tötungshemmung geht flöten. Der Steinhäuser wollte mal 'ne richtige Show machen«, sagt Schwarz.
»Nur die stehen nicht mehr auf«, sagt Numßen und gestikuliert mit dem Superstahl-Messer.
Seltsam. Ein Spiel, bei dem man auf der Computertastatur herumtippt, soll gefährlich sein, eine echte Waffe nicht. Ein bisschen hat man den Eindruck, die Waffenbesitzer sind froh, dass sie nicht die einzigen sind, die jetzt die Schurkenrolle spielen.
Schützenfest in Uelzen-Oldenstadt, Niedersachsen, mit echten Waffen. Wer eine 9 oder eine 10 schießt, wird mit Musik vom Vereinshaus quer über den Festplatz mit Autoscooter und Zuckerwatte-Stand ins Zelt geleitet, mit Querflöten, Marschtrommeln, Becken. Dafür muss er aber auch einen ausgeben. Irgendwie wirkt das auch wie ein Spiel, und noch vor einem Monat hätte man nie den Verdacht gehabt, das selbstgebaute Vereinsheim der Schützengilde Oldenstadt mit seinen rustikalen Eckbänken und Energiesparlampen könnte ein Hort des Fanatismus sein.
Im Aufsichtsraum, durch eine Scheibe von der Schießbahn getrennt, stehen die Wanderpokale in Plastikkisten. Der Waffenmeister, ein Schild »Ich bin doof« an den Filzhut geklemmt, repariert gerade die Prinzessinnenkette. Die Prinzessin vom letzten Jahr hat sie kaputtgemacht. Die Männer tragen grüne Uniformen mit weißen und rosa Nelken am Revers, die Frauen schwarze Faltenröcke und rote Jacken, schwarze Handtaschen schräg über die Schulter gehängt, zum Schießen ziehen manche ihre Lackschuhe aus und stehen dann in Nylons da, das Gewehr in der Hand. Die meisten Jacken sind schon ein wenig aus der Form gegangen; es ist ein Verein mit Tradition, dieses Jahr feiern sie hier 150. Jubiläum.
Ständig klirrt es, das sind die Plaketten und Leistungsnadeln, die sich die Schützen an die Brust geheftet haben. Das Klirren bestimmt die Hierarchie im Verein: Je mehr es klirrt, desto besser schießt einer. Wenn der Ehrenpräsident kommt, weißhaarig, braungebrannt, klirrt es besonders laut. Er lebt auf Mallorca, wie jedes Jahr ist er extra zum Schützenfest angereist, den Langhaardackel hat er auch dabei. Der Ehrenpräsident spendiert dem Spielmannszug und der Jugendschießgruppe je 50 Euro, sagt, die Politiker sollen sich nicht so aufgeilen, die sollen lieber mehr Geld für Kindergärten ausgeben und ansonsten dankbar sein, dass die Jugendlichen hier eine sinnvolle Beschäftigung haben.

Eine sehr zarte Bewegung

Wieder drängt sich die Frage auf, was wohl sinnvoll daran ist, einem Jugendlichen eine Waffe in die Hand zu geben. Natascha, 16 Jahre, zierlich, lange blonde Locken, goldene Kreolen in den Ohren, zaghaft aufgetragener blauer Lidschatten, leuchtende Wangen, rosa Nelke am grünen Vereins-Sweatshirt, ist die beste Schützin des Vereins. Durchs Schießen lernt man sich zu konzentrieren, sagt sie. Seit sie schießt, ist sie besser in der Schule. Andre, 19 Jahre, groß, blond, kräftiger Händedruck, wohnt im Nachbarort mit 45 Einwohnern und schießt, weil sie da alle schießen. Er ist »mehr so der Gewehrtyp«, sagt er. Beim Wort »Pistole« verzieht er den Mund. Am Verein schätzt er »die Geselligkeit«. Das, sagt er, ist das Sinnvolle am Schießen.
Vor uns eine 50-Meter-Bahn. Die Schützen klemmen ihre Schießscheiben auf eine Tafel, drücken einen

Knopf, und die Tafel saust 50 Meter weg ans Ende der Bahn. Erster Schießversuch. Blick durch Kimme und Korn, angeleitet von Ingolf Westedt, dem Jugendschießsportleiter, der sich eins von den messingfarbenen Zäpfchen aus der Pappschachtel greift und es in den Gewehrlauf steckt. Er justiert die Auflage, denn als Anfänger, der nicht ruhighalten kann, darf man das Gewehr aufstützen. Im Grunde geht es darum, ruhig zu atmen, sich nicht zu bewegen. Nicht so wackeln! Ruhig stehen, die Füße flach auf dem Boden, beide Augen auf. Das Schießen selbst ist nur ein ganz kleiner Klick, eine sehr zarte Bewegung mit der Spitze des rechten Zeigefingers, der Druckpunkt ist ganz weich.

Schon vorbei. Der Schuss klingt ein bisschen enttäuschend. Damenschießen, Kaliber 4.5, macht nicht besonders viel Krach. Die Schießkarte kommt angesaust, wird auf den letzten Metern abgebremst. Herr Westedt nimmt sie aus der Halterung. Ein fein säuberliches Loch, bei der 9. In einem Stück Karton sieht so ein Loch sehr harmlos aus.

Georg Wedemeyer

Georg Wedemeyer, geboren 1952, aufgewachsen in Franken, verheiratet, eine Tochter, Studium in Freiburg und München. Dort 1977 Abschluss als Diplomsoziologe. Danach Volontariat beim MÜNCHENER MERKUR und Mitarbeiter bei der ABENDZEITUNG München. 1982 Gründung eines Journalistenbüros, nebenbei Cafetier. 1986 Anstellung als PR- und Jugendreferent, nebenbei Promotion 1989. Danach Chefreporter der HAMBURGER MORGENPOST, seit 1992 beim stern.

WO AUCH DIE WÜRDE STIRBT

Der letzte Weg ist lang und schäbig. Hunderttausende von Alten dämmern in deutschen Heimen und Krankenhäusern ihrem Ende entgegen – gut verwaltet, aber körperlich und seelisch vernachlässigt. Resignierte Pfleger und Experten klagen: Selbst Tiere werden besser geschützt

von Georg Wedemeyer
stern
25. Juli 2002
Foto: Stephan Elleringmann

Was vom Leben übrig blieb: Unter einem Foto aus guten Tagen siecht eine 84-Jährige dahin

Es war ein sonniger Morgen, sieben Uhr. Zum ersten Mal an diesem Tag betrat Pfleger Jörg das Zimmer von Frau Meister. Der übliche Kontrollgang. Er merkte sofort, dass etwas nicht stimmte. »Kaltschweißig« sei die 87-Jährige gewesen, und ein besonderer Geruch habe das Zimmer erfüllt. »So süß und säuerlich.« Pfleger Jörg ist vorsichtig. Er sagt nicht: »Ich habe den Tod gerochen.« Er sagt: »Manche können riechen, wenn der Tod kommt.« Fieber hatte die alte Dame nicht. Trotzdem dachte Jörg beim Gang ins nächste Zimmer: »Vielleicht stirbt die Meister heute.«

Der Geruchssinn eines Altenpflegers sollte nicht übermäßig entwickelt sein. So gut eine Station auch geführt sein mag, »Kaltschweißigkeit«, gefüllte Windeln – man hat jetzt welche mit 3,8 Liter Fassungsvermögen entwickelt –, Verschüttetes und Erbrochenes bilden eine Art Dauerdunst im Haus. Da hilft kein Lüften.

Alten- und Pflegeheime sind die Orte, an denen mehr und mehr Menschen in Deutschland ihre letzten Wochen und Monate verbringen. Es gibt kaum Zahlen – weil hierzulande für die Statistiken nur die Todesursache, aber nicht der Ort des Sterbens erfasst wird. Als Forscher um den Mainzer Psychologieprofessor Randolph Ochsmann 1995 wenigstens für Rheinland-Pfalz Daten sammeln wollten, mussten sie tief in die Keller der Gesundheitsämter steigen, um die Leichenschauscheine von rund 20 000 Toten auszuwerten.

Danach sterben rund 58 Prozent aller über 70-Jährigen nicht zu Hause, sondern entweder im Krankenhaus (41 Prozent) oder im Altenheim (17 Prozent). Je älter man wird, desto größer ist die Wahrscheinlichkeit, in einem Heim zu sterben. Das gilt insbesondere für Frauen, die viel seltener zu Hause gepflegt werden als Männer. Jenseits der 90 stirbt jede dritte Frau im Heim und nur noch jede vierte im Krankenhaus. Bis diejenigen, die dieses lesen, so weit sind, wird der Prozentsatz noch höher sein. Denn in den Zeiten der Intensivmedizin dauert das Sterben nicht mehr wenige Wochen wie früher, als die meisten von der

»Schwindsucht« oder vom »hitzigen Fieber« dahingerafft wurden. Das Ende nähert sich schleichend über viele Monate, manchmal Jahre. Man lässt den Körper nicht den Weg gehen, den der Geist oft schon genommen hat, wenn Vergesslichkeit zur Demenz geworden ist. Dann bleibt oft nur das Pflegeheim. Zusammen mit den Abgeschobenen aus den Kliniken sammelt sich dort eine Klientel, die immer älter und kränker wird.

»Die Gesellschaft macht die klassischen Altenwohnheime mehr und mehr zu Sterbeorten«, sagt der fränkische Diakoniepfarrer Frank Kittelberger. Das sei im Prinzip nichts Schlechtes, »nur dürfen wir uns dann nicht aufregen, wenn das 3000 Euro und mehr im Monat kostet«.

Am Lebensende wird im reichen Deutschland gegeizt. Als Frau Meister vor vier Jahren einen besonderen Liegerollstuhl benötigte, damit man sie wenigstens ab und zu noch an die frische Luft schieben konnte, lehnte die Krankenkasse eine Kostenübernahme ab. Dieses sei keine medizinische, sondern eine »pflegeerleichternde« Maßnahme, hieß es, also müsse sie im Pflegesatz enthalten sein. Fatalerweise hat die Pflegeversicherung das Leid der Alten verschärft – »Fluch der guten Tat« hat das einmal ein Sozialpolitiker genannt. Seit sie 1995/96 eingeführt wurde, wird scharf zwischen Therapie und Pflege getrennt. Krankenhäuser entlassen Pflegefälle rigoros, oft in erbärmlichem Zustand.

KRASS, ABER NICHT UNGEWÖHNLICH ist das Beispiel des Münchners Michael Nunhofer. Er musste seine 87-jährige Mutter Maria aus dem Krankenhaus nach Hause holen, obwohl an ihrem Rücken noch eine riesige Wunde klaffte. Die war groß wie eine Hand und so tief, dass die Wirbelsäule durchschimmerte: ein eitriges Druckgeschwür, das die alte Dame sich durch Pflegefehler erst geholt hatte. Einen Monat später war sie tot. Die Klinik zahlte 3500 Mark Schmerzensgeld, der Staatsanwalt sah keinen Anlass für ein Verfahren. Untersuchungen an Leichen in Berlin und Hamburg ergaben, dass etwa jeder Achte, der eines natürlichen Todes gestorben war, an solchen Liegedruckgeschwüren gelitten hatte.

»Wen Krankenhäuser einmal abgeschoben haben«, sagt Sterbeforscher Ochsmann, »den nehmen sie nur sehr ungern wieder auf.« Da müsse man schon »mit dem Notarzt tricksen«. Noch immer gibt es in den deutschen Kliniken viel zu wenige Palliativstationen, auf denen Sterbende schmerzmedizinisch betreut werden. Im Dezember 1998 wurde zwar mit großem Trara die Stiftung von zehn Millionen Mark für den ersten deutschen Lehrstuhl für Palliativmedizin an der Aachener Universität verkündet. Mittlerweile hat zwar die Uni Bonn einen, aber der in Aachen ist bis heute nicht eingerichtet.

Ohne die Hilfe einer wirksamen Schmerzmedizin sind die Kräfte auch der gutwilligsten Amateurpfleger irgendwann erschöpft. Nur 40 Prozent halten mit der häuslichen Pflege bis zum Tod des Angehörigen durch – gestorben wird meist, oft nach Monaten des Vegetierens, im Krankenhaus oder im Pflegeheim.

Um acht Uhr hatte Pfleger Jörg Frau Meister gewaschen. »Das Gefühl von Sauberkeit bringt manchmal die Wende«, sagt er. Diesmal nicht. Der Bauch der 87-Jährigen blieb aufgedunsen, die Augen traten hervor. Sprechen konnte sie schon lange nicht mehr. Ihre Angehörigen hat sie nicht mehr erkannt. Seit vier Jahren wurde sie künstlich ernährt. Der Vorwurf des Geizens gilt nicht überall. Unter Berufung auf ethische Grundsätze wird für künstliche Ernährung, meist über Schläuche, so genannte PEG-Sonden, die durch die Bauchdecke in den Magen führen, viel Geld ausgegeben. Seriösen Schätzungen zufolge jährlich um die 500 Millionen Euro. Ein Kleincomputer, »Sondomat Plus«, dosiert die Nahrungszufuhr, die Essenszeiten lassen sich einprogrammieren. Aber die Arbeitsersparnis ist in den knappen Personalschlüssel mit eingerechnet. Deshalb kann es sich Pfleger Jörg an diesem Tag wie üblich nicht leisten, bei Frau Meister am Bett sitzen zu bleiben.

»VOR 15 JAHREN NOCH«, sagt Pfarrer Kittelberger, »waren von zehn Bewohnern drei gesund, fünf hatten Zipperlein, und nur zwei waren ernstlich krank. Heute hast du zehn Schwerstkranke.« Früher waren die Bewohner bei der Aufnahme ins Heim durchschnittlich 70 Jahre alt, heute sind sie 86. Früher blieben sie ein paar Jahre. Heute sterben viele in den ersten Monaten. Da bleibt keine Zeit zum Kennenlernen. Zudem ist jeder Zweite der rund 1,9 Millionen pflegebedürftigen Alten in Deutschland von Demenz betroffen. Acht von zehn sind inkontinent.

Alles hat sich geändert, nur der Personalschlüssel ist annähernd gleich geblieben. Bis auf die zweite Stelle hinterm Komma ist festgelegt, wie viele Pfleger für wie viele Bewohner angestellt sein müssen. 1 zu 2,56 lautet bestenfalls das momentane Verhältnis. Das sieht auf den ersten Blick gut aus, aber Krankheit, Urlaub und Arbeitszeiten einbezogen, bedeutet es in dem Vorzeigeheim, in dem Frau Meister lag, dass nachts nur drei bis vier Kräfte für 125 Bewohner da sind. »Manche fahren so eine Belegung auch mit zwei Leuten«, sagt der Heimleiter. Dann dürfe allerdings »keiner sterben oder Durchfall haben«. 1999 flog in München ein Haus auf, in dem zwei Nachtwachen für 450 Bewohner zuständig waren.

Dass wegen Personalmangels oft menschenunwürdige Zustände herrschen, ist seit April 2001 amtlich. Da legte der Medizinische Dienst der Kassen dem Bundestag einen Erfahrungsbericht nach über 7500 Pflegeprüfungen vor. Demnach sind »Unterernährung«, »Austrocknung«, »Gesundheitsschädigungen durch Beruhigungsmittel«, »großvolumige Inkontinenzeinlagen, die nicht sachgerecht und gegen den Willen der Pflegebedürftigen eingesetzt und unangemessen lang nicht gewechselt werden«, »Verletzungen der persönlichen Integrität und Würde bis hin zur Freiheitsberaubung« die Regel. Der Münchner Pflegeexperte Claus Fussek flüchtet sich in schwarzen Humor: »Was ist der Unterschied zwischen Altöl und alten Menschen? Bei der Öl-Entsorgung sind gewisse Standards einzuhalten.«

Fussek, Diplom-Sozialpädagoge und Vorsitzender eines Pflegevereins, kennt die Szene seit 20 Jahren. In seinem Büro türmen sich die Akten, Handzettel, Zeitungsausschnitte. Ständig klingelt das Telefon. Am anderen Ende sind meist Angehörige oder Altenpfleger, die ihm von haarsträubenden Zuständen in Pflegeheimen berichten. Fussek macht sich Notizen, und manchmal stellt er laut zum Mithören:

»Schon um 17 Uhr ist Nachtruhe. Wir müssen denen Windeln anlegen, weil wir sie mangels Personal nicht mehr zur Toilette führen können.« – »Viele liegen stundenlang in ihrer Soße.«

»Einem, der ruft: ›Bitte auf Toilette‹, anworten zu müssen: ›Keine Zeit, Sie haben doch die Windel‹, das ist das Schlimmste.«

»Bei den Inkontinenzartikeln werden Provisionen an die Heime gezahlt.«

»Viele Menschen weinen verzweifelt wie kleine Kinder.«

»Viele sind vollkommen ungepflegt, mit unheimlich langen Fußnägeln.«

»Mutter ist schon dankbar, wenn sie einmal die Woche geduscht wird.«

»Wir haben uns unter den Mitarbeitern gegenseitig im üblichen Tempo gefüttert. Es ging nicht, wir konnten nicht so schnell kauen und schlucken.«

»Jetzt habe ich es endlich geschafft, dass sie meiner Mutter den Mund ausspülen. Zum Zähneputzen reicht die Zeit nicht.«

»Bei einem alten Mann, der einen Herzanfall hatte, kam ich fünf Minuten zu spät. Vier Menschen hatten gleichzeitig geläutet. Was sollte ich allein machen?«

Claus Fussek hat seine Telefonmitschriften in 50 Ordnern gesammelt und gibt die Zitatensammlung des Grauens ab und zu als Buch* heraus. Schon »die Umsetzung des Tierschutzgesetzes für Alte wäre traumhaft«, sagt der Pflegevereins-Vorsitzende. Einmal hat er in einem Interview den Chef eines Caritasverbandes gefragt, ob er folgende Minimalstandards in seinen Heimen garantieren könne: »Zu essen und zu trinken im Kau- und Schlucktempo, waschen, anziehen, Gebiss rein, zur Toilette so oft, wie gewollt, einmal am Tag an die frische Luft, beim Sterben die Hand halten.« »Leider nein«, hat der ehrliche Mann geantwortet. Im Kirchenblatt stand dann

allerdings: »Wir erfüllen in unseren Häusern natürlich die vorgeschriebenen Vorgaben.«
Um 12.45 Uhr kam der Arzt zu Frau Meister. Er hatte sowieso Visite. Die Ahnung von Pfleger Jörg bestätigte sich. Der Mediziner notierte, dass die »Extremitäten« der 87-Jährigen schon kalt und steif waren, und sagte: »Sie wird bald sterben.« Der Pfleger telefonierte mit den Angehörigen. Die ebenfalls betagten Herrschaften konnten nicht sofort los, das Auto war kaputt. Der Pfleger beruhigte sie, sie müssten »da nicht dabei sein«. Von nun an schaute er »immer wieder bei Frau Meister rein« und streichelte ihr, sooft er Zeit dazu hatte, die kalte Hand. Er meint, wenn es nötig gewesen wäre, wäre er auch bei ihr geblieben. Aber sein Heimleiter sagt, dass das nicht immer ginge.
Je jünger die Todkranken sind, desto wahrscheinlicher kommt das Ende im Krankenhaus. Zwischen 60 und 80 Jahren stirbt mehr als jeder Zweite in einer Klinik. Bei den noch Älteren sinkt der Anteil auf ein Viertel. Erfahrene Heimleiter wie der von Frau Meister vermeiden, dass ihre sterbenden Pfleglinge noch in letzter Sekunde ins Krankenhaus kommen, »weil sie dort nur an Schläuche gehängt werden«.
Ruth Hoh war früher Krankenschwester. Jetzt ist sie Sozialwissenschaftlerin und schreibt eine Doktorarbeit über den Umgang mit Sterbenden in Kliniken. 80 ihrer früheren Berufsgenossinnen hat sie dazu befragt. Den vorgegebenen Satz »Sterben im Krankenhaus ist für mich ...« ergänzten zwei mit dem Wort »beschissen«, vier mit »unmenschlich«, sieben mit »schrecklich«, neun mit »qualvoll« und »unwürdig«. Nur drei Befragten fiel etwas Positives ein. Und das, obwohl alle genau wussten, wie sie es selbst als Sterbende gern hätten, nämlich »dass meine Wünsche berücksichtigt werden bis zum Schluss«.

VON DEN ÜBERLASTETEN ÄRZTEN ist keine Hilfe zu erwarten. Sie drücken sich vor dem Sterben. Mit zunehmender Nähe zum Tod werden die Arztkontakte seltener, wie Studien ergaben. Und die Pflegenden im Krankenhaus werden genauso wie im Heim durch Zeitmangel behindert. Ruth Hoh findet es nicht verwunderlich, dass »bei solchen Strukturen laut über aktive Sterbehilfe nachgedacht wird«. Die Situation werde sich angesichts der leeren Gesundheitskassen noch verschlechtern.
Vielleicht wird das Geld auch nur falsch verteilt. Immerhin sind es 17 Milliarden Euro, die die Pflegeversicherung jährlich ins System pumpt. »Rein rechnerisch stehen im deutschen Gesundheitssystem 170 000 Euro für jeden Sterbenden zur Verfügung. Der spürt aber davon nichts«, sagt Eugen Brysch, Vorstand der Deutschen Hospiz Stiftung. Für würdevolle Sterbebegleitung werde das Geld jedenfalls nicht ausgegeben.
Die gewaltigen Summen wecken viele andere Begehrlichkeiten. Dutzende von Pflegeheimen sind in den letzten Jahren aus dem Boden geschossen. Große private Ketten werden an der Börse gehandelt, jede gesparte Pflegekraft erhöht die Dividende. Über Provisionen wird gemunkelt, über stillschweigende Abkommen auf Gegenseitigkeit und Schmiergelder für die Heime von den Sanitäts- und Pflegediensten, von den Katheder- und Windelherstellern, von Apotheken, Ärzten und sogar von Krankenhäusern, deren am Wochenende leer stehende Betten schon mal mit ausgetrockneten Alten aufgefüllt werden. Und natürlich ist es auch den Bestattungsunternehmen nicht egal, wo die 2500 Euro hängen bleiben, die das Betten zur letzten Ruhe mindestens kostet.
Die Produzenten der künstlichen Sondennahrung, vertreten durch den Lobbyverein »Diätverband«, bezahlen gelernte Schwestern, die ihre Produkte in Heimen und Hospitälern vorstellen und einführen. Früher konnte man über die Sonden noch normale pürierte Kost einflößen. Dann wurden Schläuche und Pumpen so eng gemacht, dass sie verstopfen, wenn nicht die flüssige »Astronautenkost« verwendet wird. Angesichts der 100 000 Menschen, die heute schon an Ernährungsschläuchen hängen (Tendenz mit fünf Prozent pro Jahr steigend), hat Contz Hilber, Chefarzt des Kreiskrankenhauses Mühldorf, eine Horrorvision: »Irgendwann gibt es Stationen mit Nahrungsleitungen wie im Kuhstall. Abzweige

gehen in jedes Bett, und im Keller steuert alles ein Computer.«

Um 15 Uhr ungefähr muss Frau Meister gestorben sein. Sie war allein. Die Angehörigen haben es nicht mehr rechtzeitig geschafft. Pfleger Jörg glaubt, er sei nur einen Augenblick zu spät gekommen. »Dieses letzte Aufatmen« habe er leider nicht mehr gehört. Die Gesichtszüge von Frau Meister seien gelöst gewesen, die Augen nicht mehr so hervorgetreten. Allerdings habe er sie »gar nicht richtig zudrücken« können. Im Flur, wo wie immer die Mitbewohner an der Wand entlang saßen, hat er dann eine Kerze und ein Bild von Frau Meister aus besseren Tagen aufgestellt. Aber es war den anderen nicht anzumerken, ob sie etwas davon mitbekommen haben oder nicht.

* Hirsch & Fussek: »Gewalt gegen pflegebedürftige alte Menschen, Berichte von Betroffenen«, 3. Auflage, 11 Euro

Johanna Wieland

Johanna Wieland studierte nach dem Volontariat in Hamburg und Florenz Literaturwissenschaft, Mediavistik und Kunstgeschichte. Anschließend Arbeit als freie Journalistin und Mitarbeit beim GREENPEACE-MAGAZIN in Hamburg. Seit 1992 ist sie Redakteurin bei der Zeitschrift GEO.

Sie wurde u.a. mit dem Medienpreis Entwicklungspolitik 2000 des Bundesministeriums für wirtschaftliche Zusammenarbeit und Entwicklung ausgezeichnet. Buch-Veröffentlichungen: »Gelbe Erde, Blauer Fluss – Eine Reise durch China« und »Menschenkinder«.

Trostfrauen

nannten japanische Soldaten während des *Asien-Pazifik-Krieges* jene Frauen, die in Bordellen arbeiteten. Trost klingt nach menschlicher Berührung. Troststation: ein Ort der Zuflucht? Worte, die lügen. Ihre Übersetzung lautet: *Vergewaltigung. Sklaverei.* In einer systematischen Operation ließ der japanische Generalstab von 1938 an in allen besetzten Gebieten Truppenbordelle aufbauen, um die »soldatische Moral« zu heben. Zwischen 50 000 und 200 000 Frauen wurden in »Großasien« zur Prostitution gezwungen, die meisten von ihnen *Koreanerinnen.* Sie wurden entführt, verschleppt, verkauft. Die jüngsten von ihnen waren zwölf, dreizehn Jahre alt. – Die Opfer der Gewalttaten sind heute alte Frauen. Ihr Leben lang haben sie ihr Schicksal verschwiegen, aus Scham. Jetzt reden sie und fordern *Gerechtigkeit.* Bis heute hat sich die japanische Regierung nicht bei ihnen entschuldigt. Bis heute ist dieses Verbrechen *ungesühnt*

von Johanna Wieland
GEO
1. Juni 2002
Foto: Hahn Ji-hyun

Ein amerikanischer GI fand dieses Foto 1944 auf den Philippinen im Rucksack eines japanischen Soldaten. Historiker nehmen an, dass das Bild ein Militärbordell zeigt; die koreanischen Frauen darauf tragen traditionelle japanische Tracht

Kim Sun-duks Jugend endet im Januar 1937, an jenem Tag, als sie zusammen mit 30 anderen Frauen und Mädchen in einen Bus steigt, der sie in die koreanische Hafenstadt Pusan bringen soll. Dort wartet ein Schiff. Die Siebzehnjährige will Arbeiterin in einer japanischen Fabrik werden. Kim Sun-duk* ist nie zur Schule gegangen; von ihrem zwölften Lebensjahr an hat sie als Dienstmädchen versucht, sich selbst und ihre Familie über Wasser zu halten. Die Kims sind arme Bauern. Sie hungern; erst recht, seit der Vater tot ist. Er ist von japanischen Polizisten verhaftet und zu Tode geprügelt worden, weil er vom Tabak, den er anbaute, selber geraucht und damit gegen das staatliche Tabakmonopol verstoßen hatte.

Beim Abschied weint das Mädchen und ist doch voller Hoffnung, denn eines Tages wird es zurückkehren, *mit Taschen voller Geld*. So hat man es ihm versprochen.

An jenem Tag im Januar beginnt Kim Sun-duks Weg in die Sklaverei. Sie wird drei Jahre lang dauern.

1937 ist Korea seit fast drei Jahrzehnten vom kaiserlichen Japan annektiert. Im Juli des gleichen Jahres marschieren Hunderttausende japanische Soldaten innerhalb weniger Tage in China ein und besetzen ein Viertel des Landes. Aus einem jahrelang schwelenden wird ein offener Krieg. Dieser Überfall ist der Auftakt des japanischen Eroberungsfeldzuges durch Südostasien und den pazifischen Raum. Er wird an seinem Ende im August 1945 schätzungsweise 20 Millionen Menschen das Leben gekostet haben.

Das besetzte Korea ist einer der ersten Trittsteine beim Versuch, die »Neue Ordnung für Großostasien« zu etablieren und die »minderwertigen Völker Asiens« unter der Führung der japanischen »Herrenrasse« zu einigen; vor allem aber ist die Kolonie Lieferant von Rohstoffen, von Nahrungsmitteln wie Reis und von Arbeitskräften für die Kriegswirtschaft. Dazu gehören auch Frauen, als »eine Art kriegswichtiges Material, dessen Nachschub, dessen Transport von Militärbuchhaltern sichergestellt wird«, wie der japanische Historiker Yoshimi Yoshiaki schreibt.

Koreanische Mittelsmänner unterstützen die koloniale Bürokratie; sie ziehen über die Dörfer und rekrutieren Frauen, möglichst junge, möglichst ungebildete. In jenen Jahren können nur acht Prozent der Koreanerinnen überhaupt lesen und schreiben. Eine Arbeitsstelle in einer japanischen Munitions- oder Kleiderfabrik erscheint vielen als Ausweg aus der Not.
Wir waren dumm, so dumm ... sagt Kim Sun-duk. Sie schüttelt den Kopf beim Erzählen, als sei sie fassungslos, noch heute, 65 Jahre nach jenem fatalen Tag. Und als sei sie eine Erklärung schuldig, sagt sie *wir waren doch einfache Bauernmädchen, wir wussten doch nichts von der Welt ...*
Kim Sun-duk ist heute 81 Jahre alt, eine schmale Frau mit einem Fächer von Fältchen um die Augen und einem Gesicht, das knittrig ist wie zartes Seidenpapier. Sie sitzt auf einer Matte in ihrem Zimmer in einem Altenheim nahe Seoul, die Beine weit von sich gestreckt. Sie schmerzen; da ist dieses Kribbeln im Fleisch, das sie immer wieder überfällt und sich nicht beruhigen will. Nervosität sei das, sagen die Ärzte. Manchmal ist ihr, als machten sich ihre Beine selbstständig und versuchten eigene Wege zu gehen. Ohne Unterlass streichen Kims Hände über die Schenkel, über die Knie, schneller, wenn sie spricht, langsamer, wenn sie schweigt. Kim redet nicht gern über ihr Leben. Wer in ihre Augen schaut, mag nicht fragen. Eine brunnentiefe Traurigkeit umhüllt die alte Dame. Sie muss, denkt man unwillkürlich, die Hölle geschaut haben; das, was sie gesehen hat, hat sie nie mehr verlassen. Erzählen weckt Gespenster.

Ein paar Wochen nach ihrer Abreise erreicht Kim Sun-duk Nagasaki in Japan. *In der ersten Nacht wurde ich von einem hochrangigen Soldaten vergewaltigt. Er hatte eine Pistole. Ich habe mich gefürchtet, als ich sah, wie ich blutete und versuchte, wegzulaufen. Er klopfte mir auf die Schulter und sagte, dass ich das wieder und wieder erleben würde, ob es mir nun gefalle oder nicht. Wir wurden jede Nacht in die Zimmer von Offizieren gebracht, wir wurden jede Nacht vergewaltigt. In der fünften Nacht fragte ich einen der Soldaten: Was ist unsere Arbeit? Er antwortete: Du wirst hingehen, wo immer man dir hinzugehen befiehlt. Du wirst erfahren, was deine Arbeit ist, sobald du ankommst.*
Kim Sun-duk wird nach Shanghai verschleppt, in ein Militärbordell. Über dem Tor ein Schild: »Troststation«. Kim wird zur »ianfu«, zur »Trostfrau«.
Trost: Das klingt nach menschlicher Berührung. »Trostfrau« soll das Bild von der hingebungsvollen Geisha evozieren, die dem Krieger den erschöpften Leib badet und salbt. Der Name ist ein Euphemismus. Seine schlichte, brutale Übersetzung lautet: »Zwangsprostituierte«. Die Bedingungen, unter denen Kim in dem heruntergekommenen Haus in Shanghai festgehalten wird, nennt das Völkerrecht: Sklaverei.
Man schneidet Kim Sun-duk den langen Zopf ab, der in Korea das Symbol für die Jungfräulichkeit ist. Du gehörst dir nicht mehr, bedeutet der Schnitt ins Haar. Du bist kein Mädchen mehr. Wenn die Truppen verlegt werden, werden auch die Frauen zu den neuen Stützpunkten transportiert, auf Lastwagen, manchmal auf Booten. Kim hört Geschützfeuer, sieht Kriegstote, sieht Hunde, die Leichenteile auffressen. Entkommen kann sie nicht.
Von 1932 bis 1945 zwingt das japanische Militär zwischen 50 000 und 200 000 Frauen in »Großasien« zur Prostitution in Soldatenbordellen; über 1000 »Einrichtungen zur Krankheitsprävention und Hygiene«, wie eines der ersten Bordelle im besetzten China noch verschämt genannt wird, soll es gegeben haben. Sie werden überall dort eingerichtet, wo japanische Truppen stationiert sind. Entlang der 2500 Kilometer langen Front in China. Von den Kurilen hoch im Norden bis zu den indonesischen Sunda-Inseln im Süden; von Neu-Guinea im Nordosten bis Burma im Westen.

Diese Zahlen sind vorsichtige Schätzungen. Denn nach 1945 wurden viele Dokumente vernichtet, aus Angst, die Beteiligten könnten als Kriegsverbrecher zur Rechenschaft gezogen werden. Heute noch hält die japanische Regierung historisches Material zurück, das über die staatlich organisierte sexuelle Versklavung von Frauen Aufschluss geben könnte.

Unter den verschleppten und missbrauchten Frauen, die im Soldatenslang »pii« genannt werden, chinesisch etwa »Fotze«, sind Filipina, Taiwanerinnen, Malaysierinnen, Chinesinnen, Japanerinnen, Holländerinnen aus den ehemaligen niederländischen Kolonien. Die meisten Frauen, schätzungsweise 80 Prozent, aber stammen aus dem »Generalgouvernement« Korea. Die jüngsten sind zwölf, dreizehn Jahre alt, als sie verschleppt werden.

»Ich bin das Gespenst einer Jungfrau«, sagt eine der alten Frauen.

Im Wohnzimmer des Heims, das »Haus des Teilens« heißt und in dem Kim Sun-duk mit acht anderen ehemaligen Zwangsprostituierten zusammenlebt, hängt ein Hochzeitsfoto. Es ist ein Jahr alt; die Bräute darauf scharen sich um einen einzigen Mann. Sie scheinen in Tüll und Spitze fast zu versinken, steif stehen sie da und halten Rosensträuße in die Kamera. Jemand hat ihnen rote Herzmündchen in ihre alten Gesichter gemalt; helle Schminke gräbt die Lebensfurchen, die sie eigentlich verschwinden lassen sollte, tiefer ins Fleisch. Es ist ein trostloses Bild. *Ach ja*, sagt Kim Sun-duk, *wir sind da halt hingegangen …*, als der Bürgermeister beschloss, den »halmoni«, den Großmüttern, die Hochzeit auszustatten, um die sie in ihrer Jugend betrogen worden sind. *Sie haben*, sagt Kim, als habe sie Mitleid mit dem Bürgermeister, *sich wirklich Mühe gegeben …* die schönsten Kleider aus einem Kostümverleih besorgt, ein opulentes Festessen arrangiert, den Fotografen bestellt …

Manches ist nicht zurückzuholen.

Bis heute sind die Verbrechen an den Frauen ungesühnt. Die japanische Regierung hat sich nicht bei den Opfern entschuldigt. Anders als die Überlebenden des Holocaust, als die Zwangsarbeiter in den Fabriken Nazi-Deutschlands, haben die Opfer nie eine Entschädigung gesehen.

Der Schreckensruf

»Heute ist der sechste Tag von Dantes modernem Inferno«, notiert der amerikanische Chirurg Robert Wilson Anfang Dezember 1937 in seinem Tagebuch, »geschrieben in großen blutigen Lettern der Gewalt und Vergewaltigung …« Wilson ist einer der letzten Ärzte, die beim Einmarsch der japanischen Truppen in der alten chinesischen Hauptstadt Nanjing bleiben. Er wird Zeuge eines Massakers, bei dem innerhalb von sechs Wochen vermutlich mehr als 300 000 Zivilisten ermordet werden. Wilsons Krankenhaus wird zum Flüchtlingslager, in das sich Frauen vor den Massenvergewaltigungen zu retten versuchen.

Systematisch durchsuchen japanische Soldaten die Häuser; ihre Frage nach *hua gu niang*, nach jungen Mädchen, wird zum Schreckensruf in der besetzten Stadt. Alle Frauen sind in Lebensgefahr; unterschiedslos vergewaltigen Offiziere wie einfache Mannschaften Zehnjährige und Achtzigjährige, sie reißen Schwangeren die Ungeborenen aus dem Leib. Sie vergehen sich am Tag auf offener Straße an ihren Opfern, zwingen Familien, bei den Gewaltakten zuzuschauen, bajonettieren oder ersticken Kinder, wenn sie im Wege sind. Sie foltern Frauen sexuell und denken sich »Vergewaltigungsspiele« aus, zu deren grausamster Form das Aufspießen der Vagina gehört. Zeugen erinnern sich später, dass auf den Straßen der Stadt Frauen mit gespreizten Beinen lagen, in deren Körperöffnungen Holzstangen, Zweige, Flaschen steckten. Am 22. Dezember 1937 vergewaltigen Japaner die Frau eines Friseurs und stecken ihr einen Feuerwerkskörper in die Scheide. Er explodiert und tötet sie.

Die meisten Frauen werden nach der Tat ermordet.

In Nanjing sind sechs Wochen lang Gräueltaten zur banalen Routine geworden; die physische Vernichtung der chinesischen »Untermenschen« ist für die Täter ohne moralische Konsequenz. Veteranen sagen nach dem Krieg aus, dass sie kaum Gefühle der Schuld oder Scham verspürten; Zeugen erzählen von Soldaten, die beim Vergewaltigen und Morden lachten.

»Wenn wir sie vergewaltigten, sahen wir sie vielleicht als Frauen«, schreibt der japanische Veteran Azuma Shiro nach dem Krieg in einem Brief, »aber wenn wir sie töteten, waren sie eigentlich nur noch Schweine.«

Die Gräuel von Nanjing erschrecken selbst den japanischen Generalstab: Folter, Vergewaltigung, Mord an Zivilisten bedrohen die Ehre der kaiserlichen Armee. Matsui Iwane, Oberbefehlshaber in der Region um Shanghai und Nanjing, erklärt einem Auslandskorrespondenten fassungslos, dass »die japanische Armee die augenblicklich wahrscheinlich undisziplinierteste der Welt ist.« Mit einer marodierenden Soldateska aber ist der geplante zweimonatige Blitzkrieg gegen China nicht zu gewinnen. Der Generalstab fürchtet Aufstände der empörten Bevölkerung. Amerikanische Reporter sind in der besetzten Stadt unterwegs; Berichte in der »New York Times« könnten die Regierung in Washington alarmieren.

Doch wie hebt man die »soldatische Moral«? Wie kanalisiert man Brutalität – wenn man sie gleichzeitig als »Kampfkraft« braucht? Der Plan kommt von ganz oben, aus dem Heeresministerium, und er ist so einfach wie obszön: Um »unkontrollierte« Vergewaltigung zu verhindern, wird Vergewaltigung institutionalisiert – in Militärbordellen. Aus einer sporadischen wird eine systematische Operation; von 1938 an werden in allen japanisch besetzten Gebieten Truppenbordelle eingerichtet. Einzelne Einheiten fordern Frauen zur Versorgung der Soldaten an. Die Guangdong-Armee zum Beispiel plant 1941 die Rekrutierung von 20 000 koreanischen »Trostfrauen«, zusätzlich zu denen, die bereits in den Bordellen im besetzten Nordostchina gefangen sind. Die Kommandeure wollen vorbereitet sein, falls es zum Krieg gegen die Sowjetunion kommt.

In Ausbildungsrichtlinien, die das Heeresministerium im September 1940 an alle Truppenteile schickt, heißt es: »In den Kriegsgebieten muss man sich sorgfältig über die Trosteinrichtungen Gedanken machen und rohe und niedrige Gefühle besänftigen und unterdrücken. Der positive emotionale Einfluss auf Soldaten, insbesondere durch sexuelle Troststationen, ist offenkundig und ernst zu nehmen. Die Entwicklung des Kampfgeistes hängt stark davon ab, ebenso die Aufrechterhaltung der militärischen Disziplin …«

Die Militärbordelle sind ein essentieller Teil der japanischen Kriegsführung; Offiziere und einfache Mannschaften werden mit Frauen »versorgt« wie mit Lebensmitteln, wie mit Munition. Die Organisation der »Mädchenarmee« ist eine logistische Aufgabe für Kommandeure, Transporteinheiten, Militärärzte, Zahlmeister, aber auch für zivile Behörden wie die Polizei und die Gouverneure der Präfekturen. Wenn die Einheiten die Bordelle nicht selber verwalten, führen private Zuhälter die »Troststationen« in deren Auftrag. An der Verwaltungsschule des Heeres stellen Nachwuchskader Berechnungen an, in welcher Stückzahl das kriegswichtige Material Frau beschafft werden muss. Der Offizier Shikanai Nobutaka erinnert sich nach dem Krieg in einem Gespräch: »Dabei mussten wir die Haltbarkeit und den Abnutzungskoeffizienten der zu rekrutierenden Frauen ermitteln. Und die zugeteilte Zeit vom Eintreten hinter den Strohmatten-Vorhang bis zum Verlassen des Zimmers, nämlich wie viele Minuten für Offiziere, wie viele für Unteroffiziere und wieviel für Soldaten usw. festzulegen waren (lautes Lachen). Die Preise wurden ebenfalls klassifiziert.«

Die Rechenexempel sprechen sich herum: *Nigyuichi* werden die Frauen auch genannt, »29 zu 1«, als Anspielung darauf, wie viele Männer eine Frau pro Tag zu »bedienen« hat. Ein anderer Name ist »öffentliche Toilette«.

Am Ende wird sich das Kalkül des Heeresministeriums als absurd erweisen: Denn die Vergewaltigungslager tragen nichts zur Verhinderung von Vergewaltigungen außerhalb bei. Nach einer Inspektionsreise beschreibt der Psychiater Oberstleutnant Hayao Torao die Lage um Shanghai: Trotz der Troststationen »gibt es je nach Gegend ziemlich viele Vergewaltigungsdelikte, und auch an den Fronten kommen sie oft vor … Offensichtlich ist der Gedanke verbreitet, dass man die Frauen willkürlich behandeln darf, weil sie Frauen des Feindes sind. Die Soldaten (verfolgen) chinesische Mädchen wie besessen. Die Dunkelziffer muss unvorstellbar hoch sein …«

Ein seltsamer Geruch

Eine Zelle, und daneben wieder eine Zelle, eine jede gerade groß genug, um sich darin niederzulegen. Eine Tür, manchmal nur eine Strohmatte oder ein dünner Vorhang. Ein Futon, eine Decke, eine Waschschüssel. Desinfektionsmittel, Kondome. Ein paar Kleider, vielleicht ein bisschen Geschirr. Ein seltsamer Geruch.

Die Ausstattung der Vergewaltigungslager ist immer ähnlich, ob sie nun in Baracken, requirierten Villen, Hotels, Schulen oder Klöstern eingerichtet werden. Die meisten sind mit Stacheldraht umgeben, von Posten bewacht. Frei haben die Frauen, wenn überhaupt, nur an ein oder zwei Tagen im Monat. Viele der Trostsklavinnen verlassen die Station jahrelang nicht.

Ende der dreißiger Jahre lebt Kim Sun-duk in Nanjing; sie geht nur nach draußen, wenn sie »Izumi«, ein Offizier um die 50, der sie zwischen den Kämpfen immer wieder anfordert, zwei oder drei Nächte auf seinem Zimmer behält. Einmal folgt sie ihm in einem Boot zu seiner Truppe. Der Fluss ist blutrot gefärbt, zwischen treibenden Leichen fährt sie von einem Ufer zum anderen.

Kims Leben ist nach einem Stundenplan geregelt: *Wir standen um sieben Uhr morgens auf, wuschen uns und frühstückten abwechselnd. Ab neun Uhr kamen die Soldaten und standen ordentlich in einer Reihe. Ab sechs Uhr abends kamen die hochrangigen Offiziere, manche blieben über Nacht. Jede von uns hatte im Durchschnitt 30 oder 40 Männer am Tag zu bedienen, und wir hatten oft nicht einmal Zeit zu schlafen.*

Die Soldaten in der Schlange pöbeln, wenn ihr Vorgänger zu lange braucht, oder feuern ihn an. Viele warten mit offenen Hosen, andere kommen, die Hosen noch auf den Hüften, aus den Zellen. Einfache Soldaten dürfen sich eine halbe Stunde Zeit nehmen, Offiziere eine Stunde. Viele brauchen nur fünf Minuten; andere ejakulieren bereits in der Tür, beim bloßen Anblick der Frauen. Für die wird es zu einer Überlebensfrage, die Soldaten zu beschwichtigen, vor allem, wenn sie erschöpft und verdreckt von einem Gefecht zurückkommen, wilder noch als sonst. Samstag und Sonntag sind die schlimmsten Tage der Woche. Manchmal haben die Frauen selbst zum Essen nur wenige Minuten Zeit.

In den Händen halten die wartenden Soldaten »Militärscheine«, die sie den Frauen als Bezahlung aushändigen. Auch die Preise sind festgelegt; im »Soldatenclub« von Zhongshan, China, zahlen Offiziere zum Beispiel für eine halbe Stunde elf, Unteroffiziere neun, Soldaten sechs Yuan Gebühr. Üblicherweise sind japanische »Trostfrauen«, die meistens professionelle Prostituierte sind, teurer als koreanische Frauen; am billigsten sind Chinesinnen. Kim hat, wie die meisten Frauen, nie Geld in der Hand. Sie gibt die Scheine beim Betreiber des Bordells ab. Er verspricht, sie zu entlohnen, wenn Japan erst den Krieg gewonnen hat. Die Kosten für Kleider, Essen, Kosmetik zieht er von ihrem »Lohn« ab.

Das Lager ist eine Hölle mit strengen Regeln. Kein Ausweg, keine Flucht. Irgendwann erstarrt Kim Sun-duk vor Angst, vor Scham, vor Schmerz. Sie hofft nicht länger, sie wehrt sich nicht. Sie stellt sich tot, und manchmal nimmt sie sich vor, wirklich zu sterben. *Ich dachte daran, in den Fluss zu springen, von irgendeinem hohen Ort zu springen oder in ein Auto zu laufen. Aber ich habe es nie geschafft.*

Wie viele der Trostsklavinnen sich das Leben genommen haben, ist bis heute nicht bekannt.

Bilder der Qual

Wie wenig es braucht, den Schrecken zurückzuholen ins Leben, selbst nach Jahrzehnten noch. Der Melodiefetzen eines japanischen Liedes im Radio; die Bewegung eines fremden Mannes; ein Geruch, nach Desinfektionsmittel zum Beispiel. Eine Frau, die auf der Straße vorübergeht, mit eben dieser Frisur, dem rundgeschnittenen Bob, den sie zu tragen hatten, damals ... Manchmal ist es nur ein Wort. »Arzt« zum Beispiel.

Ein Militärarzt ist der erste, der Mun Pil-gi vergewaltigt, als sie, achtzehnjährig, im Jahr 1943 in ein Bordell in der Mandschurei verschleppt wird. *Als wir ankamen, mussten wir eine medizinische Untersuchung über uns ergehen lassen, angeblich um festzustellen, ob wir Geschlechtskrankheiten hatten. Aber natürlich wollten sie sehen, ob wir Jungfrauen waren.* Der Arzt hält sich das Mädchen eine Zeit lang als Konkubine; tagsüber muss Mun als Krankenschwester im Lazarett arbeiten.

Mun Pil-gi ist heute 77 Jahre alt. Auch sie lebt in Seoul, in einer winzigen Ein-Zimmer-Wohnung im 13. Stock eines Hochhauses. Mun wohnt allein, weil sie allein zurechtkommen will, so wie ihr ganzes Leben schon. Sie ist eine drahtige, kleine Frau, eine freundliche und besorgte Großmutter, »halmoni« sollen wir sie nennen. In der U-Bahn hält sie meine Hand, damit ich im Gedränge nicht verloren gehe; daheim kocht sie süßen Nescafé und schält Mandarinen: *Trink! Iss! Iss auf!*

Über sich selber spricht Mun, als erzähle sie die Geschichte einer Frau, mit der sie flüchtig bekannt ist: nüchtern, leicht abwesend. Als ob ihr Leben eine Nebensache sei; der Schrecken ihrer Worte will nicht zu der Atmosphäre in dem kleinem Zimmer passen, in dem wir sitzen. Es ist warm und friedlich, hier oben im 13. Stock über dem riesigen Parkplatz, wie in einem gut befestigten Wachturm. Der zwölf Monate alte Jae-yong, Muns Enkel, kriecht glucksend über die Matte und ab und zu in ihre Arme. Er ist ein dicker Baby-Buddha, der ungelenk nach ihrer Nase greift und lacht. Jae-yong ist das pralle Leben. Muns Glück, Muns Trost.

Aber das, was damals war, ist nicht vorüber. Vielleicht werden die Bilder der Qual, die sich blitzlichtscharf ins Gedächtnis gebrannt haben, blasser mit den Jahren; Sprechen hilft, weil man mit Worten, wenn man sie einmal zu einer Geschichte geordnet hat und diese immer wiederholt, eine Barriere bauen kann, die den Schrecken auf Abstand hält. Und dennoch: Manchmal flutet etwas aus der Tiefe hervor, die in ihr ist, bei nichtigen Anlässen, dessen Botschaft nur sie erkennen kann. *Die Erinnerung sitzt ja nicht nur im Kopf,* sagt Mun Pil-gi, *sie scheint irgendwo in meinem Körper zu sitzen, in den Zellen. Es ist schlimm, wenn der Körper sich erinnert. Man weiß dann nicht, was heute ist und was gestern war.* Jahrelang hat sie ein immer wiederkehrender Albtraum gequält; der war so wirklich, dass sie morgens in der Küche liegend aufwachte, das Gesicht zerkratzt, weil sie sich beim nächtlichen Kampf mit den Soldaten die Haut auf dem Betonboden aufgerissen hatte.

Die Militärärzte sind der Schrecken im Schrecken. Sie sind häufig die ersten, die die Neuankömmlinge vergewaltigen. Alle paar Wochen, je nach dem Reglement des Bordells, müssen die Frauen demütigende Zwangsuntersuchungen über sich ergehen lassen. Kim erinnert sich, wie sie mit weit geöffneten Beinen auf einem Tisch liegt, erinnert sich an ein Instrument, *geformt wie ein Entenschnabel.* Sie leidet an Dauerblutungen, an Blaseninfektionen. Sie trifft Frauen, *deren Scheiden waren so zugeschwollen, dass man nicht mal eine Nadel hätte einführen können.* Eine Frau wird ohne Betäubung mit einem Messer aufgeschnitten, weil der Militärarzt ihre Vagina zu eng findet. Alle Frauen fürchten sich vor den Injektionen mit »606«; dieses quecksilberhaltige Antibiotikum wird als Prävention und Kur gegen Geschlechtskrankheiten eingesetzt. Die Nebenwirkungen sind Übelkeit, Schüttelfrost, spontane Fehlgeburten. Viele Frauen, die später keine Kinder bekommen konnten, geben »606« dafür die Schuld.

Die Militärärzte sind die Gesundheitsmanager der Bordelle, ihre Aufgabe ist die »Prävention von sozialen Krankheiten«, die »den Körper schwächen, Familien bedrohen und das Vaterland ruinieren«, wie es in einer Hygiene-Anweisung für Offiziere heißt. Die Ausbreitung von Geschlechtskrankheiten unter den Soldaten ist so besorgniserregend, dass das Kriegsministerium »Einwirkungen auf die Schlagkraft der Armee« fürchtet. Die Empfehlungen zum Bordellbesuch bekommen einen gehetzten Ton: » ... d. Unbedingt Kondome benutzen. e. Schutzsalbe benutzen. Ein wenig davon vor dem Geschlechtsverkehr auf den Penis auftragen, ein Kondom überziehen, ein

wenig von der Salbe auf die Oberfläche des Kondoms schmieren, und die Reste nach dem Geschlechtsverkehr in die Harnröhre einführen. f. Nach der Sache sofort urinieren, sich waschen und desinfizieren ...«
Trotz aller Regeln aber häufen sich die Klagen über die mangelnde »Selbstdisziplin« der Soldaten.
Ich habe die Soldaten angebettelt, Kondome zu benutzen, ich habe darauf bestanden, ich habe gedroht, sie bei ihren Vorgesetzten anzuzeigen. Die Angst, sich mit Syphilis oder Gonorrhöe anzustecken, terrorisiert Mun. Sie hält zwar immer 40 oder 50 Kondome bereit; aus Furcht, mit dem Vorrat nicht auszukommen, beginnt sie irgendwann die benutzten Präservative zu waschen, um sie dreimal verteilen zu können.
Soldaten übertragen Kopf- und Filzläuse; eine Freundin klaubt ihr die Parasiten mit Nadeln aus den Schamhaaren. Einmal erbricht sich ein Betrunkener auf ihr. Die Frauen müssen selbst während ihrer Menstruation zur Verfügung stehen.
Schlimmer noch als der Ekel aber ist die lebensbedrohende Brutalität der Männer, die jederzeit explodieren kann. Soldaten foltern die Frauen mit brennenden Zigaretten, hetzen Hunde auf sie, erschlagen Fliehende, hängen Frauen mit dem Kopf nach unten an Bäumen auf. Sie inszenieren die Folter vor Publikum, um die anderen zu terrorisieren.
Mun Pil-gi versucht sich zu wehren – wenn sie kann. Manche Männer rammen dann ihre Schwerter in die Tatamis, als Drohung, und wenn das nicht hilft, richten sie das Schwert gegen sie. *Viele Male hätten sie mich fast umgebracht. Einmal, ich war ungefähr ein Jahr dort, hat mich ein Soldat unaufhörlich bedroht. Da bin ich wütend geworden und habe ihn getreten. Er riss mir die Kleider vom Leib, schlug mich und zog sein Schwert. Dann rannte er raus, holte ein glühendheißes Eisenstück und presste es gegen meine Achselhöhle.*
Bestraft wird gewalttätiges Verhalten kaum, man belässt es bei Verwarnungen oder Hausarrest. Denn was sind diese Frauen schon? Leicht zu ersetzendes Material, zweitklassiges koreanisches Fleisch. Huren. Schwangere gelten als »geschlechtskrank«; sie werden bis in die letzen Schwangerschaftswochen hinein vergewaltigt, manche, zusammen mit den Kindern, getötet.

Die Erlösung kommt im zweiten Jahr von Muns Sklaverei und völlig unerwartet. Die Soldaten verschwinden von heute auf morgen.
Es ist Sommer 1945. »Großasien« wird untergehen. US-amerikanische Militärmaschinen bombardieren seit Monaten Tokyo. Im Pazifik befreien die alliierten Streitkräfte eine japanisch besetzte Insel nach der anderen.
Mun hat Glück: *Meine Nächte waren plötzlich wieder friedlich.* An anderen Orten eskaliert im Angesicht der Niederlage die Gewalt gegen die lästigen Zeuginnen japanischer Kriegsverbrechen. Ein Schiff, mit dem Zwangsprostituierte angeblich evakuiert werden sollen, wird vor der chinesischen Küste bombardiert. Die Koreanerin Kim Tae-il, die zwölf Jahre Gefangenschaft in Vergewaltigungslagern in China überlebt, gibt in ihrer Zeugenaussage zu Protokoll: *Sie (wollten) uns bis zur letzten Frau hinmetzeln. Sie ließen uns hundertfünfzig koreanische und chinesische Frauen in zwei Reihen Aufstellung nehmen und fingen auf Befehl des Zugführers an, eine nach der anderen zu köpfen. Als ich plötzlich das aus den durchschnittenen Hälsen spritzende Blut sah, wurde ich ohnmächtig. Als ich wieder zu mir kam, sah ich, dass ich, in Blut gebadet, unter den Leichen lag. Außer mir überlebten damals noch zwei andere Frauen .*

Kang Sun-ae wird bei den alliierten Bombenangriffen verletzt. Auf Flugblättern, die die Amerikaner im Pazifik über Palau abwerfen, liest sie, dass der Tenno am 15. August 1945 die Kapitulation erklärt hat. Sie hat Angst, dass die Befreier sie für eine Japanerin halten könnten. Mit ihrem Blut malt sie die koreanische Flagge auf ein Stück Fallschirmseide und ruft den Befreiern *»Okay! Okay! Understand?«* zu.
Kang springt auf. Die 75-Jährige kann kaum still sitzen, wenn sie erzählt. Gehetzt wirkt sie, panisch; als habe es die Jahrzehnte zwischen ihrem Leben im Lager und ihrem heutigen Dasein als Rentnerin nie

gegeben. Sie greift nach ihrem Pudel, dem sie die Ohren zu orangefarbenen Puffs gefärbt hat, damit er fröhlicher aussieht, und stößt das Tier wieder von sich. Ihre Wohnung ist vollgestopft mit Aktenordnern, Dokumentenstapeln: *alles Beweise! Alles Beweise!*

Wir sollen ihr glauben, wir müssen ihr glauben! Und um Zweifel an ihrer Leidensgeschichte zu vertreiben, die sie überall wittert, beginnt sie zu spielen, spielt die Angst nach und die Flucht, als müsse sie eine Tragödie aufführen, als hielte sie Worte allein für zu schwach, um ihr Leid zu beschreiben. Ab und zu schaut eine Nachbarin ins Zimmer, dann sinkt Kang in sich zusammen und verstummt. *Die braucht es nicht zu wissen*, murmelt sie.

Auf einem amerikanischen Schiff erreicht sie Korea. Im Februar 1946 steht sie auf dem Bahnhof von Seoul, in der winterlichen Eiseskälte ihrer Heimat. Sie ist 19 Jahre alt, ihr fehlen mehrere Zähne; die haben japanische Soldaten ihr ausgeschlagen. Kang Sun-ae trägt ein dünnes Sommerkleid und hat Hunger. Jemand schenkt ihr einen salzigen Reisball. Sie reibt sich die Oberarme, sagt immer wieder, als sei die Erinnerung an die Heimkehr in diesem winzigen Detail aufgehoben: *Der kalte Reisball klebte an meiner Handfläche, es war so kalt, dass der Reisball festklebte ...*

Mun Pil-gi erreicht im gleichen Jahr, auf offenen Transportzügen hockend und schließlich zu Fuß, den Süden Koreas.

Andere Frauen finden den Weg nach Hause nicht.

Für die Heimkehrerinnen aber beginnt die Zeit des Schweigens. Sie wird 45 Jahre dauern.

Und keiner fragt

Vielleicht hätte Mun Pil-gi ja die Worte gefunden, um zu beschreiben, was ihr geschehen war, wenn jemand gefragt hätte. Wenn die Mutter gesagt hätte: *Kind, was war da?* Oder die Schwester. Oder eine Tante.

Es fragt keiner.

Nicht in Muns Familie, nicht in Kangs, nicht in der von Kim. In keiner der koreanischen Familien, die eine Tochter durch die »Jungfrauenabgabe« verloren haben, fragt jemand.

Natürlich schweigen die japanischen Täter. Auch die alliierten Befreier schweigen, obwohl Beweise existieren, obwohl GIs Frauen aus Bordellen befreit haben. Vor dem Internationalen Militärgerichtshof für Fernost von 1946 bis 1948 in Tokyo stehen zwar Täter von Nanjing vor Gericht, nicht aber jene Generäle, die die sexuelle Versklavung von 200 000 Frauen geplant und organisiert haben.

Es ist, als hätten Mun Pil-gi, Kim Sun-duk und Kang Sun-ae nicht existiert.

Auch die Frauen schweigen. *Ich habe mich so geschämt*, sagt Mun, *so geschämt, dass mir das passiert ist. Alle waren schockiert, als sie mich sahen. Sie sagten, es sei so, als ob ich aus dem Grab zurückgekommen wäre. Alle dachten, ich sei gestorben. Ich konnte meiner Mutter nicht erzählen, was ich gemacht habe.*

Also lügt sie, behauptet, sie habe in einer Fabrik gearbeitet, behauptet, sie sei zur Schule gegangen.

Die unausgesprochenen Worte sind wie Steine, aus denen sich nach und nach eine Mauer zwischen den jungen Frauen und ihren Familien aufbaut, und schließlich auch zwischen den Frauen und der koreanischen Gesellschaft.

Viele brechen den Kontakt zu ihren Verwandten ab; sie empfinden das Schweigeverbot als ebenso unerträglich wie die Furcht, ihre »Schande« könnte ans Licht kommen. Kim Sun-duk flieht nach Seoul, weil sie das Gefühl hat, *dass daheim die Leute hinter meinem Rücken über mich reden.* Mun Pil-gi geht, als die Mutter einen Ehemann für sie sucht. *Ich konnte den Gedanken nicht ertragen, jemandes Frau zu werden; nicht mit dieser Vergangenheit ...*

Die Konspiration des Schweigens stößt die Frauen in Armut, in Einsamkeit. Kaum einer gelingt es, eine Familie nach den Regeln der streng patriarchalischen, konfuzianisch geprägten koreanischen Gesellschaft zu gründen.

Eine Frau aber ist nichts ohne einen Mann, ohne Kinder. Viele sind unfruchtbar aus den Vergewaltigungslagern zurückgekehrt. Sie sind, auch in ihrer eigenen Wahrnehmung, zu tauben Gefäßen geworden und damit wertlos.

In einer paradoxen Umkehr nehmen sie die Schuld auf sich: Sie haben versagt. Manche torkeln, wenn sie sich nicht ganz zurückziehen, von Mann zu Mann; hin- und hergerissen zwischen der Sehnsucht nach Geborgenheit und gesellschaftlicher Anerkennung einerseits und dem Ekel vor der sexuellen und emotionalen Berührung mit dem anderen Geschlecht. *Es gab nie einen besonderen Mann in meinem Leben, sagt Mun Pil-gi. Ich weiß nicht, was das heißt: sich verlieben. Ich habe mich immer erschrocken, wenn mich einer angefasst hat. Ich konnte es nicht ertragen.* Sie sagt das ohne Klage, ohne Resignation, ohne Gefühl. Die Einsamkeit, in diesen nüchternen Worten versteckt, ist nicht zu ermessen.

Mun schlägt sich durchs Leben. Macht ein Gästehaus auf, macht eine Bar auf, bedient widerwillig betrunkene Männer. Sie muss ja leben. Für alleinstehende Frauen ihrer Generation gibt es keinen Beruf, keine »ehrenhafte« Weise, den Lebensunterhalt zu verdienen.

Korea liegt in Trümmern, die Euphorie über die Befreiung währt nur kurz. Der Kalte Krieg bricht aus und 1950 der Bruderkrieg in Korea. 1953 wird das Land geteilt. Japan wird als Bastion gegen den Kommunismus wieder zur führenden Macht in Asien. Die Nachbarn müssen ihre Beziehungen zu den ehemaligen Herren »normalisieren«. Der Kasernenstaat, zu dem Militärdiktatoren Südkorea ausbauen, braucht für den Wiederaufbau japanische Wirtschaftshilfe. Bis zu den ersten halbwegs freien Wahlen im Jahr 1985 wird in Korea diszipliniert gearbeitet und eisern geschwiegen. Wer in dieser Zeit unbequeme Fragen stellt, ist schnell ein »Kommunist« und »Spion des Nordens«.

Aber Mun Pil-gi will ja gar nicht auffallen, sie will in der Normalität verschwinden. Irgendwann tut sie sich mit einem Mann zusammen. *Er war acht Jahre älter als ich. Wir mochten uns eigentlich nicht sehr. Er trank. Er hat mich gequält. Ich habe versucht, ihn zu verlassen, aber immer vergebens.* Als ihre Schwester sie bittet, ihr den Enkel großzuziehen, fällt endlich etwas Licht in Muns Leben. Er ist der Vater des kleinen Jae-yong, den sie, so oft sie nur kann, zu sich nimmt. *Meine Familie*, sagt Mun.

In Kang Sun-aes Seele schweißen sich die ungesprochenen Worte zu *han* zusammen, wie sie das Gefühl nennt: zu einer stählernen Kette, die ihr die Brust einschnürt. Auch sie leidet an Albträumen, an Angstattacken. Sie meint zu ersticken an der wilden Wut, die keinen Adressaten findet. In ihrem Körper schmerzen die Bombensplitter.

1977 versucht Kang Sun-ae, in Seoul von einer Brücke zu springen. Sie ist 49 Jahre alt und will sterben. Ein Mann zieht sie zurück. Sie beschimpft ihren Retter.

Was ist der Grund für diese Amnesie, die das Land einigt? Warum sind sich fast 50 Jahre lang Japan und Korea, die Kolonisatoren und die Kolonisierten, die Kriegsverbrecher und die Kriegsopfer, einig, dass die Stimmen dieser Frauen nicht gehört werden dürfen?

»Scham«, sagt Professor Yun Chung-ok, »es war die Scham, die alle empfanden, nicht nur die Frauen.«

Die ehemalige Englischlehrerin ist 81 Jahre alt. Während Mun Pil-gi 1943 in die Mandschurei verschleppt wird, entgeht Yun Chung-ok der Nationalen Generalmobilmachung nur, da ist sie sich sicher, weil ihre Eltern sie von einem Tag auf den anderen von der Hochschule nehmen. Yun ist die Gründerin des »Korean Council«, einer Frauengruppe, die ehemalige Zwangsprostituierte vertritt.

»In der traditionellen Kultur, in der meine Generation erzogen worden ist, war die Reinheit einer Frau mehr wert als ihr Leben«, sagt sie. »Unschuld war ein moralischer Imperativ, eine der Grundlagen unserer Gesellschaft. Darüber waren sich alle einig.« Deswegen ist die Schande der Mädchen zugleich auch die Schande der Familie, die Schande des Landes. Deshalb verbindet nach dem Kriegsende die Scham über den Verlust der Unschuld, dieser »Essenz des Weiblichen«, Mütter und Töchter, Frauen und Männer. In der strengen patriarchalischen Weltordung haben vor allem auch sie versagt. Väter, Brüder, Ehemänner waren zu schwach, um »ihre« Töchter, »ihre« Schwestern, »ihre« Frauen zu beschützen – ebenso wenig wie das »Mutterland«.

35 Jahre lang, von 1910 bis zur Befreiung 1945, mussten sich Koreaner vor shintoistischen Schreinen, vor der japanischen Flagge, vor dem Bild des Kaisers verbeugen und die japanische Hymne singen. Japan und Korea waren »ein Körper«. Koreaner durften nicht Koreanisch sprechen; von 1939 an mussten sie ihre Namen aufgeben und japanische annehmen. Trotz militanter Streiks war Korea, waren die koreanischen Männer, nicht in der Lage, sich selber aus der japanischen Herrschaft zu befreien. Zu stark war die Militär- und Polizeipräsenz im Land, zu machtvoll der Angriff auf die koreanische Identität.

Die »geschändeten Jungfrauen« sind ein Symbol für die »geschändete Nation«, ihre Existenz ist die Erinnerung an eine Kränkung. Deswegen müssen Tausende von Vergewaltigungsopfern schweigen; ihr Schicksal ist ein »Frauenproblem«, ein persönliches Problem also, und kein Thema der koreanischen Geschichtsschreibung. Bis zu Beginn der neunziger Jahre werden die »Trostfrauen« in Schulbüchern nur als marginale historische Gestalten erwähnt – nicht anders als in Japan. Die südkoreanische Regierung lehnt den Vorschlag ab, in Seoul ein Denkmal für Zwangsprostituierte auf dem Gelände der Gedenkstätte für die Opfer des japanischen Kolonialismus zu errichten – aus »Platzgründen«.

In Yun Chung-ok allerdings bleibt in den Jahren des Schweigens ein Gefühl wach: Sie ist jenen Frauen, die weniger Glück hatten als sie, etwas schuldig – die Wahrheit. Im Sommer 1990 eröffnet sie ein Büro und ruft ehemalige »Trostfrauen« auf, sich zu melden. Sie kennt zu diesem Zeitpunkt nicht eine einzige Zeugin in Korea.

Am 14. August 1991 sagt die erste Frau aus. Das Fernsehen berichtet. Kim Sun-duk sieht den Film und macht wochenlang nachts kein Auge zu. 45 Jahre lang hat sie geschwiegen. Nun ist es genug. Auf einer Polizeistation gibt sie ihre Zeugenaussage zu Protokoll. Dann geht sie nach Hause und legt sich schlafen.

Schlagstöcke. Bleiwesten. Wurfgeschosssichere Plastikschilde: Eine martialische Männerriege steht, Schulter an Schulter, vor dem Gittertor der japanischen Botschaft im Zentrum von Seoul. Die Polizisten vermeiden jeden Blickkontakt; die meisten fixieren irgendeinen Punkt weit oben im Himmel.

Es muss peinlich sein, ein vielfach gesichertes Gebäude vor einer Handvoll alter Frauen zu schützen.

Vor der unbewegten Körpermauer geht eine Gestalt auf und ab, klein und krumm, im hellen Mantel; sie reicht den vermummten Gestalten nicht einmal bis zur Brust. Eine Hand hält sie auf dem Rücken, und mit der anderen droht sie einem Irgendwem in der Botschaftsfestung. *Entschuldigt euch! Japan soll sich endlich bei uns entschuldigen!*

Kim Sun-duk, Mun Pil-gi und vielleicht zehn andere Frauen sitzen in dicke Decken gewickelt auf kleinen Plastikschemeln der Polizeiphalanx gegenüber, so wie jeden Mittwoch, heute zum 488. Mal, seit der ersten Demonstration am 8. Januar 1992. Kim Sun-duk und Mun Pil-gi kommen immer hierher.

Ein Zwang ist das fast. Die alten Frauen haben Zuflucht beieinander gefunden, vielleicht die einzige, die es für sie gibt.

Welche Erleichterung! denkt Kim, als von 1991 an mehr und mehr ehemalige »Trostfrauen« den Mut finden, das Unsagbare auszusprechen, laut und öffentlich. *Plötzlich war ich nicht mehr allein mit meinen Albträumen. Als ich endlich herauslassen konnte, was ich in meinem Herzen verschlossen hatte, ließ auch der Schmerz etwas nach.* Mun Pil-gi zögert lange, ehe sie sich 1992 beim »Korean Council« meldet; sie spricht zuvor mit ihrem Ziehsohn, und der verstößt sie nicht. Davor hat sie Angst gehabt. *Dann dachte ich: Ich bin jetzt alt. Was habe ich denn zu verlieren? Meine Ehre? Welche Ehre denn?*

Wenn die Frau mit dem Megaphon es will, ballen Kim und Mun die Fäuste und stoßen sie gen Himmel. *Entschuldigt euch!* rufen sie dann. Ein japanischer Botschaftsangestellter fuhrt die Anwesenheitsliste; sein Blick wandert über die Gesichter der Frauen und bleibt nur kurz an der Einzelnen hängen. Er kennt sie. Sie kennen ihn.

Aus dem verschanzten Gebäude der japanischen Botschaft ist nie ein Wort nach draußen gedrungen, erst recht kein Wort der Entschuldigung.
Wieder ist es so, als gäbe es Kim Sun-duk und Mun Pil-gi und 200 000 andere Frauen nicht.
Japan habe sich entschuldigt, sagt die Regierung in Tokyo. Nur: fein gewählte, diplomatisch abgestimmte, zu nichts verpflichtende Formulierungen reichen Kim Sun-duk und Mun Pil-gi nicht aus.
Sie wollen nicht, mit einem vornehm angedeuteten Rest von Zweifel an der Wahrhaftigkeit ihrer Lebenserzählung, als *so genannte Trostfrauen* bezeichnet werden. Sie haben sehr wohl bemerkt, dass sich der japanische Premierminister im August 1996 in einem offiziellen »Entschuldigungsschreiben« an die koreanische Regierung gewandt hat – und ausdrücklich nicht an sie persönlich.
Das Wort »owabi« kam in diesem Brief vor: eine entschuldigende Höflichkeitsfloskel, die man zum Beispiel benutzt, wenn man in der U-Bahn jemanden anrempelt. Vielleicht haben die wechselnden japanischen Regierungen, gezwungen durch Dokumente, die der Historiker Yoshimi Yoshiaki in den Archiven des Verteidigungsministeriums ausgrub, eine Art moralischer Schuld eingestanden; die rechtliche Verantwortung für staatlich organisierte Versklavung und Vergewaltigung haben sie nicht übernommen. – Das aber verlangen Kim Sun-duk und Mun Pil-gi.

Abschied vom Leben

Sämtliche Klagen vor japanischen Gerichten sind bisher im Sande verlaufen. Wiedergutmachungszahlungen an einzelne Frauen lehnt Japan ab, weil sie ein Eingeständnis der Kriegsschuld wären. Alle finanziellen Forderungen seien mit den nach dem Friedensvertrag von 1952 vereinbarten Reparationszahlungen zwischen den ehemals verfeindeten Staaten und den Kolonien abgegolten. Der »Asian Womens Fund«, eine auf Initiative der japanischen Regierung ins Leben gerufene Stiftung, wird zwar staatlich unterstützt, ist aber eine private Wohltätigkeitsorganisation ohne jede rechtliche Bindung.
Ich werde keine Almosen annehmen, sagt Kim. *Die können sie in Tokyo an ihre Obdachlosen verteilen.*
242 ehemalige Zwangsprostituierte haben sich beim »Korean Council« gemeldet; 50 von ihnen sind inzwischen verstorben. *Die Japaner werden sich in den wenigen Jahren, die ich noch zu leben habe, nicht bei mir entschuldigen,* sagt Kim Sun-duk. *Sie warten ab. Sie können sich darauf verlassen, dass sich das Problem von selbst erledigen wird. Wir sind ja alt.*

Im »Haus des Teilens« läuft, wie jeden Nachmittag, der Fernsehapparat mit dem Herz- und Schmerzschmalz billiger Seifenopern. Die Frauen sitzen auf dem Sofa und geben den TV-Helden Ratschläge. Es geht um Liebe und Betrug und irgendwann um eine junge Frau, die von einem Rowdy vergewaltigt wird. Da kommt Han Do-sun zu sich, die in sich versunken dagesessen hat: »Hört auf! Hört auf!«, sagt sie und schlurft davon. Sie ist 76 Jahre alt und lebt auf der Schwelle zur Senilität. Han Do-sun spricht nicht mehr viel; sie verwandelt sich mehr und mehr in ein mal anlehnungsbedürftiges, mal störrisches Kind. Je nach Stimmung schlägt sie nach den Betreuerinnen oder streichelt ihnen den Nacken.
Die Tür zu Pak Du-ris Zimmer ist halb geöffnet. Die 75-Jährige liegt ausgestreckt auf der Matte in ihrem Zimmer, wie meistens nun. Sie raucht und hustet und steckt sich eine frische Zigarette in ihren zahnlosen Altfrauenmund. Ab und zu trinkt sie einen Schluck aus der Flasche mit Sojamilch; es ist fast das Einzige, was sie noch vertragen kann. Auch Pak Du-ri nimmt am Leben im Haus kaum noch teil.
Kim Sun-duk geht zum Tempel; der schwebt, halb schon im Himmel, in einem runden Türmchen über dem Haus. Über den Hof schallt sanftes Glöckchengekling. Kim Sun-duk ist Buddhistin und betet täglich um ein gnädigeres Schicksal im nächsten Leben.
Wir fragen sie, in welcher Gestalt sie wiederkommen möchte.
Als Soldat, sagt sie.

*) Im Koreanischen und Japanischen steht der Familienname an erster Stelle

Stefan Willeke

Stefan Willeke, geboren 1964, studierte Geschichte und Politik an der Ruhr-Universität Bochum, promovierte 1994 im Fach Wirtschaftsgeschichte. Von 1987 bis 1995 schrieb er als freier Autor für verschiedene Tages- und Wochenzeitungen, vor allem über Themen aus der Wirtschafts- und Arbeitswelt. Seit 1996 ist er Redakteur im Ressort Dossier der ZEIT in Hamburg.

Der Herr der Pleiten

In der Rezession hat er Konjunktur: Jobst Wellensiek, Star der Konkursverwalter. Seit 40 Jahren entscheidet er über Firmenschicksale – retten oder bestatten? Eine Betriebsbesichtigung

von Stefan Willeke
DIE ZEIT
31. Januar 2002

Ein Geschäftsreisender steigt aus dem Zug, ein älterer Herr mit konzentriertem Blick. Sein Haar ist grau, aschgrau wie dieser Münchner Nachmittag. Die welligen Strähnen hat er über dem rechten Ohr gescheitelt und ordentlich zurückgekämmt. Er trägt einen Aktenkoffer aus Leder mit abgestoßenen Ecken. Nichts Auffälliges ist an ihm, außer der Nase vielleicht. Sie hat sich breit gemacht im Gesicht, so breit, dass wenig Platz bleibt für die Augen, so wenig, dass sie in Hautschlitzen versinken, wenn er schmunzelt, und er schmunzelt oft.

Sein Handy bimmelt, etwas Wichtiges muss es sein, denn nur wenige Leute kennen diese Nummer. Der Abteilungsleiter Kredite einer Großbank ruft ihn an, und nun ist klar: Es ist etwas passiert, etwas Bedauerliches, eine kleine Tragödie gewiss, oder eine große. Die Firma Sebold sei pleite, sagt der Abteilungsleiter, die Banken hätten die Notbremse gezogen und alle Kredite gekündigt, der Insolvenzantrag gehe bald raus. Ob er die Sache übernehmen wolle, wird der Geschäftsreisende gefragt, wenn man ihn bei Gericht vorschlagen werde. Sebold, fragt der Mann auf dem Bahnsteig zurück, wer ist das? Max Sebold GmbH, Aschaffenburg, Großhändler, Heizung und Sanitärtechnik. Wie viele Beschäftigte? 750, ungefähr. »Ja gut«, antwortet der Mann auf dem Bahnsteig, er hat es eilig, er wird erwartet auf der Hauptversammlung der Bundesrechtsanwaltskammer. »Ja gut«, kein spektakulärer Fall, aber auch nicht so läppisch, dass einer wie er dankend ablehnen müsste. Einer für die ganz großen Einsätze. Einer, der kam, als die Vulkan-Werft brannte, Klöckner und Interflug. Jobst Wellensiek, der Schatzmeister der Zahlungsunfähigen, der Spezialist für Letzte Hilfe, Deutschlands prominentester Notarzt todkranker Unternehmen.

Insolvenzverwalter heißt sein Beruf, das klingt nach nichts, nach kalter Macht vielleicht noch. Es hört sich an, als gäbe es keine Menschen, nur Akten, keine Gefühle, nur Vorschriften. Doch das ist ein Irrtum, und wenn er sich auflöst, ist das lange Drama zu sehen und dahinter, mal größer, mal kleiner, das Leben von Jobst Wellensiek.

Während Wellensiek sich aufmacht zum Bayerischen Hof in München, wo er die Kollegen von der Anwaltskammer reden hört, über Antiterrorgesetze zum Beispiel, muss in Aschaffenburg Sebolds Hauptgeschäftsführer eine Kapitulationserklärung verlesen. Ein unsägliches Wort muss er verwenden, ein Wort, das ein Manager niemals in den Mund nimmt, solange er nicht muss: Insolvenz – Konkurs sagte man früher. Der Geschäftsführer muss seinen Leuten beibringen, dass die ausgefüllten Überweisungsformulare mit den Monatsgehältern liegen bleiben müssen, dass ein Neuer kommen wird, einer, der sich Insolvenzverwalter nennt, ein Fremder, der es richten soll. Die Nachricht vom Niedergang der Firma Sebold sickert hinaus zu Kunden, Lieferanten, Konkurrenten, wird dort empfangen mit Entsetzen, Trauer oder Jubel, ganz nach Perspektive. Und bei Sebolds Betriebsräten melden sich plötzlich Anwälte, die vorher niemand dort kannte, die sagen, dass sie sich nur mal vorstellen wollten, als ausgewiesene Fachleute für solche Fälle, vielleicht bis bald.

Pionier einer boomenden Branche

Sie wissen nicht, dass eine Aschaffenburger Richterin Jobst Wellensiek bald bestellen wird und der 70-jährige Meister längst bereitsteht. In wenigen Tagen wird einer der jungen Anwälte aus Wellensieks Heidelberger Kanzlei im Aschaffenburger Gewerbegebiet vorfahren und wenig später der große alte Mann persönlich.

»Noch ist der Insolvenzverwalter unschuldig«, sagt Wellensiek, als er an der Autobahnabfahrt Aschaffenburg-Ost den Blinker setzt, »noch habe ich niemandem etwas getan.« Der schwere BMW rollt in den heraufdämmernden Tag, an den Straßen klebt noch Frost, und die entscheidende Frage lautet jetzt: Sebold – sanieren oder liquidieren? Was so viel bedeutet wie: Retten oder bestatten? Die ewige Frage in Wellensieks Leben, die Schicksalsfrage eines Konkursverwalters, und wieder hat er sie so beantwortet, dass alles möglich scheint, alles zum Besten sich wenden könnte. Unter Umständen. »Retten, was zu retten ist.« Das sagt er heute, das sagt er seit 38 Jahren, seit seinem ersten Konkursfall damals, als es nicht viele Rechtsanwälte gab, die sich mit Pleiten befassen mochten. Im Wirtschaftswunderland war er damit noch ein Sonderling, doch später, als die Krisen kamen, Pionier einer boomenden Branche.

Er parkt den Wagen vor der Pforte der Firma, und als er den Kofferraum öffnet, um nach der Aktentasche zu greifen, in der nichts weiter liegt als ein Stapel Visitenkarten und ein abgegriffenes dtv-Taschenbuch *Insolvenzrecht*, nähert sich eine zierliche Frau, die mitgenommen aussieht, doch fröhlich ruft: »Ach, Herr Doktor!« Es ist Theresia Hoffmann, die Vorsitzende des Sebold-Betriebsrats in Aschaffenburg, ihre Augen flackern nervös, und weil sie ihm unbedingt die Hand reichen will zur Begrüßung, schüttelt sie hastig die brennende Zigarette ins Gebüsch. HD-JW, sagt sie, das Kennzeichen dieser Limousine habe sie gleich gesehen, JW, habe sie gedacht, das stehe wohl für Jobst Wellensiek. Das muss er sein. Wellensiek nickt freundlich, er steht im Hemd vor dem Wagen, er friert und streift den langen Wintermantel über. »So ist es richtig«, sagt Theresia Hoffmann, »jetzt bloß nicht krank werden, Herr Doktor. Nicht jetzt.«

Er hasst es, wie Gott aufzutreten

Es ist viertel vor neun, als Wellensiek aus dem Aufzug steigt im Stockwerk der vier Geschäftsführer, die in diesem Moment zu Geschäftsführern mit stark beschränkter Freiheit verkümmern, weil ihnen nichts mehr gestattet ist, was Wellensiek nicht will. Weil sie keinen Bleistift mehr kaufen dürfen auf Kosten der Firma, wenn er es nicht genehmigt.

Wenn es in einer Firma so weit kommt, dass Wellensiek gebraucht wird, dann gilt normalerweise: Wer bisher die Hosen anhatte, der hat sie jetzt voll. Und doch ist es anders, diesmal, als Wellensiek die erste Tür auf dem Chefkorridor öffnet und hinübernickt zu einem Mann, auf dessen Visitenkarte steht: Dr. Ing.

Hans-Gerd Höptner, Vorsitzender der Geschäftsführung. Der Mann hätte Grund, einen niedergeschlagenen Eindruck zu machen, aber er drückt seinen kugeligen Bauch heraus, redet laut und stolz und scherzt in rheinischem Dialekt, als sei er gerade dabei, einen Auftrag an Land zu ziehen. Wellensiek lässt sich nicht anmerken, dass er die Show durchschaut, zu viele dieser Vorstellungen hat er schon gesehen. Er ist es gewohnt, ehemals mächtige Menschen plötzlich nackt zu sehen, Vorstände, Gewerkschafter. Wellensiek setzt sich auf einen Stuhl und schaut Höptner schweigend an. »Gleich beginnen wir mit dem Pokerspiel«, sagt Wellensiek dann. Er braucht diesen Mann noch. Die Firma darf nicht zugrunde gehen. Ein Kredit muss her, sofort, um die nächsten Wochen zu überbrücken, 15 Millionen Euro, damit die Geschäfte, die jetzt gestoppt sind, weitergehen können. Ein Massedarlehen muss Wellensiek zusammenbringen, die Gläubiger sollen es geben, und Höptner muss ihm assistieren. Die Gläubiger, hat Wellensiek erfahren, werden wohl mitmachen. Nur der Chef einer zentralen Einkaufsgenossenschaft, die auch für Sebold stets Waren besorgte, ist störrisch. Den soll Höptner jetzt anrufen, damit er weiterhin liefert. Wellensiek lehnt sich im Stuhl zurück, verschränkt die Arme: »Stellen Sie das Telefon bitte laut!«

Höptner redet auf den Störrischen ein, sein Hals schwillt an, die Wangen erröten. Wellensiek blinzelt hinaus in die Morgensonne, er kennt dieses Spektakel. Sollen die Kinder sich erst einmal balgen, Wellensiek nickt gelassen. Der Störrische will eine Sicherheit für die Lieferung, eine Zusage von der Hausbank, und Höptner ruft dort an. Die Sicherheit soll er bekommen, antwortet die Bank, morgen könne ein Fax rausgehen, wenn er heute verspreche zu liefern. Doch der Störrische ist noch immer nicht einverstanden: Erst die Zusage, dann die Lieferung, nicht umgekehrt.

»Sie wollen kein Risiko eingehen!«, brüllt Höptner ins Telefon, »wir hier gehen ständig Risiken ein.«

»Wir auch«, dröhnt es zurück.

»Dann fahren wir die Karre eben an die Wand, wenn Sie nicht mitmachen. Dann lassen wir den Laden hier eben untergehen.«

»Jetzt lassen Sie die Kirche mal im Dorf, Herr Höptner.«

Wellensiek rutscht hin und her auf seinem Stuhl, jetzt mischt er sich ein. »Hier Wellensiek.« Er schaut auf die Uhr, noch fünf Minuten bleiben bis zur Betriebsversammlung, »Sie wissen, dass Sebold jetzt keine Löhne und Gehälter zahlt. Eine solche Firma rechnet sich.« Dann redet Höptner wieder mit dem Störrischen, und als sie sich schließlich auf einen Lösungsweg geeinigt haben, beugt sich Höptner über den Lautsprecher des Telefons für ein trainiertes, triumphierendes Lachen, legt auf und sagt über den Mann am anderen Ende der Leitung: »Den kochen wir weich.« Höptner macht ein Gesicht, als erwarte er ein »Bravo«, ein »Gut gemacht« zumindest, aber Wellensiek schaut durch ihn, als sei er Luft: »Wir müssen jetzt los, glaube ich.«

Ein Wunderheiler wird stets gesucht in den strauchelnden Betrieben. Ein Wunderheiler ist nie in Sicht, aber Wellensiek ist in Sicht. Dann soll doch der ein Wunder vollbringen, fordern die Verzweifelten oft, nur dieses eine Mal, ein kleines Wunder zumindest. »Herr Wellensiek, wir schließen Sie in unsere Gebete ein«, beschwor ihn einst ein Betriebsrat der untergegangenen Vulkan-Werft; »mir brach der Schweiß aus«, sagt Wellensiek, »das sind die Situationen, wo man denkt: Nie wieder dieser Job.« Deshalb hasst er den Gedanken so sehr, wie Gott aufzutreten. Die Last sei schon groß genug, wenn andere ihn in der Not mit Gott verwechseln. Dabei müsste sich herumgesprochen haben, dass Gott keine Konkurse verwaltet.

Es ist kurz nach neun, im großen Schulungsraum wird Wellensiek erwartet. Da sitzen sie alle, die Beschäftigten eines zahlungsunfähigen Arbeitgebers, Reihe für Reihe auf hölzernen Stühlen, und weil der Raum zu klein ist für diesen Tag, an dem dieser Rechtsanwalt aus Heidelberg Schicksal spielen soll, hocken sie auch auf Treppenstufen und lehnen an

Wänden, tuschelnd, murrend, wispernd. Der erste Platz in der ersten Reihe ist noch frei, und während Wellensiek sich setzt, hebt der noch amtierende Hauptgeschäftsführer Höptner an zu einem dröhnenden Eröffnungsmonolog. »Nicht viel wird sich ändern, jetzt, in der ersten Zeit«, erklärt er den Leuten, »alles geregelt.« Und als sie ihn reden hören, herrisch und selbstzufrieden, als blicke er zurück auf eine unbeschwerte Epoche, lauern Wut und Verachtung in ihren müden Augen. Ganz vorn sitzt eine junge Buchhalterin auf einem Treppenabsatz. Ihr Gesicht ist so weiß wie ihre Bluse. Sie strengt sich an, die Tränen zu unterdrücken.

»Es ist ein Zeichen von Schwäche, gegenüber schwachen Menschen seine Stärke zu demonstrieren«, wird Wellensiek sagen, später, als er wieder im Auto sitzt, nicht jetzt. Er stellt sich vor das Publikum und macht eine einladende Handbewegung. Er steht ganz ruhig, als könne nichts ihn erschüttern. Bloß keine Unruhe in diesen unruhigen Zeiten, bloß kein Chaos, davon ist schon genug in den Köpfen. Er hebt den Kopf, wartet einen Moment, und als niemand mehr flüstert, ergreift er das Wort. Dass bald wieder Geld komme, kündigt er an, Geld, das nicht mehr Gehalt heißt, sondern Insolvenzgeld, gezahlt vom Staat. Zwei Monate noch werde es überwiesen, bis zur Eröffnung des Insolvenzverfahrens. Der gut gelaunte Unterton seiner Stimme macht den Zuhörern Mut: Mensch! Bald wieder Geld! Doch was ist in zwei Monaten? Ach, sagt Wellensiek, denken wir erst mal an die kommenden Wochen, »wir gemeinsam«, er lächelt von links nach rechts durch den Schulungsraum, und nichts ist von der Anstrengung zu merken, in bleiche Gesichter zu lächeln. Er ist geübt darin, wie ein Arzt, der immer mit Sterbenskranken zu tun hat, und immer muss er ans Schlimmste denken, doch der Arzt legt die Hand auf die Schulter und spricht: »Wird schon wieder. Wir schaffen das schon.«

Das Massedarlehen, die Lebenshilfe für die kommenden Wochen, werde bald stehen, verspricht Wellensiek, ein kleiner Schritt nur noch, dann sei es da, und Badewannen dürften wieder gekauft werden und Fliesen und alles andere, mit dem Sebold immer schon handelte. Mensch, bald geht es weiter, liest er in Gesichtern. Zuhörer stoßen einander an, die erste Dosis Hoffnung hat schon gewirkt. Könnte doch sein, dass Wellensiek in seiner Branche zu Recht so berühmt ist. Einen Namen hat er sich gemacht als behutsamer Operateur, in der Schwerindustrie vor allem. Die Expo-Reste wickelt er auch gerade ab, meistens dienstags. Von Betriebsräten im ganzen Land wird er geschätzt. Er berät sich oft mit ihnen, bevor er sägt und schneidet, damit sie rechtzeitig wissen, wo es wehtun wird.

Jeder Bankrott lockt Aasgeier an

»Beeilen« müsse er sich, sagt Wellensiek den Leuten von Sebold, »sehr beeilen«, um einen »Übernehmer« zu finden, eine solide Firma, die Sebold kaufen will zu einem ordentlichen Preis, »eine Sprintstrecke« liege vor ihm. Den Grund für die Hast nennt er nicht: Ein Großhandel hat nichts Einmaliges zu bieten, und wenn die Geschäfte blockiert sind wie jetzt, laufen Kunden bald zum nächstbesten Großhandel, nichts ist mehr zu retten, und keiner will einen Großhandel ohne Kunden kaufen. »Bitte denken Sie nicht«, sagt Wellensiek am Ende, »dass in zwei Monaten Schluss ist. Wir finden einen Übernehmer, bestimmt. Schon morgen beginnen die Verhandlungen.« Sie klatschen, ein paar Sekunden lang, als er sich wieder setzt.

Vier Stühle neben Wellensiek fährt einer ständig mit einem teuren Kugelschreiber übers Papier, als sei er fürs Protokoll eingeteilt. Sein Großvater hat diese Firma geschaffen, und Ralph Sebold, 36 Jahre alt, Geschäftsführer bei Sebold, inzwischen Sebold i. I., in Insolvenz, der letzte Sebold gewissermaßen, fühlt sich kraftlos in diesem Moment. Konkurs?, haben einige vor Monaten schon gefragt – unwahrscheinlich, hat er stets geantwortet.

»Ich muss jetzt los«, ruft Wellensiek zum Abschied, »Sie wissen, die Sprintstrecke.« Dann dreht er sich weg, und viele Augenpaare drehen sich mit. Wellensiek schreitet nicht, er stapft davon, und wenn die Schritte schneller werden, schaukeln die Schultern. Ein großer Kopf steckt auf einem breiten Rumpf, getragen von wackligen Beinen. Ein Wesen wie aus einer anderen Zeit. Ein Saurier läuft da, ein Saurier des rheinischen Kapitalismus.

Jobst Wellensiek spielt keine Rollen, egal, wie vielen Schauspielern er begegnet. Es käme ihm lächerlich vor, sich zu verstellen. Er macht sich nicht geheimnisvoller, als er ist. Er versteht nicht viel von edlen Weinen. Er spielte Fußball bis vor einigen Jahren, als Verteidiger. Er zupft die Salatblätter heraus, wenn ihm der Chauffeur ein Sandwich reicht. Er spricht mit einem Pförtner kaum anders als mit einem Minister. Er sammelt Zinnsoldaten – er hat die Größe, klein zu sein, wenn ihm danach ist. Wer in Etiketten denkt, Strategien und Managementtricks, muss darin eine raffinierte Masche sehen. Jobst Wellensiek aber ist schon wieder dem Massedarlehen hinterher, und die Betriebsrätin Theresia Hoffmann tastet nach wärmenden Worten. »Tragt eure Ängste vor«, bittet sie in Sebolds Schulungsraum mit brüchiger Stimme. Wir Seboldianer, sagt sie später, im Korridor zum Schulungsraum, wo Getränkeautomaten glucksen. »Wir haben so einen guten Namen.« 50 Paare hätten in dieser Firma sich kennen gelernt, 50 Ehen habe Sebold gestiftet, dieses »Heiratsinstitut«. Man habe sich stets so wohlgefühlt in diesem gutmütigen Unternehmen. Mehr als 50 Jahre lang gute Gehälter, mehr als 50 Jahre lang keine Entlassung. Bis Höptner auftauchte vor gut einem Jahr.

»Ich bin der Sanierungsmanager, aber die Zeit hat nicht gereicht.« Hans-Gerd Höptner übernahm die Geschäfte auf Drängen der Banken, um die heraufziehende Krise abzuwenden. »Letztlich fehlte frisches Geld.« Er dreht sich lässig im Bürostuhl und bastelt Papierhüte aus Notizzetteln. Er hat jetzt wieder mehr Zeit, Wellensiek ist im Haus. Kollabierende Firmen sind Höptners Spezialität, er bleibe nur kurz und springe danach »wieder in einen anderen Schietteich«, sagt er. »Das ist mein zehnter Sanierungsfall«, er überlegt, »oder der zwölfte.« Und sein zweiter, bei dem es schief ging. Kann passieren, meint er, Hochrisikogruppe eben. »Ich habe nicht das Gefühl, versagt zu haben.«

Verwöhnt seien Sebolds Leute gewesen, als er kam, »alle verpimpelt hier«. Hunderte Jobs habe er abgebaut, Niederlassungen geschlossen, den eigenmächtigen Provinzfürsten der Tochterfirmen Beine gemacht, säumigen Kunden ebenso, nichts mehr in Sebolds Sozialkasse gezahlt, die bei privater Not half. »Ich komme um fünf vor zwölf, Wellensiek um fünf nach. So ist das.« Höptner reckt sich gähnend, und seine Sekretärin tippt Briefe, die neuerdings mit der Formel beginnen: »Der Linksunterzeichnende, d. h. Herr Dr. Wellensiek, hat die Geschäftsführung ermächtigt …«

Das Massedarlehen steht noch immer nicht, sechs Tage später. Ein Unternehmen ist eingeschaltet, das Ausschau halten soll nach attraktiven Sebold-Käufern, und einige haben schon angerufen in Wellensieks Kanzlei. »Nerven behalten«, sagt Wellensiek, »nicht sofort ein Geschäft machen. Bluffer könnten dabei sein.« Und Aasgeier natürlich, die seien bekannt in der Branche, die suchten nach Schnäppchen und seien bereit, jede Firma zu zerfleddern. Die ruft Wellensiek erst gar nicht zurück, die sind ihm zuwider. Die kennen Verantwortung nicht, und Mitgefühl auch nicht. Die sind, wie manch andere Insolvenzverwalter auch, gierig nach Pleiten, Parvenüs der Rezession. Liquidieren oder sanieren? Es könnte Jobst Wellensiek gleichgültig sein, denn so oder so bekommt er am Ende Honorar. Liquidieren beginnt mit dem Satz: Es tut mir leid. Sanieren beginnt mit dem Satz: Es gibt Hoffnung. Und wenn die Hoffnung trügerisch ist, endet Sanieren mit dem Satz: Es tut mir leid. Liquidieren ist einfach, Sanieren kann die Hölle sein.

Jobst Wellensieks Nacht war unruhig. Um fünf Uhr wollte er aufstehen, um vier lag er schon wach. Die Maxhütte in der Oberpfalz, was kann aus ihr werden? Wenn es der Maxhütte schlecht geht, macht Wellensiek sich Sorgen. Er muss jetzt dorthin, es geht ihr gar nicht gut. Seit 15 Jahren ist dieses Werk sein Fall, sein Pflegefall. Er muss sich kümmern. Wellensiek sitzt in einem blauen BMW aus Beständen der Maxhütte, den Chauffeur kennt er gut, auch der aus Beständen der Maxhütte. Die Konkursmasse, gewissermaßen, fährt ihn nach Sulzbach-Rosenberg, wo es ein Stahlwerk zu verkaufen gibt, das niemand kaufen will, noch immer nicht. Der erste Konkurs war überstanden, ein frischer Name gefunden, »Neue Maxhütte«, das Rohrwerk verkauft, und doch schon wieder Konkurs, der neue Konkurs der Neuen Maxhütte. »Das Ende naht«, hat Wellensiek neulich im bayerischen Wirtschaftsministerium gewarnt, aber jetzt, auf dem Weg zu seinem Patienten in der Oberpfalz, will er vom Ende nichts mehr wissen. Es darf nicht zu Ende gehen, und man ahnt, warum, wenn er sich neben den Hochofen stellt, der Konkursverwalter neben sein Pflegekind. Zwei Spezies derselben Gattung glaubt man zu sehen, zwei Geschöpfe der verblichenen Industriegesellschaft. Beide sind in die Jahre gekommen, doch beide haben einander noch viel zu sagen.

Den Lenkungsausschuss will Wellensiek sprechen, ein kleines Notkollektiv zur Führung des Werks, Abteilungsleiter, Betriebsräte. Sie versammeln sich um einen polierten Eichentisch, Wellensiek allein vor Kopf, mit Blick auf die Bücherwand. 6 Millionen Euro müssen reinkommen in diesem Jahr, für Umweltinvestitionen im Werk, Aufschub unmöglich. »Wir machen Schluss«, sagt Wellensiek, »oder wir bringen einschneidende Opfer ohne Garantie auf Erfolg.« Noch einmal 200 Leute abbauen bedeute das. »Wollt ihr den Überlebenskampf?«, fragt Wellensiek, lauter als gewöhnlich. Er sucht nach Blicken, die etwas sagen, aber er findet sie nicht. Die Männer senken die Köpfe und schweigen. »Aufbruchstimmung muss sein, damit es gelingt.« Eine Reaktion will er herausfordern, irgendeine, die ihm sagt, laut und selbstbewusst: Ja oder nein. Rettungsversuch oder Tod, was denn nun? Einer hustet in die Stille und errötet. »Keine Augenwischerei jetzt. Wir brauchen die Millionen. Wir können nicht so tun, als ginge all das auch langsam. Da mache ich nicht mit.« Endlich nicken die Männer. Es muss wohl sein, soll das bedeuten. »Alles ist besser, als aufzugeben«, sagt einer. Einen unbedingten Willen zum Weitermachen hat Wellensiek nicht gespürt, Aufbruchstimmung auch nicht, doch auch ein leises Bekenntnis ist ihm genug für den Augenblick. Weitermachen.

Er ist guter Dinge, als er dem Hochofen den Rücken zudreht und auf den Parkplatz läuft. Bei längerem Hinschauen erkennt man, dass Wellensiek ein Bein nachzieht, nur leicht, fast unmerklich. Er hat seit einem halben Jahr eine künstliche Hüfte. Es war das erste Mal in seinem Leben, dass er ernsthaft krank war. Nach der Operation musste er wieder laufen lernen. Er setzte alles daran, seinen Körper schnell zu sanieren.

Fast nie gelingt es Wellensiek, alle Arbeitsplätze eines angeschlagenen Unternehmens zu retten, und nie hat Wellensiek am Ende große Lust, auf das Erreichte »ein Glas Champagner zu trinken«. Und dennoch überlebt sein Optimismus jeden Konkurs, solange er glaubt, das Schlimmste verhindert zu haben. Wellensiek hat überschlagen, dass er in seinem Leben mehr Arbeitsplätze erhalten als geopfert hat. Er hätte genauso gut sagen können: Mein Leben hat einen Sinn.

Die Banken sollen mitziehen

Sebolds Massedarlehen steht. Endlich, die erlösende Nachricht spricht sich sofort herum. Wellensiek hat es also doch geschafft. Jetzt wird alles gut, meinen Sebolds Leute, und Jobst Wellensiek sagt: »Es läuft wie am Schnürchen.« Auch eine Übernahme scheint jetzt möglich, einige Angebote sind da, darunter ein vielversprechendes, das einer Bremer Firma. »Einen besseren Übernehmer werden wir nicht kriegen«, sagt der Insolvenzverwalter, »wenn die Banken nicht mitziehen sollten, wäre das verantwortungslos.« Die Banken sammeln sich schon auf dem Parkplatz der Sebold-Zentrale. Männer in grauen Anzügen stellen Aktenkoffer zu einem Kreis, wedeln mit Mappen, strecken die Brust heraus. Sie spielen sich etwas vor, könnte man meinen, von hier oben, aus Wellensieks Perspektive betrachtet, vom Zimmer des noch amtierenden Hauptgeschäftsführers aus, wo doppelverglaste Fenster die Außenwelt tonlos stellen. Zwei junge Banker entfernen sich vom Rudel, sie wollen Wellensiek sprechen, noch vor der Debatte gleich. »Verpflichtungen«, sagt der eine und redet auf ihn ein. Wellensiek sitzt, die Banker stehen. »Es wird ernst«, sagt der andere und atmet tief ein. So geht das Minuten lang, »Zahlungsforderungen«, »Millionen« – Kürzel fliegen durch den Raum. Die Banker stehen noch immer, Wellensiek sitzt. Sie beugen sich vorsichtig zu ihm herüber, auf eine Antwort lauernd, doch weil Wellensiek aus dem Fenster schaut, reden sie weiter, hektischer nun, drängend. »Na«, antwortet Wellensiek plötzlich und mustert die zerfransten Wolken am Horizont, »na, meine Herren, Hauptsache, es schneit nicht.«

Wortlos stehen die Banker vor ihm, verdutzt, und sowenig sie begriffen haben von dem, was gerade passiert ist, so sehr haben sie gespürt: Das da kann man in keinem Seminar lernen, man kann es nicht proben und nicht planen. Das da war ein Funke von Macht. Wellensiek beginnt zu lachen, heftig, beinahe lautlos. Er lacht in sich hinein mit aller Gewalt, und seine Glieder schlackern beim Lachen, als seien sie nur lose angeschraubt. Er implodiert vor Vergnügen. Für einen jungen Banker muss es ein mulmiges Gefühl sein, einen Saurier lachen zu sehen.

Weiße Listen, schwarze Listen

»Gehen Sie schon vor«, sagt Wellensiek, »ich habe noch was zu erledigen.« Als er von der Toilette kommt, zieht eine Karawane Kreditgeber vorbei an Waschbecken und Spiegelschränken, und auf der Tür zum Hinterzimmer, dem Raum der Entscheidungen, wirbt ein Plakat: »Mit dem Meister baden gehen«. Papiere sind vorbereitet, »Verhandlungsstand«, die Kandidaten 1, 2 und 3 aufgelistet, die Sebold kaufen wollen, und bevor es in die Details geht, sagt Wellensiek: »Die Flucht nach vorn ist die Lösung, nicht die Zerschlagung.« Er erinnert an sein Versprechen, viele Arbeitsplätze zu erhalten, und dann noch: »Ich glaube, dass es auf eine klare Entscheidung hinauslaufen wird, aber ich will nicht vorgreifen.« Die Bremer, Wellensieks Favoriten, wollen die gesamte Firma übernehmen, mit fast allen Niederlassungen, und 400 Beschäftigte dazu, 400 von jetzt 750. Kandidat 2 will nur ausgewählte Standorte haben und noch weniger Leute, bei Kandidat 3 bleibt alles unverbindlich. Jetzt müssen sie reden, im großen Kreis, Streuselkuchen steht bereit. »Was fließt an uns?«, fragt einer mit Schnäuzer. – »Wann könnte man zum Abschluss kommen?«, fragt einer, der fortwährend die Nase rümpft. – »Es gibt noch ein gewisses Risiko«, behauptet einer mit gerötetem Gesicht. Und als sie sich hineinzureden drohen in ein Hin und Her ohne Ziel und ohne Richtung, erhebt sich Wellensiek und führt die Lesebrille wie einen Taktstock. »Ich lasse mich, schon altersbedingt, nicht aus der Ruhe bringen, aber: Es zerläuft, wenn Sie jetzt nicht entscheiden wollen.« Zwei der Debattierer ziehen sich zurück in ein Nebenzimmer, »wir müssen uns separieren, nur zehn Minuten«, der mit dem Schnäuzer seufzt, und als eine weitere halbe Stunde verrinnt, ohne dass die aus dem Nebenzimmer zurückgekehrt sind, ist sich Wellensiek ganz sicher, dass die Bremer den Zuschlag erhalten werden, ganz sicher, dass hier eine Show abläuft, die er schon kennt. Er winkt in den Raum: »Auf Wiedersehen. Ich muss los.« Als er die Tür hinter sich geschlossen hat, nuschelt der mit dem Schnäuzer in ein Stück Apfeltorte: »Das ist vielleicht einer. Wellensiek, der beherrscht den ganzen deutschen Raum.« 40 Minuten später beschließen 22 Banker, dass Sebold an die Bremer gehen soll.

Von Jobst Wellensiek ist wenig zu erfahren über Jobst Wellensiek. Er hört genau hin, wenn andere über ihn urteilen, aber er selbst gibt nur zögerlich Auskunft über das, was ihn bewegt. Vielleicht darf sich in ihm nicht viel bewegen, damit der Verwalter Wellensiek viel bewegen kann. Er wolle nur wenig Gefühl in einen Fall legen, sagt er das eine Mal. Es falle ihm schwer, seine Gefühle aus dem Verfahren herauszu-

halten, sagt er das andere Mal. Das klingt widersprüchlich, schwer vereinbar mit dem so geradlinig wirkenden Jobst Wellensiek, der gewohnt ist, die Richtung zu weisen, rauf, runter, sanieren, liquidieren.
Die Nachricht von der bevorstehenden Übernahme durch die Bremer rast durchs Haus. Ralph Sebold ahnte es längst. Die Bremer haben schon vorgefühlt, einen neuen Firmenchef ausgeguckt, einen neuen Firmennamen auch, in dem sein Familienname an die zweite Stelle rücken soll, und den Noch-Geschäftsführer Ralph Sebold haben sie gefragt, ob er künftig Prokurist sein wolle. Ja, hat der gesagt und sich eingeredet, dass weniger Veranwortung ganz schön sei. Sein Zeitgefühl sei verschwunden, sagt er jetzt und denkt zurück an all die Zuversicht, die hochfliegenden Pläne, diesen Laden zu übernehmen, mit seinem Bruder und den Cousins, diesen Familienladen. »Die Mitarbeiter sind die Seele des Unternehmens«, war sein Großvater überzeugt, der Firmengründer. Jetzt sollen 350 von ihnen gehen, vorerst zu einer Beschäftigungsfirma. Die Bremer wollen ein schlankes Unternehmen, eines, das sich rechnet im neuen Verbund. Wellensiek sagt: »Es ist heute leider schon ein Erfolg, wenn die Hälfte der Arbeitsplätze erhalten bleibt.«
Listen müssen sie jetzt bei Sebold anfertigen auf Geheiß der Bremer, so genannte weiße Listen mit den Namen aller, die bleiben dürfen, schwarze Listen mit den Namen der anderen. Der neue Firmenchef wählt aus nach Leistungsmerkmalen, die Betriebsräte reden mit nach sozialen Merkmalen. Sie verhandeln lange, die Listen stehen, doch wo welcher Name aufgeführt ist, bleibt vorerst geheim. Fünf Wochen noch bis zum Neubeginn, »es läuft reibungslos«, hört man Wellensiek sagen, und die Bremer laden Sebolds Führungskräfte in die Stadthalle ein, auf gute Zusammenarbeit demnächst. Wellensiek bricht nach Brasilien auf, Termine, sein junger Kollege Christoph Scholl betreut den Fall Sebold nun eine Weile allein, alles eingestilt, kann eigentlich nichts mehr schief gehen.
Christoph Scholl sitzt mit Anwälten in Frankfurt zusammen, um an den Verträgen der Übernahme zu schleifen, als ihn aus Aschaffenburg ein Notruf erreicht: Ein Fax ist eingetroffen, um 11.29 Uhr. Die Bremer wollen nicht mehr. Die Käufer in spe, liest Scholl, werden sich »aus dem Verfahren zurückziehen«. Die Vertragsentwürfe passten ihnen nicht, und außerdem hätten wichtige Mitarbeiter die Firma schon verlassen. Noch keine Übernahme ist an einem Entwurf gescheitert, denkt Scholl, wo liegen die wahren Gründe? Scholl ruft in Bremen an, versucht, auf den Geschäftsleiter einzuwirken, doch er rennt gegen Wände. Nichts weiter ist herauszukriegen, nichts einzurenken. Ende der Übernahme, aus.

Vom Betriebsrat ein Geschenk

»Bitte Herrn Scholl zurückrufen« steht auf dem Zettel, der Wellensiek zugesteckt wird auf der Gesellschafterversammlung eines Unternehmens in São Paulo, und Wellensiek rätselt: Ein neuer Fall, oder ist was geplatzt? Er sagt nicht viel, als Scholl ihm am Telefon die gewendete Lage erklärt, er fragt: »Soll ich mich einschalten?« – »Nein«, rät ihm Scholl, »da ist nichts mehr zu machen.« Schließlich sagt Wellensiek:»Rette, was zu retten ist.« Wenn in diesem Satz eine Tragik liegt, dann die, dass ein Saurier des fürsorglichen Kapitalismus durch Trümmer stapft, um den fürsorglichen Kapitalismus vor dem Aussterben zu bewahren, und ihn dennoch, manchmal, beerdigen muss.
Die Zeit drängt, und ein Unternehmen, das Sebold komplett übernehmen würde, ist jetzt nicht mehr zu finden. Scholl muss handeln: Zerteilen muss er Sebold in appetitliche Häppchen und an den Meistbietenden einzeln verkaufen, scheibchenweise. Als Ralph Sebold erfährt, dass er nicht mehr Prokurist wird in diesem Haus, weil es dieses Haus bald nicht mehr geben wird, will er es erst nicht glauben. Gerade hat er noch Fahrer angeworben und meinte, im Auftrag der Bremer zu handeln. Er weiß nicht, was werden soll. Er fährt heim und setzt sich allein vor eine Flasche Bier.
Als Theresia Hoffmann hört, dass schwarze Listen nicht mehr gebraucht werden, weiße auch nicht, hat

sie gerade die Briefe an alle Kollegen der schwarzen Liste unterzeichnet, sie eingeladen zu einer Betriebsversammlung, der Stunde der Wahrheit. Es ist ihr Hochzeitstag, und als sie die Briefe wegwirft, staunt sie über sich selbst, weil sie sich erleichtert fühlt: »Plötzlich sind wir keine Zweiklassengesellschaft mehr, wir sind alle wieder gleich.« Doch dieser Gedanke wird schnell verschluckt von einem anderen: »Ich hab 33 Jahre für die Katz geschafft.« Sie schlägt die Hände vors Gesicht, sie will nicht weinen, aber sie weint. Wenn eine Marlboro verglimmt, steckt sie die nächste an und sagt: »Ein Wirtschaftskrimi ist ein Dreck dagegen.«

16 von 26 Standorten der Firma sind verkauft, erfährt Wellensiek nach der Rückkehr aus Brasilien, auf den dicksten Brocken aber bleibt er wohl sitzen. 150 von ehemals 750 Sebold-Mitarbeitern bekommen bald neue Verträge von neuen Arbeitgebern. Die Übriggebliebenen werden freigestellt. Nur ein »Abwicklungsteam« wird für wenige Monate noch benötigt, 120 Leute etwa, um ausstehende Gelder einzutreiben oder Lager leer zu räumen.

Theresia Hoffmann arbeitet wieder an einer Liste, an einer neuen, auf der die Namen der Kandidaten fürs Abwicklungsteam stehen, Ralph Sebold wird eine befristete Stelle angeboten im Abwicklungsteam, Sanierungsmanager Höptner verspricht, noch einmal vorbeizuschauen auf ein Lebewohl, die Banken sind nicht unzufrieden, denn der Preis, den die Bremer zahlen wollten, lag ohnehin nur ein bisschen über Sebolds aktuellem »Zerschlagungswert«. Und Wellensiek sagt: »Eine Bruchlandung ist das nicht. Es hätte noch schlimmer kommen können.«

Tagesordnungspunkt 3: »Dr. Wellensiek über die aktuelle Situation der Maxhütte«. Jetzt steht er wieder auf diesem Podest, zum 40. Mal wohl schon in seinem Leben, in dieser Kanzel mit dem zerfasernden Furnier, die Menge ist mürrisch, wie so oft, hier in der mechanischen Hauptwerkstätte des Stahlwerks, wo Arbeit immer nach Öl riecht, und Arbeit ist immer das Problem. 200 Stahlwerker müssen bald gehen, sie wissen es schon. Doch die Hütte wird bleiben, vorerst, und Wellensiek ebenso. Die Hütte und Wellensiek, sie sind wie ein altes Paar. Sie zanken sich manchmal, schweigen sich an, vertragen sich aber immer wieder. Sie zweifeln nicht, ob sie altmodisch sein könnten. Sie sind ganz einfach vorhanden, und sei es auch nur, um den Jüngeren zu bedeuten, wie sich Sturheit anfühlt.

»Es ist das Verdienst aller, dass wir uns im Konkurs halten können«, sagt Wellensiek vor den Arbeitern in der Halle. »Es ist gelungen, das Unternehmen fortzuführen.« Und als ein Stahlwerker wütend aufs Podest klettert: »Herr Wellensiek, es kommt nichts raus, nichts«, ist der Chef des Betriebsrates außer sich, als habe der Kollege gerade ein Heiligtum geschändet.

Nachdem sich die Versammlung aufgelöst hat, erwarten ihn die Betriebsräte. Ein Bild wollen sie ihm noch schenken zum Abschied, auf ein Wiedersehen. Etwas für die Ewigkeit. Ein Aquarell überreichen sie ihm, die Maxhütte in versöhnlichen Tönen, ein freundlicher Riese auf grünem Grund. Der Himmel über der Hütte ist blau. Jobst Wellensiek weiß noch nicht, wo er das Bild hinhängen soll. Er hat wenig Zeit, darüber nachzudenken, es gibt einen neuen Fall, eine Halbleiterfabrik in Südbaden. Die Beschäftigten erwarten ihn schon. Munkeln werden sie wieder, hoffen und bangen. Schicksalmacher möge er sein, ein Überirdischer, gerichtlich bestellt, irgendein erstaunliches Wesen zumindest, ein König der Saurier vielleicht.

Sie wissen nicht, dass Jobst Wellensiek kaum etwas unangenehmer ist, als für ein Symbol gehalten zu werden.

Die bisherigen Gewinner des Egon Erwin Kisch-Preises

1977

1. Preis **Peter Sartorius**
»Blindekuh unterm Nordkap«
Süddeutsche Zeitung

2. Preis **Marie-Luise Scherer**
»Alltag einer Trinkerin«
DER SPIEGEL

3. Preis **Roger Anderson**
»Zirkus Rodeo«
GEO

1978

1. Preis **Hans-Joachim Noack**
über Boxer Conny Velensek
Frankfurter Rundschau

2. Preis **Stefan Klein**
über Maidanek-Prozeß
Süddeutsche Zeitung

3. Preis **Peter Sartorius**
»Das Revier der hungrigen Wölfe«
Süddeutsche Zeitung

1979

1. Preis **Stefan Klein**
»Blutsauger im Akkord«
Süddeutsche Zeitung

2. Preis **Marie-Luise Scherer**
»Auf deutsch gesagt: gestrauchelt«
DER SPIEGEL

3. Preis **Benno Kroll**
»Charlys treuer Killer«
GEO

1980

1. Preis **Rolf Kunkel**
»Tod am vierten Hindernis«
GEO

2. Preis **Volker Skierka**
»Irgendwann packt dich 'ne einzige Wut«
Süddeutsche Zeitung

3. Preis **Peter Brügge**
»Herr Meier, wo Blumen, wo Sommer?«
DER SPIEGEL

1981

1. Preis **Emanuel Eckardt**
»Spiel ohne Grenzen«
stern

2. Preis **Günter Kahl**
»Die Komplizen«
Sozialmagazin

3. Preis **Paula Almquist**
»Die Einsamkeit der Rita M.«
stern

1982

1. Preis **Jürgen Leinemann**
»Ich muss doch die Sozis bändigen«
DER SPIEGEL

2. Preis **Hans Conrad Zander**
»Die Diebe von Köln«
stern

3. Preis **Georg Hensel**
»Und viel Spaß am Leben«
Frankfurter Allgemeine Zeitung

1983

1. Preis **Peter Sartorius**
»Herantasten ans Unbegreifliche«
Süddeutsche Zeitung

2. Preis **Dr. Hans Halter**
»Das Spenderherz darf nicht sterben«
DER SPIEGEL

3. Preis **Evelyn Holst**
»Es ist so still geworden bei uns«
stern

1984

1. Preis **Peter Matthias Gaede**
»Die Startmaschine«
GEO

2. Preis **Herbert Riehl-Heyse**
»Das Playmate vom Hasenbergl«
Süddeutsche Zeitung

3. Preis **Wilhelm Bittorf**
»Die Habichte sind im Nest«
DER SPIEGEL

1985

1\. Preis **Gerd Kröncke**
»Der Maestro aus der Schildergasse«
Süddeutsche Zeitung

2\. Preis **Axel Arens**
»Manhatten, Brooklyn und Bronx: Gott aber wohnt in Kalifornien«
FAZ-Magazin

3\. Preis **Markus Peichl**
»Über einen, der sitzt«
TEMPO

1986

1\. Preis **Cordt Schnibben**
»Die Karriere eines Kriegsverbrechers«
DIE ZEIT

2\. Preis **Carlos Widmann**
»Kleine, böse Welt«
Süddeutsche Zeitung

3\. Preis **Christian Jungblut**
»Als Knecht im Garten Eden«
GEO

1987

1\. Preis **Peter Schille**
»Er ist ein wildes Tier«
DIE ZEIT

2\. Preis **Johanna Romberg**
»Immer an der Emscher lang«
GEO

3\. Preis **Axel Hacke**
»Die lange Gerade ins schwarze Loch«
Süddeutsche Zeitung

1988

1\. Preis **Michael Gleich**
»Chile im Jahr der Entscheidung«
FAZ-Magazin

2\. Preis **Erwin Koch**
»Falls Roads«
Tages Anzeiger Magazin

3\. Preis **Wibke Bruhns**
»Die Mauer der Versöhnung«
GEO

1989

1\. Preis **Birgit Lahann**
»Spiel mir das Lied von Bonn«
stern

2\. Preis **Christoph Scheuring**
»Die sich selbst ein Rätsel sind«
GEO

3\. Preis **Peter Sager**
»Tanja Ballerina«
ZEITmagazin

1990

1\. Preis **Christoph Scheuring/ Pseudonym Birgit Saß**
»Ein tödliches Fleckchen Unschuld«
Transatlantik

2\. Preis **Matthias Matussek**
»Rodeo im wilden Osten«
DER SPIEGEL

3\. Preis **Axel Hacke**
»Die Angst vor dem Leben nach der Agonie«
Süddeutsche Zeitung

1991

1\. Preis **Andreas Altmann**
»Äthiopien ganz nah: Leben am Rand der Welt«
FAZ-Magazin

2\. Preis **Margit Sprecher**
»Wie eine Kampfsau, schwarz im Gesicht«
WELTWOCHE

3\. Preis **Jürgen Neffe**
»Der Fluch der guten Tat«
GEO-WISSEN

1992–93

Ab 1993 wird der Egon Erwin Kisch-Preis nach dem Jahr der Preisverleihung benannt und nicht mehr – wie bisher – nach dem Jahr der Reportagen. Deshalb fehlt 1992.

1993

1. Preis **Alexander Osang**
»Mein Heim ist doch kein Durchgangszimmer«
Berliner Zeitung
2. Preis **Uwe Prieser**
»Swetlana Boginskaja«
FAZ-Magazin
3. Preis **Johanna Romberg**
»Karlagin – bitte 4x klingeln«
GEO-Special Russland

1994

1. Preis **Peter Haffner**
»Polski Blues«
NZZ-Folio
2. Preis **Alexander Smoltczyk**
»Ein himmlischer Tropfen«
GEO
3. Preis **Christoph Dieckmann**
»Eine Liebe im Osten«
DIE ZEIT

1995

1. Preis **Alexander Smoltczyk**
»Das Loch in Mitte«
Wochenpost
2. Preis **Barbara Supp**
»Herr Bui möchte bleiben«
DER SPIEGEL
3. Preis **Holde-Barbara Ulrich**
»Dann eben im sitzen!«
ZEITmagazin

1996

1. Preis **Erwin Koch**
»Der Mensch Paul«
Das Magazin
2. Preis **Angelika Overath**
»Bis ins Mark«
ZEITmagazin
3. Preis **Antje Potthoff**
»Sag es. Damit es ein Ende hat«
Süddeutsche Zeitung Magazin

1997

1. Preis **Kuno Kruse**
»Das Land, in dem die Gräber reden«
DIE ZEIT
2. Preis **Carmen Butta**
»Das Wispern im Palazzo«
GEO-Special
3. Preis **Thomas Hüetlin**
»Hier ist Totentanz«
DER SPIEGEL

1998

1. Preis **Dirk Kurbjuweit**
»Die Folter war sauber und ordentlich«
DIE ZEIT
2. Preis **Kai Hermann**
»Eine Liebe in Berlin«
stern
3. Preis **Stephan Lebert**
»Der letzte Umzug«
Süddeutsche Zeitung

1999

1. Preis **Birk Meinhardt**
»Alle sind wir da, bis auf Erich Honecka«
Süddeutsche Zeitung
2. Preis **Alexander Osang**
»Ein brauchbarer Held«
Berliner Zeitung
3. Preis **Axel Vornbäumen**
»Die Welt des Herrn Conrad«
Frankfurter Rundschau

2000

1. Preis **Renate Flottau**
»Kriegstagebuch«
DER SPIEGEL
2. Preis **Cornelia Kazis**
»Letzte Tage«
NZZ FOLIO
3. Preis **Ullrich Fichtner**
»Die verlorene Ehre des Friedrich B.«
FRANKFURTER RUNDSCHAU

2001

1. Preis **Alexander Osang**
»Das eiserne Mädchen«
SPIEGELreporter

2. Preis **Birk Meinhardt**
»Vom Glück, das richtige Wort zu treffen«
Süddeutsche Zeitung

3. Preis **Ullrich Fichtner**
»Die Strafkolonie von Moabit«
DIE ZEIT

2002

1. Preis **Dietmar Hawranek / Dirk Kurbjuweit**
»Die Drei-Welten-AG«
DER SPIEGEL

2. Preis **Sabine Rückert**
»Die Mörderin«
DIE ZEIT

3. Preis **Jan Christoph Wiechmann**
»Die Rebellen von Schloss Salem«
stern

Lebensdaten Egon Erwin Kisch

1885

Egon Kisch wird am 29. April in Prag geboren, dem Zentrum des tschechischen Teils der Habsburger Monarchie Österreich-Ungarn. Er ist Sohn des jüdischen Tuchhändlers Hermann Kisch (1840–1901) und seiner Frau Ernestine, geb. Kuh (1862–1937), die dem deutschsprachigen Prag zugehören, zweitältester von fünf Brüdern: Paul (1883–1944, gestorben im Konzentrationslager Theresienstadt), Wolfgang (1887–1914, gefallen an der Ostfront), Arnold (1889–1942, im Getto Lódz von der SS ermordet) und Friedrich (1894–1968 in Prag, wohin er nach dem Exil zurückkehrte).

1891

Kisch wird Schüler, zuerst der Seidleschen Privatschule, dann der Piaristenschule, 1895 der I. Deutschen Staatsrealschule (»Nikolander«) in Prag. Er erlebt die sich zuspitzenden nationalen Gegensätze in Böhmen (Sprachenkampf 1897), die zur Auflösung der Doppelmonarchie beitragen.

1903

Im Juli Matura (Abitur), im September eine größere Reise nach Bayern und Österreich, von der ein erster Reportageversuch im Tagebuch mit dem damals schon angenommenen Namen Egon Erwin Auskunft gibt. Im Oktober wird Kisch zu einem Bauingenieurstudium an der k. u. k. Technischen Hochschule in Prag immatrikuliert.

1904

Abbruch des Ingenieurstudiums, Besuch von Vorlesungen über Philosophie und Geschichte der deutschen Literatur an der Prager deutschen Universität. Als »Ehrenbursche« Mitwirkung in der schlagenden Studentenverbindung »Saxonia«. Ab Herbst Militärdienst als Einjährig-Freiwilliger beim 11. Infanterie-Regiment in Prag. Verletzungen der militärischen Disziplin (nach der Militärrolle: »unvorteilhafte Konduite«) führen zu Arrestaufenthalten und im September 1905 zur Entlassung als »Titular-Korporal« statt zur üblichen Beförderung zum Kadetten.

1905

Veröffentlichung erster poetischer Versuche, der Gedichte »Vom Blütenzweig der Jugend« (im Selbstverlag Pierson), denen 1906 die Erzählungen »Der freche Franz und andere Geschichten« folgen. In diesem Jahr zugleich Beginn journalistischer Tätigkeit: Kisch wird Volontär beim »Prager Tagblatt«; von Ende 1905 bis Anfang 1906 besucht er die Journalistenschule von Richard Wrede in Berlin, Versuche bei der »Vossischen Zeitung«.

1906

Im März erhält Kisch eine Anstellung als Lokalreporter an der deutschsprachigen Zeitung »Bohemia« in Prag. Er wird der Redaktion bis Sommer 1913 angehören.

1907

Erste der großen Reisen (Kisch 1908: »Und um jeden Zehner, für den man nicht ein Stückerl Welt gesehen hat, ist es ewig schade«): eine Mittelmeerfahrt bringt ihn im Herbst nach Triest, Piräus, Konstantinopel, Neapel; im Sommer 1909 fährt er nach Brioni, Pisano, Triest; 1910 folgt das Abenteuer einer Floßfahrt auf Moldau und Elbe von Prag bis Magdeburg; Kisch ist in Budapest und Paris; 1912 besucht er Antwerpen und London; Juni 1914 nimmt er an der Jungfernfahrt des Passagierdampfers »Vaterland« nach Southampton teil.

1910

Im August erscheint der erste der »Prager Streifzüge«, eine von Paul Wiegler angeregte Serie, die Kisch von der Lokalberichterstattung ins Feuilleton führt. Aus dieser Tätigkeit schöpfen die Bücher »Aus Prager Gassen und Nächten« von 1912 und »Prager Kinder« von 1913. Er wird von da an zum Kreis jener Prager deutschen Autoren gerechnet, die wie Gustav Meyrink, Paul Leppin, Max Brod, Franz Werfel, Rudolf Fuchs, Oskar Baum, Franz Kafka sich immer auch mit den tschechischen Volk verbunden fühlten.

1913

Kisch ist Spezialberichterstatter im 1. Balkankrieg. Im Sommer siedelt er nach Berlin über. Er wird Feuilleton-Mitarbeiter des »Berliner Tageblatts«, durch Vermittlung des Regisseurs František Zavřel Dramaturg des »Deutschen Künstlertheaters Sozietät«, an dem Paul Wegener und Tilla Durieux spielen, wirkt als Mitarbeiter des sozialdemokratischen Reichstagsabgeordneten und Berliner Korrespondenten der »Humanité« Georges Weill, arbeitet aber vor allem an seinem »naturalistischen« Roman aus dem Prager Zuhältermilieu »Der Mädchenhirt«, der 1914 bei seinem späteren Stammverlag Erich Reiss (Berlin) erscheint.

1914

Bei Kriegsbeginn wird Kisch zum Militärdienst eingezogen, als Korporal geht er mit dem Prager Korps an die serbische Front, bis Ende Dezember nach der verlorenen Schlacht um Belgrad seine dezimierte Division ins Hinterland nach Ungarn verlegt wird. Die Kriegserfahrungen bis Anfang 1915 werden im Tagebuch notiert, das 1922 als »Soldat im Prager Korps« und 1929 unter dem Titel »Schreib das auf, Kisch« erscheint.

1915

An der russischen Front in den Karpaten wird Kisch am 18. März verwundet, er kommt in ein Prager Spital. Beförderung zum Leutnant der Reserve, Ende 1915 wird er als »felddienstuntauglich« zum Kanzleidienst nach Orsowa kommandiert. Zehn Tage Arrest wegen verbotener Berichterstattung. Von Februar 1916 bis April 1917 nach Gyula. Kisch nimmt seine Arbeit an feuilletonistischen Reportagen hier wieder auf.

1917

Reportagen entstehen auch ab März 1917 in Wien, während er im Kriegspressequartier beim k. u. k. Armee-Oberkommando beschäftigt ist (wo auch Robert Musil arbeitet). Verschiedene Ämter: Auslandsinformation für das Pressequartier, Korrespondent, schließlich bei der Soldatenzeitung »Heimat«. Kontakt mit Kriegsgegnern: mit Intellektuellen um das Wochenblatt »Der Frieden« (Hrsg. B. Karpeles), mit Anarchisten im Kreis von Rudolf Grossmann, mit unabhängigen sozialistischen Gruppen (so der um Leo Rothziegel).

1918

Seit Januar arbeitet Kisch im vom Aktionskomitee der Linksradikalen Ende 1917 gebildeten illegalen Arbeiterrat (später Arbeiter- und Soldatenrat), der den großen Januarstreik führt; bei der Verfolgung der Mitglieder des Arbeiterrats bleibt Kisch unentdeckt und dies auch bei den Polizeischlägen gegen die Linksradikalen nach dem Junistreik.
Im Juni/Juli ist er als Berichterstatter beim Flottenkommando in Pola und wird Zeuge der katastrophalen Ausfahrt der Schlachtschiffflotte unter Admiral Horthy.
Im September/Oktober fährt er im Auftrag des Pressequartiers an die Westfront. Nach Wien zurückgekehrt, nimmt er am 30. Oktober an der Demonstration zur Errichtung der Republik teil, er ist Mitorganisator von Soldatenkundgebungen, die zur Gründung einer dem Schutz der Revolution dienenden »Roten Garde« führen. Am 2. November wird er zum ersten Leiter der »Roten Garde« gewählt.
Von diesem Posten am 11. November abberufen, bis zum Jahresende Kommandeur eines Bataillons, wird er am 21. November zum Vorsitzenden des Soldatenrats der »Roten Garde« gewählt. Mitbegründer der Föderation revolutionärer Sozialisten »Internationale« (28. November) und deren Blatt »Der freie Arbeiter« (9. November), deren Beilage »Die rote Garde« er redigiert. – In diesem Jahr lernt er die Wienerin Gisela Lyner, seine spätere Mitarbeiterin und Frau, kennen.

1919

Von vielen Seiten attackiert, verabschiedet er sich im März von seiner politischen Tätigkeit; Lokalreportagen in »Der neue Tag«; Arbeit am Erinnerungsbuch »Die Abenteuer in Prag«, das 1920 erscheint. Publikationen in linken Blättern, Redner auf Versammlungen, Teilnahme an Demonstrationen (deshalb fünf Tage Arrest im November). Er ist Delegierter der Soldatengruppe auf der 3. Reichskonferenz der KPDÖ im Dezember (Fusion der Föderation mit der KPDÖ am 31. Mai) und spricht über Pressearbeit.

1920

Mitte des Jahres Rückkehr nach Prag. Arbeiten für das »Prager Tagblatt«. Wiederaufnahme der Reportagefahrten: September bis November auf einem Moldaudampfer von Prag über Hamburg nach Mainz; Mai/Juni 1921 Slowakei; August 1921 mit dem Flugzeug nach Paris. Theaterarbeit für die »Revolučni scéna« von Emil Artur Longen, der auch später Stücke von Kisch inszeniert.

1921

Bekanntschaft mit Jarmila Haasová-Nečasová, die Übersetzerin seiner Werke ins Tschechische wird. Kisch siedelt Ende des Jahres nach Berlin über, das für zehn Jahre sein ständiger Wohnsitz bleibt.

1922

Fortsetzung der Theaterarbeit »auf kabarettähnlicher Bühne«, jetzt vor allem mit Rosa Valetti (»Die Galgentoni«). Sammlung von journalistischen Meisterstücken für die Anthologie »Klassischer Journalismus« (1923). Beginn der bis 1924 währenden Korrespondenz für die Zeitung »Lidové noviny« (Brno), aus der eine in Tschechisch publizierte Reportageserie über Deutschland wird.

1924

März/April ist Kisch in Dänemark auf einer der kleineren Reisen, der im Sommer 1926 die nach Holland, im Mai 1928 die nach Belgien, im Mai/Juni 1930 die nach Südfrankreich und Korsika folgen werden. Im Verlag Erich Reiss erscheint »Der rasende Reporter«, Sammlung mit Skizzen von verschiedenen Zeiten und Orten, weitere »rasende Reportagenbände« folgen: »Hetzjagd durch die Zeit« (1926), »Wagnisse in aller Welt« (1927). Kisch arbeitet für Zeitungen und Zeitschriften eines weiten politischen Spektrums (»Prager Tagblatt«, »Berliner Tageblatt«, »Welt am Abend«, »Das Tagebuch«; später auch »Die literarische Welt«, »Die Weltbühne«, »Magazin für Alle«, »Die Rote Fahne«, »Arbeiter-Illustrierte Zeitung«, »Frankfurter Zeitung«, »Vossische Zeitung« u. a.) Die Buchreportage wird aber charakteristisch; Skizzen zur Geschichte der Verbrechen: »Der Fall des Generalstabschefs Redl« (in der Reihe »Außenseiter der Gesellschaft« des Verlags »Die Schmiede« 1924), »Kriminalistisches Reisebuch« (1927), »Prager Pitaval. Historische Kriminalfälle aus Böhmen« (1931).

1925

November 1925: Eintritt in die KPD, Mitarbeit in der Arbeitsgemeinschaft kommunistischer Schriftsteller (Fraktion im Schutzverband deutscher Schriftsteller [SDS]. Beginn der großen Reportagereisen: von Ende Dezember bis Mai 1926 fährt Kisch in die Sowjetunion: Moskau, Leningrad, Donezgebiet, Transkaukasien; »Zaren, Popen, Bolschewiken« (1927) wird Kischs erstes Reisebuch.

1926

Mitwirkung in der »Gruppe 25« (so bei einem Gerichtsspiel über J. R. Bechers Roman »Levisite« mit Brecht, Klabund, Rudolf Leonhard, Döblin). Mitarbeit in der »Neuen Bücherschau« (Hrsg. Gerhart Pohl), von 1927 an auch im Redaktionskomitee. Als Mitwirkender in dem Ufa-Film »Die Frauengasse von Algier« fährt Kisch Ende Dezember über Marseille nach Algerien, danach bis Februar 1927 nach Tunesien und Sardinien.

1927

Aktiv im Max-Hoelz-Komitee, das gegen Justizwillkür auftritt und sich für die Freilassung des politischen Gefangenen einsetzt; u. a. Herausgabe der »Briefe aus dem Zuchthaus« von Hoelz, Broschüre »Sieben Jahre Justizskandal Max Hoelz« (1928), Einleitung zu Hoelz' »Meine Erlebnisse in Mitteldeutschland« (1928).

1928

Ende Oktober bis April 1929 Reise in die USA: nach New York, als Matrose auf einem Frachtdampfer von Baltimore durch den Panamakanal nach Los Angeles; Begegnung mit Charlie Chaplin; Rückreise über San Francisco, Chicago, Detroit, New York. Das Buch »Paradies Amerika« erscheint 1929. Aktiv für und im Bund proletarischrevolutionärer Schriftsteller (Gründung Oktober 1928). 1928/29 Mitglied im Hauptvorstand des SDS wie auch 1930/31.

1929

Im Juli tritt Kisch zusammen mit J. R. Becher aus dem Redaktionskomitee der »Neuen Bücherschau« aus.

1930

Teilnahme an der Internationalen Konferenz revolutionärer Schriftsteller in Charkow im November; er wird Mitarbeiter der Fakultät für Journalistik an der Kommunistischen Universität in Charkow.

1931

Erneuter, jetzt längerer Aufenthalt in der Sowjetunion: Charkow, Moskau, Arbeit für den Funk. Mitte des Jahres u. a. zusammen mit Paul Vaillant-Couturier in Mittelasien (»Asien gründlich verändert«, 1932).

1932

Während der Besetzung der Mandschurei und des Einfalls von Japan in das international kontrollierte Shanghai fährt Kisch von Moskau aus im März über Tschita nach China: Shanghai, Peking, Nangking, die Rückreise im Juli geht über Japan. Das Buch »China geheim« erscheint noch 1932 in Berlin. Gisela Lyner arbeitet während dieser Reise von Kisch als Sekretärin Klara Zetkins in Moskau.

1933

Ende Januar, kurz vor der Ernennung Hitlers zum Reichskanzler wieder in Berlin. 21. Februar: Auflösung einer Versammlung, bei der Kisch sprechen sollte;
28. Februar: Verhaftung am Morgen nach dem Reichstagsbrand; 1. März: Verschleppung in die Festung Spandau; 11. März: mit Berufung auf die Ausländer-Polizei-Verordnung wird Kisch in die ČSR abgeschoben. Die Reportageserie »In den Kasematten von Spandau« (in der AIZ ab 25. März) wird zum ersten umfassenden Erfahrungsbericht über den Terror in Hitlers Gefängnissen. In Prag Mitarbeit an der Vorbereitung des »Antifaschistischen Arbeiterkongresses der Länder Europas«, der schließlich vom 4. bis 6. Juni in Paris stattfindet. Beteiligt am »Braunbuch über den Reichstagsbrand«. Kisch bleibt in Frankreich (wohnt in Paris bzw. Versailles), unterbrochen zunächst von Reisen in die Schweiz (Juni), London (Juli), Spanien (während des Herbstes), Belgien (Dezember), Belgien und Holland (Januar/Februar 1934): Arbeit für den Reportageband »Eintritt verboten« und »Geschichten aus sieben Ghettos« (beide 1934). Mitwirkung an den Veranstaltungen des SDS im Exil (dessen zweiter Vorsitzender er wird).

1934

Als Abgesandter des Weltkomitees gegen Faschismus und Krieg, dem Kisch seit August 1933 angehört (Sekretär des Komitees: Henri Barbusse), fährt er am 13. Oktober von Marseille aus nach Australien zu einem Antikriegs-Kongress. Im Widerstand gegen ein Einreiseverbot springt Kisch am 13. November in Melbourne vom Achterdeck des Schiffs, er bricht sich ein Bein. Schiffshaft, Freilassung und erneute Verhaftung wegen verbotener Einwanderung in Sidney am 16. November, danach zu sechs Monaten Zwangsarbeit verurteilt. Die Vorgänge lösen in Australien bundesweit Proteste aus. Kaution und Berufungsverfahren ermöglichen eine Vielzahl politischer Aktivitäten, Kisch spricht auf Kundgebungen und anderen Veranstaltungen.

1935

März/April 1935 Rückkehr nach Europa. Arbeit am Reisebuch »Landung in Australien« (erscheint Ende 1936). Anlässlich des 50. Geburtstags veranstalten am 23. Mai SDS und Deutsche Freiheitsbibliothek eine große Feier, die zur symbolischen Manifestation einer geistigen Gemeinschaft der antifaschistischen Emigration und ihrer Freunde wird; Brechts Schrift »Fünf Schwierigkeiten beim Schreiben der Wahrheit« wird den Gästen überreicht. – Rede auf dem 1. Internationalen Schriftstellerkongress zur Verteidigung der Kultur in Paris (Juni 1935). Aufenthalt in Belgien und 1936 in Belgien und Holland. 1937 in Prag.

1937

Ende Mai geht Kisch nach Spanien, als Sympathisant der Verteidiger der Republik gegen Franco. Im Bürgerkrieg ist er in Barcelona, Valencia, Madrid (wo er auch im Juli auf dem 2. Internationalen Schriftstellerkongress zur Verteidigung der Kultur spricht), bei den Interbrigaden an verschiedenen Abschnitten der Front (in den Bergen der Südfront, vor Madrid, Belchite, Teruel). Zusammentreffen mit seinem Bruder Friedrich, damals Arzt im Interbrigadisten-Hospital Benicasim; vielfältige Tätigkeit in Presse und Rundfunk, Reportagen: »Die drei Kühe«, »Soldaten am Meeresstrand« (erscheinen 1938 in Spanien).

1938

Rückkehr nach Frankreich im April. (In Abwesenheit) Wahl zum Stadtrat von Prag am 22. Mai. Am 29. Oktober heiraten Kisch und Gisela Lyner, seine langjährige Mitarbeiterin.

1939

Nach Kriegsbeginn wird Kisch unter Polizeiaufsicht gestellt. Mitte Dezember von Erika Mann und der League of American Writers ermöglichte Flucht mit dem Reiseziel Chile.
23. Dezember: Ankunft in den USA, bis 28. Dezember Internierung auf der Einwanderungsinsel Ellis Island.

1940

Reportagenarbeit in New York und New Jersey, Fortsetzung der Arbeit an den Memoiren, die 1941 im Verlag Modern Age Books, New York als »Sensation Fair« erscheinen.
Gisl Kisch kommt in die USA. Am Jahresende Reise mit der Bahn nach Mexiko-Stadt, dem letzten Emigrationsort Kischs, der zu einem wichtigen Zentrum der Exilanten wird.

1941

Gründung des Heinrich-Heine-Klubs Ende November, Präsidentin: Anna Seghers, Vize-Präsident: Kisch.

1942

Mitarbeit an der Zeitschrift »Freies Deutschland« und an der von der »Bewegung ›Freies Deutschland‹« eingerichteten Zeitung »Demokratische Post« (ab 1943), aber auch an tschechischen Zeitungen in Amerika. Mitglied im Beirat des zum Tag der Bücherverbrennung am 10. Mai gegründeten Verlags El Libro Libre, dessen erste Publikation die deutsche Fassung von Kischs Memoiren »Marktplatz der Sensationen« wird.

1945

Im Verlag El Libro Libre erscheinen die Resultate mehrjähriger Reportagearbeit: »Entdeckungen in Mexiko«.

1946

Am 17. Februar Verabschiedung von Kisch und seinem Freund André Simone (Otto Katz) in Mexiko, Reise über New York, London und Frankfurt am Main nach Prag (Ankunft: 21. März). März: Kisch schreibt über die Hinrichtung von K. H. Frank dem »Reichsprotektor« der Nationalsozialisten in Böhmen und Mähren. Juli: Beobachter beim Prozess gegen den Serbischen Cetnikführer Mihailovič in Belgrad. Begegnung mit Josip Broz Tito. Arbeit an der Skizze »Karl Marx in Karlsbad«, Reportagen über die befreite CSR.

1947

Verschlechterung des Gesundheitszustandes, Aufenthalt im Herzbad Poděbrady. Schlaganfälle (November 1947 und März 1948).

1948

Kisch stirbt am 31. März in Prag. Trauerzug durch die Straßen der Innenstadt, Staatsbegräbnis.

ISBN 3-351-02694-3

1. Auflage 2003

Redaktion Nicole Heinicke, stern; Heike Clemens, Aufbau-Verlag
Gesamtgestaltung Therese Schneider, Berlin
Reproduktion LVD GmbH, Berlin
Druck und Binden Clausen & Bosse, Leck
Printed in Germany

www. aufbau-verlag.de